그들만의 채용 리그

그들만의 채용 리그

고소득 엘리트는 어떻게 재생산되는가

초판 1쇄 펴낸날 | 2020년 5월 20일

지은이 | 로런 A. 리베라
옮긴이 | 이희령
펴낸이 | 류수노
펴낸곳 | (사)한국방송통신대학교출판문화원
03088 서울시 종로구 이화장길 54
대표전화 1644-1232
팩스 02-741-4570
홈페이지 http://press.knou.ac.kr
출판등록 1982년 6월 7일 제1-491호

출판위원장 | 백삼균
편집 | 박혜원 · 이강용
본문 디자인 | 티디디자인
표지 디자인 | 최원혁

ISBN 978-89-20-03728-3 (03330)

값 19,000원

이 도서의 국립중앙도서관 출판예정도서목록(CIP)은 서지정보유통지원시스템 홈페이지(http://seoji.nl.go.kr)와 국가자료종합목록 구축시스템(http://www.nl.go.kr/kolisnet)에서 이용하실 수 있습니다.(CIP제어번호: CIP2020017776)

그들만의 채용 리그

고소득 엘리트는 어떻게 재생산되는가

로런 A. 리베라 지음
이희령 옮김

지식의날개

· 차례 ·

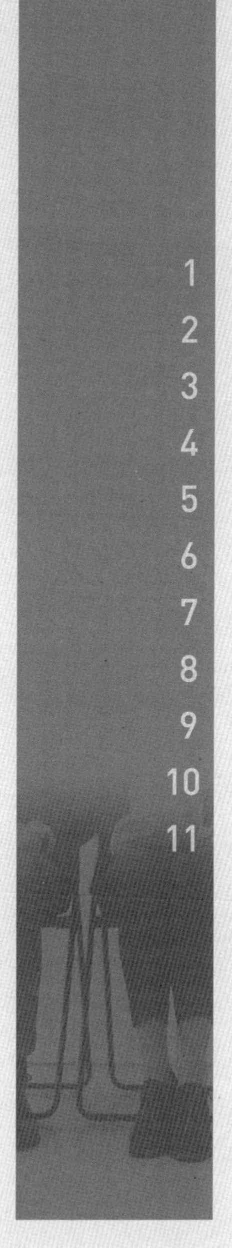

• 감사의 글 •

이 책은 엘리트 집단에 대한 나의 오랜 관심에서 비롯되었다. 나는 하버드대학교 박사과정 중에 이 자료를 모았다. 상류층의 나이트클럽 취재부터 정재계 엘리트 연구에 이르기까지 장황했던 내 학문적 여정 전반에 걸쳐 나를 지지해 준 하버드의 여러 사람들에게 깊이 감사한다. 나는 대학원 어드바이저이자 박사 논문 심사위원장인 미셸 라몽의 탁월한 멘토링, 소중한 피드백, 지적 지원에 감사한다. 특히 사회학적 논의의 틀을 정립할 수 있도록 지도해 준 것에 감사한다. 또한 내가 처음으로 채용 문제에 관심을 갖도록 해주고, 경제사회학에 대한 요령을 터득할 수 있도록 가르침을 주었으며, 이 프로젝트의 시작부터 끝맺음까지 풍부한 성찰을 제공해 준 프랭크 도빈과 메리 브린턴에게도 깊은 감사를 표하고 싶다. 아울러 대학원 생활 전반에 걸쳐 지지와 격려를 보내 준 크리스토퍼 윈십과 고인이 된 J. 리처드 해크먼에게 매우 감사한다. 윌리엄 제임스 홀에서 보낸 내 삶은 시몬느 이스파란다, 차나 티거, 앨리슨 빈스, 테리스 룽의 각별한 우정과 지적 파트너십 덕분에 훨씬 더 빛날 수 있었다. 질적 연구는 시간과 자원 집약적인 노력인 만큼 포드재단, 미국국립과학재단, 하버드 일반대학원의 재정 지원이 없었다면 이 연구는 불가능했을 것이다.

메사추세츠주 케임브리지시를 떠난 이래, 노스웨스턴대학교와 캘로그 경영대학원의 동료들은 내가 사회적 불평등과 조직 다양성에 대한 사고를 형성하는 데 큰 도움을 주었다. 특히 진 브렛, 게리 파인, 폴 허시, 브레이든 킹, 안젤라 리, 윌리 오카시오, 브라이언 우지, 니콜 스티븐스의 지속적인 멘토링에 감사한다. 사회적 계층 연구를 할 때 니콜 스티븐스는 멋진 친구이자 지적인 자매로 곁을 지켰다.

이 책이 아이디어에서 하나의 실체로 탈바꿈할 기회를 제공해 준 것에 에릭 슈워츠와 프린스턴대학교 출판부에 감사한다. 편집자로서의 날카로운 시선으로 내가 주장을 다듬는 데 도움을 준 캐서린 무니에게도 깊은 감사를 전한다. 이 책의 초안을 읽어 준 심사자들의 관심과 통찰력 있는 평가에 감사하며, 로베르토 페르난데스, 아네트 라루, 미첼 스티븐스, 비비아나 젤리저, 앤드류 애봇, 데이비드 빌스, 데이비드 브라운, 토니 브라운, 캐서린 도나토 래리 이삭, 홀리 맥커먼, 케빈 스타인백, 그리고 『미국사회학저널*American Journal of Sociology*』, 『미국사회학리뷰*American Sociological Review*』, 『사회 계층화와 이동성 연구*Research in Social Stratification and Mobility*』에 실렸던 이 책과 관련된 논문들을 심사한 익명의 심사자들의 피드백이 이 책이 담고 있는 아이디어에 큰 영향을 미쳤음을 밝힌다.

어떤 여성도 섬이 아니다. 가족은 책을 쓰기 전과, 쓰는 중, 쓰고 난 이후에도 나를 지탱하는 핵심이었다. 특히 항상 나를 믿어 주고, 어려움에 직면했을 때 회복할 수 있는 근성과 끈기를 가지도록 가르쳐 준 어머니 엘리아나에게 특별한 감사를 표하고 싶다. 당신도 알지 못하는 사이에, 어머니는 내가 '정말로 귀 기울여' 듣는 방법, 한 발 비켜서서 미국 문화를 보는 방법, 미지의 것들과 예상치 못한 것들을 수용하는 방법은 물론, 질적 연구를 할 때 자산이 된 핵심적인 기술들을 갖도록 이끌었다. 남동생 리치는 글쓰기에 대한 영감을 제공했다. 아울러 끊임없는 열정으로 내 연구를 지원했으며, 삶 속에서 웃음띤 얼굴로 놀라운 동반자가 되어 준 남편 데이비드에게 한없는 고마움을 전한다.

내가 자주 받는 질문 한 가지는 어떻게 사회 계층과 엘리트에 관심을 두게 되었느냐는 질문이다. 이 점에서는 내 지적 영감의 원천이자 상위 이동성을 위한 도구가 되어 준 브렌트우드 학교(Brentwood School)에 깊이 감사한다. 저소득층에 속하는 싱글맘 이민자 가정에서 자란 내가 상류층 문화를 처음으로 경험한 것은 브렌트우드를 통해서였다. 그곳에서 받은 공식·비공식적 교육과 직원 자녀에게 학비를 면제해 주는 정책이 없었다면, 결코 지금 내가 연구하고 있는 엘리트 세상에 들어갈 수 없었을 것이다. 브렌트우드에서 나는 특히 고인이 된 리네트 크리시와 제니퍼 에반, 리네트 오헨론 사라 웰레스에게 많은 도움을 받았다. 예일대학교 교수님들은 내가 상류층 문화를 이해하는 데 도움이 되었던 이론과 방법론을 제공해 주었다. 피에르 부르디외와 사회적 폐쇄성 이론을 처음으로 소개해 준 조슈아 갬슨에게 감사한다. 아울러 계층이론에 관심을 가지도록 자극을 준 조셉 소아레스와, 실증적 연구에 대한 천착과 학자가 되고픈 욕구를 심어 준 토드 리틀에게 감사한다.

끝으로 중요한 말을 더하자면, 나는 연구 참여자들의 열린 마음과 통찰력에 대해, 그리고 매우 힘든 업무 일정에도 불구하고 본인의 경험을 공유하기 위해 시간을 내준 데 대해 고마움을 표하고 싶다. 더 나아가서 내 문화기술연구의 정보원들, 특히 엘리트 전문서비스 기업의 채용이 내부에서 어떻게 작동하는지, 간파할 수 있도록 어디에도 비할 수 없는 접근기회를 마련해 준 '잭'에게 가장 깊은 감사를 표하고 싶다. 모든 정보원들의 이름을 밝힐 수는 없지만, 나는 그들의 신뢰, 너그러움, 용기, 동료의식에 대해 감사한다. 그들이야말로 이 책을 탄생시킨 진정한 영웅들이다.

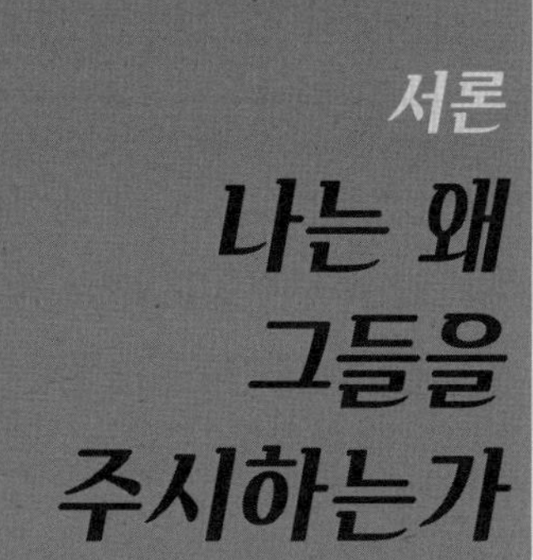

1

서론

나는 왜 그들을 주시하는가

부모의 경제력이 대학 입시에 지대한 영향을 미친다는 사실은
수많은 연구와 함께 이제 정설이 되었다.
그러나 집안 배경에 힘입어 명문대에 진학한 이들이
또다시 치열한 경쟁을 뚫고 고임금 일자리까지 꿰차게 되는 현상은
어떻게, 그리고 왜 벌어지는 것일까.

대부분의 사람들은 출신 배경보다 근면 성실이 성공의 열쇠라고 믿는다. 교과서와 신문, 소설에는 개인의 투지와 인내로 최고의 자리에 도달한 입지전적 인물들의 이야기가 가득하다. 이런 서사가 초점을 맞추고 있는 대상이 워런 버핏이건 《길 위에서 하버드까지 *Homeless to Harvard*》(노숙생활을 하다 장학금을 받으며 하버드에 입학한 리즈 머리의 자전적 소설 - 역자 주)이건 관계없이 바탕에 깔린 메시지는 똑같다. 경제·사회적 지위는 성취하는 것이지 부모로부터 물려받는 것이 아니라는 것이다. 최고의 자리에 있는 사람들은 자신의 지성, 지치지 않는 노력, 강인함 덕분에 그곳에 있는 것이다. 밑바닥에 있는 사람들은 자신의 약점을 탓하곤 한다.

이처럼 열심히 일하면 금전적인 보상이 따른다는 신념과 계급 없는 사회라는 신화에 대한 믿음이 널리 퍼져 있음에도 불구하고, 미국의 경제적 불평등은 다른 많은 서구 산업국가보다 심각하며, 사회적 이동성 비율도 더 낮다. 미국의 오랜 믿음과는 반대로, 미국에서 가난하게 시작해 부자 대열에 올라서거나 부자가 가난해질 가능성은 희박하다. 미국의 경제 사다리에서 최상위층과 최하위층의 가로대는 특히 더 끈적끈적하다. 소득 분포에서 최상위 5분의 1과 최하위 5분의 1에 속한 가정 출신 어린이들은 성인이 돼도 같은 가로대에 남아 있는 경향이 있다. 경제적 위계구조에서 최상위층에 해당하는 가정의 출신들이 좋은 학교, 명망 있는 대학, 고소득 직업을 독점한다.

이런 현상을 볼 때, 우리는 누가 봐도 명백한, 하지만 여전히 시급한 질문을 하게 된다. 능력에 근거해 학교 입학허가를 받고, 고용에 기회 평등에 관한 규정이 있는 시대에 어떻게 이런 엘리트 재생산과정이 발생하는 걸까? 사회과학자들은 미국 국내외의 역사·경제적 변화, 사회정책, 기술요인들이 어떻게 부와 소득이 경제 사다리의 최상위층에 집중되는 현상에 기여했는지 다양한 분야에서 연구해 왔다. 이 연구들은 경제적 불평등의 중요한 동인들을 밝혀냈지만, 어떻게, 그리고 왜 경제적 특권이 한 세대에서 다음 세대로 그토록 집요하게 이어졌는지 충분한 설명은 하지 못했다.

사회적 계층화, 즉 물질적·사회적 보상의 불평등한 분배과정에 관심이 있는 사회학자들은, 역사적으로 부유함보다는 빈곤함을 연구하는 데 초점을 맞추어 왔다. 하지만 최근 문화사회학자들은 관심을 특권의 지속성으로 돌렸다. 학교교육에 초점을 맞추면서, 이들 학자들은 공교육의 영역에서 고학력의 부유한 부모들이 자녀들에게 경쟁에서 유리하게 만들어 줄 우위를 어떻게 전달하는지 밝혀 왔다. 하지만 이 분야의 풍성한 연구 성과에도 불구하고, 학생들이 대학을 졸업하고 노동시장에 진입할 때 고소득 엘리트의 재생산이 어떻게 발생하는지에 대한 심도 있는 연구는 거기서 빠져 있다. 우리는 심지어 같은 대학을 졸업한 학생들 중에서도 가장 엘리트적인 배경을 가진 학생이 가장 많은 돈을 버는 일자리를 갖는 경향이 있음을 안다. 하지만 이런 일은 어떻게, 그리고 왜 벌어지는 것일까?

이 질문에 대답하기 위해 나는 엘리트 직업과 높은 소득을 얻을 기회를 통제하는 게이트키퍼들에게 주목했다. 바로 고용주들이다. 우리가 일자리를 얻고 특정한 소득 구간에 속할 수 있을지는 궁극적으로 고용주들이 내리는 판단에 달려 있다. 고용주의 채용 결정은 개인에게 경제적 궤적을 형성하고 더 광범위한 사회적 불평등에 영향을 미친다는 점에서 중요한 역할을 담당한다. 이 책에서 나는 미국의 신입 단계 일자리 중 가장 높은 보수를 지급받는 자리의 채용과정을 살펴보려 한다.

일류 투자은행과 경영 컨설팅 회사, 로펌의 신입 채용이 그것이다. 분석은 세 가지 유형의 회사에 다니는 직원들과의 인터뷰, 채용 행사 관찰, 사례 기업의 채용부서에 대한 깊이 있는 참여 관찰을 바탕으로 한다. 나는 순위가 높은 대학 및 전문대학원에서 신입직원들을 모집하고 평가하고 선택하는 과정에서 고용주들이 비공개적으로 내리는 의사결정을 살펴보았다. 그리고 사회·경제적 특권층에 속하는 학생들이 가장 엘리트적 직업을 가지는 경향이 나타나는 이유를 설명하는 데 이 의사결정이 어떻게 도움이 되는지 보여 주고자 한다.

내 주장은 어디에 구인 광고를 게시하고 채용 행사를 개최할지에 대한 결정부터, 채용위원회의 최종 선택까지, 채용과정의 각 단계마다 고용주들이 후보자들을 분류하고 평가하는 데 있어 부모의 소득 및 교육과 상관관계가 높은 여러 기준을 활용한다는 것이다. 얼핏 봐서는 중립적으로 보이는 의사결정이 부모의 사회·경제적 지위를 바탕으로 학생들을 걸러내는 채용 절차로 귀결된다.

이 책의 원서 제목에 쓰인 '혈통서(pedigree)'는 엘리트 기업 고용주들이 채용 후보자들의 성취 기록을 지칭할 때 줄임말로 사용하는 용어다. '혈통서'는 필수적이지는 않지만 있다면 매우 바람직한, 지원자의 자질로 폭넓게 인식되고 있다. 중요한 개인적 성취(엘리트 대학에 입학허가를 받았거나 아이비리그 대학 대표팀의 운동선수였거나, 골드만삭스에서 조기에 인턴십을 경험했다는 사실)는 그 지원자의 지적 능력, 성공 지향성, 성실성의 증거로 해석된다. 고용주들은 혈통서를 순수하게 개인의 노력과 능력에 기반을 둔 자질로 간주했다. 하지만 요즘도 널리 쓰이는 이 용어의 원래 의미는 노력보다는 유전된 특권, 말 그대로 '가계의 혈통'과 비슷하다. 그런 의미에서 이 용어는, 표면상으로는 개인의 능력만을 근거해 이루어지는 것처럼 보이는 채용 의사결정이, 사실은 미묘하지만 강력하게 지원자의 사회·경제적 배경에 따라 이루어진다는 이 책의 주장을 연상시킨다. 21세기에 누가 월스트리트에서 일하고, 누가 메인스트리트(금융 중심지인 월스트리트에 빗대어 실물경제의 중심지를 의미함 - 역자 주)에서 일하며, 누가 경제 사다리 맨 꼭대기에 도달할지에 결정을 도와주는 것은 부모의 소득과 교육 수준이다.

이 장의 나머지 부분에서는 채용과정의 엘리트 재생산과 관련된 근본적인 교육제도를 논의하고, 내가 수행한 연구를 기술하며, 주장들을 요약하고, 이어지는 장의 개요를 설명한다. 나는 교육 분야의 사회·경제적 불평등을 다룬 연구를 검토하는 것으로 그 시작을 삼고자 한다. 이 연구들은 학교가 구직자들을 일자리로 연결하는 파이프라인을 구성할 뿐만 아니라 이들 학교에서부터 사회적 계층화의 일반적인 메커니즘이 시작된다는 측면에서 관련이 있다.

교육을 통한 엘리트 재생산

일자리를 제안받기 훨씬 전에 발생하는 경제적 불평등은 왜 엘리트 자녀들이 고소득 엘리트 일자리를 얻게 되는지를 설명하는 데 도움이 된다. 과거의 엘리트 재생산은 흔히 부모가 회사나 가족 재산의 고삐를 성인 자녀들에게 넘겨주는 형태를 취했다. 오늘날 한 세대에서 다음 세대로 경제적 특권이 전달되는 방식은 간접적인 경향이 있다. 전달은 대개 교육시스템을 통해 이루어진다.

고등교육은 사회적 계층화와 경제적 불평등을 만드는 가장 중요한 수단이 되었다. 미국의 경우 고등학교를 졸업한 사람과 대학교를 졸업한 사람 사이의 소득 격차는 지난 30년 동안 거의 두 배로 벌어졌다.

지난 50년간 고등교육이 급속히 확산되고, '모두를 위한 대학'이라는 국민적 서사가 인기를 누렸음에도 여전히 미국에서는 가장 부유한 가정의 자녀들이 대학을 독점하고 있다. 가계소득 최하 사분위수(최하위 25%)에 속한 가정에서 태어난 아이들은 약 10%밖에 대학에 진학하지 못하는 반면, 최고 사분위수(최상위 25%)에 속한 가정에서 태어난 아이들 중에는 약 80%가 학사학위를 딴다. 상위권 대학들을 보면 가구소득과 진학률의 관계는 심지어 더 강력하다. 사실 성취와 연관된 대학입학 전 특성들을 상수로 놓고 본다면, 부모의 소득은 미국의 최고 엘리트 대학에서 입학허가를 받을 가능성을 가장 크게 예측하는 변수다. 이런 경향은 대학원 교육까지 이어져 일류 경영대학원과 로스쿨에서는 절반이 넘는 학생이 미국 최상위 10%에 해당하는 고소득 가정 출신이다.

많은 미국인들은 이런 불평등을 단지 개인의 포부나 능력의 문제로 설명하는 데 만족한다. 하지만 여러 연구에 따르면, 학력이 높고 부유한 부모들은 자녀에게 대학입학 경쟁은 물론 학교에서의 성취를 유리하게 만들어 주는, 결정적인 경제적·사회적·문화적 우위를 물려준다. 학자들은 이 세 가지 유형의 우위를 '자본'이라고 부른다. 각각의 우위를 명망 있는 직업과 높은 급여처럼 높은 가치의 상징적이고 물질적인 보상을 얻을 수 있는 기회와 바꿀 수 있기 때문이다.

— 경제적 우위

소득, 재산, 그 외 다른 유형의 경제적 자본은 부모들이 그들의 자녀가 교육적 우위를 확보할 수 있도록 동원할 수 있는 가장 명백한 자원이다. 단순하게 말해서 부자 부모일수록 자녀의 교육적 성장에 투자할 돈이 더 많고, 실제로 지출도 더 많이 한다. 경제적 자본이 자녀에게 교육적 우위를 제공할 수 있는 핵심적인 방법은 합법적인 학교 선택을 통해서다. 미국은 공립 초등학교와 중등학교가 대개 해당 지역의 재산 가치를 기반으로 삼아 자금을 조달하는(지방 재산세 중 일부가 공립학교 자금조달에 사용됨 - 역자 주), 몇 안 되는 서구 산업국가들 중 하나다. 따라서 우수한 공립학교의 지리적인 분포는 재산 가치가 가장 높고 거주자들이 가장 부유한 경향이 있는 지역에 불균형하게 집중돼 있다. 돈이 더 많은 가정은 우수한 학교와 학군을 제공하는 지역에 좀 더 쉽게 거주할 수 있다. 실제로 자녀가 있는 많은 부유한 가정에서는 어디 살지를 결정할 때 제일 중요한 요인 중 하나가 학교의 수준이다. 경제적 자원이 더 풍부한 부모들은 사는 지역과 상관없이 자녀를 사립학교에 보낼 수도 있다. 유치원부터 시작해 주요 대도시 지역에서 사립학교를 보내는 데 드는 학비는 아이 한 명당 연간 4만 달러에 이를 수도 있다.

종합적으로 이런 패턴들은 부유한 가정 출신의 어린이가 덜 부유한 가정 출신 어린이보다 학생 한 명당 더 많은 돈을 지출하고, 우수한 교사들이 있으며, 현대적이고 풍부한 학습 자재와 자원을 보유한 초·중등학교에 다닐 가능성을 더 높게 만든다. 중등학교 수준에서 부유한 가정 출신 어린이들은 장학제도가 풍부하고, AP과정(Advanced Placement Course: 고교 심화학습과정으로 이를 수료한 학생은 대학입학 전형에서 가점을 얻거나 입학 후 학점으로 인정받을 수 있음 - 역자 주), 운동, 예술, 음악, 연극 프로그램을 제공하는 학교에 다닐 가능성이 더 높다. 아울러 이들 학교는 대학입학 상담 인력을 충분하게 보유하고 있을 가능성도 더 높다. 이런 서비스를 제공하는 학교에 다니는 학생들은 인지적·사회적 성장이 촉진될 뿐만 아니라, 대학입학을 위해 경쟁력 있는 교과 및 비교과 프로필을 구축하는 데도 도움을 받을 수 있다. 상위권 대학의 입학사정 위원회는 탁월한 학업성과로 유명한 학교 출신 학생들을 선호함으로써 이런 우위를 더 심각하게 만든다. 요약하자면, 자녀들이 다니는 초·중등학교가 그들이 대학에 진학할 것인지, 진학한다면 어떤 대학으로 갈 것인지를 결정하는 데 중요한 역할을 한다. 자원이 부족하고 소득수준이 더 낮은 지역에 사는 학생들보다 부유한 가정들이 압도적으로 많고 자원이 풍부하며 학업 측면에서 우수한 학교에 다니는 학생들이 4년제 대학이나 상위권 대학에 다닐 가능성이 더 높다.

비싼 대학 등록금을 감안할 때 부모의 경제적 자원은 학생들이 지원할 대학(혹은 대학원)과 그들이 결국 다니게 될 학교를 결정하는 데 영향을 미친다. 사회학자 월튼 레드포드(Alexandra Walton Radford)가 고등학교를 수석으로 졸업한 학생들을 대상으로 수행한 최근 연구에서 보여주듯, 저소득 가정 출신으로 최고의 성과를 이룬 학생 중 많은 수가 명망 있는 4년제 사립대에 따라붙는 비싼 가격표 때문에 이들 학교에 지원하지 않는다. 이 학교들이 제공하는 풍부한 재정 지원 제도의 수혜를 받을 자격을 충족할 수도 있었던 일부 학생들이, 그런 기회를 알지 못해서 지원하지 않았다는 사실은 문화적 노하우와 돈이 어떻게 서로 협력하는지 보여 준다. 재정 지원 신청에 요구되는 광범위한 서류를 준비하는 데 어려움을 느낀 학생들도 있었다. 이와 대조적으로 레드포드 연구에 나오는 부유한 가정 출신 학생들은 대학이 제공하는 교과과정이나 비교과과정, 학교나 학생들의 분위기가 개인적으로 '잘 맞는' 느낌 같은 비경제적 요인을 바탕으로 대학을 선택했다.

일단 대학에 진학하면 학생들은 학비와 생활비에 드는 돈을 부모의 재정 지원으로 메꿀 수 있었다. 보수를 받고 일할 필요가 없는 부유한 가정 출신 학생들은 학업과 사회적 활동에 집중하면서 무보수 인턴십 자리를 수락할 수 있었고, 이 모두는 대학에서의 성공, 소중한 사회적 인맥, 미래 취업 기회에 도움이 되었다. 등록금을 납부하기 위해, 혹은 가족에게 송금하기 위해 파트타임이나 풀타임으로 일해야 하는 학생들은 이런 사치를 누릴 수 없다. 요약하자면, 부모의 경제적 자본이 더 많을수록 자녀들이 더 높은 품질의 교육을 받고, 상위권 대학의 입학사정위원회에서 요구하는 유형의 교과 및 비교과과정 프로필을 준비하고, 대학생활에 온전하게 참여하도록 하는 데 더 쉽게 도움을 줄 수 있다.

― 사회적 인맥

하지만 돈은 전체 이야기의 일부에 불과하다. 사회적 자본, 즉 사람들이 가진 사회적 네트워크의 규모와 지위, 범위 역시 중요하다. 부모의 사회적 인맥은 자녀들에게 핵심적인 기회와 정보, 자원에 접근하기 위한 통로를 제공할 수 있다. 예를 들어, 같은 사회적 네트워크에 속한 부모들은 어떤 학교에서 최고의 평가를 받은 교사에 대한 정보를 공유하거나, 교장선생님이나 코치에게 잘 보일 수 있는 팁을 알려 줄 수도 있다. 이와 비슷하게, 그들의 인맥이 적절한 위치에 있다면 사립학교나 대학, 인턴십 지원서를 합격이 되는 방향으로 슬쩍 밀어줄 수도 있다. 학생들의 사회적 네트워크 역시 중요하다. 대학을 지망하는 친구나 동료들이 있다는 사실은 자녀들로 하여금 포부를 품게 하고, 그들에게 성과를 위한 동기를 부여할 수 있으며, 대학 입학심사과정을 헤쳐 나가는 방법에 대한 내부자 정보를 제공할 수도 있다.

— 문화적 자원

마지막으로 문화적 자원, 즉 우리가 사회에서 길을 찾아 나가는 데 사용하는 지식과 인식, 해석, 행동의 프레임은 엘리트 재생산을 이끄는 중요한 동인이다. 이런 유형의 자원은 눈에 보이지 않기 때문에 종종 불평등의 메커니즘으로 인식되지 않은 채 지나가며, 사람들은 이를 개인적인 능력 척도와 같다고 생각할 수도 있다. 하지만 문화적 자원은, 특히 사회에서 상위 계층에 접근할 기회를 얻는 문제에서 계층화의 강력한 동인으로 작용한다. 문화는 사람들의 포부와 세계관을 형성하고, 매일 일어나는 사회적 교류에서 다른 사람을 평가하고 평가받는 기준을 정립하며, 사회의 게이트키퍼 기관을 통과할 수 있도록 도움으로써 특권이(혹은 특권의 결여가) 지속되도록 하는 데 기여한다.

포부와 세계관

사회에서 우리의 경제적 지위는 우리가 세계를, 그리고 그 세계가 우리를 보는 관점을 형성한다. 프랑스 사회학자 피에르 부르디외(Pierre Bourdieu)의 생각은 특권이 한 세대에서 다음 세대로 전달되는 방법을 학문적으로 이해하는 데 심오한 영향을 미쳤다. 그는 우리가 어린 시절부터 계층에 특화된 취향과 가치, 상호작용 스타일(예를 들어 예절과 대화 스타일), 자기표현 방식(예를 들어 의상, 말투, 신체 언어), 행동을 배운다고 주장한다. 자녀들을 둘러싼 환경에 존재하는 물질적 자원의 양은 그들이 바람직하다고 생각하고 실제로 접할 수 있는 활동, 기회, 태도의 유형을 결정한다. 더 낮은 계층 출신의 개인들은 가까운 환경에 실질적으로 존재하는 물질적 한계와 매일의 생존에 필요한 니즈를 충족해야 한다는 우려 때문에, 실용적이고 즉각적인 가치를 가진 대상과의 기회,

경험을 종종 선호하게 된다. 이와 대조적으로, 물질적 고민에서 자유로운 특권계층의 구성원들은 직접적인 유용성이 떨어지는, 즉 더 일시적이고 추상적이며 복잡하고 얻기 어려울 뿐만 아니라 시간과 돈, 에너지의 투자가 상당히 요구되는 물건이나 관행에 끌린다. 계층에 따른 이런 차이는 사람들이 즐겨 듣는 음악의 종류부터 즐기는 스포츠에 이르기까지 다양한 영역에서 모습을 드러낸다. 스포츠를 예로 들어보면, 덜 부유한 개인은 픽업 야구나 축구처럼 경제적 진입 장벽이 더 낮고 규칙이 단순한 게임에 끌린다. 반면 더 부유한 개인들은 코트 테니스, 스쿼시, 폴로경기처럼 폭넓은 훈련과 비싼 장비, 유니폼을 요구하고, 특정한 엘리트 공간에서만 할 수 있거나 복잡한 규칙을 가진 스포츠를 즐기는 경향이 있다.

경제적 불평등과 가장 직접적으로 관련되는 이런 패턴들은 교육과 직업에서 어떤 유형의 기회가 바람직하거나 가능한지에 대한 개인들의 생각을 형성한다. 예를 들어, 덜 부유한 개인들은 직업을 선택할 때 보수와 안정성을 강조하는 경향이 있다. 더 부유한 개인들은 직업을 선택할 때 업무 만족도, 즐거움, 자기표현과 같은 추상적인 가치를 더 많이 강조하는 경향이 있다. 세상을 보는 방식과 세상에 존재하는 방식에서 경제적인 면에 기반을 둔 이런 차이는 자신이 자란 경제적 계층과 일관되는 사회·교육·직업적 경로를 향해 개인들을 이끌어감으로써 사회적 재생산에 기여한다.

사람들 사이의 평가

아울러 우리가 속한 계층은 매일 발생하는 사회적 만남에서 우리가 어떻게 다른 사람을 평가하고, 그들에게 평가받는지에도 영향을 미친다. 계층에는 중요한 시각적 차원들이 있기 때문이다. 노동으로 거칠어진 노동자의 손이건, 그럴 만한 여유가 있는 사람들의 가지런하고 하얀 치아건 상관없이, 사회적 계층은 사람들의 신체에서 드러난다. 옷을 입는 스타일과 대화하는 패턴, 눈에 보이는 소비재(어떤 집이나 자동차를 소유하고 있는지 등)는 더 나아가 그 사람의 상대적인 경제적 지위에 대한 신호다. 하지만 이처럼 계층에서 비롯된 신호들은 중립적인 관찰과는 거리가 멂에도 불구하고 우리가 다른 사람의 가치를 판단하는 데 영향을 미친다. 우리는 사회·경제적 배경이 더 좋은 사람들을 그렇지 못한 사람들보다 더 능력 있고, 신뢰할 만하며, 호감 가는 사람들이라고 평가한다. 심지어 취학 전 아동들도 이런 경향을 보인다. 사회학자인 미셸 라몽(Michèle Lamont)은 서로 다른 사회적 그룹의 상대적 가치에 대한 이런 믿음을 '상징적 경계'라고 명명하고, 이 믿음이 여러 사회·경제적 계층의 개별 구성원에게 적용되는 실질적인 사회 경계와 불평등에 영향을 미친다고 주장한다. 상징적 경계는 우리가 누구에게 시간과 관심을 쏟으며, 우리의 사회적 네트워크에 누구를 포함시키고 누구를 제외할지 결정하는 데 영향을 미친다. 결과적으로 계층은 우리가 누구를 친구로, 이웃으로, 배우자로 선택할 것인지, 그리고 내가 이 책에서 제시하는 것처럼 누구를 신입사원으로 선택할 것인지에 영향을 미친다.

능력의 정의

마지막으로, 문화는 가치 있는 기회와 보상에 대한 접근기회를 통제하는 게이트키퍼들이 능력(merit)을 정의하고 평가하는 방법을 규정한다. 사람들이 자주 논의하는 내용과는 반대로, 능력은 개인이 소지하고 다니면서 어떤 상황에나 쉽게 투입할 수 있는 고정된 내적 특성이 아니다.

그보다는 주어진 시간과 장소에서 무엇이 가치를 구성하는가에 대한 사회 차원의 문화적 믿음 속에 고착된 사회적 해석이다. 예를 들어, 19세기에는 진화와 생물학적 인종의 차이와 관련해 당시 우세했던 믿음에 영향을 받은 많은 사람들이 머리 크기를 지적 능력의 유효한 척도로 여겼다. 오늘날 대학입학이나 일자리를 배정하기 위해 줄자로 두개골의 크기를 잰다고 하면 대부분의 사람들은 웃음을 터뜨리거나, 오히려 몸서리를 칠 것이다. 하지만 각 시대마다 능력이 무엇인가에 대한 '생각', 그리고 특히 어떤 그룹이 능력을 더 많이 혹은 적게 보유하고 있는가에 대한 생각은 누가 명예와 보수, 영향력이 있는 자리로 나아가고 누가 멀어질 것인지를 결정하는 데 영향을 미쳤다.

능력의 해석은 가치중립적이 아니다. 이 해석들은 한 사회의 더 폭넓은 권력투쟁 속에서 드러난다. 예를 들어, 앞서 언급한 두개골의 크기와 관련된 움직임은 백인 유럽인들이 식민주의를 과학적으로 정당화하고 인종차별을 합법화하려던 시도에 그 뿌리를 두고 있다. 이와 유사하게 사회학자인 제롬 카라벨(Jerome Karabel)의 연구에 따르면, 1920년대 이전에는 하버드, 프린스턴, 예일의 입학허가는 대부분 과목별 시험결과를 토대로 이루어졌으며, 지성주의적 입장을 보였다. 하지만 유태인들의 입학이 늘어나고 반유대주의가 심해지면서 능력의 정의도 옮겨갔다. 초점의 대상이었던 지적 기량은, 유태인 학생들을 배제하고 백인인 앵글로색슨 개신교도들에게 우위를 제공하기 위해 지원자의 스포츠 과목, 비교과 활동 참여로 드러나는 개인의 '성격'과, '남자다움' 대한 인식에 그 자리를 내주었다. 성격과 다재다능함을 강조하는 현상은 오늘날의 대학 입학심사과정에서도 계속되고 있다. 따라서 능력은 항상 진화하면서 움직이는 과녁으로, 주어진 사회의 권력 관계를 형성하면서 동시에 권력 관계에 의해 형성된다.

하지만 한 가지 변함없는 상수는, 어떤 시간과 장소에서든 능력의 정의가 엘리트들의 가치와 특성을 반영하는 경향이 있다는 점이다. 엘리트들은 일반적으로 사회의 게이트키퍼 기관들을 통제하고 있으며, 따라서 주어진 영역에서 능력이 무엇인지 정의하고, 능력을 측정하는 방법을 규정할 수 있는 힘이 있다. 그들은 자신과 자녀들의 특권을 지키기 위해 자신들에게 유리하게 이런 기준을 조작할 수도 있다. 또한 앞선 사례에서 나온 유태인 학생들처럼 그들에게 위협적으로 여겨지는 그룹 구성원을 배제하기 위해 이런 일을 할 수도 있다. 하지만 여기에는 중요한 무의식적 심리과정도 작용한다. 사회생활의 거의 모든 영역에서 우리는 자신의 이미지로 능력을 규정하는 경향이 있다는 점이다. 사회계층에 상관없이 아무에게나 좋은 학생이나 좋은 부모, 혹은 심지어 좋은 운전자란 어떤 사람인지 물어보라. 대답으로 그들은 통상적으로 자신과 같은 유형의 학생, 부모, 운전자를 묘사할 것이다. 엘리트들이 게임의 규칙을 정하는 만큼, 그 사회의 게이트키퍼 기관들이 어떤 방식으로 능력을 규정하고 평가하느냐에 상관없이 엘리트 계층이 일반적으로 능력을 더 많이 보유한 것처럼 보이는 것도 놀라운 일은 아니다. 따라서 문화는, 사회적 상호작용에서 개인들이 평가받는 방식과 그들의 열망, 가치, 태도를 형성하는 것은 물론, 권력·명성·보수가 높은 자리에 대한 접근기회를 통제하는 게이트키퍼들이 능력을 정의하고 중요한 자원을 배분하는 방식을 좌우함으로써 엘리트의 재생산에 영향을 끼친다.

— 문화와 교육적 불평등: 최근 연구

계층 기반 양육 전략

문화와 불평등에 대한 이론적 논쟁은 아직 진행 중이지만, 문화사회학자들은 문화적 요인들이 어떻게 특권층 자녀를 위한 교육적 우위를 재생산하는지 실증적으로 보여 주는 데 많은 성과를 거두었다. 예를 들어, 사회학자인 아네트 라루(Annette Lareau)는 계층별 양육 스타일 차이가 특권층 출신 아이들이 학교에서 성공하는 데 어떤 도움을 주는지 분석했다. 라루에 따르면, 특권층 부모들은 그녀가 '집중양육'이라고 명명한 양육방식을 적용했다. 이들은 자녀들을 관심을 기울여 세심하게 돌봐야 성공할 수 있는 프로젝트처럼 여겼다. 이런 믿음에 따라 자녀들이 더 높은 성적을 받고, 더 좋은 교사, 더 나은 학습환경에 접근할 수 있는 기회를 확보하려고 학교 행정 담당자들에게 직접적으로 간섭하거나 자녀들의 학교생활에서 더 적극적인 역할을 맡는 경향이 있었다. 게다가 학교 바깥에서는 교육적 풍요로움을 제공하면서 자녀들을 체계적인 비교과과정에 등록시키는 경향도 보였다. 이런 조치들은 자녀들로 하여금 학업 성과를 높이고, 학급 담당 선생님들에게 더 긍정적인 인상을 주며, AP과정의 얼마 되지 않는 자리를 차지하도록 하는 데 도움을 주었다. 체계적인 비교과과정 참여는 자녀들이 가족이 아닌 성인들과도 요령 있게 상호작용을 할 수 있게 하였다. 게다가 상위권 대학들이 비교과과정 참여를 입학허가의 기준으로 활용한다는 점을 감안할 때, 이는 자녀들이 상위권 대학을 다니도록 만드는 데도 도움이 된다. 라루는 이와 대조적으로 노동계층 부모들은 그녀가 '자연성장'이라고 명명한 양육 전략을 채택한다는 사실을 발견했다. 즉, 신뢰할 수 있는 학교 당국의 지도하에 스스로를 계발할 수 있는 자유가 있을 때 자녀들은 성공할 것이라는 믿음이다. 이들 부모는 자녀의 학교생활에 개입하지 않으며, 그 대신 어떤 활동을 추구할지 선택을 자녀들에게 맡기는 경향이 있었다. 이런 접근방식은 더 부유한 동료들과 비교할 때 노동계층 자녀들이 학업 성과에 도움이 되는 자원을 확보하는 일과 대학입학 경쟁에 유리한 학업 및 비교과과정 이력을 쌓는 일 두 가지 모두에서 불리해지는 결과를 가져왔다.

하지만 부모들의 문화적 자원은 교육 계층화에 대한 이야기에서 일부에 불과하다. 부모들은 종종 명시적이고 암묵적으로, 게이트키퍼를 통과할 수 있는 각본을 자녀들에게 가르쳐 준다. 이들은 특정한 상황에서 어떻게 행동해야 할지 대놓고 알려 줄 수도 있지만 자녀들은 성인인 양육자들의 상호작용 스타일을 모방하면서 서서히 터득하는 방식으로 배울 수도 있다. 어릴 때부터 경제적 특권층 자녀들은 독립성, 자기표현, 행동권, 권리를 강조하는 상호작용 스타일을 익히는 쪽으로 사회화된다. 부유한 부모들이 우수 교사가 있는 학급에 자녀를 배치해 달라고 고집하거나 아동을 부당하게 대우할 때 이의를 제기할 가능성이 더 많은 만큼, 이와 유사하게 부유한 자녀들은 자신에게 필요한 자원을 얻기 위해 사회적인 세계를 대상으로 행동을 취하는 법을 배운다.

더 높은 사회·경제적 지위와 연관된 상호작용 스타일을 드러내는 일은 학교에서 성과를 거두는 데 유리하게 작용할 수 있다. 사회학자인 제시카 맥크로리 칼라코(Jessica McCrory Calarco)는 초등학교 교실을 대상으로 한 문화기술연구에서 특권층 출신 학생일수록 문제 해결에서 어려움에 직면했을 때 도움을 청할 가능성이 더 많다는 사실을 발견했다. 게다가 그들은 어려움을 겪지 않을 때도 힌트를 요청했다. 이들 학생들은 다양한 학급 활동에서 성과를 거두는 데 필요한 정보와 자원은 물론, 교사의 관심을 얻는 기술이 뛰어났다. 반면, 노동계층의 학생들은 약해 보이거나 수업을 방해할지도 모른다는 두려움 때문에 도움을 요청하기를 종종 꺼렸다. 결과적으로 노동계층 학생들은 교사의 관심을 적게 받았으며, 부유한 학급 동료들보다 추진력이나 지적 관심이 부족하다는 인식을 주었다. 현장에서 교사들에게 요령과 힌트를 얻지 못한 노동계층 학생들은 종종 배정받은 프로젝트를 마칠 수 없었고, 이는 부유한 학급 동료들만큼 똑똑하지 않다는 인식을 강화시켰다. 이런 패턴은 유치원에서 시작해 대학을 마칠 때까지 지속되었으며, 학생들의 학교생활 내내 뚜렷하게 나타났다. 교사들은 부유한 학생들이 더 의욕적이고, 추진력이 강하며, 지적이고, 사회성이 발달했다고 인식하며, 덜 부유한 가정 출신 학생들보다 더 많은 관심을 기울이고 우호적으로 대하는 경향이 있다.

입학허가에서의 우위

부유한 학생들은 대학입학 과정에서도 유리하다. 사회학자인 미첼 스티븐스(Mitchell Stevens)는 상위권 대학의 입학사정관들이 신입생을 선택하는 기준, 즉 특정 학교 출신 여부, AP과정 등록 여부, 폭넓은 비교과과정 참여, 감동적인 자기소개서 등은 부모의 사회·경제적 지위와 높은 상관관계가 있음을 발견했다. 입학사정관들은 이 기준들을 종종 개인적 성취로 개념화하지만, 스티븐스는 이들이 지적이고 부유하며 관심이 많은 부모들의 정교하고 광범위한 조작이 필요한 기준들이며, 혜택을 덜 받은 가정 출신으로 뛰어난 성과를 거둔 많은 학생들로서는 도달할 수 없는 기준임을 보여 준다. 그리고 입학사정 위원회에서는 학교에 상당한 금액을 기부한 가정 출신의 학생들은 물론, 부모가 그 학교에 다녔던 학생에게 공공연하게 특혜를 부여한다.

게다가 혜택을 많이 받은 배경 출신 학생들(과 부모들)은 대학입학이라는 게임의 법칙을 더 잘 알며, 따라서 규칙에 따라 게임에서 성공하는 데 더 유리한 위치를 차지하는 경향이 있다. 대학 입학사정 위원회가 지원자의 다재다능함에 대한 기본적인 근거를 비교과 활동에 대한 참여에서 시작해 학교 바깥에서 거둔 세계적인 수준의 성취에서까지 찾다 보니, 부유한 부모들은 이런 흐름에 발을 맞춰 왔다. 이들 부모들은 자녀를 더 어린 나이에 훨씬 더 치열하고 다양한 비교과 활동의 물량 경쟁에 참여시킨다. 입학사정 위원회에서 이런 입학허가 기준을 점점 더 강조하면서, 부유한 부모들이 다양한 비교과 활동에 자녀들을 자동차로 데려다주는 데 드는 시간도 확연하게 늘어났다. 이와 비슷하게 대학입학을 위한 표준화된 시험 점수의 중요성이 증가하면서, 시험 준비과정을 활용하는 경우도 늘고 있다. 덜 부유한 학생들의 경우, 일종의 SAT(미국의 대학입학 자격시험) 준비과정에 등록하는 경우가 10% 미만인 데 반해, 부유한 학생들의 경우 이 비율이 80%(이들 중 약 3분의 1이 두 가지 이상의 과정에 등록한다)에 육박한다. 시험 준비과정이 부자들의 삶의 일부로 너무나 단단히 자리를 잡다 보니, 관련 회사가 부유한 가정들이 별장을 둔 지역에 서비스 지점을 개설하면서, 그 자녀들은 언어영역이나 수리영역 점수를 포기할 필요 없이 여름방학을 즐길 수 있게 되었다. 이런 준비과정이나 그 외 다른 시험 전략들은 부유한 학생들이 SAT 점수를 끌어올리고 대학입학, 특히 최고 명문 대학 입학을 용이하게 하는 데 도움을 줄 수 있다. 이와 비슷하게 개별화된 컨설팅과 심지어 여유 있는 사람들을 위해 에세이를 대신 써 주는 서비스까지 제공되면서 대학 지원 준비 서비스는 수백만 달러 규모의 산업이 되었다. 이런 게임의 법칙에 대한 깊이 있는 이해와 지침들을 완전히 익히는 데 필요한 경제적 자원이 합쳐진다면, 특권층 가정 출신 학생들은 대학입학에서 상당한 우위를 차지할 수 있다.

대학에서의 불평등한 경험과 결과

자녀들이 대학에 입학한다고 해서 사회·경제적 불평등이 사라지지는 않는다. 사회학자인 제니 스투버(Jenny Stuber)는 노동계층 학생들의 경우, 대학 교육이란 강의실에서 수업을 듣고 배우는 것이라는 생각을 가지고 대학에 들어갈 가능성이 더 많으며, 거기에 맞춰 시간과 에너지를 투자한다는 사실을 보여 준다. 사회학자인 엘리자베스 암스트롱(Elizabeth Armstrong)과 로라 해밀턴(Laura Hamilton)은 이처럼 학업에 초점을 맞춘 각본은 많은 미국 대학에서 열리는 '파티'나 사교문화와 상충한다는 점을 보여 준다. 이런 각본은 미래의 취업 기회는 물론, 대학에서 사교의 장을 헤쳐 나가는 데 중요한 정보를 제공해 줄 동료 네트워크에서 노동 계층 및 중하위층 학생들을 소외시킨다. 그 결과로 생기는 고립되고 소외된 느낌은 이 학생들의 성적, 행복 수준, 졸업 가능성에 부정적인 영향을 미친다. 책 뒷부분에서 다루겠지만, 이 학생들이 비교과 활동을 추구하기보다 학업에 초점을 맞추는 일은 취업 전망에도 부정적인 영향을 미친다.

요약하자면, 더 혜택받은 가정 출신의 학생들은 경제·사회·문화적 자원 덕분에 21세기 경제적 계층화의 주된 도구가 된 공식 교육시스템 안에서 더 많은 기회에 접근하고, 탐색하고, 성과를 거둘 수 있다. 엘리트 재생산은 학생들이 학위를 받기 위해 사각모를 쓰고 가운을 입을 때도 끝나지 않는다. 부모의 사회·경제적 지위는 학생들이 대학이나 전문대학원을 졸업한 후 얻게 되는 급여와 직업의 유형에도 계속해서 의미 있는 영향력을 행사한다.

하지만 아직도 비슷한 학력을 가진 학생들이 노동시장에서 일자리를 위한 경쟁을 하는 과정에서 어떻게 엘리트가 재생산되는지에 대한 이해는 부족하다. 이 주제에 관한 연구도 미진하다. 학교에서의 엘리트 재생산을 연구한 학자들은 종종 교육시스템에서 학생들에게 우위를 제공하는 유형의 자원들, 특히 문화적 요인들이 역시나 더 좋은 일자리와 높은 급여를 확보할 수 있게 해준다고 가정한다. 하지만 이는 단순한 가정일 뿐이다. 이 가정들은 아직 연구되지 않았다. 나는 이 책에서 엘리트 재생산 트랙에서 고등교육을 마친 후 다음 단계의 전환점을 살펴보려 한다. 바로 고용주들의 채용과정이다. 고용주들은 다양한 소득과 명성을 가져다줄 일자리로 향하는 문을 지키는 게이트키퍼이다. 그들이 내리는 채용 결정은 경제적 불평등을 설명하는 데 중요한 역할을 한다.

고용주들은 어떻게 직원을 채용하는가

고용주들은 어떻게 엘리트 재생산에 기여할까? 앞에서 지적했듯이 우리는 그 답을 아직 알지 못한다. 채용과정에서 이루어지는 계층화에 대한 많은 연구들은 성별 및 인종에 따른 불평등에 초점을 맞춘다. 사회·경제적 불평등이 받아 온 관심은 미미했다. 게다가 노동시장을 연구한 연구자들은 고소득 일자리보다는 저소득 일자리에 대한 진입을 연구하는 경향이 있다.

사회학자들은 통상적으로 채용을 회사의 필요와 지원자의 기술을 짝짓는 단순한 과정으로 묘사한다. 고용주들은 특정한 일자리와 지원자 풀에 대해 후보자의 생산 역량, 다르게 표현하면 필요한 업무를 수행할 수 있는 능력을 인지적 방법으로 추정해 이를 바탕으로 의사결정을 내린다고 여겨진다. 하지만 고용주들은 대개 채용 결정을 내리기 전에는 업무 성과를 직접 관찰할 수 없기 때문에 최선의 '추측'을 해야 한다. 그들은 관찰이 가능하고 실질적인 업무 성과의 차이를 만든다고 믿고 있는 하나 혹은 그 이상의 자질을 선별한다. 그런 다음 지원자들을 평가하고 신입사원을 선택할 때 이 '신호'들을 활용한다. 활용할 신호를 선택할 때는 대개 고정관념, 특정 집단의 평균적 능력에 대한 인식, 혹은 개인적인 경험이 바탕이 된다. 사회학에서 가장 흔하게 연구되는 신호로는 후보자의 인지적 능력, 특히 수년에 걸친 학교생활을 들 수 있다. 고용주들은 생산성을 추측하기 위해 추천자가 있는지 여부 및 후보자의 성별과 인종을 기준으로 활용할 수도 있다. 하지만 중요한 사실은 이들 신호가 최선의 추측이 되기에는 불완전하며, 최적이 아니거나 심지어 차별적인 결과로 마무리될 수도 있다는 점이다.

그간 사회·경제·문화적 자본이 교육에서의 특권을 재생산하는 방식에 대한 연구는 계속 이어져 왔다. 이러한 연구 중 일부는 이들 자본이 엘리트 직업을 향한 접근 기회에까지 영향을 미친다고 가정하지만 아직 실증적 연구는 이루어지지 않고 있다. 고용 연구에 있어서도 많은 실적이 존재하지만, 이 역시 인적·사회적 자본과 문화·경제적 자본이 합쳐져 노동시장의 불평등에 기여하는 과정을 분석하는 데까지는 이르지 못했다.

이 책은 채용과정에서 엘리트가 어떻게 재생산되는지 조사함으로써 교육과 고용에 대한 연구를 연결하고 진전시킨다. 최고의 투자은행, 경영 컨설팅 회사, 로펌의 채용에 관한 질적 사례연구를 통해 고용주들이 대졸 신입사원을 끌어오고, 평가하고, 채용하는 방식을 조사하여, 이러한 채용 방식으로 인해 사회·경제적으로 혜택을 받은 출신들이 치열한 구직시장에서 어떻게 유리한 위치를 점하는지 보여 주고자 한다. 엘리트 재생산에 대한 능력 위주, 배경 위주, 혹은 인적 자본 위주의 설명을 넘어서, 그들이 무엇을 '능력'으로 치는지, 그것을 어떻게 측정하는지를 들춰내고, 고용주와 지원자의 성장배경이 만든 굳건한 문화적 믿음이 이 암묵적 합의에 어떻게 영향을 주고 핵심 역할을 하는지 보여 줄 것이다.

엘리트 전문서비스 기업의 채용에 관한 연구

— 일자리의 성삼위일체

내가 신입 단계의 일자리를 연구과제로 선택한 이유는 학생들이 고등교육기관을 졸업한 후, 경제적 계층화가 발생하는 최초의 순간을 살펴보고 싶었기 때문이다. 게다가 경력 초기에 얻은 일자리는 한 개인의 직업과 경제에서 궁극적인 성공을 성취하는 데 중요한 역할을 담당한다.

나는 엘리트 일자리에 대한 접근기회를 연구하고 싶었기 때문에 대학이나 전문대학원을 갓 졸업한 신입사원으로서 가장 높은 급여를 받을 수 있는 일자리를 선택했다. 바로 일류 투자은행, 경영 컨설팅 회사, 로펌의 일자리들이다. 최근 졸업생들이 이들 기업 중 한 곳에 일자리를 얻으면 이들은 순식간에 가구당 소득을 기준으로 미국 내 최상위 10% 에 속하게 된다. 이들 신규 직원들의 소득은 같은 대학 출신으로 다른 유형의 일자리를 얻은 졸업생보다 2배에서 4배 더 높다. 게다가 이런 유형의 회사에 채용이 되었던 전력은 기업은 물론, 정부나 비영리기관에서 고위급의 자리에 오르기 위한 선결조건이 된다. 따라서 역사적으로 미국의 상위계층이 독차지했던 이 일자리들은 미국의 경제 엘리트가 되기 위한 현대판 게이트웨이로 생각해도 무방하다.

투자은행과 컨설팅 회사, 로펌을 선택한 것이 일부 독자에게는 사과와 오렌지, 배를 서로 비교하는 것처럼 느껴질 수도 있을 것이다. 하지만 내부자의 입장에서 볼 때, 이 세 유형의 회사는 총괄해서 엘리트 전문 서비스 기업(elite professional service firms, EPS)이라고 불리는 동급 기관들로서, 서로 밀접한 관계에서 일하며 함께 생존한다. 게다가 이들 회사의 직원과 입사 지원자들은 엘리트 전문서비스 기업을 고용 부문에서 높은 지위를 제공하는, 하나의 응집된 범주로 여긴다. 연구 참여자 중 일부는 이 세 유형의 회사를 총괄해 '성삼위일체' 혹은 아이비리그 '피니싱 스쿨(사교계에 나가기 전 교양과 매너를 교육하는 학교 - 역자 주)'로 묘사하기도 했다.

이 세 유형의 회사들은 신입직원을 비슷한 지원자 풀에서 선발한다. 일류 대학과 전문대학원에서는 학업 성과나 전공에 상관없이 다수의 학생이 이 일자리에 지원한다. 졸업이 임박한 학부 학생들은 투자은행으로 가야할지, 컨설팅 회사로 가야할지, 로스쿨로 가야할지를 두고 자주 논쟁을 벌인다. 경영대학원 학생들은 종종 투자은행과 컨설팅 회사에 동시에 지원한다. 로스쿨을 금방 졸업한 학생들(JD)도 대형 로펌은 물론 투자은행과 컨설팅 회사에서 일자리를 찾는 경우가 늘어나고 있다.

똑같지는 않지만 이 회사들의 일자리는 많은 특성을 공유한다. 분석적 기술과 대인관계 기술을 둘 다 요구하며, 업무의 성격에 연구와 팀워크, 고객 대응이 섞여 있다는 점도 유사하다. 회사 유형에 상관없이 이들은 주로 대기업을 고객으로 상대한다. 업무는 시간 집약적이며, '크게 성공하지 않으면 크게 실패하는' 경향이 있다. 직원들은 수많은 마감시한과 마주하며, 대개 주당 65시간 이상 일한다. 마지막으로, 이 회사들은 채용 절차도 유사하다. 이들은 신입직원 대다수를 '캠퍼스 채용'이라고 알려진 절차를 통해 확보한다.

— 캠퍼스 채용

기업들은 엘리트 대학의 취업지원센터와 연계해 연례적으로 실시하는 캠퍼스 채용 프로그램을 통해 신입직원 중 많은 수를 고용한다. 이 과정을 캠퍼스 채용이라고 부르는 이유는 고용주가 사무실에서 필요한 절차를 진행하지 않고, 캠퍼스로 학생들을 찾아가서 채용 활동을 벌이고 인터뷰를 실시하기 때문이다. 그들의 목표는 매년 수십 명에서 수백 명 규모의 신입직원을 채용하는 것이다. 그런 다음 이들 신입직원들은 '동기(class)'로 회사에 입사해 함께 집중적인 교육과 사회화과정을 겪는다.

〈그림 1.1〉이 예시하듯이 이 세 유형의 회사에서 채용은 일련의 유사한 단계들을 따른다. 먼저, 고용주들은 대개 학교 명성을 바탕으로 대학들의 리스트를 작성해 경쟁 범위를 정한다. 그런 다음 이들 학교에 구인 광고를 게시하고, 이력서를 받고, 후보자들을 인터뷰한다(2장 참조). 회사들은 지원자들을 끌어오고 회사에 대한 관심을 불러일으키기 위해 이들 대학 중 소수의 대학에서 채용을 위한 사교 행사들을 개최한

다(3장 참조). 그런 다음, 회사 직원들이 이력서를 검토해 인터뷰 대상자를 선정한다. (6장부터 8장의 중심 내용인) 인터뷰는 2단계로 구성된다. 각 단계에서 (인사 담당 관리자가 아닌) 수익부서의 전문직 직원들이 지원자를 인터뷰한다. 1차 인터뷰에서 우호적인 평가를 받은 지원자만이 2차 최종 인터뷰에 참가하라는 초대를 받는다. 인터뷰가 끝나면 면접관들과 채용위원회 멤버들이 모여 그룹 심의를 하면서 최종적인 채용 의사 결정을 내린다(9장 참조). 한바탕의 '독려' 행사(합격한 학생들이 일자리 제안을 받아들이도록 몰아가는 호화로운 파티, 저녁식사, 주말 단합대회)가 그 뒤를 따른다.

이 과정은 1년에 2회 시행된다. 풀타임 일자리를 구하는 최고 학년

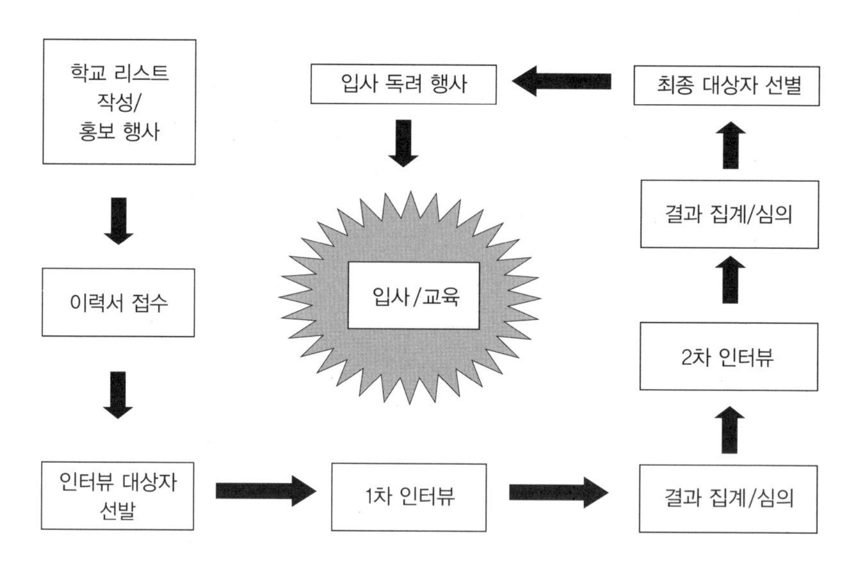

그림 1.1 캠퍼스 채용과정 예시

이 패턴에서 벗어나는 한 가지 경우로 일부 로스쿨의 취업지원센터에서는 고용주들에게 이력서를 심사하지 못하게 한다. 채용 공고에 최저 학점을 제시하거나 다른 자질들을 기재할 수 있지만, 고용주는 이력서를 제출한 모든 학생을 대상으로 인터뷰를 실시해야 한다.

학생들을 위해 가을에 한 번('풀타임 채용'), 그리고 바로 그 전 학년으로 여름 인턴십을 구하는 학생들을 위해 봄에 한 번('여름 인턴십 채용') 진행된다. 인턴십을 마치고 풀타임 일자리 제안을 받은 여름 인턴들(대다수의 인턴들이 제안을 받는다)은 최종 학년이 되었을 때 풀타임 채용에 참여하지 않는다.

이런 유사성에도 불구하고 회사들이 인터뷰를 구성하는 전형적인 방식에는 작지만 의미 있는 차이가 존재한다. 인터뷰의 내용과 특히 인터뷰를 통해 대인관계 요령과 기술적 능력을 시험하는 정도는 회사의 유형에 따라 다르다. 로펌 인터뷰는 로스쿨과 후보자의 비교과 활동에 대한 편안한 대화를 통해 후보자의 대인관계 기술에 거의 전적으로 초점을 맞춘다. 투자은행 인터뷰도 비슷한 포맷을 따르지만, 금융의 기본 원칙에 대한 후보자의 기본적인 친밀도 역시 테스트한다. 대개 기본적인 탐색 수준이지만(예를 들어 '나스닥이 무엇인가?' '회사 평가는 어떻게 하는가?'), 그들은 관련된 기술적 지식의 기본 테스트를 의도적으로 인터뷰에 포함시킨다. 컨설팅 회사에서 채택하는 평가는 기술적으로 가장 어려운 수준이다. 이 평가에서는 투자은행이나 로펌에서 시행하는 방식과 비슷한 간략한 대화형 인터뷰에 이어, 지원자들이 향후 업무에서 직면할 수 있는 비즈니스 문제와 유사한 문제를 20분에서 30분 동안에 해결해야 하는 '케이스' 토론이 시행된다. 취업 인터뷰의 내용 측면에서 이런 유형의 차이는 인터뷰 구조와 엘리트 재생산 사이의 중요한 연계를 밝히는 데 도움이 된다. 이 연계에 관심을 둬야 하는 중요한 이유는 인터뷰가 더 구조화될수록 채용과정의 편견과 불평등이 줄어든다고 주장하는 연구가 있기 때문이다.

— 연구방법

나는 인터뷰와 참여자 관찰의 조합을 통해 엘리트 전문서비스 기업의 채용을 연구했다. 목표는 밑바닥에서부터 채용을 연구하는 것이었다. 나는 스스로 엘리트 채용의 세계에 뛰어들어서 후보자를 실제로 선택하는 고용주의 관점에서 이 사안을 연구하고 싶었다.

인터뷰

2006년부터 2008년까지, 나는 일류 컨설팅 회사, 투자은행, 로펌에서 학부생과 대학원생의 채용에 관여하는 직원들을 대상으로 절반 정도를 구조화한 인터뷰를 120건(회사 유형별로 40건씩) 수행했다. 참여자 중에는 채용 담당 파트너, 매니징 디렉터, 인터뷰를 실시하고 이력서를 검토하는 중간급 관리자, HR 관리자들이 포함되었다. 인터뷰는 대략 40분에서 90분에 걸쳐 이루어졌으며, 참여자가 선택한 시간에 그들이 선택한 장소에서 이루어졌다. 나는 참여자가 찬성할 경우 인터뷰를 녹음했으며, 나중에 한 마디도 빼지 않고 그 내용을 기록으로 옮겼다. 맨해튼에 본사를 둔 기업들의 규모를 감안해 데이터 수집을 더 용이하게 할 목적으로 나는 뉴욕으로 이사를 했다. 많은 인터뷰가 월스트리트와 파크 애비뉴 인근의 카페에서 이루어졌다.

인터뷰는 채용과정에 대한 평가자 개인의 경험과 의견, 후보자를 평가하기 위한 개별적인 접근방식에 초점을 맞추었다. 나는 그들에게 지원자를 평가할 때 채용과정의 각 단계에서 기준으로 삼은 자질이 어떤 것이었는지 질문했다. 더 나아가 지원자의 자질과 대화의 세부사항 모두에 집중하면서, 가장 최근에 인터뷰한 세 명의 지원자에 대해 기술해 달라고 요구했다. 그리고 다양성이 (혹시라도 어떤 역할을 맡는다면) 채용과정에서 어떤 역할을 하는지와 함께, 그 과정이 효과적이고, 효율적이며, 공정하다고 생각하는지에 대한 그들의 관점을 포함해 채용과정 전체에 대한 개인적인 의견을 피력해 달라고 요청했다.

이들 회사에 속한 모든 평가자가 이력서 심사부터 참여해 본 것은 아니었다. 나는 인터뷰 샘플에 포함된 사람 중 이력서 심사에 참여해 본 이들에게 한 그룹의 가상 후보자들의 이력서를 주고, 즉석에서 구두로 평가해 달라고 요청했다. 가상 후보자의 이름은 애널카, 블레이크, 조나단, 줄리아, 사라였다. 나는 인터뷰 중에 시간이 많거나 적거나에 상관없이, 그들이 실제로 이력서 심사에 통상적으로 쓰는 만큼의 시간을 써서 실시간으로 그 이력서들을 평가해 달라고 요청했다. 대부분은 이 단계를 10분 이내에 끝마쳤다. 나는 일부러 이 이력서들을 엘리트 전문서비스 기업들이 고려하는 전형적인 이력서들로 설계했다. 모든 후보자들이 최소한 한 곳의 잘 알려진 대학을 다녔으며, 회사가 요구하는 기본적인 최저 요구학점을 충족했고, 인턴십 등 업무 경험이 있었으며, 비교과 활동에 참여했다. 하지만 후보자들은 성별, 인종, 모교의 명성, 평균 학점(GPA), 과거 직장, 비교과 활동에서 다양했다. 이력서 간에 차이 나는 특성이 두 가지 이상이었던 만큼 실험 조작을 위해 의도한 프로필들은 아니었다. 그보다 내 의도는 참여자들이 이들 이력서에 어떤 평가기준을 적용하는지, 그리고 그들이 이력서에서 본 내용을 실시간으로 어떻게 해석하는지 조명하기 위한 대화의 출발점으로 삼는 데 있었다. 나는 모든 평가자들에게 신상에 관한 질문을 하는 것으로 인터뷰를 마무리했다.

구직자들이 채용과정을 보는 관점에 대한 통찰을 얻기 위해 나는 엘리트 전문서비스 기업의 일자리에 지원했던(일부는 합격했고, 일부는 탈락했다) 후보자들과 3분의 2 정도 구조화된 인터뷰를 실시하기도 했다. 이 대화에서는 다양한 회사에서 나왔던 평가자들과 가진 특정한 대화는 물론, 전체적으로 채용과정에 대한 그 인식에 초점을 맞추었다. 그들의 신원을 보호하기 위해 나는 인터뷰 대상자 전원을 대상으로 가명을 사용했다.

참여자 관찰

평가기준을 둘러싼 풍부한 이야기를 행동에 관한 구체적인 데이터와 연결시키기 위해 나는 참여자들의 채용 활동을 관찰했다. 내 연구에서 관찰 부분은 다음 두 가지 요소로 구성된다. 첫째, 회사들이 신규 채용자들을 끌어들이고, 그들이 지원자에게서 원하는 자질을 공개적으로 표현하는 방식을 이해하기 위해, 나는 6개월 동안 이 회사들이 미국 북동부 한 대도시의 여러 대학 현지에서 개최한 거의 모든 채용 행사를 관찰했다. 나는 학생 신문에 나온 광고와 취업지원센터에서 제공하는 캠퍼스 채용 일정을 통해 이 행사들을 찾아냈다. 아울러 몇 건의 다양성 채용 박람회에도 참여했다. 그 기간에 나는 여름 일자리에 관심이 있는 대학원생으로 나 자신을 소개했다. 나는 회사가 학생들에게 회사와 채용 절차를 소개하는 방식을 담은 상세한 현장 노트를 작성했다. 아울러 회사 측 대표 및 예비 지원자들과 나눈 비공식적인 대화 역시 상세하게 노트에 기록했다.

둘째, 채용 업무가 무대 뒤편에서 어떻게 이루어지는지 이해하기 위해 나는 2006년과 2007년에 2년간 약 9개월에 걸쳐 한 엘리트 전문서비스 기업의 채용부서에서 현장업무를 수행했다. 이 책에서 그 회사를 언급할 때는 홀트 홀리데이(Holt Halliday), 혹은 단순하게 '홀트'라는 가명을 사용했다. 내 역할은 참여자들을 관찰하는 역할이었다. 나는 개인적인 인맥을 통해 홀트에 접근했다. 행사기획에 대한 전문적인 경험과 엘리트 전문서비스 기업 근무 이력이 있었기에 나는 채용 행사의 계획과 실행을 돕는 '채용 인턴'의 업무를 맡았다. 그 대가로 나는 한 엘리트 전문대학원을 담당하는 HR 채용팀의 온전한 멤버가 되었고, 홀트는 그 학교에 대한 채용과정을 관찰하고 지원해도 좋다고 허락했다. 이 학교를 언급할 때 이스트모어(Eastmore)라는 가명을 사용한다. 나는 유급 직책을 제안받았지만 이해관계의 충돌을 방지하기 위해 거절하고, 그 대신 홀트가 제안한 무급 직책을 받아들였다.

참여자를 관찰한 수개월 동안 나는 학교에서 이루어진 풀타임 직원 및 서머 인턴 채용과정 전반에 걸쳐 이스트모어 채용팀을 그림자처럼 따라다녔다. 이 경험은 내가 인터뷰 프로토콜을 다듬고 강화하는 데 도움을 주었을 뿐만 아니라, 후보 선택과정을 직접 관찰하고, 평가자들은 깨닫지 못하는 패턴을 파악할 수 있게 해주었다. 나는 가능한 자주 현장 노트를 기록했다. 이스트모어 채용팀 멤버라는 역할은 이 점에서 도움이 되었다. 메모지나 메모판을 늘 휴대하며 노트를 거의 실시간으로 작성했다. 노트를 기록하는 모습이 튀어 보일 수도 있는 비공식적인 대화를 할 때는 가끔 화장실로 달려가 주머니에 넣고 다니는 작은 노트에 메모를 휘갈겨 쓰기도 하면서 가능한 만남 직후에 생생한 현장을 기록하려고 최선을 다했다. 회사 감사팀의 제한 요건과 홀트의 요청으로 인터뷰 현장에 앉아 있기는 불가능했다. 그럼에도 나는 채용 행사를 계획하고 참여하고 실행하는 일을 도왔다. 지원자들과 대화를 나누었으며, 인터뷰 후에 면접관들이 지원자들을 평가하는 이야기를 들었고, 인터뷰 결과를 논의한 후 최종적으로 선택하는 채용위원회 심사에도 참여했다. 직접 인터뷰를 관찰하지는 않았지만, 고용주가 지원자에 대해 이야기하고 집단적으로 의사결정을 내리는 과정을 목격하는 일은 채용과정에 매우 중요한 성찰을 제공했다. 평가자들은 지원자와의 대화에서 객관적인 세부사항이 아니라 '주관적인 인상'을 기록하는 데 인터뷰 보고서를 활용했으며, 이 내용은 내가 관찰한 채용위원회 심사과정에서 후보자들에게 유리하거나 불리한 논쟁의 토대가 되었다.

실무를 다루고 있는 다음 장들에서 세부적으로 논의하겠지만, 다른 엘리트 전문서비스 회사들처럼 홀트에서도 채용 담당 인사팀 직원과 수익부서의 전문직 직원 양쪽 모두가 채용에 관여한다. 일반적으로 전자는 채용과정의 계획과 집행, 행정적인 업무를 담당한다. 후자는 후보자들을 인터뷰하고 채용 결정을 내린다. 이스트모어 채용팀 인사 부문 담당자들의 구성은 다음과 같았다. 먼저 내 직속상사이자 채용 책임을 맡은 30대 초반의 백인 남성 잭과 인사팀 채용 담당 직원으로 채용 시즌 동안 채용 업무를 맡아 풀타임으로 일하는 20대 후반의 백인 여성인 아만다, 역시 인사팀에서 풀타임으로 채용업무를 담당하는 20대 중반 백인 남성인 샘이 있었다. 샘은 주로 이스트모어를 담당했지만 때때로 다른 학교 업무를 돕기도 했다. 나 말고도 두 사람의 유급 인턴이 더 있었는데, 이스트모어의 학부생 프로그램에 속한 학생인 아이린과 릴라였다. 아이린은 뉴욕시 근교 지역 출신인 아프리카계 미국인이었고, 릴라는 마이애미시 근교 지역 출신인 라틴계 미국인이었다. 특별히 인터뷰 당일과 심사회의에는 수익부서의 전문직 직원 두 명이 참여했다. 홀트의 파트너인 대시는 40대 초반의 인도계 미국인으로 이스트모어의 채용 전반을 감독하는 일을 지원했고, 30대 초반의 인도계 미국인 니테시는 원래의 업무 대신 가을 동안 이스트모어 캠퍼스에 풀타임으로 주재하면서 비공식적으로 학생을 만나고 그들의 인터뷰 준비를 도왔다. 이 팀에서는 나를, 홀트를 포함한 엘리트 전문서비스 회사들의 채용 관행을 연구하는 사회학과 대학원생으로 알고 있었다. 나는 회사 및 내가 관찰한 사람들의 신분을 보호하고 감추기 위해 그들에 대한 사소한 세부사항들을 변경했다. 그리고 필요한 모든 이름을 가명으로 변경했다.

— 엘리트 연구: 내부와 외부에 있어 보기

질적 연구는 연구자의 정체성과 긴밀하게 뒤얽히는 사회적 시도다. 따라서 이 연구를 수행하는 데 있어 내 자신의 정체성과 개인적 이력이 자산으로 작용한 일부 경우를 인정하는 것은 중요한 일이다. 나는 노동계층과 상류계층의 양쪽 세계에 다리를 걸친 상태에서 자랐다. 이민자이자 싱글맘이었던 어머니는 보수가 낮은 다양한 일을 하면서 나를 키웠지만, 나는 11살 때부터 엘리트 교육기관에서 대부분의 시간을 보냈다. 이들 세계에 노출되면서 나는 각각의 세계에서 전형적인 상호작용 스타일과 코드에 익숙해졌다. 유사성이 호감과 신뢰의 핵심적인 토대인 만큼 내가 가진 배경은 유리하게 작용했다. 나는 다양한 배경을 가진 연구 대상자들이 겪은 삶의 측면과 유사한 내 삶의 측면들을 강조할 수 있었다.

내 인터뷰 대상자 중 많은 사람들이 나에 대한 확인으로 대화를 시작했다. 나는 너무나 많은 사람들이 내가 어디서 자랐는지 묻는다는 사실에 놀랐다. 그들은 내가 어느 도시 출신인지만이 아니라 그 도시의 어떤 특정한 동네 출신인지도 알고 싶어 했다. (내가 자란 로스앤젤레스의 지역에는 매우 부유한 사람들이 사는 구역과 중하층 사람들이 모여 사는 구역이 모두 있다는 점에서 운이 좋았다. 나는 인터뷰 대상자의 특성에 따라 한쪽 아니면 다른 쪽 구역을 강조할 수 있었다.) 아이비리그 학교에서 받은 학사 및 석사 학위와 명망 있는 고교를 다녔다는 사실은 '내부자가 될 자격'이라는 매우 유용한 망토를 제공해 주었다. 4장에서 설명하겠지만, 엘리트 진문서비스 회사에서 출신 학교의 명성은 강력하게 신뢰할 수 있는 사회적·지적·도덕적 가치의 지표로 여겨진다. 게다가 내가 이런 류의 회사에서 근무해 본 이력이 있었기 때문에 연구 참가자 중 많은 수가 나를 캠퍼스 채용의 현실과 어려움에 익숙한 산업 내 내부자로 대했다. 내가 다닌 학교들이나 과거 직장을 언급하면서, 평가자들은 종종 "당신도 알고 있겠지만", "당신도 이해하겠지만", "당신도 우리와 같으니까"와 같은 말들을 했다.

그리고 나는 인종적으로 혼합된 배경을 가지고 있기도 하다. 반은 푸에르토리코인이고 반은 동부 유럽인이다. 게다가 나는 흔한 스페인어 성을 가지고 있다. 내가 인터뷰한 소수인종 출신의 많은 사람들은 동류의식을 강조하면서 내 성이나 혈통을 언급했다. 내 인종 정체성이 백인 평가자들에게는 불편함이나 사회적 바람직성 편향을 불러일으켰을 수도 있지만, 그 정도는 그다지 심각하지 않았다고 믿는다. 아마도 내 피부색이 밝은 편이었기 때문일 수도 있다. 나는 인종적으로 모호하게 보인다는 말을 들어 왔다. 프랑스계부터 필리핀계까지, 내가 속한 인종에 대한 추측은 다양했다. 아마도 많은 백인 평가자들은 일부러 내 이름을 '리베라' 대신 유럽 상류층이 사는 해안 지역의 이름인 '리비에라'로 발음했던 것인지도 모른다.

내부자가 되는 데는 이점이 있다. 동류의식이 없었다면 나는 내 인터뷰 대상자들이 민감한 데이터의 많은 부분을 그렇게 편안하게 공개했을지 의문스럽다. 물론 중요한 주의사항도 있다. 특히 평가자들이 종종 "당신도 그게 어떤 건지 알겠지만"이라고 말할 때마다 나는 해당 용어나 언급 대상이 의미하는 바를 설명해 달라고 아주 조심스럽게 요청해야 했다.

책의 개요

이 책에서 중심이 되는 주장은, 엘리트 고용주들이 채용과정에서 능력을 규정하고 평가하는 방식으로 인해 미국의 최고 고소득 직업을 향한 경쟁의 장이 사회·경제적 특권층 출신의 아이들에게 유리한 방향으로 강력하게 기울어지고 있다는 것이다. 이 과정을 통해 학생들에게는 졸업 후 받을 급여와 얻게 될 일자리의 종류에 계층 천장(class ceiling)이 씌워진다. 심지어 명문 대학을 다니는 학생들 간에도 이는 예외가 아니다.

이 책은 구인 광고를 어디에 게재할지 처음 결정하는 순간부터 최종 합격과 불합격 결정을 내리기 위해 채용위원회가 만나는 마지막 단계까지, 독자가 채용과정의 각 단계를 시간 순으로 따라갈 수 있도록 구성했다. 나는 홀트의 인턴으로 이 과정에 참여했지만, 이들 회사의 채용과정에서 HR 전문가들의 부족한 발언권과 침묵을 모방하기 위해 이 책 전반에 걸쳐 의도적으로 내 목소리를 가능한 낮추고 있다. 이들 회사에 존재하는 HR와 연관된 오명에 관심을 가지는 일도 중요하다.

2장에서 나는 엘리트 기업들이 일자리를 맡길 적임자의 기준을 결정하는 방법을 눈여겨보았다. 나는 제도화된 사회 자본과 개인화된 사회 자본이 경쟁의 경계를 결정한다는 사실을 발견했다. 자신의 지원서가 검토 대상이 되도록 하려면 학생들은 그 회사와 이미 연결고리가 있는 대학에 다니거나 그 회사 혹은 산업(이 둘 모두 부모의 사회·경제적 지위와 강력하게 연관된다) 내부자와 접촉해야 했다. 그 외의 지원서들은 심지어 다양성 박람회에서 수집된 것들조차도 거의 검토 대상이 되지 않았고, 설령 검토된다 해도 진지하게 다루어지지 않았다.

3장에서 나는 캠퍼스 채용기간 동안 회사들이 어떻게 학생들에게 홍보하고, 일자리를 광고하는지에 대한 깊이 있는 관점을 제공하고자 문화기술적 관찰방식을 활용했다. 나는 회사들이 엘리트 졸업생들에게 가능한 가장 논리적이고, 안전하며, 명망 있는 커리어로서 그들의 일자리를 제시함으로써 졸업 후 삶의 불확실성과 경쟁심에 호소하는 방식을 조명한다. 이런 메시지와 활동은 거대한 지원자 풀을 만들어 내는데 기여한다. 통상적으로 소위 핵심 대학에 다니는 학생들의 반 이상이 이런 유형의 일자리에 지원한다. 캠퍼스 채용 활동이 엘리트 졸업생들의 커리어에 대한 열망과 이들 기업에 대한 전반적인 태도를 만들어 낸다는 사실 역시 마찬가지로 중요하다.

4장은 고용주들이 어떻게 이력서를 심사하고, 1차 인터뷰 대상자 풀을 선정하는지에 초점을 맞춘다. 나는 이력서 심사자들이 지원자들의 교육 및 여가와 관련된 자격의 지위, 특히 슈퍼 엘리트 대학 재학 여부와 명망 있는 비교과 활동에 대한 참여 여부를 지원자의 사회적·지적·도덕적 가치를 판단하는 데 활용하는 방식을 보여 준다. 이를 위해 이력서 심사과정에서 선호되는 유형의 자격들이 어떻게 사회·경제적 특권층 출신 학생들이 1차 인터뷰를 따내는 데 중요한 이점으로 작용하는지 조명한다.

5장은 채용 인터뷰에서 회사와 평가자들이 지원자의 이력서 뒤에서 그 사람을 어떻게 평가하는지 설명하는 것으로 시작한다. 나는 면접관 교육에 대한 내부 관점을 제시하면서, 회사들이 어째서 지원자들의 능력을 체계적으로 판단하는 방법에 대해 평가자들에게 지침을 거의 제공하지 않는지 밝힌다. 그런 다음 일자리의 최종 합격과 불합격의 기본 근거가 되는 두 단계의 면대면 인터뷰 무대를 준비한다.

6장과 7장, 8장에서는 고용주들이 채용 인터뷰 중에 후보자를 어떻게 평가하는지를 살펴본다. 여기서는 평가자들이 지원자들의 전문지식과 소통 및 리더십 기술을 판단하고, 좀 더 일반적으로 능력을 평가하는 방식을 분석한다. 나는 인터뷰 상황에서 좋은 평가를 받는 유형의 활동, 이야기, 경험, 대답들이 계층을 토대로 한 정의 안에 단단히 자리 잡고 있다는 사실을 보여 주고자 한다.

9장에서는 인터뷰가 끝난 후, 평가자들 사이에 이루어지는 그룹 심사와 채용위원회 회의에 집중한다. 나는 각각의 후보자를 평가한 복수의 면접관들이 어떻게 합의에 도달하고 채용 결정을 내리는지 살펴보았다. 이 장에서 나는 사회적 재생산 과정에서 성별과 인종이 사회·경제적 지위와 상호작용을 하는 방식을 보여 준다.

10장에서는 사회의 재구성을 모색해 본다. 비록 고소득 엘리트 일자리에 대한 경쟁이 부유하고 교육을 잘 받은 가정 출신의 학생들에게 유리한 방향으로 심하게 기울어지긴 했지만, 승자가 완전히 정해진 게임은 아니다. 사회적 출발점과 도착점 사이는 일대일의 관계가 아니기 때문이다. 나는 엘리트 배경을 가졌지만 엘리트 전문서비스 회사에서 일자리를 확보하지 못한 후보들에 대해 묘사하고, 덜 부유한 배경을 가졌지만 이들 회사에 일자리를 얻는 데 성공한 소수 후보자들의 이야기를 들려준다. 이 장은 개인들이 이런 노동시장에서 지배적인 유형의 계층 천장을 뚫을 수 있는 과정을 밝히고 있다.

11장은 이 책에서 실무를 다루는 장들을 한데 종합해 채용과정에서 엘리트 재생산이 어떻게 이루어지는지를 요약한다. 여기서 나는 엘리트 노동시장에서 사회·경제적 선별이 가져오는 지적·사회적·조직적 시사점들을 조명하고, 미래 연구 방향을 제시하며, 채용과정에서 사회·경제적 기반의 역할을 줄이는 데 도움이 될 수 있는 개입 방안들을 제안한다.

2

닫힌 문

당신의 지원서는 아무도 검토하지 않았다

똑똑한 사람들은 많다.
다만 우리가 그들을 보지 않을 뿐이다.

– 키스, 변호사

엘리트 일자리에 어떤 사람들이 고용되는지 이해하는 첫 단계는 회사들이 지원자 풀을 규정하는 방식을 살펴보는 것이다. 사회학자들은 전통적으로 높은 사회적 지위를 가진 직업 기회를 배분하는 방식을 두 가지로 구분한다. '콘테스트(contest)'는 누구에게나 경쟁의 문이 열려 있는 시스템이다. 성공은 그 사람이 발휘하는 능력에 달려 있다. 콘테스트 이동성이라는 개념을 소개한 랄프 터너(Ralph Turner)에 따르면, 이 시스템은 "인정받는 몇 개의 상을 받으려고 많은 사람들이 경쟁하는 스포츠 행사와 같으며 오로지 개인의 노력을 통해서만 성공을 얻을 수 있다." 이와 대조적으로, '스폰서(sponsor)'는 기존 엘리트들이 직접 혹은 제3자를 통해 승자를 선택하는 시스템이다. 이들 두 시스템은 관념상의 유형으로, 채용과 같은 복잡한 사회 현상을 조사할 때 유용한 출발점을 제공하는, 의도적으로 단순화된 개념이다. 대부분의 사회에서는 순수하게 콘테스트 시스템이나 스폰서 시스템 중 하나에만 의존해 직업을 배분하지는 않는다.

따라서 미국에서 일반적인 직업적 선별과정에 두 가지 모델의 요소가 모두 포함돼 있다고 해도 놀라운 일은 아니다. 일례로 성별, 인종, 종교에 따른 고용 차별은 현재 불법이지만, 사회계층, 신체적 매력, 혹은 (일부 주나 일자리 유형에서) 성적 지향을 근거로 고용에서 배제하는 경우는 여전히 허용될 수 있는 상태인 것처럼 말이다. 다른 여러 나라와는 달리 미국에는 어릴 때 치른 테스트의 결과에 따라 젊은이들을 생산직 혹은 관리직의 직업으로 진출시키는 공적인 진로 선택 시스템이 존재하지 않는다. 그러나 아이들을 더 좋은 학교와 그렇지 못한 학교로 갈라놓고, 결과적으로 더 좋은 직장과 그렇지 않은 상황으로 분리하는 매우 강력하면서도 비공식적인 시스템이 존재한다. 미국에서 초등교육과 중등교육은 무료다. 하지만 안정된 일자리와 경제적 안전을 확보하는 데 핵심적인 역할을 하는 3차 교육(중등학교에서 이어지는 대학 및 직업교육과정을 총칭함 – 역자 주) 비용은 현재 전 세계에서 가장 비싼 편에 속한다. 좋은 일자리를 얻을 기회에 비티고 있는 이런 불평등에도 불구하고, 기업 리더나 사회과학자, 일반 시민, 대중매체는 미국을 주로 콘테스트 시스템을 통해 사회적 이동이 이루어지는 나라로 자주 묘사한다.

대부분의 엘리트 직업군에는 스폰서를 통한 선택 시스템이 기능할 가능성이 높다. 실제로 엘리트 전문서비스 회사들은 스폰서를 통해 후보자를 선택했던 강고한 역사를 보유하고 있다. 투자은행업계와 법조계는 전통적으로 '상류층'의 일자리였다. 1960년대 이전에는 엘리트 로펌의 일자리가 '좋은 가문' 출신의 앵글로색슨계이며 개신교도인 백인 남성들으로 제한되었다. 가장 오래되고 가장 명망이 높은 투자은행에 취직할 수 있는 기회 역시 유사한 사람들에게 한정되었다. 경영 컨설팅은 고용평등법이 통과된 후에야 산업으로 성장했지만, 주로 기독교인 백인 남성들로 이루어진 전통적인 투자회사와 회계 법인에 뿌리를 두고 있다. 하지만 지난 30년 동안 이 세 유형의 회사는 모두 상당한 수준의 다양성을 확보했다. 시니어 직급의 경우 성별과 인종 측면에서 여전히 상당한 동질성이 존재하지만, 주니어 직급과 중간관리자들의 경우 더 이상 전부가 기독교인이며 이성애자인 백인 남성은 아니다.

이런 변화를 감안한다면 엘리트 전문서비스 기업의 채용이 더 공개적인 콘테스트 방식이 된 것으로 보일 수도 있을 것이다. 하지만 나는 이 장에서 엘리트 회사의 채용이 50년 전보다는 더 개방적이 되었을지 몰라도 사실은 '스폰서를 통한 콘테스트'라고 주장한다. 지원은 누구나 할 수 있다. 하지만 현실을 보면 고용주들은 명망 있는 대학이나 산업 내부자인 기존 엘리트들의 후원을 받는 지원서만 열람 대상일 뿐이다. 이런 유형의 사회적 인맥과 소속은 제도적이고 개인적인 사회적 자본의 중요한 형태이며, 학생들은 이 자본을 미국에서 가장 높은 소득을 올리는 신입 단계 일자리를 위해 경쟁할 기회를 얻는 데 이용할 수 있다. 반세기 전보다는 더 민주적이지만 이러한 제도적·개인적 차원의 신호는 사회·경제적 지위 및 인종과 상관관계가 매우 높다. 적절한 사회적 자본이 부족한 학생들은 엘리트 일자리를 위한 경쟁에 지원하는 시점부터 고려 대상에서 배제된다. 누구나 경기를 할 기회를 얻기 위해 줄을 설 수는 있지만, 오로지 기존의 기관 및 개인 엘리트들이 후원을 한 사람들만 운동장을 향해 나아갈 수 있다. 적절한 사회적 자본의 보유 여부가 경쟁의 한계를 설정하는 것이다.

열린 문: 캠퍼스 채용

> 저는 그 회사들이 제게 관심을 갖게 만들 수가 없었습니다. 학교를 하버드로 옮기는 것만이 그 문을 열 수 있는 방법이라는 걸 알았기 때문에 저는 그렇게 했습니다. (프리실라, 구직 후보자)

엘리트 전문서비스 회사는 신입 단계 일자리를 위한 경쟁을 미국에서 가장 명망 높은 대학 출신 학생들에게만 국한한다. 신입사원으로 채용할 대다수의 학생들이 캠퍼스 채용과정에서 우선적으로 식별된다. 공개적으로 게시된 광고에 응답해 지원자들이 고용주에게 모여드는 전통적 채용과정과 대조적으로 캠퍼스 채용에서는 회사가 지원자를 찾아간다.

— 대학 리스트: 핵심 대학과 관심 대학

엘리트 회사들은 매년 관계를 구축하고, 구인광고를 게시하고, 지원서를 받고, 학생들을 인터뷰하고 싶은 대학의 리스트를 정한다. 이 리스트에는 두 개의 계층이 있다. '핵심(core)' 학교는 채용할 신입사원들의 대부분을 끌어올 세 곳 내지 네 곳의 대단한 엘리트 학교들이다. 기업들은 설명회와 칵테일 리셉션, 저녁식사 자리를 마련하고 후보자들의 인터뷰 준비를 도울 뿐만 아니라, 본격 인터뷰를 위해 미국 전역 혹은 전 세계에서 기존 직원들을 불러들여 수십 명 혹은 심지어 수백 명에 달하는 후보자들의 인터뷰를 맡기는 등 이들 캠퍼스에 막대한 투자를 한다. 대조적으로 '관심(target)' 학교는 지원서를 받고, 후보자들을 인터뷰할 의도는 있지만 추진 규모가 훨씬 작은 다섯 곳 내지 열다섯 곳 남짓한 학교들이다. 기업들은 통상적으로 학교별로 인원을 할당하는데, 관심 학교보다 핵심 학교에 훨씬 더 많은 인터뷰와 최종 합격자를 할당한다.

회사들이 학교를 선택할 때 흔히 기준으로 삼는 것은 이들 학교의 명성에 대한 일반적인 인식이다. 로펌의 채용 담당 이사인 카일라에게 리스트를 어떻게 작성하는지 물어보자 그들의 전략을 이렇게 요약했다.

> 완전히 비과학적이죠. (그녀는 웃음을 터뜨렸다.) 아마도 시대적으로 뒤처진 리스트일지도 모르지만, 저는 각 학교에서 입학전형을 얼마나 까다롭게 하며, 그런 작업이 얼마나 어려운지에 대한 일종의 이해를 바탕에 깔고 있

다고 생각합니다. 그러니까 좋든 나쁘든 주로 학교 명성이나 사회적 통념에 편승하는 것이라 할 수 있죠.

이런 유형의 비과학적 정보는 (그들 자신이 명망이 높은 학교 졸업생인 경우가 편중되게 많은) 파트너급 직원들과 다른 의사결정권자들의 인식에서 비롯되었다. 게다가 회사들은 《유에스 뉴스 앤드 월드 리포트》와 '로스쿨 입학 위원회(Law School Admissions Council)'처럼 학교 순위를 선정하는 외부기관의 보고서를 활용한다. 하지만 이들은 외부자료를 주로 리스트의 아래쪽 한계를 설정할 때만 참고한다. 결국 미국 교육 부문 순위의 변동성과는 대조적으로 이들 회사의 리스트는 매년 비교적 안정된 상태를 유지하게 된다. 핵심 대학들은 대개 미국의 가장 오래된 명문 대학들이지만, 회사들은 사무실과의 지리적 근접성과 학교 학생들의 스테레오타입을 반영해 대학을 선별한다. 예를 들어 콜롬비아대학교와 뉴욕대학교는 학교와의 근접성 때문에 뉴욕에 자리 잡고 있는 일부 투자은행과 로펌들의 핵심 학교에 포함된다. 똑같은 논리는 스탠퍼드대학교가 전국적으로 높은 순위임에도 불구하고, 위치로 인해 핵심 학교 리스트에서 제외된다(이 학교를 관심 학교로 포함시키는 회사들은 많다). 투자은행가인 빌은 이렇게 설명했다. "스탠퍼드는 일단 너무 멉니다. 다녀오는 데 하루가 꼬박 걸리죠. 반면에 와튼은 하루 종일 업무를 하고도 인터뷰를 하러 다녀올 수 있으니까요."

어떤 학교를 핵심 학교 혹은 관심 학교로 지정하는 가장 흔한 근거는 명성이라는 안정된 개념이지만, 새로운 학교나 명성이 덜 높은 학교라고 해도 만약 회사에서 직급이 높은 직원이 그 학교의 졸업생으로서 회사에 압력을 넣는다면 채용 리스트에 자신의 모교를 포함시킬 수도 있다. 투자은행가인 마이클은 "직급이 높은 분이 특정한 학교에 특별한 관심이 있다면, 우리는 대개 그 학교에 갑니다."라고 말했다. 역시 투자은행가인 니콜라에는 좋은 평가를 받지만 최상위 10대 인문대학은 아닌 자신의 모교가 투자은행의 관심 학교 리스트에 포함된 이유를 이렇게 설명했다. "우리 학교에서 채용을 하기 시작한 것은 저와 같은 학년에 CEO의 딸이 있었기 때문입니다. 그리고 지금은 이사회 의장의 두 자녀가 우리 학교에 다니죠. 좋은 학교이긴 하지만 우리가 거기서 채용을 하게 된 것은 분명히 그런 종류의 인맥 때문입니다." 엘라라는 컨설턴트도 유사한 사례를 이야기했다.

> 버지니아대학교(UVA)는 사실 우리의 관심 학교에서는 큰 곳입니다. 그 학교 졸업생으로 강력하게 모교를 밀었던 파트너 때문에 시작된 일이었죠. 결과적으로 우리는 그 학교를 위해 상당히 큰 채용팀을 실제로 꾸리게 되었습니다. 회사의 위치와 학교 순위 등을 생각할 때 일반적인 경우라면 하지 않을 일이죠.

그런 학교들은 처음에 그 캠퍼스를 밀었던 직원이 회사에 남아 있고, 계속해서 채용 압력을 넣는 한 리스트에 유지되는 경향이 있다. 때로는 그 직원이 회사를 떠난 후에도 조직의 관성 때문에 학교가 리스트에 남아 있을 때도 있다.

— 채용 자원의 배분: 시간과 돈, 사람

학교의 선정은 그 학교가 받을 관심과 자원의 양을 결정한다. 예를 들어 관심 학교에서는 대개 한 번(혹은 두 번)의 설명회를 개최하고, 이력서를 검토하고 학생들을 인터뷰한다. 핵심 학교에서는 후보자들을 인터뷰할 뿐만 아니라 그들을 끌어들이고, 준비시키고, 구애하는 데 상당한 시간과 돈을 투자하기도 한다(3장 참조). 컨설턴트인 하워드는 이런 주장을 폈다.

> 당신이 2군에 속해 있는 경영대학원에 다니는지, 아니면 최고의 경영대학원에 다니는지는 우리가 당신의 이력서를 검토할 것인지를 결정하는 데 몇 광년 정도에 해당하는 차이를 만듭니다. 맞아요. 사실상 당신의 이력서를 고려조차 않는 거죠. 하지만 최고의 경영대학원에서 우리는 실제로 후보자들을 만나고, 찾아다니고, 환심을 사는 데 시간과 자원을 투자합니다. 2군에 속한 학교에서는 그런 일을 하지 않습니다.

인적 자원 배분에도 차이가 있었다. 핵심 학교에는 캠퍼스 채용을 위한 실행계획을 책임지면서 그 학교를 전담하는 풀타임 행정직 직원이 최소한 한 명은 있었다. 이런 실행계획에는 학교 취업지원센터와 연락하면서 '학교와의 관계를 관리'하고, 학생들의 이메일에 답변하고, 채용 행사와 캠퍼스 면접을 예약하고, 직원을 파견하고, 모든 지원자의 상황을 모니터링하는 등의 과제가 포함되었다. 그 행정직 직원은 종종 한 명 이상의 풀타임 혹은 파트타임 직원의 지원을 받았다. 게다가 핵심 팀에는 대개 '학교 대사', 즉 수익부서에서 전문적인 업무를 하면서 특정 학교를 대상으로 회사의 공적 얼굴 역할을 하는 직원이 있었다. 학교 대사는 행정팀과 함께 일하면서 채용 행사를 구상하고, 캠퍼스에서 관심을 불러일으키고, 학생들의 질문을 해결하고, 모든 채용 행사에 참여한다. 컨설팅 회사에서 최고 엘리트 학교의 대사를 맡은 사람은 본래의 업무에서 빠져서 채용 시즌이 지속되는 동안 내내 풀타임으로 채용에 전념한다. 그들은 캠퍼스에(종종 학생 라운지나 카페테리아에) 실제로 앉아서 학생들이 회사에 대해 가진 질문에 대답해 주고, 요청이 있을 경우 모의 인터뷰를 실시하기도 한다. 홀트의 이스트모어 팀에는 세 명의 행정 직원과 나를 포함한 세 명의 인턴, 두 명의 파트너급 직원들(학교 대사 한 명과 파트너 한 명)이 포함돼 있었다. 이와 대조적으로 가장 명망 있는 관심 학교에는 파트타임 학교 대사가 있었지만 전담 HR 인력이 없었다. 가장 명망이 낮은 관심 학교에는 풀타임 대사도 없었고 풀타임 전담 행정 지원도 없었다.

학교에 쏟아붓는 채용 노력의 양에서도 핵심 학교와 관심 학교는 달랐다. 회사들은 대개 핵심 캠퍼스에 많은 투자를 했다. 그들은 가능한 많은 학생들이 지원하게 하고, 잭이 '따뜻하고 편안한 감정'이라고 부르는, 회사에 대한 긍정적인 감정을 전체 학생들에게 북돋우기 위해 설계된 수많은 행사를 개최했다. 예를 들어 내가 연구한 한 회사는 3개월 동안 핵심 캠퍼스 한 곳에서 25건이 넘는 공식 채용 행사를 개최했다. 그 회사는 관심 학교에서는 대개 한 번이나 두 번(가장 명망 있는 관심 학교의 경우 세 번)의 행사만 개최했다. 그들과 비슷하게, 홀트는 핵심 캠퍼스 한 곳에서 개최하는 채용 행사를 위해, 행정 비용이나 인력 부담을 빼고도 연간 거의 100만 달러 정도의 예산을 책정했다. 인근의 관심 학교를 위한 채용 예산은 연간 4만 달러도 되지 않았다.

— 리스트에 없는 학교들에 대한 관심

어떤 회사가 채우려는 빈자리가 있다면, 핵심 학교와 관심 학교에 다니지 않는 학생이라도 누구든지 지원할 수 있었다. 하지만 리스트에 있는 학교 출신 후보자들은 회사가 지정한 심사위원회에 이력서를 제출하는 반면, 리스트에 없는 학교 출신 학생들은 대개 회사 웹사이트를 통해 일반 행정부서 이메일 주소(예를 들어 recruitment@firmname.com)로 이력서를 보내서 지원해야 했다. 이런 지원서들은 '별도의 흐름'으로 넘어갔고, 설사 검토가 된다 할지라도 핵심 학교나 관심 학교 후보자들의 이력서만큼 진지하게 검토되지 않았다(심지어 이 지원서들을 검토할 책임을 맡은 특정 담당자가 없는 경우도 종종 있었다). 많은 회사들, 특히 그들 분야에서 가장 명망이 있는 회사에서는 리스트에 없는 학교 출신 학생이 보내는 지원서를 받으면, '뒷문(back door)'을 통해 그 학생을 고려하도록 만들 개인적인 스폰서가 없는 한, 그 지원서는 일고의 여지도 없이 버려졌다. 투자은행 채용 관리자인 스테파니는 리스트에 없는 학교 출신 지원자들에 대한 전형적인 접근방식을 이렇게 요약했다.

> 정말 솔직히 말하자면 그 지원서들은 대부분 블랙홀로 빨려 들어갑니다. 저는 학생들과 대화하면서 이런 사실을 비교적 솔직하게 공개합니다. 쉬운 일은 아니죠. 누군가를 알고 있어야 하고, 인맥이 있어야 하고, 누군가 손을 들고 "그 후보자를 포함시킵시다."라고 말하도록 만들어야 하고… 생각해 보세요. 저는 회사에서 브라운대학교 후보들을 검토하고, 예일대학교 후보들도 검토해야 하는 특정한 날짜가 있습니다. 아무 할 일이 없는 날이 아니라면 우리가 '남은 학생들 중 최고'라고 이름 붙인 폴더를 반드시 들여다봐야 할 '이유'는 없어요. 불행히도 매우 좋다고 할 수 있는 상황은 아니죠. 당신이 관심 학교에 다니지 않는다면 그 회사에 들어갈 수 있는 쉬운 방법은 없습니다.

또 다른 투자은행의 HR 부문 수장인 켈리는 온라인으로 제출되는 이력서를 얼마나 자주 보는지 물어보자 비슷하게 직설적으로 대답했다. "전혀, 전혀요. … 하루 동안 제가 쓸 수 있는 시간에는 한계가 있고, 그 일은 우선순위가 가장 높은 일이 아닙니다. 제 최고 우선순위는 캠퍼스 일정이에요." 미국에서 전국적으로 높은 순위를 차지한 학교라도 회사의 리스트에 올라 있지 않으면 그 학교 학생들에게도 이런 과정이 적용되었다. 컨설턴트인 저스틴은 이렇게 설명했다.

> 우리는 의도적으로 특정 학교들만을 목표로 삼습니다. 따라서 당신이 그 학교에 가지 않았다면 불리해질 가능성이 많죠. 취업박람회에 가 보면 알게 될 겁니다. 누군가가 나타나서 말을 걸겠죠. "안녕하세요. 저는 하버드 경영대학원은 가지 않았지만 MIT 출신 엔지니어입니다. 이 박람회를 알게 돼서 뉴욕에 와서 당신을 만나고 싶었습니다." 그의 노력은 가상하지만 소용없습니다. 물론 어떤 일이 일어날지는 아무도 모르죠. 하지만 경험에 비춰 볼 때 우리에겐 그럴 만한 여력이 없습니다. 우리는 그런 사람들에게 많은 기회를 주지 않습니다.

이처럼 엘리트 기업들은 내가 '골든 파이프라인'이라고 명명한 최고 엘리트 대학들, 즉 통상적으로 가장 명망이 있는 15개 내지 20개의 대학들로 경쟁의 경계를 한정한다. 하지만 내 연구에 등장한 한 로펌을 포함한 아주 소수의 로펌들은 역사적으로 인종이나 종교 측면에서 소외된 집단 출신의 개인들에게 '개방적'이며 접근기회를 제공한다는 명성을 가지고 있다. 이 회사들은 로스쿨에서 최고 성적을 거둔 지원자라면 학교의 순위나 명성에 상관없이 누구든지 검토한다. 하지만 그런 관용은 오로지 '최고 성적을 거둔 학생에게만' 제공된다.

— 리스트의 기능

회사들은 왜 경쟁을 그토록 소수의 학교 출신 지원자들에게만 제한하기로 한 것일까? 그들을 움직이는 것은 부분적으로는 현실적인 고민이다. 이 회사들은 누구나 원하는 매력적인 일자리를 제공한다. 따라서 종종 200개도 안 되는 자리를 목표로 수천 명, 혹은 심지어 수만 명이 지원서를 내기도 한다. 결과적으로 기업들의 채용 경쟁률은 아이비리그에 속한 많은 대학들의 입학 경쟁률보다 더 치열하다. 그러다 보니 고용주들은 대개 리스트에 있는 대학 출신 학생으로 경쟁을 제한하는 것이 지원자 풀의 규모를 줄이는 효율적인 방법이라고 생각한다.

'최고의 인재들'

하지만 핵심 대학과 관심 대학의 학생만 고려하는 이유가 효율성 때문만은 아니다. 채용 평가위원들은 '최고의 인재들(The Best and the Brightest)'이 최고의 엘리트 대학에 집중돼 있다고 믿는다. 엘리트 대학에서 받은 입학허가를 '지적 능력'이 탁월하면서 모든 면에서 균형 잡힌 사람임을 알리는 신호로 보는 것이다. 변호사인 자스민은 "일등인 사람들이 일등인 학교를 가니까요."라고 명료하게 표현한다. 이런 믿음 때문에 기업들은 지원자 심사의 첫 번째 단계를 엘리트 대학의 입학사정위원회에 아웃소싱하는 격이다. 컨설턴트인 로건은 "우리가 찾고 있는 후보자의 자질 중 많은 부분이 다트머스대학이나 하버드대학이 예비 신입생들이나 지원자들에게서 찾는 자질과 같습니다."라고 말한다. 그녀는 이렇게 덧붙였다. "우리가 이들 학교에서만 채용을 하려는 이유

중 일부는 그들이 우리가 할 일 중에 3분의 2를 이미 해두었기 때문이죠." 투자은행가인 행크도 동의했다. "저는 대부분의 대학에서 최상위 5%에 해당하는 학생들이라면 그중에서 정말 좋은 후보자를 찾을 수 있다고 확고하게 믿는 사람입니다. 하지만 제 생각에 하버드대학 같은 장소에 초점이 맞춰지는 이유는 오로지 그렇게 하는 편이 더 쉽기 때문입니다. 하버드 내에서 상대적으로 덜 우수한 학생이라 해도 전국 수준에서 보면 여전히 명석한 인재일 테니까요."

평가위원들은 효율성의 개념과 배타성을 연결해 '원석'을 찾으려고 '자질이 떨어지는' 후보들을 검토하는 일은 시간 낭비였던 반면, 고려 대상을 엘리트 학생들로만 제한함으로써 '시간'과 '비용'을 절감할 수 있었음을 설명했다. 투자은행가인 로라는 "전국에서 가장 우수한 학생이 볼링그린대학에 있을 수도 있죠."라고 인정했다. "하지만 하버드에서 30명을 인터뷰하면 30명 모두 출중한 자격을 갖추고 있는데 건초 더미에서 바늘 하나 찾기 식으로 볼링그린에서 20명의 학생들을 인터뷰한다는 건 합리적인 행동이 아닙니다." 홀트의 이스트모어대학 채용팀의 멤버이자 회사 파트너인 대시는 이를 더 구체적으로 설명했다.

쓸 수 있는 돈과 접근할 수 있는 범위에도 제한이 있습니다. 우리는 경영대학원 입학처가 일을 매우 잘하고 있다고 생각합니다. 그리고 우리 신입사원 중 95%가 5대 경영대학원 출신이구요. 이 과정에서 우리는 불평등을 만들어 냅니다. 저 바깥에 매우 뛰어난 후보자가 있을 수도 있지만, 우리에게 쉽게 접근할 수 있는 매우 좋은 자원이 있을 때 그런 후보자들을 찾으려고 많은 자원을 투입하는 일은 투자가치가 없기 때문입니다.

직원 학력은 회사의 수준

게다가 회사들은 뛰어난 학력을 갖춘 신입사원을 채용하는 일을 고객을 끌어들이고 회사에 대한 고객의 신뢰를 높일 수 있는 수단으로 보았다. 최고 학교 출신 직원들을 핵심 그룹으로 보유했다면 그 회사의 직원들이 유능하다는 신호였고 회사의 지위도 높아졌다. 컨설턴트인 프레드는 솔직하게 말했다. "우리 회사는 최상위에 있는 기업입니다. 이건 최상위급 인재들을 보유해야 한다는 의미죠." 통상적으로 직원들의 나이가 젊고, 고객들에게 매우 높은 금액을 청구한다는 사실을 감안할 때, 명망 있는 학교 출신의 직원이야말로 회사의 역량을 보여 주는 가장 중요한 신호였다. 예를 들어 최고의 로펌들은 아직 실무교육을 받고 있는 1년차 변호사들의 수임료로 종종 시간당 수백 달러를 청구한다. 그러다 보니 "고객들은 자신들이 지불하는 비용에 걸맞은 최고의 변호사들이 사건을 맡고 있는지 알고 싶어 한다."라고 변호사인 모건은 설명했다. 학교 명성이 가진 잠재력을 외부에 알리는 일은 법률 분야에서 가장 중요하다. 투자은행이나 컨설팅 회사와 달리 로펌에서는 웹사이트에 개별 변호사의 배경을 공개하기 때문이다. "고객들이 우리 회사의 웹사이트를 보고 '와!' 하고 반응하기를 원합니다." 역시 변호사인 다니엘이 말했다. 여기에 덧붙여 그녀는 이렇게 말했다.

> 로펌의 웹사이트에서는 변호사 검색은 물론 학교별 검색도 가능합니다. 하버드나 예일을 입력하면 화면에 수많은 사람들이 뜰 겁니다. 이건 솔직히 어쩔 수 없는 일입니다. 그렇지 않으면 고객들이 이렇게 말할 수도 있으니까요. "우리가 지급하는 천문학적 금액의 법률 자문료를 생각한다면, 이 사람들도 그걸 뒷받침할 만한 학력 정도는 보유해야지." 외부에 비치는

모습일 뿐이지만 고객들에게 우리의 역량을 어필해야 할 때 때론 이런 것이 도움이 되기도 합니다.

엘리트 학교의 학생들을 채용하는 일은 또한 미래에 거물급이 될 수도 있는 졸업생들과의 인맥을 개발해 회사의 지위를 굳히는 수단이기도 했다. 회사들은 새로운 사업을 창출하기 위해 이들 개인과 그들이 미래에 맺게 될 사회적 인맥을 활용할 수 있었다. 변호사인 제이미가 지적했듯이, "기업들은 이런 종류의 학교 졸업생 인맥을 얻고 싶어 합니다. 궁극적으로 누군가가 파트너급까지 오르고 싶다면, 그들이 회사에 가지고 들어올 수 있는 비즈니스에서 인맥이 매우 중요해집니다. 그래서 졸업생들과의 연계가 도움이 될 거라고 생각합니다." 변호사인 노아는 지원자인 줄리아의 이력서를 두고 이렇게 말했다. "저는 예일대 로스쿨 출신들이 우리 회사 문으로 걸어 들어오길 원해요. 그들은 인생에 실패할 가능성이 거의 없습니다. 그리고 그녀는 언젠가 판사나 국회의원, 고객, 정치인이 될 잠재력을 가지고 있습니다. 게다가 그녀가 우리 회사에 인맥이 있다면, 우리의 미래를 위해서는 좋은 징조죠." 이런 식의 관점은 엘리트 학교에서 실시되는 호화로운 채용 행사에 집중적인 투자를 하게 하는 중요한 추동력이 되기도 했다. 이 행사들은 채용 도구이자 회사의 브랜드를 구축하려는 노력이었다. 홀트에서 내 직속상사였던 잭에게 왜 홀트가 그토록 많은 이스트모어 학생들과 인터뷰를 하는지 물어보았을 때, 그는 망설이지 않고 이렇게 대답했다. "학생들이 우리에게 좋은 인상을 가지기를 원하니까요. 그들은 언젠가 고객이 될 수도 있어요."

마지막으로, 회사들은 경쟁 회사들이 그렇게 하기 때문에 엘리트 학교들로 경쟁을 제한한다. 최소한 같은 급의 다른 회사들과 마찬가지로 그들도 수준 높은 인재들을 보유하고 있다고 인정받기를 원하기 때문에 엘리트 학교에서 벗어나기를 망설인다. 재비어라는 컨설턴트는 채용에서 이단아적인 접근방식을 취하는 일을 두고 사람들이 인식하는 위험을 이렇게 묘사했다.

> 고객이 우리 인력에 대해 다른 경쟁사에 비해 특이하다고 느끼지 않았으면 합니다. 출신 대학이나 배경이 정상에서 너무 많이 벗어난다면, 고객에게 다소 부정적인 이미지를 줄 수 있다는 거죠.

이런 사실은 엘리트 고용주들이 후보자가 업무를 잘 수행할 가능성뿐만 아니라 사회 전체에서 그들이 가지는 상징적인 가치까지도 고려해 신규채용 직원을 선택한다는 사실을 보여 준다. 좀 더 냉소적으로 말한다면, 응답자들의 발언은 회사가 그들의 지위, 영향력, 이익을 키우기 위해 미국 기업 및 정치 엘리트의 일부가 될 잠재력이 있다고 인식하는 개인들을 채용한다는 사실을 시사한다.

사회학자들은 흔히 사회적 자본을 사람들 사이의 인맥과 자원의 형태로 연구한다. 하지만 엘리트 기업들의 채용 관행은 학자들이 '제도화된 사회적 자본'이라고 부르는, '조직에의 소속' 역시 운동장을 구성하는 핵심적인 사회적 자본이 될 수 있음을 보여 준다. 어떤 회사의 리스트에 올라 있으며, 그 회사와 연계가 있는 학교에 등록하는 일이 취업 지원자의 운명에 미치는 영향은 리스트에 오르지 않은 학교에서 옮겨 온 학생들에게 특히 명백하게 드러난다. 내가 인터뷰한 흑인 여성 구직자 프리실라는 리스트에 속하지 않는 학교에서 핵심 학교로 옮겨 왔다.

그녀의 경험은 구직자에게 조직에의 소속이 미치는 역할을 부각해서 보여 준다.

> 우리는 채용이 얼마나 능력을 위주로 진행되는 과정인지 많은 이야기를 듣습니다. 고용주들은 항상 그들이 학점(GPA)을 근거로 심사를 하며, 학업 성취가 가장 중요하다고 말합니다. 하지만 사실 채용과정은 공평함과는 거리가 멉니다. 당신이 어떤 일자리를 얻을 수 있는지는 온전히 어떤 학교를 나왔느냐에 달려 있습니다. 저는 큰 주립대학에서 1학년을 보냈지만 회사들은 저에게 관심이 없었죠. 하버드로 옮기면 그 문이 열릴 것임을 알고 있었기 때문에 저는 학교를 옮겼습니다. 지금은 최고의 회사들이 모두 저와 이야기하려고 줄을 서 있습니다. 서류상으로 저는 정확하게 똑같은 사람입니다. 성적표, 점수, 업무 경험은 같습니다. 하지만 이력서에 '하버드'라고 적게 되면서 이 모든 변화가 생겼습니다.

변호사인 자스민은 동의했다. 자신의 경험과 과거 직장 동료의 경험을 비교해 보이면서 그녀는 이렇게 말했다.

> 소수의 로스쿨 출신이 아니라면 최고의 로펌에서 일자리를 얻기는 매우 힘듭니다. 저는 우리 회사에서 일하기 시작했을 때 함께 일하던 한 여성에 대해 믿기 어려운 이야기를 들은 적이 있습니다. … 그녀는 코네티컷 로스쿨 출신이었습니다. … 그녀는 말 그대로 엄청난 고생을 해야 했죠. 이력서를 적절한 사람들에게 전달하기 위해서 모든 정신 나간 일들을 해야 했습니다. 하지만 당신도 알다시피 콜롬비아 로스쿨 출신이었다면 세상에서 가장 쉬운 일이었겠죠. 모든 사람이 당신의 환심을 사려고 하니까요.

운동장 기울이기

앞선 논의는 명망 있는 핵심 대학과 관심 대학 학생들에게 초점을 맞추는 일이 회사에 실질적인 이득을 제공한다는 사실을 보여 준다. 리스트에 오른 대학들에 집착하는 일은 수천 장의 지원서를 가려낼 수 있는 지름길을 제공했고, 후보자의 자질은 물론 고객을 끌기 위한 신호를 보내 주었으며, 출세가도를 달리고 있는 학생들과의 인맥을 구축해 주었다. 게다가 이런 접근방식에는 내부적인 혜택도 있다. 상당한 직원 참여를 이끌어 낼 수 있다는 점이다. 고객과 관련된 매우 버거운 일정을 저글링하면서도 기꺼이 정도가 아니라 흥분해서 자신의 모교 '캠퍼스'에 가고자 하는 직원들을 안정적으로 공급받을 수 있기 때문이다.

하지만 리스트에 오른 학교 출신 학생들이 실제로 업무에서 더 좋은 성과를 거두는지는 아직 답을 알 수 없는 실증이 필요한 질문이다. 기업의 채용 정책은 기본적으로 어떤 사람이 좋은 직원이냐에 대한 직원들의 비전문가적인 이론을 근거로 삼고 있다. 내가 연구한 회사들은 학교 명성을 포함해 이력서상의 자질과, 신규로 채용한 직원의 채용 후 업무 성과 사이의 관계를 거의 추적하지 않았다. 하지만 비용 효익 계산에 따르면 최고의 엘리트 학교 출신 학생들로만 경쟁을 제한하는 일은 역효과를 낼 수도 있다. 매년 수백 명 혹은 심지어 수천 명을 인터뷰하기 위해 회사들은, 수익부서의 수십 명의 전문가들을 본래의 업무에서 배제시키는 데서 발생하는 매출 손실은 물론, 급여, 수당 지급, 신규 직원 교육에 들어가는 비용들을 차치하고도 종종 매년 수십만 달러에서 수백만 달러를 채용에 지출한다. 이런 비용을 들였음에도 이직률은 엄청나게 높다. 대부분의 회사에서 직원들은 입사한 지 2년 내지 4년 후에 회사를 떠난다. 이는 매우 부담스러운 수치이다.

일부 연구에서는 엘리트인 학생들이 근무를 시작한 후에 그 업무를 떠나고 싶어 할 가능성이 그들보다 덜 엘리트인 학생들보다 더 높을 수 있음을 지적한다. 로스쿨 신입 변호사들을 대상으로 한 연구에서 라닛 디노비처와 브라이언트 가스는 최고의 엘리트 학교 출신인(그리고 사회·경제적으로 가장 높은 계층 출신인) 학생들의 업무 만족도가 가장 낮으며, 회사를 떠나고 싶어 할 가능성도 가장 높다는 사실을 발견했다. 디노비처와 가스는 그 원인으로 사회화를 지목했다. 그들은 최고 엘리트 학교 출신 학생들이 스스로가 최고의 인재이며, 높은 지위와 보수를 제공하는, 지적으로 만족스러우면서도 즐길 수 있는 일자리를 얻을 자격이 있다고 믿도록 사회화되었다고 보았다. 하지만 이런 포부는 비교적 판에 박힌 일을 하는 금융이나 컨설팅, 법률 회사의 신입 단계 업무와 서로 상충된다.

그 효험의 불확실성과는 관계없이 이런 채용 관행은 부모의 자산을 대상으로 일차적인 심사를 하게 만든다. 엘리트 대학 입학을 위한 가장 강력한 예측변수 중 하나는 소득과 교육으로 측정되는 부모의 사회·경제적 지위이기 때문이다. 실제로 명문 대학 입학과 관련해 부모의 소득이 가지는 양의 효과는 1980년대에서 1990년대로 오면서 '두 배'로 증가했다. 그 이후로 이런 영향력은 계속해서 커져 왔다. 따라서 고소득을 올리는 일자리에 대한 경쟁을 리스트에 있는 대학 학생들(혹은 나중에 보여 주겠지만 내부자 인맥)로만 한정하는 것은 엘리트 교육기관에서 학생들이 직면하고 있는 심각한 사회·경제적 장애물을 노동시장에서 재생산하는 일이다.

닫힌 문: 다양성 취업박람회

솔직히 말하자면, 저는 취업박람회에서 본 지원자들 중에서 나중에 우리가 채용한 사람을 생각해 낼 수가 없군요. (브랜트, 로펌 채용 매니저)

리스트에 오른 학교 학생에게만 거의 독점적으로 초점을 맞추는 일은 사회·경제적 지위에 따라 운동장을 기울어지게 만드는 일이다. 또한 내 연구에서는 그런 행동이 성별과 인종에 의거해 경쟁을 제한하기도 한다는 점을 보여 준다. 내가 연구한 회사들은 연방정부 계약업체인 만큼 자격을 갖춘 여성 및 소수인종의 비중을 늘리기 위해 '적극적 고용개선 조치'를 취하고 있다는 사실을 보여 주어야 한다. 미국에 있는 다른 유형의 명망 높은 화이트칼라 고용주들과 비교할 때, 이들 회사는 다양성 인재들을 끌어들이고 유지하는 데 상당한 돈과 인적자원을 투자하고 있다. 회사 내에 다양성 위원회와 풀타임 혹은 파트타임으로 일하는 다양성 직원이 있는 회사들이 많으며, 거의 모든 회사가 지원자 풀의 인구통계학적 다양성을 높이는 것을 목표로 하는 표적 채용 프로그램에 참여하고 있다. 내 연구 대상인 회사들 대부분은 리스트에 있는 학교들의 졸업연도 학생들이 보이는 전형적인 성별 및 인종 구성에 맞춘다는, 명백하지만 비공식적인 목표를 설정했다. 옛날에는 사실상 전부 백인이었고 남성이었던 전문서비스 기업들과 비교해 보면, 주니어와 중간 단계 직급에서는 다양성 측면에서 진전을 이루었다. 일반적으로 이들 조직의 시니어 직급에는 냉혹한 불평등이 남아 있지만, 신입 단계 전문직 채용에서 여성의 비중을 높이려는 회사들의 노력은 성공을 거두었다. 산업 전문가 및 HR 전문가들과 나눈 대화에 따르면, 여성들은 엘리트 로펌에 신규로 채용된 로스쿨 졸업생의 약 절반을 차지하며 더 이상 '다양성 후보'로 여겨지지 않는다. 컨설팅 회사의 경우 학부 졸업생으로 신규로 채용된 직원 중에서 남성과 여성은 균등한 비율을 나타내고, 경영대학원을 졸업한 학생들 중에는 여성이 30%에서 40%를 차지하는 경향이 있다. 대개 성별에서 다양성이 가장 떨어지는 곳은 투자은행들이다. 이 회사들은 성별에 따른 목표를 일관성 있게 충족시키는 데 어려움을 겪어 왔다. 투자은행 사업부에 따라 여성의 비중은 다양하게 나타나지만, 일반적으로 신규로 채용한 학부 졸업생 중에는 여성이 30%에서 40%를 차지했고, 경영대학원 졸업생들 중에는 대개 15%에서 25%가 여성이었다.

인종 측면에서는 연구 대상이 된 모든 기업에서 평등의 진보가 훨씬 더 느렸다. 엘리트 대학 졸업생들과 전체 인구를 비교했을 때 신규 채용자 중에는 흑인과 히스패닉계의 비중이 특히 낮았다. 신규 채용자 중 흑인과 히스패닉계의 부족은 내가 연구한 다수의 회사들에게 약점이 되고 있었다. 법률 준수에 대한 심사나 소송의 위협에 추가해서 엘리트 기업 분야에서는 회사의 '다양성 숫자'가 고객과 경쟁자, 취업 희망자들이 회사의 수준과 명성을 확인할 때 사용하는 성과 지표가 되었기 때문이다. 앞으로 이어질 여러 장에서 나는 인터뷰와 최종 합격자 결정과정에서 취업 후보자에 대한 평가에 스며 있는 인종적 장애물에 대해 논의할 예정이다. 여기서 내가 하고 싶은 말은 회사들이 운동장 그 자체의 경계를 표시하는 방식, 즉 경쟁을 골든 파이프라인에만 제한하는 일이 인종적으로 다양성을 갖춘 인력을 구성하는 데 핵심적인 걸림돌이 되고 있다는 사실이다.

— 인종 측면에서 불균형한 채용에 대한 설명

연구 참여자 다수가 그들의 채용 절차가 성별 중립적이거나 인종 중립적이라고 믿고 있다는 사실은 아마도 놀라운 일은 아닐 것이다. 회사에서 흑인이나 히스패닉계를 채용하는 데 왜 특별한 어려움을 겪고 있는지 물었을 때 응답자들은 대개 문제를 '파이프라인 내부'에서 찾았다. 내가 대화를 나눈 한 전문가는 '단순히 회사에서 채용할 만한 자질을 갖춘 흑인이나 히스패닉계가 파이프라인에 충분히 없었다'라고 반복해서 강조했다. 로펌의 채용 파트너인 다이애너는 소수인종 채용에 따르는 어려움을 '숫자 게임'이라고 불렀다.

> 문제는 오로지 로스쿨에서 나온 숫자들 때문입니다. 로스쿨 합격생들의 비율 말입니다. 우리는 로스쿨에 진학한 사람만 채용할 수 있으니까요. 그저 우리 몫까지 돌아올 만큼 많은 다양성 후보자들이 없는 거죠. 성과가 매우 뛰어나면서 다양성 후보자인 사람이 있다면 회사는 미친 듯이 달려들 겁니다.

컨설턴트인 엘라는 회사의 신규 채용 직원들의 인종적 다양성이 상대적으로 부족하다는 사실을 설명하면서 노골적으로 파이프라인 서사를 들먹였다. "파이프라인의 첫 번째 문제는 엘리트 경영대학원의 인구통계학적 구성입니다. … 우리는 다양성이 매우 떨어지는 인구집단을 다루고 있습니다. 따라서 편향된 인구에서 사람들을 가려내서 더 편향된 인구로 만드는 거죠." 심지어 엘리트 핵심 학교와 관심 학교의 '편향된 인구' 속에서 스스로의 선택으로 다양성 후보들이 엘리트 기업으로의 진로를 벗어난다고 믿는 평가자도 일부 있었다. 투자은행가인 핀은 이 문제를 이렇게 평가했다.

> 만약 백인 남성으로 이런 일자리를 원하는 사람들의 비율과, 아프리카계 미국인으로 이런 일자리를 원하는 사람들의 비율만 놓고 비교한다면, 이런 일자리를 얻는 아프리카계 미국인들이 적다고 볼 수는 없습니다. 그렇죠? 실상 문제는 이 일자리에 관심 있는 흑인이나 히스패닉계가 많지 않다는 점입니다.

문제의 원인을 소수인종 후보자의 공급 부족이라고 짚었던 홀트의 파트너 대시는 이 문제를 회사가 통제할 수 있는 범위를 넘어서는, 더 심각한 차원의 사회적 장애물이 작용하기 때문이라고 보았다.

> 저는 이것이 과정과 관련된 문제라고 생각하지 않습니다. 문제는 고등학교 교육에서 시작해 학부, 대학원 입학으로 이어지는 가치 사슬 전체에 있습니다. 실제로 캠퍼스에 가 보면 우리가 선택하고 싶은 만큼 많은 후보자들을 확보할 수 없습니다. 선택의 폭이 매우 좁지요.

하지만 이 설명과 '파이프라인 문제'를 제기한 다른 설명들이 간과한 것은 핵심 학교나 관심 학교가 아닌 학교들의 지원자들로 이루어진 자원이 존재한다는 사실이다. 특히 전문대학원 수준에서 그렇듯이 종종 명망이 덜 높은 대학에 소수인종 학생들이 집중돼 있음을 감안할 때, 기업들은 집요하게 골든 파이프라인에만 초점을 맞추면서 잠재적으로 성과가 뛰어난 높은 비율의 다양성 후보자들을 불가피하게 배제하는 셈이다. 최고 MBA 프로그램의 한 진로 상담사는 파이프라인에 대한 엘리트 기업들의 좁은 소견이 다양성을 어떻게 제한하는지 다음과 같이 지적했다.

> 기업들은 앞다퉈 다양성을 찾습니다. 그들은 성별의 다양성도 원하고 인종의 다양성도 원합니다. 그 외에도 무수히 많죠. 그리고 다양성 후보자들을 끌어들이려고 온갖 노력을 기울입니다. 그러나 그들은 같은 파이의 작은 조각을 두고 함께 싸우고 있습니다. 파이를 키우기보다 그 조각에만 초점을 맞추고 있다는 점이 문제입니다.

이런 연계성을 깨달은 회사도 일부 있다. 내가 연구한 두 곳의 투자은행에서는 관심 학교 리스트에 역사적으로 흑인 대학인 스펠만(Spelman)과 모어하우스(Morehouse)를 포함시켰다. 그리고 앞서 언급했듯이 학교의 명성에 관계없이 어떤 로스쿨에서든 최고 자리를 차지한 학생에게 인터뷰를 허용한다고 밝힌 로펌도 있었다. 하지만 이런 관행은 이례적이다.

물론 모든 참여자들이 학교의 명성을 과도하게 강조하는 회사의 입장에 찬성하지는 않았다. 명성이 낮은 학교를 졸업한 직원들은 반대할 가능성이 더 많았다. 하지만 대개 HR 관리자나 다양성 담당 직원이었던 이들은 회사에서 고려의 대상으로 삼을 파이 조각을 키우기 위한 실질적인 조치를 취하기에는 힘이 부족하거나 지위가 낮았다. 예를 들어, 로펌에서 채용을 담당하는 HR 관리자 애비에게 회사의 캠퍼스 채용 리스트를 확대하려고 노력해 본 적이 있느냐고 물었을 때, 그녀는 어깨를 으쓱하면서 이렇게 대답했다. “그건 제가 할 수 있는 일이 아니에요. [파트너들과 일반 변호사들로 이루어진] 채용위원회에서 결정하죠. 예를 들어 어떤 지방 로스쿨의 다양성 숫자가 좋기 때문에 그 학교에 가야 할 것 같다고 제안은 할 수 있죠. 하지만 제가 어떻게 할 수는 없는 일이에요."

지원자 풀의 다양성 높이기

고용주들은 의사결정과정의 편향을 줄이기보다 지원자 풀의 다양성을 늘리는 것을 목표로 삼는 다양성 채용 프로그램들을 구축했다. 회사에서 다양성 위원회 위원을 맡고 있으며, 적극적으로 다양성 채용에 관여하고 있는 투자은행가 핀은 이 접근방식에 대해 이렇게 설명했다.

> 기준을 많이 낮출 수는 없습니다. 그저 더 열심히 채용 활동을 하는 거죠. 아마도 평범한 백인 남성들과 같은 수준의 지성과 열의를 가진 훌륭한 후보자들을 많이 찾아낼 수도 있겠죠. 다만 그런 사람들의 수가 더 적기 때문에 그들을 찾으려면 더 열심히 노력해야 합니다. … 우리는 결코 인종이나 성별, 다른 어떤 것을 이유로 누군가를 채용하지는 않습니다. 그보다는 최고의 인재들이 회사에 들어오도록 하는 일이 더 중요하니까요. 그렇지 않나요? 하지만 그런 인재의 풀이 더 작기 때문에 관심을 더 많이 받는 겁니다.

기업들이 다양성 후보들에게 더 많은 관심을 기울이고, 엘리트 일자리를 향한 경쟁에서 대안이 될 만한 진입로를 제공하는 핵심적인 수단은 시즌별로 개최되는 다양성 박람회에 정기적으로 참석하는 것이었다. 이들 박람회에는 소외되었던 그룹에 속한 학생들에게 학교 명성과 상관없이 열려 있는 전국 규모의 박람회와 지역 박람회가 있다. 일반적으로 호텔이나 컨퍼런스 센터에서 열리는 이들 박람회는 다양한 상업 기관[예를 들어 볼트닷컴(Vault.com)]이나 비영리기관(예를 들어 전국흑인로스쿨학생연합)들이 조직한다. 취업 박람회에 등록하는 학생들은 대개 참가하는 고용주들의 리스트를 받는다. 고용주들은 부스를 구입해서 그곳에서 지원자들과 비공식적으로 대화하거나 이력서를 접수하고, 어떤 경우에는 예비 인터뷰를 시행하기도 한다.

나는 연구의 일부로 이런 행사에 여러 번 참석했다. 일반적으로 한 명 내지 네 명의 회사 담당자들(가장 흔한 조합은 HR 직원과 다양성을 대변하는 듯한 외모의 전문직들이 함께 있는 경우다)이 회사 로고가 새겨진 테이블 앞에 모여 있었다. 모든 테이블에는 다양성 제고를 위한 각 회사의 노력을 설명하는 고급스러운 브로슈어들이 높게 쌓여 있었다. 학생들은 돌아다니면서 다양한 부스를 방문했다. 가장 유명한 회사의 부스에는 회사 담당자와 대화를 하거나 특정 회사의 채용 진행 소식을 놓치지 않기 위해 이메일 주소를 등록하려는 학생들이 줄을 서서 기다리고 있었다.

참가자들이 사전에 일대일 인터뷰를 등록할 수 있게 해주는 박람회도 있었다. 하지만 모든 박람회에서 학생들이 이력서를 가지고 와서 회사 담당자들과 직접 대화할 것을 강하게 독려했다. 회사 담당자에게 충분히 긍정적인 인상을 준 후보자는 이력서를 두고 가라는 요청을 받을 수도 있었다. 특별히 눈에 띄는 후보자는 현장에서 좀 더 공식적인 인터뷰에 참여하라는 초대를 받을 수도 있었다. 이런 경우는 캠퍼스 채용을 우회해 그 회사의 인터뷰 풀에 바로 포함될 수 있는 방법을 제공했다. 따라서 이들 박람회는 리스트에 있는 학교를 다니지 않은 학생들에게는 종종 큰 이해관계가 걸려 있는 행사였다. 이들 박람회는 많은 이들이 엘리트 일자리를 얻을 수 있는 유일한 기회라고 믿었던 기회를 제공했기 때문이다. 학생들은 이런 기회를 잡기 위해 종종 자비를 들여 먼 거리를 오간다.

후보자들은 그 문을 통과할 수 있는 합리적인 기회로 다양성 박람회에 접근하는 경향이 있었던 반면, HR 직원들의 관점은 충격적일 만큼 달랐다. 그들에게 다양성 박람회는 대개 좋은 이미지를 홍보하기 위한 경영 활동의 일환이었으며, 신규 채용을 위한 생산적인 활동은 아니었다. 앞서 언급한 로펌 채용 매니저인 카일라는 이렇게 말했다. "저는 사실 다양성 박람회가 브랜드에 대한 인식을 구축하는 일과 관계가 있다고 생각합니다. … 이 행사는 단지 회사의 이름을 알리기 위한 훌륭한 도구라는 거죠." 카일라와 마찬가지로 백인인 투자은행 채용 매니저인 스테파니도 이렇게 털어놓았다. "그 행사에서 우리는 이름을 알립니다. 테이블을 배정받고, 질문에 대답합니다. 그 행사는 실제로 우리를 위해 일할 누군가를 확보하는 행사라기보다는 그저 이름을 알리는 홍보 노력에 가깝죠." 다양성 박람회를 '마케팅 행사' 혹은 심지어 '지역 봉사활동'이라고 지칭하는 HR 직원과 평가자도 있었다. 핵심 캠퍼스(3장 참조)에서 열리는 호화로운 행사들은 미래의 고객을 개발할 도구로 인식되는 반면, 다양성 채용 행사는 그렇지 않았다. 오히려 다양성 채용 행사의 목적은 다양성에 신경을 쓰는 회사라는 브랜딩을 구축하는 데 있었다.

다양성 행사가 거의 신규 채용으로 귀결되지 않는 이유를 이야기하면서 HR 직원들은 박람회 참가자들의 출신과 학교가 채용위원들이 바라는 교육적 배경에 잘 들어맞지 않는다는 이야기를 자주 했다. 로펌에서 다양성 행사를 진행하는 일을 도왔던 채용 매니저 브랜트는 회사의 입장에서 채용에 공정성을 기하겠다는 약속을 가시적으로 알리는 도구로서 다양성 박람회의 중요성과, 반면 신규채용의 장으로서는 별다른 의미를 두지 않는다는 점을 분명하게 구분했다.

브랜트 . 그런 행사에 참여하는 것이 중요하다고 생각하는 이유는 오로지 우리가 다양성 후보를 찾는 데 관심이 있다는 사실을 해당 커뮤니티에 보여 주기 위해서입니다. 실제로 관심도 있고요. 하지만 이런 구체적인 노력이 후보자들을 찾아내는 데 가장 효과적인 방법은 아닙니다. 만약 우리가 캠퍼스 인터뷰를 위해 만난 사람을 그런 행사들 중 한 곳에서 본다면, 그 사람은 어차피 만날 사람인거죠. 하지만 취업박람회에서만 만난 사람을 나중에 고용한 경우는 솔직히 생각할 수가 없네요.

로런 . 왜 그렇다고 생각하시죠?

브랜트 . 이런 취업박람회에서는 1군에 속하는 학교 학생들을 많이 보지 못합니다. 중간급이나 그보다 더 낮은 학교에서 온 학생들이 대부분이죠. 최고 학교 출신의 정말 좋은 학생들이 풍부하게 있는데 더 낮은 급의 학교에서 채용할 필요는 없으니까요.

로런 . 왜 명성이 중요하다고 생각하시나요?

브랜트 . 회사가 기본적으로 그걸 원하니까요. 그리고 파트너급 임원들이 그 학교들 출신이기도 하고요.

이런 압력은 최고 순위에 오른 학교에 다니지 않은 소수인종 학생들에게는 유리천장이 될 수도 있다. 이론상으로 이들 박람회는 학생들이 파이프라인에 들어갈 수 있는 기회를 제공했다. 하지만 현실을 본다면 회사들이 순위가 낮은 학교 출신 후보자 대부분을 고려 대상에서 제외하기 때문에 다양성 박람회는 닫힌 문들이 모여 있는 조합과 같다.

물론 예외도 있었다. 회사에서 높은 자리에 있는 인맥 덕분에 (다음 장에서 논의할) 개인적인 스폰서와 연결할 수 있었던 학생들과, 로펌의 경우 명망이 높은 판사 밑에서 로클럭을 했던 학생들이 거기에 해당된다. 하지만 이런 유형의 진입은 학교의 명성, 인종, 사회·경제적 지위에 따라 차별적으로 분포되는 경향이 있다. 리스트에 오르지 않은 학교 출신의 소수집단 후보자들은 이처럼 이럴 수도 저럴 수도 없는 상황에 직면했다. 이런 곤경은 로스쿨 학생들을 위한 한 다양성 박람회에 참석해 내가 관찰했던 전문가들의 인터뷰 조언에서 분명하게 드러났다. 그 패널 토론에서 파트너들은 구직자들에게 성공적인 인터뷰를 위한 실용적인 조언을 제공했다. 질의응답 시간에 20대 중반으로 보이는 한 아프리카계 미국인 여성이 일어섰다. 페이스대학 3학년이라고 자신을 소개한 후 그녀는 기대에 차서 조언을 요청했다. "저는 로펌 일자리를 원했지만 그들은 클럭으로 먼저 일을 해야 한다고 하더군요. 하지만 사람들은 회사 경험이 없이 클럭십을 구할 수는 없다고 말합니다. 마치 닭이 먼저냐 달걀이 먼저냐 하는 문제처럼요. 저는 어떻게 해야 할까요?" 한 파트너가 대답했다. "무조건 클럭십을 구해야만 합니다." 그러고는 다음 질문으로 넘어갔다.

뒷문: 개인 스폰서십

우리는 보통 하버드와 와튼, 스탠퍼드에 갑니다. 아마도 콜롬비아에도 갈 겁니다. 그다음 순위는 사실상 추천에 달려 있죠. (라이언, 투자은행가)

사회적 선택 시스템이 정통성을 유지하려면 그 안에 어느 정도는 숨통이 있어야 한다. 그렇다면 비록 내가 연구한 회사들의 신규 채용 직원들 다수가 핵심 학교와 관심 학교 출신이지만, 이 회사들이 채용 리스트에 없는 대학 출신 학생들 중 소수를 인터뷰하고 받아들였다는 사실이 놀라운 일은 아니다. 리스트에 없는 학교 출신의 학생들의 경우 개인적인 스폰서, 즉 그 회사에서 보증인이 돼 주고, 지원서를 검토 대상 파일로 밀어 넣어 줄 사람이 있다면 풀에 들어가는 대안적인 수단이 될 수 있었다. 하루 종일 채용 행사 준비를 한 후, 우리가 와인을 마시면서 긴장을 풀고 있을 때 잭도 그 사실을 인정했다. "핵심 학교들 중 한 곳을 다니지 않는 한 이 회사에 들어오기는 힘든 일이죠. 추천을 받든지, 아니라면 채용 담당자 중 한 사람이 웹사이트에서든 어디서든 당신을 발굴하도록 만들어야 해요." 핵심 학교가 아닌 관심 학교를 졸업한 투자은행가인 제이슨도 동의했다.

> 당신이 가는 학교가 가장 중요합니다. 그들은 명성이 낮은 학교에서는 채용을 하지 않습니다. 저는 운이 좋았죠. 대단한 학교 출신은 아니니까요. 제 애널리스트 동기들 중에 하버드 출신이 30명, 와튼 출신이 20명, 그리고 5명만이 [우리 학교] 출신입니다. 가끔 주립대 출신을 볼 수도 있을 겁니다. 그들은 대개 인맥으로 거기 있는 거죠.

가장 흔한 유형의 인맥은 특정 회사 직원과의 직접적이거나 간접적인 우정 같은 개인적인 관계이다. 역시 투자은행가인 마이클도 리스트에 있는 학교 출신이 아니다. 그는 인맥의 유용함을 보여 주는 사례로 자신의 구직 경험을 털어놓았다.

핵심 학교 출신이 아니면, 여기서 일자리를 구하기는 훨씬 더 어렵습니다. 말로는 모든 회사가 온라인으로 이력서를 제출해도 된다고 하죠. 하지만 저는 이런 방식으로 성공한 사람을 들어본 적이 없어요. 제 경우에는 남부에서 뉴욕까지 와서 친구의, 친구의, 친구를 통해 구직 활동을 해야 했고, 진짜로 인맥을 활용하고 적극적으로 행동해야 했습니다.

왜, 어떻게 개인적인 스폰서십이 엘리트 대학 소속이 아니라는 점을 때때로 보완해 줄 수 있는 것일까? 채용에서 사회적 자본과 개인적 추천의 역할에 대해서는 탄탄한 사회과학적 연구가 있다. 채용에서 어떤 유형의 연결 관계가 가장 중요한지, 그리고 이 관계들 사이의 상대적인 비중에 대해서는 논쟁이 계속되고 있지만, 대부분의 연구는 고용주의 관점보다는 구직자 혹은 추천 당사자의 입장에서 이 문제를 검토한다. 의사결정권자에게 초점을 맞추는 소수의 연구조차 현실에서 고용주들이 채용을 결정할 때 사회적 추천을 활용하고 해석하는 방법을 보는 것이 아니라, 추천의 존재 여부가 채용 가능성에 미치는 종합적 영향을 분석하는 수준이다.

— 기업들은 왜 추천에 관심을 기울이는가

추천을 고용주의 관점에서 연구한 경우는 적지만, 고용주들이 추천을 선호하는 이유에 대해서는 세 가지 지배적인 가설이 있다. 각 이론은 가장 생산적인 인적 자원을 만들어 내는 원인을 분석한 고용주의 합리적 계산 때문이라고 주장한다. 기존 직원들은 일자리의 공식적·비공식적 요구사항에 대한 중요한 정보를 알고 있기 때문에 더 적합한 지원자들을 데려올 수 있다는 것이다. 게다가 추천에 의존할 경우, 학력처럼 공식적인 요건에서 더 적합한 지원자를 더 많이 확보할 수도 있다. 마지막으로, 채용 추천은 사회적 다양성을 향상시킬 수 있다.

내가 연구한 기업들의 경우 대개 더 많은 적합 후보자를 확보하기 위해 추천을 활용한 것은 아니었다. 추천받은 지원자들은 대개 전형적인 자격의 후보자가 아니었다. 추천은 후보자들에게 바람직하면서 명확히 드러나는 자격요건이 부족할 때 이를 보완하는 역할을 했다. 사회적 다양성 관점에 대해서는 약간의 증거가 존재했지만, 이에는 몇 가지 조건이 뒤따라야 했다(이들 추천 유형에 대한 논의는 9장을 참조하라). 하지만 여전히 뒷문을 통한 개인적 스폰서십이 불확실성을 줄인다고 느끼는 HR 담당자들이 많았다. 그들은 완전히 '낯선' 지원서를 제출한 개인들보다는 추천을 받은 사람들이 적합도 측면에서 더 나을 거라고 믿었다. 한 투자은행의 채용부문 책임자인 수잔은 이를 이렇게 설명했다.

> 이미 회사를 다니고 있는 사람이라면 누가 우리 회사에 좋은 후보자인지에 대해 잘 알고 있다고 믿습니다. 그들은 자기 업무와 그 업무에 요구되는 특성을 알고 있습니다. 따라서 어떤 이력서든 따라오는 큰 질문 중 하나의 답을 이미 얻었다는 점에서 그들에게 우위를 제공합니다. 바로 누군가가 그들을 위해 보증을 할 수 있는가 하는 질문이죠.

하지만 채용이 주는 현실적인 부담이 추천을 활용하도록 촉진했다는 점도 중요하다. 앞서 지적했지만, 지원서의 엄청난 숫자는 채용을, 일자리라는 드문 자원을 향한 경쟁은 물론, 평가자들의 관심을 얻어야 하는 경쟁으로 만들었다. HR 전문가들이 리스트에 없는 학교 출신 지원자들이 제출한 이력서를 검토할 시간이 없는 경우는 빈번하게 발생했다. 가장 흔한 유형의 추천(현재 회사에 근무하는 직원의 개인적 인맥이 요구되는)의 경우, 스폰서인 직원이 (직접 만나거나 이메일로) 구직자의 이력서를 직접 전달함으로써 이력서 심사를 맡은 회사 평가자들에게 그 이력서에 대한 관심을 불러일으킨다. 따라서 지원자의 소속 학교와 상관없이 추천은 심사를 향한 급행차선의 역할을 했다. 수잔은 이렇게 덧붙였다.

> 누군가가 이메일로 이력서를 보내면서 "제 친구인데 이 자리에 관심이 있어요."라고 말해 줄 수 있다면, 그 이력서는 같은 직책에 지원한 사람들의 이력서 100장 사이를 통과하는 경우보다 훨씬 빠르고 쉽게 누군가의 앞에 전달됩니다. 따라서 추천을 받고, 이력서를 당신에게 전달할 수 있는 누군가를 안다면 운동장은 기울어집니다. … 그 산업에 있는 사람을 아무도 모른다면, 그 사람에게 여기는 심지어 운동장이라고 할 수도 없습니다.

— 개인 스폰서의 특성과 지원자와의 연계

이런 측면에서 볼 때 개인 스폰서는 조직에서 높은 지위에 있어야 할 필요도 없었다. HR 전문가와 학교 담당팀에서는 심지어 가장 낮은 직급 직원들의 추천도 신뢰하는 경우가 일반적이었다. 내부자-외부자 지위는 회사 내의 수식적인 지위보다 더 중요했다. 그들이 직접 만나거나 이메일을 보내서 지원서를 '정확한 책상' 위에 성공적으로 올려놓을 수 있다고 가정한다면, 1년차 애널리스트나 신입 변호사들도 자신이 강의실, 운동팀, 비교과 활동, 고향에서 혹은 채용 행사에서 알게 된 개인을 성공적으로 인터뷰 단계까지 올려 보낼 수 있었다. 이런 유형의 스폰서십의 가치는 더 훌륭한 인재를 찾을 가능성에 있지 않았다(개인 스폰서들 중 다수가 업무 요구사항을 진정으로 이해할 만큼 그 직위에 오래 근무하지 않았다). 그들은 추천 대상자를 들여다보게 만들어 주는 지름길의 역할이었다.

게다가 개인 스폰서와의 연계는 강력할 필요도 없었다. 그들의 관계나 후보자에 대해 명시적으로 기술할 필요도 없었다. 한 줄의 메모와 함께 이력서를 전달하는 것만으로 충분했다. 개인 스폰서와 추천을 받은 사람이 결코 만난 적이 없는 경우도 있었다. 오로지 전화나 이메일, 소셜 미디어를 통해 소통하는 경우도 있었다. 예를 들어 개인 간의 인맥은 리스트에 없는 학교를 모교로 공유한다는 데 있을 수도 있었다. 리스트에 없는 학교 출신으로 개인 인맥이나 동창생 명부를 통해 모교를 졸업한 현직 직원을 찾아낼 수 있었던 학생들은 이 직원에게 지원서를 '한 번 보도록' 도와달라고 요청할 수도 있었다. 투자은행가인 로라는 이런 유형의 인맥이 작동하는 방식을 이렇게 말했다.

> 그들에게는 인맥이 필요해요. 직계 가족 구성원이나 친구일 필요도 없습니다. 하지만 그들을 끌어들일 수 있는 일종의 '고리'로 무엇인가가 필요합니다. 틀림없이 그곳에는 항상 독특한 학교 출신들이 있습니다. 그리고 저는 어떤 이유에서건 그 회사에 있는 누군가가 그들의 모교를 나왔거나 채용에 참여하고 있다면 도움이 된다고 생각합니다.

투자은행가인 맥스도 자신도 모교 출신 졸업생을 옹호하는 편이라고 말했다. "만약 제가 모교 졸업생을 본다면, 학교를 돕기 위해서 아마도 그들을 밀어줄 겁니다." 투자은행가인 아리엘도 비슷한 얘기를 했다. "저는 매우 비전형적인 학교 출신입니다. 그래서 제가 여기에 있고,

살아남았다는 점에서 매우 운이 좋았다고 생각해요. 따라서 저와 비슷한 처지에 있다고 느껴지는 사람들을 도와주는 일을 항상 선호했습니다." 리스트에 없는 학교 출신 중 일부 직원은 파이프라인에 자기 학교 출신 학생의 비중이 늘어나기를 희망하면서 모교 출신의 학생들을 대상으로 그들만의 뒷문 심사를 수행했다. 투자은행가인 크리스토퍼가 들었던 한 가지 예는 이랬다.

> 제 그룹에 속한 최고의 부회장 중 한 사람은 《유에스 뉴스》 순위에서 80대 후반에 위치한 경영대학원을 나왔습니다. 저는 그가 어떻게 이 자리까지 왔는지 '전혀' 모르겠어요. 어떻게 이 자리에 왔는지 말이죠. … 그는 정기적으로 모교에 가서 한두 명의 인터뷰 후보를 확보하려고 노력하는 일을 업무로 삼았습니다. 그리고 재작년까지는 실패했지만 작년에 한 사람을 통과시켰고, 금년에 그 사람이 고용되도록 만들었습니다. 이제 두 사람이 있는 셈이죠. 따라서 그런 일이 불가능하지는 않습니다. 그 회사에 다니는 졸업생들에게 많은 부분이 달려 있을 뿐이죠.

이와 비슷하게 HR 직원들은 대개 의사결정의 후반 단계에는 권한이 거의 없음에도 불구하고 종종 이력서 심사과정을 조정하거나 시행하기 때문에 모교 출신 후보자들을 스폰서할 수 있었다. 이런 측면에서 직원들은 순위가 낮은 대학 출신들을 위해 개인적인 스폰서 역할을 할 수 있다.

요약하자면, 개인 스폰서십은 뒷문의 역할을 한다. 심지어 낮은 직급의 직원들과의 약한 연계만 있어도 엄청나게 많은 수의 지원자들과 채용 담당자들이 가진 시간과 관심의 한계 때문에, 그 작은 연줄이 리스트에 없는 학교 출신 후보자들에게 효과적인 비공식적 채널 역할을 할 수 있다.

그럼에도 불구하고 추천하는 직원의 지위가 전혀 무관하지는 않았다. 높은 직급의 직원과 중요한 고객의 추천에는 더 큰 비중이 부여되었다. 예를 들어 임원급 직원의 경우 이력서상의 자질과 상관없이, 대개는 어떤 이유라도 붙여서, 지원자를 인터뷰 단계까지 올려 보낼 수 있었다. 투자은행의 채용 분야 책임자인 켈리는 한 임원의 추천을 회상하면서 웃음을 터뜨렸다. "우리가 참가시켰던 한 남자는 우리 건물 밖에 '저를 채용해 주세요'라고 쓴 사인을 몸에 두르고 서서 이력서를 나눠 주고 있었죠. 데스크 헤드 중 한 사람이 "난 저 사람이 마음에 드는군. 저 사람을 참여시켜요."라고 말했어요. 결국 최종 합격자 명단에 들지는 못했지만 그는 인터뷰 기회를 얻었답니다!"

수익과 미래 사업에 미치는 영향력 때문에 고객들의 추천도 중요하다. 로펌의 경우 판사는 물론 고객의 추천을 '하이터치(high-touch) 추천'이라고 부르면서 폭넓은 '사업 개발 활동'으로 간주했다. 한 투자은행의 채용 디렉터인 스테파니는 기업 정책의 막후에서 어떤 일이 벌어지는지 다음과 같은 통찰력 있는 이야기를 했다.

> 그곳에는 분명히 어느 정도 정치가 존재합니다. 그리고 지나칠 수 없는 추천들도요. 따라서 당신은 많은 것을 보게 될 겁니다. 아시겠지만 그 회사 대표 친구의 자녀는 그의 눈에는 엄청난 후보자고, 그는 우리가 그 학생에게 주목하길 원합니다. 따라서 많은 경우에 우리는 이 후보자들에게 1차 인터뷰를 허용하고 관심 있게 지켜봅니다.

이처럼 개인 스폰서십은 회사의 지원자 풀로 들어가는 뒷문을 열어 줄 수 있었다. 하지만 사회적 네트워크에 존재하는 계층과 인종을 기반으로 하는 불평등 때문에 이런 중요한 개인 인맥을 소지할 가능성은 부유한 백인 학생들에게 더 많다. 이런 사례를 보여 주기 위해 나는 연구 인터뷰의 일부로 평가자들이 일자리를 얻게 된 경위를 물어보았다. 캠퍼스 채용이 아닌 뒷문 통로를 통해 채용된, 상대적으로 소수였던 평가자들은 거의 독점적으로 백인이었으며, 부모의 교육과 직업으로 평가할 때 사회·경제적으로 가장 높은 계층 출신이었다. 몇몇 평가자의 부모는 그들이 속한 산업에서 직접 일하기도 했다. 결국 개인 스폰서십은 소속 학교라는 측면에서 지원자 풀의 다양성을 조금은 풍부하게 만들 수는 있지만, 지원자 풀에 포함된 사람들에게 존재하는 사회·경제적 불평등과 인종적 불평등을 강화한다.

3

캠퍼스 채용 행사

당신에게는 호화로운 삶이 어울립니다

매년 가을, 미국의 일류 투자은행과 컨설팅 회사들은 제일 좋은 일자리, 제일 많은 보수, 제일 간단한 전형 같은 최상급 단어를 잔뜩 나열하면서 최고의 인재들을 끌어들이기 위해 이들을 뉴헤이븐의 최고 호텔에 잔뜩 밀어 넣는다. 그들은 이런 일에 능숙하다. 믿을 수 없을 만큼, 뛰어나게, 겁이 날 정도로 잘한다. 의욕으로 가득한 열여덟 살이었던 나는 예일에 갓 입학했을 때만 해도 컨설팅이나 투자은행 이야기는 결코 들어 본 적도 없었다. 1학년 기숙사 바깥에 서 있을 때도 투자은행가를 열망하는 학생은 한 명도 만나지 못했다. 하지만 이번 해 5월 졸업식에서 내가 투자은행가 옆에 앉게 될 확률은 50%이다. 도대체 무슨 일이 일어난 것일까?

– 마리나 키건, 예일대 2012년 졸업생

[제가 총장으로 업무를 시작했을 때] 여러분이 저에게 처음으로 한 질문은 교과과정이나 교수들과의 관계도 아니었고, 심지어 학생들만의 공간에 대한 질문도 아니었습니다. 그 대신 여러분은 반복해서 이렇게 질문했습니다. "왜 우리 중에 그렇게 많은 사람들이 월스트리트로 가는 겁니까? 왜 하버드에서 그토록 많은 학생이 금융과 컨설팅, 투자은행 쪽으로 가는 거죠?"… 취업한 남학생 중 58%와 여학생 중 43%가 이런 선택을 했습니다.

– 드류 파우스트, 2008년도 하버드대 졸업식 연설

▎　　　　　　　　투자은행, 컨설팅 회사, 로펌은 명문 대학이나 경영대학원, 로스쿨의 캠퍼스 생활에서 너무나 흔하게 회자되는 주제어가 되었다. 지난 50년간 이들 학교의 졸업생 중 회사에 취업하기를 원하는 학생의 숫자는 점점 늘어나고 있다. 하버드에서는 매년 최고 학년의 70%가 넘는 학생이 캠퍼스 채용을 통해 대개 투자은행이나 컨설팅 회사에 지원한다. 파우스트 총장이 졸업식 연설에서 언급한 것처럼 2003년에는 전체 졸업생의 약 반 정도가 이들 분야에 진출했다. 금융위기 후에는 이 비율이 다소 하락하여 2014년에는 최고 학년 학생 중 31%가 이들 분야에 취업했다. 명문 로스쿨에서는 이 비율이 더 높다. 하버드 로스쿨에서는 90%가 넘는 학생들이 대형 로펌의 일자리에 지원하며, 대개 80% 이상이 이들 회사에 취업한다. 일명 '빅로(biglaw)'에 취업하는 것이 너무나 뻔한 진로가 되다 보니, 하버드 로스쿨의 학생 신문인 《레코드*Record*》에서는 종종 이들의 캠퍼스 채용 활동에 참여하지 않기로 한 '소수의 용감한' 학생들의 프로필을 싣기도 할 정도다.

어째서 일류 대학 학생들은 이런 일자리와 회사에 몰려드는 걸까? 이 질문은 기자들, 대학 행정부서, 학생들 자신에게도 흥미를 불러일으켰다. 이 장에서 나는 고용주와 현 구직자들을 대상으로 시행한 인터뷰 결과와 내가 채용 행사에 직접 참여해 관찰한 내용을 종합해서 핵심 캠퍼스에 다니는 그토록 많은 학생들이 투자은행, 컨설팅 법률 분야의 일자리에 지원하는 이유를 탐색해 보고자 했다. 회사가 학생을 유혹하기 위해 하는 일들을 중점적으로 살펴본 후, 나는 이 일자리들이 제공하는 높은 보수 외에도 학생들이 이들 회사가 채용과정 중에 만들어 내는 유능한 인상에 이끌린다는 사실을 발견했다. 엘리트 기업들에게 채용 업무는 최우선 순위에 해당한다. 조던이라는 컨설턴트는 이렇게 말했다.

> 우리는 채용에 많은 투자를 하고 많은 시간을 쏟아붓습니다. 우리 회사 최고의 인재들 중 일부가 상당한 시간을 할애해 왔습니다. 고객 업무를 제외하면 이 일이 우리가 하는 가장 중요한 일입니다. 최고의 자산인 직원들을 확실하게 확보하기 위해 많은 투자를 합니다.

이 회사들은 '제대로 된 자산을 확보하기' 위해 많은 노력을 기울인다. 최고의 학생들은 최고만을 누릴 자격이 있고, 입사 합격 통지가 사회·경제적 엘리트 계급 입성을 허락하는 배지라는 사실을 설득하기 위해 회사들은 호화로운 채용 행사들을 활용한다.

— 돈, 지위, 경쟁, 공포: 엘리트 기업에 저항할 수 없는 이유

여섯 자리 숫자의 매력

최고의 투자은행, 컨설팅 회사, 로펌 일자리 중심에는 돈이 있다. 이들 회사의 일자리는 다른 유형의 일자리에 채용되었을 때 받는 금액의 두 배에서 네 배의 급여를 제공하는 만큼, 학생들에게는 졸업 직후에 가장 높은 보수를 받을 수 있는 기회에 해당한다. 여섯 자리 숫자의 연봉과 다섯 자리 연봉의 차이는 대부분의 마음에 크게 다가온다. 학부 학생인 월터에게 왜 투자은행의 일자리를 수락하기로 선택했는지 묻자 그는 웃으면서 이렇게 말했다. "거짓말은 안 하겠습니다. 모두 돈 때문이죠."

어떤 사람들에게 돈은 그 자체로 개인적인 성공과 커리어 우선순위의 기준점이다. 빳빳하게 다린 옷을 입고 투자은행과 컨설팅 두 분야에서 동시에 인터뷰를 하던 이스트모어 학생 파커는 "성공의 일부는 높은 보수를 받는 데 있죠."라고 주장했다. 실제로 기존 연구에서는 일류 대학 졸업생들이 다른 학교를 졸업한 학생들보다 일자리에서 받는 물질적 보상을 더 크게 강조하며, 전반적인 업무 만족도에서 높은 급여의 중요성을 더 높게 평가하는 경향을 보인다.

다른 학생들의 경우 돈을 강조하는 경우는 필요 때문이었다. 대학 등록금은 폭발적으로 상승했다. 현재 많은 엘리트 대학에서 숙식과 기타 비용을 포함한 금액은 연간 6만 달러에 육박한다. 비록 최고 엘리트 대학의 핵심 캠퍼스들은 많은 학생에게 상당히 많은 재정 보조를 하고 있지만, 보조가 필요한 모든 사람이 자격을 충족하지는 못한다. 여전히 많은 학생들이 심각한 부채를 짊어진 상태로 학교를 나온다. 최고 MBA와 JD 프로그램의 경우 청구서 금액은 더 크다. 수업료만 해도 6만 달러 근처를 맴돈다. 기타 비용을 포함해 생활비와 이들 학교의 비공식적인 교과과정의 핵심인 사교 활동과 여행은 청구서 금액을 연간 10만 달러 가까이로 끌어올린다. 이런 비용 때문에 많은 학생들은 학위를 따기 위해 여섯 자리에 달하는 빚을 지게 된다. 재정상의 어려움으로 인한 유예를 주장하지 않는다면, 학생들은 졸업한 지 몇 달 안에 대출금을 상환하기 시작해야 한다. 단지 몇 년간이라도 이러한 일자리를 얻는다면, 이 빚들을 갚아 나가는 데 상당한 도움이 된다.

부분적으로는 이런 이유들 때문에 이들 회사에 대한 유혹은 로스쿨 학생들에게 특히 강렬하다. 종종 주요 로펌의 일자리와 다른 유형의 취업 사이의 금전적 차이는 상당한 수준이다. (이사 비용, 기본 보너스, 성과 보너스를 제외한) 급여로 본다면 연간 약 16만 달러 대 4만 달러 수준이다. 로스쿨에 가기 전에 비영리기관에서 일했던 로스쿨 학생 딘은 인터뷰에서 자신이 '관심이 없었음'에도 불구하고 어떻게 로펌에 들어가게 되었는지 솔직하게 말했다.

> 저속한 사람이 되고 싶지는 않지만 재정적 고민은 분명히 중요합니다. 만약 보수가 같다면 저는 정부에서 일하는 편을 택할 겁니다. 결국은 그곳이 제가 일하고 싶은 곳이니까요. … 전 다른 사람들을 부자로 만드는 일에는 정말 관심이 없습니다. 하지만 지금은 재정적으로 감당할 수가 없어요. … 2년간 로펌에서 정해진 업무를 하면서 대출금을 갚고 싶습니다. 그러고 나서 다른 일을 하려고 합니다. 제 진로를 생각할 때 저는 뉴욕 로펌에서 파트너가 된다든가 혹은 그와 비슷한 미래를 상상하지 않습니다.

과거 엔지니어였던 MBA 학생으로 컨설팅 회사 및 투자은행과 취업 인터뷰를 하기로 한 유니스도 여기에 동의했다. "이력서에 대단한 회사 이름을 올리고 대출금을 일부 갚기로 한 것은 아마도 제가 내린 가장 큰 결정일 겁니다."

의심할 여지없이 이러한 회사들이 제공하는 높은 급여는 많은 학생들에게 강렬한 매력으로 다가온다. 하지만 재정적으로 상당한 어려움에 처한 학생들(역설적이게도 이런 유형의 일자리를 얻을 가능성이 가장 적은)에게도 돈은 전체 이야기의 일부에 불과했다. 나는 이제 고소득 엘리트 일자리를 향한 비상이 돈에 대한 문제를 넘어서서 이들 일자리가 상징하는 여러 가지 명분을 위한 일로 깊숙히 자리 잡았다고 주장한다. 후보자들을 향한 회사의 치열한 구애가 학생들의 욕망과 공포를 의도적으로 이용하고 있다는 것이다.

— 호화로운 삶이냐 빈털터리냐

사회학자인 비비아나 즐라이저(Viviana Zelizer)가 지적했듯이 돈의 용도는 실용적일 뿐만 아니라 사회적이다. 그리고 거기에는 갖가지 의미가 차고 넘친다. 이와 비슷하게 돈은 학생들을 이 일자리로 끌어들이는 단지 영(0)이 하나 더 붙은 연봉이 아니라 그런 금액이 상징하는 라이프 스타일을 의미하기도 한다. 학생들은 진로 선택을 종종 양자택일의 문제로 본다. 그들은 엘리트 전문서비스 회사들이 제시하는 최고의 급여와 가장 보수가 낮은 일자리가 제시하는 급여를 비교한다. 많은 학생들에게 그 선택은 호화로운 삶, 즉 높은 급여를 받으며, 역동적이고 흥분으로 가득한 매력적인 삶을 살 것인가, 혹은 빈털터리의 삶, 즉 쥐꼬리만 한 급여를 받고 따분한 삶을 근근이 이어갈 것인가 중에서 하나를 선택하는 일처럼 보였다. 따라서 메인스트리트 대신에 월스트리트를 선택하는 결정은 단순히 이익 극대화를 바탕으로 순수하게 기계적으로 내리는 선택은 아니었다. 그것은 사회적 선택이자 문화적인 선택이기도 했다. 학생들은 자신이 교차로 앞에 준비 자세를 하고 서서 상위층과 중산층 사이에서 하나를 선택하려는 중이라고 생각했다. 많은 학생들이 상위 계층에 한자리를 확보하고 싶어 했다.

엘리트 학교를 새로 졸업하는 많은 학생들은 뉴욕, 보스턴, 샌프란시스코, 시카고, 워싱턴 DC와 같은 주요 대도시 중심으로 모여든다. 부분적으로는 이런 도시들이 제공하는 흥분, 편리함, 사회적 기회에 끌리기 때문이다. 게다가 이 지역들은 많은 친구들과 동기들이 향하는 곳이기 때문에 매력적이다. 이런 일자리가 매력적이라고 생각했던 이유를 설명하면서, 내가 인터뷰한 학생들은 활기찬 분위기와 '사건들'이 벌어지는 '대도시'에 살고 싶은 욕망을 종종 꼽았다. 하지만 전국에서 주택 가격이 가장 비싼 이들 대도시 지역의 높은 생활비(그리고 다른 사람들의 생활수준을 따라잡는 일)에 대해서도 이야기했다.

상류층 생활의 매력

많은 학생들을 강력하게 끌어당기는 또 다른 힘은 일에서 '볼러(baller)'라고 부르는 라이프 스타일의 매력이다. 즉, 이들 일자리가 연상시키는 호화롭고, 씀씀이가 헤픈 도시 생활이다(볼러라는 단어는 일부 프로 운동선수들의 호화로운 라이프 스타일을 지칭하는 속어다). 이들 회사에서 일하는 것은 졸업 이후의, 배타적인 사회 내부로 들어갈 수 있는 입장권을 제공한다. 며칠간의 야근 후 가장 핫한 클럽의 바에서 제공되는 몇천 달러어치의 주류, 주말에는 미슐랭 스타를 받은 식당에서 음식 맛보기, 비즈니스 좌석을 타고 가는 출장, 도어맨이 있는 아파트 빌딩, 맞춤 정장 등이 포함되는 입장권 말이다. 비록 부유한 학생들은 가정에서나 사회적 삶에서 그런 사치를 맛본 후에 학교로 왔을 수도 있지만, 많은 학생들에게 볼러의 첫 경험은 이들 회사에 대한 접촉과 관련이 있었다. 채용 행사는 각 지역에서 전채 요리로 고베 비프가 나오고 최고급 술이 제공되는 현지에서 가장 비싼 바나 식당에서 개최되었다. 홀트가 개최한 몇몇 여성들을 위한 채용 행사들 중 하나는 그 도시의 가장 오래되었으며, 비용만 해도 몇천 달러에 달하며 30명 미만의 손님만 받는 서퍼클럽에서 열렸다. 학생들은 그것이 최초의 경험이건 혹은 기분 좋게 익숙한 경험이건 상관없이, 그런 상류층 삶을 맛보는 데 매력을 느끼는 경향이 있다.

이와 비슷하게 엘리트 기업 여름 인턴십의 비공식적 과정 중 핵심적인 부분은 이런 볼러의 삶에 흠뻑 젖어 보는 데 있었다. 유명한 스포츠 행사의 VIP 좌석, 개인 크루즈, 미식가들을 위한 점심, 클럽에서의 밤이 포함되었다. 로펌의 채용 매니저인 로지는 한숨을 쉬면서 말했다. "이런 것들이 그들에게 여생 동안 이렇게 먹고 마시고 할 거라는 생각을 심어 준다니까요." 변호사인 산제이는 회사가 학생들을 어떻게 화려함으로 유혹했는지 이렇게 털어놓았다.

우리는 여름 인턴들에게 파트너들의 아파트를 구경시켜 줍니다. 리셉션이나 칵테일 아워가 며칠마다 열리면서 마치 "당신은 이런 것들을 누릴 수 있습니다."라고 말하는 겁니다. 내가 결코 본 적이 없는 완벽한 세계죠. 그리고 효과 만점이구요. 극장에 쇼도 보러 가고, 엄청나게 비싼 식사를 합니다. 그들이 삶의 어떤 다른 기준도 받아들일 수 없다고 느끼도록 만들죠. 그리고 그런 일들은 효과가 있습니다.

여름 인턴십을 막 마치고 최고의 투자은행이 제시한 풀타임 오퍼를 최근 받아들인 MBA 학생 테오는 이런 세계에 빠져들었던 경험을 이렇게 회상했다.

오로지 최고의 것만 가지는 데 익숙해지죠. 언젠가 어느 식당에 몰려가려고 했던 때를 기억합니다. 비싼 곳이었지만 충분히 비싸진 않았죠. 우리는 [경쟁기업이었지만 최고 3대 투자은행은 아닌] 투자은행 출신 사람들이 그곳에 온 것을 보고 계획을 변경했습니다. 이류 식당에 가고 싶지는 않았으니까요.

채용 행사나 여름 인턴십을 통해 볼러의 삶에 직접 빠져 보는 것만큼 중요한 것이 4학년이 될 학부 학생들, 2년차 MBA들, 로스쿨 3학년(3Ls)들과 최근 졸업생들이 매년 가을 캠퍼스로 가지고 돌아오는 감질나는 이야기들을 통해 그들의 세계를 미리 꿈꾸어 보는 것이다. HR 전문가들은 '학생들이 주고받는 대화'를 잘 알고 있다. 내 연구 참여자들은 캠퍼스에서 좋은 평판을 얻기 위해 화려함이라는 군비 전쟁에 참여하는 그들 회사의 관행을 공개적으로 밝혔다. 이 경쟁은 로펌들 사이에 가장 치열했는데, 로펌들이 투자은행이나 컨설팅 회사보다 숫자가 더 많고 브랜드 인지도도 더 낮았기 때문이다.

학교 문화의 영향

채용 담당자들이 제공하는 이런 유혹에 더해 엘리트 학교의 문화도 학생들이 볼러의 삶에 중점을 두게 되는 현상에 기여한다. 파티, 디너 모임, 해외에서 보내는 방학이라는 비공식적인 네트워킹 순회노선은 엘리트 학부생들과 심지어 대학원생들에게도 공식적인 학교 교과과정만큼이나 중요한 것으로 받아들여진다(혹은 그보다 더 중요할 수도 있다). 이런 유형의 네트워킹에는 큰 규모의 현금이나 대출이 필요하다. 비록 많은 학부생들도 학부 교육의 목적을 학업보다 사교로 보고 있기는 하지만, 이런 관점이 가장 강한 곳은 경영대학원이다. 경영대학원의 노골적인 목적은 졸업생들이 미래에 연락할 수 있는 강력하고 폭넓은 사회적 인맥을 개발할 기회를 제공하는 데 있다. 많은 학생들이 교실에서 배우는 내용보다 네트워킹이 자신의 경력 개발에 훨씬 더 중요한 일이라고 믿는다. 엘리트 경영대학원 교과과정의 핵심 부분은 국제적인 오리엔테이션과 매년 열리는 글로벌 몰입 프로그램 참여, 동료들과 함께 가는 스키 여행, 와인 시음, 격주로 밤에 바와 클럽 가기 등이다. 엘리트 학교의 비공식적 교과과정의 많은 부분을 차지하는 이들 행사와 활동비용은 당연히 등록금에 포함돼 있지 않다. 학생들은 여기에 참여하기 위해 종종 추가 대출을 받는다. 참여하지 않는 학생들은 사회적으로 좀 더 소외되는 경향이 있으며, 회사를 대표해 방문하는 졸업생들과 잡담을 나눌 때 의존할 수 있는 이야깃거리와 인맥이 부족하게 된다.

엘리트 로스쿨에서는 비공식 교과과정에 대한 강조가 강의실에서의 성과에 대한 강조와 좀 더 균등한 조화를 이루고 있긴 하지만 역시 비슷한 현상이 발생한다. 저소득가정 출신의 3년차 로스쿨 학생 탈룰라는 "어딘가에서 최고 로스쿨에 다니는 학생들은 1학년이 끝날 때까지 이미 자신이 16만 달러를 버는 사람처럼 지출한다는 통계를 읽은 적이 있다."고 회상했다. 나는 그녀에게 다른 사람들에게 뒤처지면 안 된다는 압박감을 느꼈냐고 물었다. "네, 그랬죠. 이것들이 얼마나 하는지 아세요?" 그녀는 안경을 가리키면서 물었다. "프라다에요. 600달러짜리죠. 600달러요! 여기 사람들은 이런 것들을 알아봐요. 사람들이 어떤 브랜드의 옷을 입는지 묻기 시작하죠. 가방을 어디서 샀는지, 인터뷰 정장이 어디 건지요. 채용 담당자들이 묻는 게 아니에요. 학생들이 묻는다니까요." 채용 행사에서 대화를 나눈 또 다른 로스쿨 학생은 자신이 왜 친구들과 콜로라도주에 있는 아스펜으로 겨울 스키여행을 가기로 결정했는지를 설명하면서 예의 그 사고방식을 드러냈다. "글쎄요. 전 로스쿨 학생이고 10만 달러를 빌렸습니다. 그러니 할 테면 해보라죠. 1천 달러 더 빌린다고 달라질 건 없으니까요." 볼러 라이프 스타일을 맛보게 되면 그런 경험은 마치 사람들의 식욕을 돋우듯 더 많은 것을 갈망하도록 만든다. 한정된 자금을 가진 사람들이 이런 욕구를 채우려면 대출을 추가로 받아야 한다. 그러다 보면 높은 급여는 더 매력적으로 보일 수밖에 없다.

계층상 위치의 중요성

자신이 내린 일자리 선택에 대해 설명하면서 일부 학생들은 당면한 경제적 상황에 대한 걱정을 강조했다. 다른 학생들은 이를 자신이 유지하고 싶은 라이프 스타일 및 계층상의 위치와 연관시키면서, 자신의 결정을 그보다 더 큰 문제로 설정했다. 나는 투자은행과 컨설팅 회사 일자리를 위해 인터뷰를 했던 이스트모어 학부생, 월터와 대화를 나누었다. 그는 다른 일자리가 아닌 이런 진로를 향해 나아가기로 결정한 이유가 부분적으로는 "삶에서 무엇인가를 가지는 것… 내가 살고 싶은 지역에 근사한 집을 살 수 있고, 휴가를 갈 수 있고, 미래의 자녀들에게 더 좋은 교육을 받게 해줄 수 있는 것이 중요하며, 이 모두는 돈이 필요한 일이기 때문"이라고 말했다. 다른 유형의 일 대신 고임금 엘리트 일자리를 선택하면서 학생들은 높은 급여와 특정한 라이프 스타일을 확보할 수 있는 가능성만 가늠하는 것이 아니라, 사회계층에서 자신과 가족이 차지할 수 있는 미래 위치도 가늠한다.

ㅡ 일시적 도피처 혹은 디딤돌

엘리트 대학에 다니는 대부분의 학생들은 어린 시절과 청년기부터 높은 사회적 지위를 향한 트랙에서 경쟁하도록 길들여진다. 우등상이건 AP과정이건 필드하키건 순수예술이건 상관없이 그들은 어린 시절 각각의 경쟁에서 이기기 위해 노력했다. 내적 만족을 추구하는 경우도 있었고, 부모를 만족시키기 위한 경우도 있었으며, 미국에서는 청소년기의 금메달에 해당하는 엘리트 대학이나 대학원 입학을 위해서인 경우도 있었다. 누군가가(그리고 그들의 자녀들이) 어떤 대학을 다녔는지(혹은 다니고 있는지)는 피할 수 없는 대화의 주제이자 정체성을 나타내는 배지다. 자녀의 고등학교 마지막 2년은 대학 이야기로 일을 삼고, 대학 브랜드가 새겨진 트레이닝복을 입거나 차량 뒤 유리창에 대학 로고를 붙이는 방법으로 부모들은 자녀들을 독려한다.

엘리트 대학에 입학허가를 받고 최종적으로 등록한 극소수에 속하는 구성원들은 입학허가 편지를 개봉하면서부터 미국 최고의 인재라는 이야기를 듣는다. 이런 주장은 현재 7%를 밑돌고 있는 합격률이 뒷받침한다. 학생들이 캠퍼스에서 시간을 보내는 동안 각 엘리트 학교의 당국은 '최고의 인재'라는 만트라(mantra)를 계속해서 반복한다. 학생들은 자신이 선택된 사람으로서 세계의 미래 리더이자 영향력을 행사할 인물이라는 이야기를 듣는다. 세계적으로 저명한 교수들이 장황한 논설을 늘어놓는 거대한 강의실, 역사적으로 중요한 의미가 있는 콘서트홀과 잘 다듬어진 학교 내 잔디밭을 가로지르면서, 많은 학생들은 서서히 이 만트라를 내부화하며, 비록 공개적으로는 인정하지 않고 싶어 하지만, 자신이 최고의 인재들 중 하나이고 따라서 엘리트의 지위를 누릴 자격이 있다고 믿게 된다.

진로 선택과 불확실성

하지만 나뭇잎들의 색깔이 변하면서 엘리트 대학 캠퍼스의 가을은 많은 학생들에게는 불안을 가져다줄 불확실성의 물결을 맞이한다. 하버드에서 4년 동안 학생 상담자로서 목격한 바에 따르면, 3학년과 4학년이 될 학생들의 대화는 서서히 "여름방학은 어땠어?"에서 "다음엔 뭘 할 거야?"로 옮겨 간다. 일부 학부 혹은 전문대학원 학생들은 외과의사나 기자, 어린이들의 보호자가 되겠다는 등의 확고한 소명을 품고 캠퍼스에 들어왔음에도 불구하고, 자신이 삶에서 진정으로 무엇을 하고 싶어 하는지 확신하지 못하는 경우가 많다. 알고는 있지만 목표에 도달할 방법을 확실히 알지 못하는 사람들도 있다. 의사나 과학자가 되는 데는 분명한 경로가 존재하지만, 정치인이나 판사, CEO가 될 수 있는 방법은 무엇일까? 교사나 예술가가 되겠다는 학생들처럼 자신의 열정이 어디에 있는지 정확하게 아는 학생들도 있을 수 있다. 하지만 그들은 최고의 인재라는 지위와 고가의 교육을 감안할 때, 그런 진로가 자신들에게 충분히 좋은 것인지 확신하지 못한다.

명성이라는 피난처

자기가 열정을 느끼는 대상을 모르거나 진로 목표를 달성하는 방법을 몰랐던 학생들 중 일부는 엘리트 기업 취업을 의사결정을 미룰 수 있는 방편의 하나로 보았다. 컨설턴트인 랜스는 투자은행, 경영 컨설팅, 로펌의 일자리들이 "무엇을 하고 싶은지 모르는 엘리트 졸업생들을 위한 피니싱 스쿨이 되었다."고 말했다. 학생들은 높은 보수와 볼러의 삶을 누릴 수 있는 기회 때문에 이들 일자리에 끌린다. 하지만 또한 일시적인 도피 기회라는 점에서도 끌린다. 이 일자리들은 어떤 진로를 탐색해서 거기에 헌신한다는 과업을 유예할 수 있게 해주며, 새로운 문을 열어 주는 디딤돌 역할을 한다. 일단 이들 일자리에서 일하다가 자신의 열정을 찾게 되면, 기업이나 비영리기관, 정치 분야에서 원하는 자리를 향해 나아갈 더 훌륭한 태세를 갖추게 된다. 투자은행과 컨설팅 분야에만 지원한 MBA 학생 엘렌은 이렇게 말했다. "제가 정말 열정을 가진 일을 찾는 동안 가능성은 열어 놓은 채로 일정한 기술을 구축할 수 있는 방법을 찾고 싶었어요. … 그리고 이력서에 이런 회사의 브랜드를 포함시키는 것이 저에게는 이롭게만 작용할 거라는 사실도 알고요." 하이테크 분야에서 일하는 MBA 학생인 카메론은 자신과 동기들이 컨설팅 회사에 지원했던 이유를 다음과 같이 설명했다.

거기는 그런 함정에 빠지게 만드는 뭔가가 있습니다. 저도 많은 사람들과 같은 마음가짐을 가지게 되었습니다. 경영대학원을 마친 다음에 뭘 해야 할지 확신할 수 없다면, 그저 2년 정도는 컨설팅 회사로 간다는 거죠. … 그곳은 어떤 산업에 대한 프로젝트를 수행하면서 그 산업에 열정을 가지게 될 수도 있는 시간을 줍니다. 경영대학원의 연장 역할을 하기도 하죠. 많은 것을 배울 수 있으니까요.

이런 일자리가 하는 일은 신입사원들이 삶에서 무엇을 진정으로 원하는지 의사결정을 할 시간을 정지시켜 놓는 데 그치지 않는다. 새로 채용된 많은 졸업생들은 일자리를 받아들일 때 회사의 명성 때문에 '손해 볼 것이 없다'고 생각한다. 로스쿨 학생인 이사벨의 말이다.

법률은 명성이 이끄는 분야입니다. 오래 다닐 생각이 없더라도 이런 회사가 도움이 될 거라고 생각합니다. 회사의 명성이 높을수록 원하는 다른 일을 하기가 더 쉬워집니다. 올라가기보다는 내려가기가 더 쉬우니까요.

매끄러운 전략: 캠퍼스 채용 행사

매년 가을, 엘리트 전문서비스 회사들은 핵심 캠퍼스들을 장악하다시피 한다. 학생들이 졸업 후 삶에 대한 불확실함, 모호함, 불안의 감정들과 씨름하고 있을 바로 그 때, 기업들은 구체적이면서도 누구나 원하는 보상이 있는 새로운 경쟁을 그들에게 제시한다.

— 캠퍼스 침투하기

홀트의 채용 파트너가 주장했듯이 엘리트 캠퍼스에서 이들의 채용 모토는 "일찍, 그리고 자주 채용하라."이다. 핵심 학교의 명성이 높을수록 공습이 더 일찍 개시된다. 개강 전부터 학생들의 메일함과 우편함은 채용 설명회 초대장으로 점령당하고, 학생들이 사용하는 물품 보관함은 마케팅 전단과 로고가 새겨진 선물로 가득 찼다[학생들은 이런 공짜 제품들을 '스웩(swag)'이라고 부르는 반면, 기업들은 이들을 '작은 기념품(tchotchkes)'이라고 부른다]. 다양한 단계마다 다양한 보물이 준비되는 등 채용과정은 전리품들로 가득하다. 나는 첫 번째 선물이 종종 우산, 물병, 노트북 케이스, 에코백, 메모지, 펜, USB 스틱처럼 학생들이 일상적으로 들고 다니는 실용적인 아이템들이라는 사실을 발견했다. 이들 선물에는 두 가지 목적이 있었다. 관심을 끌기 위한 목적과 받는 사람에게 선의의 형태로 상호주의를 활용하려는 의도였다. 동시에 그들은 학생들을 개별 회사를 드러내는 걸어 다니는 광고판으로 바꾼다. 컨설턴트인 이(Yi)는 회사 이름이 새겨진 우산을 보여 주며, 광고상의 이점을 얘기했다. "비가 오면 200개의 우산이 펴지는 것을 볼 겁니다. 당신이 보는 모든 우산에 우리 회사의 이름이 있겠죠. 지금은 이런 것이 영리한 마케팅입니다." 회사들은 빗속에서 이름을 보여 주기 위해서만이 아니라 학생들 사이에 관심을 불러일으키기 위해 가장 눈에 띄는 최고의 선물을 주려고 경쟁했다.

기업들은 이름을 알리는 데 인쇄매체도 활용했다. 매년 처음으로 발행되는 학교 신문에는 대개 채용 광고가 전면을 차지했다. 학기가 시작되고 몇 주가 지날 때까지 신문은, 명성을 자랑하는 다수의 회사들이 학생들에게 배경과 상관없이 자신들의 일자리가 가장 적합한 일자리임을 장담하는 월스트리트의 광고책자처럼 보였다. 예를 들어 한 학생 신문에 실린 유명 투자은행의 광고는 학생들에게 "경험은 필요하지 않습니다."라고 선언했다. 학생들에게 보내는 개인형 맞춤 이메일처럼 광고에는 대개 다가오는 캠퍼스 내 혹은 근처에서 이루어지는 회사 설명회를 알리는 초대장이 포함되었다.

일류 졸업장에 걸맞은 최고의 직장

설명회는 회사와 핵심 학교 학생들 사이에 벌어질 정교한 구애의식의 첫 번째 단계다. 각 회사는 학생들에게 이것이 가장 매력적이고 명예로운 졸업 후 옵션임을 설득하려고 노력한다. 연구의 문화기술적 부분의 일부로 나는 2006년과 2007년에 걸쳐 회사들이 엘리트 학생들을 대상으로 남동부의 한 대도시에서 개최한 거의 모든 설명회에 참석했다.

투자은행과 컨설팅 회사의 설명회는 학부생들을 대상으로 하건 대학원생들을 대상으로 하건 상관없이 놀랄 만큼 비슷한 포맷으로 진행되었으며 차이점은 거의 없었다. 대개 설명회는 회사나 학교에 따라 캠퍼스 내부나 외부의 크고 매력적인 장소에서 개최된다. 학부생들을 위한 설명회의 경우, 기업들은 가능한 한 많은 수의 그 학교 출신 최근 졸업생들과 함께 연회장의 양 옆에 자리를 잡는다. 참석자들은 불과 얼마 전까지 트레이닝복이나 플리츠를 입고 다니던 친숙한 선배들이 잘 다려진 정장을 몸에 맞게 입고, 새로운 일자리에서 받을 엄청난 압박을 감안한다면 놀라울 정도로 편안해 보이는 성인 비즈니스맨으로 변모한 모습을 볼 수 있다. MBA 채용에서는 엘리트 동료들의 친숙한 얼굴로 그들을 안심시키기보다, 그들이 보유한 전 세계적인 차원의 대표성으로 방문객들을 놀라게 할 목표를 세웠다. 회사들은 그들이 차지하고 있는 지위의 증거로 전 세계에 포진한 거의 모든 사무실에서 대표들을 불러들인다. 로펌의 설명회에는 훨씬 더 적은 수의 직원들이 참여했고, 따라서 학생 그룹은 그곳에 온 각 변호사들을 둘러싸고 모이는 경향이 있었다.

한 투자은행 설명회의 이면

나는 이스트모어에서 핵심 학교 채용 행사에서 전달되는 정보의 유형으로서 좋은 사례를 제시해 줄 만한 한 투자은행의 학부 채용 설명회를 관찰할 수 있었다. 호화로운 교수회관에서 개최된 설명회는 저녁 6시부터 7시 30분에 걸쳐 열릴 예정이었다. 나는 6시 8분에 도착했다. 그 방에 등장하는 첫 번째 인물은 되고 싶지 않았지만, 그런 걱정은 할 필요가 없었다. 고풍스러운 마호가니 벽으로 둘러싸인 도서관은 면바지와 스웨터부터 배기 스타일 바지나 스커트 정장까지 다양한 옷을 입은 학생들로 이미 반쯤 차 있는 상태였다. 이 그룹에서 대부분의 사람들은 친구나 낯익은 졸업생들을 찾아 주위를 돌아다니고 있었다. 클래식 음악이 부드럽게 울려 퍼지고, 턱시도를 입은 웨이터들이 군중 사이를 누비며 두꺼운 은색 접시에 담긴 음료와 와인 잔을 학생들에게 돌리고 있었다. 행사가 끝날 때 쯤 그 방은 100명이 넘는 학생들로 가득 찼다. 내 현장 노트에 따르면 40% 정도였다고 추정하지만 여성들의 숫자가 놀랄 만큼 많았다. 여성 대부분은 백인이거나 아시아인, 혹은 아시아계 미국인들이었다. 내가 칵테일소스 새우를 막 먹었을 때, 누군가 마이크를 두드리는 소리가 들렸다.

40대 중반으로 보이는, 희끗희끗한 머리에 가볍게 젤을 바른 키가 크고 매력적인 남성이 도서관 벽과 색깔을 맞춘 대학 인장이 새겨진 교탁 뒤에 서서 우리를 맞았다. "환영합니다. 이스트모어 학생 여러분!" 그는 마치 개인 클럽이나 혹은 긴장을 풀어 줄 휴가지로 우리를 불러들이기라도 하는 것처럼 침착하고 따뜻한 목소리로 말했다. "저는 데빈입니다." 그는 사람들에게 자신을 소개하며 말을 이었다. "투자은행 사업부 운영을 돕고 있습니다." 짙은 남색의 맞춤 정장을 입은 데빈은 넥타이를 매지 않았으며, 풀 먹인 옥스퍼드 와이셔츠의 맨 윗단추는 열려 있었다. 그의 복장은 중요한 느낌과 접근하기 쉬운 느낌을 잘 섞어서 전달하고 있었다. 가볍게 고개를 끄덕이는 학생들에게 그는 '경영대학원'을 졸업하고 바로 그 회사에 합류했다고 설명했다. 그리고 확연한 자부심을 드러내면서, 그때 이후로 10여 년간 "결코 지루했던 적이 없었다."고 학생들에게 확언했다.

짧은 침묵 후에 그는 이렇게 덧붙였다. "이스트모어는 우리 회사와 중요한 관계를 맺고 있습니다. 우리에게 가장 중요한 학교 중 하나죠. … 우리 회사에는 이스트모어 졸업생이 250명 넘게 있습니다. 여러분이 회사에 온다면 매우 도움이 되는 네트워크입니다. 우리는 이스트모어에서 받기만 하지는 않습니다. 되돌려 주기도 합니다." 그는 이렇게 주장하고, '캠퍼스 우먼 인 비즈니스 그룹'을 강조하면서 그의 회사가 '스폰서'(나는 나중에야 '돈을 지급했다'는 의미임을 알아차렸다)했던 다수의 캠퍼스 그룹과 행사들을 나열했다. 분위기를 바꿔 데빈은 이렇게 말했다. "더 진행하기 전에 여러분에게 우리 회사의 가치와 문화를 담고 있는 동영상을 보여 드리고 싶군요." 그는 조명을 낮추었고, 약 1분 후 동영상이 시작되었다.

동영상은 이미지도 없이 놀랄 만큼 유행에 뒤처진 테크노 음악과 함께 시작되었다. 몇 번의 비트가 울린 후, 베이스 운율에 맞춰 유리와 철재로 만들어진 고층건물들이 번쩍거리면서 등장하기 시작했다. 카메라는 젊고 건강해 보이는 잘생긴 여성과 남성들이 책상 앞에 앉아 있는 장면과 중요해 보이는 그래프들이 떠 있는 컴퓨터 화면, 높은 층에 자리 잡아 맨해튼의 경관을 파노라마처럼 볼 수 있는 높은 천장과 유리벽에 둘러싸인 회의실에 편안하게 앉아서 각자 경험담을 이야기하는 장면 사이를 이동한다. 그 장면에서 그들은 왜 자신의 업무를 사랑하는지 설명한다.

동영상이 전하는 메시지는 단순했다. 회사에서는 '이기는 것'이 전부였다. 이 투자은행은 '일등이며 빠르고 최고인' 사람들, '성공하는 것 외에 다른 선택은 없는' 사람들을 위한 곳이었다. 어느 시점이 되자 한 시니어 파트너가 화면에 등장해 인재들에 대한 공식적인 정책을 알려 주었다. "우리는 최고의 인재를 찾고 있는 만큼 그물을 넓게 던집니다." 한 직원이 확언한다. "우리는 사람들을 독특한 개인으로서 소중히 여깁니다." 또 다른 직원이 확언한다. "우리는 다양성이 필요합니다." (몇몇 매력적인 여성이 등장하긴 하지만, 등장하는 직원들 대다수는 남성이었다.) "여러분이 열심히 일하고 최선을 다하면, 이곳에서 성공할 것입니다." 세 번째 직원이 약속했다. 영상이 진행되면서 더 많은 건물들이 등장한다. 하지만 이번에는 런던, 파리, 시드니 등 전 세계의 익숙한 스카이라인이 곳곳에 등장한다. "우리는 글로벌 회사입니다." 그런 다음 리우데자네이루, 상하이, 이스탄불이 등장한다. "신흥시장은 우리 사업에 중요합니다." 젊은 직원들은 '세상을 보고' 국제무대에서 미래의 스타가 될 신흥국에 대해 직접 배울 수 있는 기회였던 출장의 이모저모를 이야기했다.

업무는 경쟁적이고 화려한 것은 물론, '재미있는 일'로 묘사되었다. 업무가 지루했던 적이 한 번도 없었다고 주장한 데빈처럼, 영상에 나오는 직원들은 '흥분되는' '바쁜'과 같은 단어들을 사용했다. 그들은 자신이 얼마나 많은 것을 '매일 배우는지' 강조했다. 동시에 그 회사에 있는 모든 사람들은 서로를 보며 미소 짓고, 하이파이브를 하고, 함께 웃는 등 친구처럼 보였다. 성공적인 거래처럼 보이는 장면에 이어, 카메라는 필수적인 등 토닥거리기로 완성되는 모습을 잡는다. 직원들은 직장에서 사귄 친구들에 대해 이야기한다. "우린 함께 어울립니다." 남학생 사교클럽 출신처럼 보이는 한 남성이 내가 킥킥거리며 웃지 않을 수 없을 정도로 진지한 태도로 말했다.

동영상이 끝나자 데빈은 연단으로 돌아와 몇 가지 사항을 더 언급했다. 그는 어째서 산업 내에서 이 회사가 최고이며, 세계에서 '가장 규모가 크고 복잡한 고객들'과 어떻게 일했는지를 강조했다. '경쟁하는 모든 사업 분야에서 리더인' 그 투자은행은 성장하고 있으며, '이 사업을 이끌어 갈 훌륭한 젊은이'들이 필요하다고 역설했다. 경쟁적이고 위험이 높긴 하지만, 회사의 문화는 냉혹하지는 않았다. 사실 회사의 문화에는 우정과 연대가 담겨 있었다. 게다가 회사가 '진정한 능력주의'를 채택하고 있기 때문에 신입사원들은 '열심히 일하고 성과가 좋으면 급여와 보너스, 직책 등을 통해 후한 보상을 받을 것이라는' 확신을 가질 수 있었다. 데빈은 익숙한 후렴도 상기시켰다. "우리는 최고이며, 최고만을 받아들입니다." 그런 다음 그는 회사의 애널리스트 교육 프로그램으로 화제를 바꾸기 전에 (문자 그대로) '그저 몇 개의 단어'("우리는 매수자와 구매자를 한곳으로 모읍니다")로 투자은행이 하는 일을 제시했다. "여러분은 회사와 산업에 대해 알아야 할 모든 것과 여러분에게 필요한 퀀트(quant) 기술, 프레젠테이션과 피드백 기술을 배우게 될 것이며, 서로를 알게 될 것입니다." 구직 후보자들은 어떤 기술로 기여해야 하는 걸까? "우리는 문제 해결을 좋아하며, 훌륭한 소통과 리더십 기술, 전문가로서 강력한 존재감을 가진 팀 플레이어로서 자신감이 있고, 자신만만하면서도 겸손하고, 공감능력이 있는 사람을 찾습니다."

그다음에 등장한 주제는 내가 참여한 다른 많은 발표에서도 다루어졌던 다양성 부분이었다. 데빈은 회사 내에 있는 여성들, 아프리카계 미국인들, 히스패닉계, 아시아계 직원들을 위한 '연대 네트워크'에 대해 언급했다. (이들 기업들은 대개 아시아인들과 아시아계 미국인들, 히스패닉 사람들과 히스패닉계 미국인들을 그룹으로 묶어서 각각 아시아계와 히스패닉계의 범주로 구분했다. 흑인들은 대개 출신 국가에 상관없이 아프리카계 미국인이라고 지칭했다.) 컨설팅 회사와 로펌들은 대개 레즈비언, 게이, 양성애자, 트랜스젠더(LGBT) 학생들을 위한 홍보도 포함시켰지만 투자은행들은 그렇지 않았다. "모든 사람이 다양성 교육을 받으며, 우리는 다양성 노력과 관련해 상을 받기도 했습니다. … 아울러 우리는 일과 삶의 균형을 지킬 거라고 약속합니다. 우리 회사에는 유연근무제도, 직장 내 보육시설, 유급 휴가제도도 있습니다." 지역사회에 대한 봉사와 자선활동 역시 회사 문화의 강력한 일부였다.

그런 다음 데빈은 학생들을 둘러싸고 있는 직원 그룹의 각 멤버들에게 자기소개를 하라고 요청했다. 그들은 각자 이름과 소속부서, 모교를 말했다. 방대한 다수가 이스트모어 졸업생들이었다. 신입 투자은행가들의 신입사원 오리엔테이션이 주로 8월이나 9월에 시작된다는 점을 감안한다면, 그들은 업무를 경험한 지 겨우 몇 주밖에 되지 않은 사람들이었다. 남성과 여성이 섞여 있었고 간혹 소수인종도 있었다. 그곳에는 이스트모어 채용팀의 시니어 멤버와 HR 대표들도 있었다. 소개가 있은 후, 데빈은 그 행사의 공식적인 부분이 끝났으며 네트워킹 시간이 되었음을 안내했다. "여기 전 사업부에서 온 직원들이 있고, 일부는 전 세계에서 온 직원들입니다. 와서 대화를 나누세요. 우리는 여러분 모두와 대화를 나누기를 원합니다." 학생들은 직원들 주변으로 소심하게 모여들었고, 일부는 질문을 했고, 다른 학생들은 그저 들으면서 고개만 끄덕거렸다.

회사 설명회들의 유사점과 차이점

채용 행사들을 순회하면서 더 많은 설명회에 참석하게 되면서 나는 회사들과 산업 전반에 걸쳐 존재하는 놀라운 공통점들을 발견했다. 물론 차이점도 일부 있었다. 예외 없이 무료로 제공되는 칵테일과 카나페에 추가해 회사들은 자기 회사가 엘리트 졸업생들에게 제공되는 가장 흥미롭고 명예로운 진로를 향한 기회라고 광고했다. 자신들이 가장 흥미로운 프로젝트를 맡아서 최고의 고객들과 일하며, '전 세계에서 가장 엘리트 대학'의 '최고 인재'들이었던 직원들의 전문성을 활용하는 최고의 회사라고 주장했다.

기업들은 그들 고객의 지위도 광고했다. 내가 관찰한 설명회를 이끌었던 드문 여성들 가운데 한 명이었던 컨설팅 회사의 시니어 파트너는 자신의 회사에서 일하는 것에 대해 이런 주장을 폈다. "우리 회사는 세계에서 가장 영향력 있는 리더십으로 나아가는 핵심에 자리 잡고 있습니다. … 우리는 최고 언론의 헤드라인을 장식하는 프로젝트들에 참여하고 있습니다. … 우리 고객은 산업 내 최고의 리더들입니다." 한 투자은행의 매니징 디렉터는 더 직설적이었다. "전 세계에 우리와 일하고 싶어 하지 않는 고객은 없습니다."

게다가 이들 회사에서 채용은 단순히 일자리가 아니었다. 채용은 '비교할 수 없는 학습 기회'이자 '지속적인 교육'을 위한 기회였다. 엘리트 학부나 경영대학원, 로스쿨의 추상적인 교과과정과 대조적으로 이들 기업에 취업하는 일은 세계의 미래 리더가 되기 위한 교육적 기반이 되는 것처럼 제시되었다. 한 투자은행의 매니징 디렉터에 따르면, 학생들 대부분이 그렇듯이 한 회사에 영원히 머무르지 않는다고 해도 그들은 '훌륭한 판단력, 계량적 기술, 비즈니스 기술, 사람을 대하는 기술과 같은 견줄 수 없는 도구 세트를 가진 채 그곳을 나가게' 될 참이었다. 이 회사는 당신이 CEO가 되길 원한다면 있어야 하는 장소였다. 실제로 각 설명회에서 핵심이 되었던 부분은 그 회사에서 성공적으로 일했던 졸업생들, 즉 한때 그 회사의 높은 자리에 이름을 올렸던 유명인들의 목록이었다. 이는 학생들이 그 회사에 들어가면 그들도 유명한 연방대법관이나 포천 500대 기업의 CEO, 연방준비제도 의장(혹은 최소한 그런 사람들의 친구)이 될 수 있음을 암시했다. 한 투자은행의 동영상에서는 이런 선언이 나오기도 했다. "이 세상 어디에서건 우리 회사 이름을 말하면 그 이름이 문을 열어 줄 겁니다. … 우리 회사 이름이 가지는 힘을 얻고 싶다면 우리와 함께하세요."

반복해서 말하지만, 한 회사에 합류하는 일은 엘리트 대학에 다니는 것과 같았다. 어떤 투자은행의 대표 발표자는 이렇게 주장했다. "여러분은 이스트모어가 전반적으로 강하기 때문에 이스트모어를 선택했습니다. 여러분은 항상 최고들과 함께 공부해야 한다는 걸 알고 있습니다. 우리는 어떤 일을 하느냐에 상관없이 최고와 함께할 겁니다. 우리를 선택하세요." 채용은 단지 문을 열어 주고 치열한 학습 환경을 제공하는 것만이 아니라 흥미진진한 사회적 환경을 제공한다는 점에서 슈퍼 엘리트 대학의 학위를 보유하는 것과 흡사하다. 신규로 채용한 직원은 전 세계 최고 학교에서 뽑아 온 '스마트한 사람들'이 서로 긴밀하게 연결된 커뮤니티의 일부가 될 것이다. 대학이나 전문대학원에서 그랬던 것처럼 이런 뛰어난 개인들과의 긴밀한 접촉은 전문가로서의 교육과 발전에 핵심적인 부분을 차지할 것이다. 발표자들은 업무에서 지루하거나 침체돼 있다고 느끼지 않을까 하는 엘리트 학생들의 공통된 우려를 건드리면서 그들이 "좋은 사람들에게서… 끊임없이 배우게 된다."고 주장한다. 데빈은 발표 중에 모여 있는 사람들에게 이렇게 말했다. "향후 2년 동안 여러분이 받은 교육에 가장 높은 수익을 가져다줄 투자를 하세요." 다른 금융회사의 설명회에서 나는 그 행사를 이끌었던 매니징 디렉터가 청중들에게 이렇게 말하는 것을 들었다. 비즈니스의 공통어는 금융입니다. 최고를 배우고 싶다면 투자은행을 선택하세요." 그런 다음 그는 경쟁 산업을 조롱하면서 덧붙였다. "컨설팅은 이류 학교나 마찬가지입니다."

직원들은 자신이 사무실 바깥에서도 동료들과 어울리며, 그들이 단지 업무상의 동료만이 아니라 진정한 친구이기도 하다는 점을 반복해서 강조했다. 업무와 관련된 단체 출장은 즐거운 일로 그려졌다. 사무실로 배달된 초밥을 앞에 두고 새 친구들과 함께 웃을 때 야근은 즐길 만한 일로 변했다. 이국적인 주말 행사, 매력적인 장소에서의 화려한 휴일 파티, 스포츠 행사, 와인 시음회와 같은 사교행사에 더해, 일부 회사에는 자원봉사 그룹이나 사내 스포츠 리그도 있었다. 직원들 사이의 유대는 너무나 순수해서 회사 동료들은 업무가 끝난 후나 주말에 함께 바 혹은 클럽에 갔다. 그들은 휴가를 같이 보내기도하고, 도시에서 몇 블록을 함께 조깅하거나 마라톤을 했다. 그들은 서로의 결혼식에도 참석했다. 일부는 서로 결혼하기도 했다. 홀트의 경영 파트너는 설명회 중 한 곳에서 연회장을 가득 채운 학생들에게 회사에 합류하는 일은 단지 그들이 원하는 모든 미래의 진로로 향하는 황금 티켓일 뿐만 아니라 평생 유지되는 가까운 친구들의 네트워크를 개발하는 방법이며, 그들 중 일부는 직접 CEO가 될 수도 있다고 말했다.

설명회의 핵심 메시지를 되뇌면서, MBA 학생인 테오는 이렇게 말했다. "이건 뭐 〈마스터즈 오브 유니버스(마텔사에서 만든 액션 피규어 시리즈가 나오는 영화 - 역자 주)〉 같은 모양새네요. 나는 강하다. 나는 최고를 안다. 내가 최고다. 너는 세상의 정상에 있다. 너는 이런 경우가 아니라면 특히 이렇게 어린 나이에, 결코 만나지 못할 힘 있는 위치에 있는 사람들을 만난다. 게다가 그 사람들은 너와 대화하고 싶어 죽을 지경이다." 엘리트 회사에서의 일자리는 그들에게 엘리트 학교생활의 연장, 즉 배우면서 자신의 열정을 발견할 또 다른 몇 년과, 이미 준비된 친구들의 네트워크, 상류계층으로 가는 즐거운 편도 티켓을 제공해 줄 것이다.

— 자연스럽게 월스트리트 선택하기

핵심 대학의 그토록 많은 학생들이 이러한 일자리를 추구하는 또 다른 이유는 이것이 가장 눈에 잘 띄고 쉬운 지원 기회이기 때문이다. 1960년대부터 엘리트 대학들은 학생과 고용주들 사이에 행정적으로 중간 역할을 할 수 있도록 자체적으로 캠퍼스에 취업지원센터를 설립했다. 1980년대에 대형 전문서비스 회사들은 경력사원을 채용하고 비공식적인 네트워크에 의존하던 인사전략을 대학과 대학원 캠퍼스에서 학생들을 직접 채용하는 쪽으로 바꾸기 시작했다. 그렇게 되면서 취업지원센터의 역할이 변했다. 저널리스트인 니콜라스 리만(Nicholas Lemann)은 컨설팅 회사 맥킨지에 관해 《뉴요커》지에 기고한 글에서 "모든 엘리트 대학의 취업지원센터는 많은 부분에서 채용과정을 위한 클리어링 하우스(금융거래의 중개역할을 하는 정산소 - 역자 주)가 되었다."고 썼다. 학교의 취업지원센터에서는 채용 행사 리스트는 물론 학생들을 위해 직접 수집한 일자리 포스팅을 제공한다. 하지만 많은 핵심 학교들의 취업 정보실이 보유한 정보의 대부분과 방대한 광고는 투자은행과 컨설팅 회사들에서 나온다. 로스쿨의 경우는 대형 로펌에서 나온다. 엘리트 대학들이 월스트리트와 대형 로펌을 위한 생산라인 역할을 해야 할 것인지를 두고 불거진 대중적 논쟁과 학생들의 요구는 일부 엘리트 대학에서 저널리즘, 공학, 비영리사업, 예술과 같은 비주류 분야에 진출하려는 학생들에게 조언을 해주기 위해 취업 상담가를 추가로 채용하도록 만들었다. 특히 최근의 경제 위기 이후 하이테크 분야의 일자리는 점점 더 인기를 얻고 있다. 하지만 핵심 캠퍼스의 일자리 게시판과 채용 행사는 여전히 주요 엘리트 회사들이 우세를 점하고 있다. 이들 산업에서의 일자리는 쉽게 눈에 띈다. 하지만 일자리를 차지하기는 결국 어렵다. 프린스턴의 학생 신문에 실린 한 기사에서는 월스트리트를 향한 진로를 '가장 저항이 적은 경로', '디폴트 옵션'이라고 불렀다. 나는 이스트모어에 다니기 전에는 컨설팅이나 투자은행에 대해 결코 들어본 적도 없었던 MBA 학생인 놀란과 대화를 나누었는데 그는 컨설팅 회사에만 지원하기로 한 결정을 이렇게 설명했다.

누군가 가장 저항이 적은 경로를 제시한다면, 그 경로를 따라가기는 매우 쉽습니다. 따라서 컨설팅은 그저 많은 돈을 벌게 해주고, 명성도 따라주기 때문에 훌륭한 경로입니다. … 이 경로는 설득력이 있는 것처럼 보이니까요. 사람들은 그냥 그 분야로 간다고 결정할 겁니다. … 자신이 그것 외에 무엇을 원하는지, 정말로 열정을 가지고 있는지 모르기 때문이죠. 그리고 누군가 당신에게 꾸준히 전화를 하고 구애를 한다면, 그 구애에 넘어가기는 쉬운 법이니까요.

MBA 학생인 엘리야도 동의했다.

바깥 세상에 나가서 어떤 일을 성사시키는 것보다는 회사가 당신에게 (캠퍼스로) 오도록 만드는 편이 더 쉽습니다. … 쳇바퀴에 올라타서 컨설팅이나 투자은행 업무를 하고 싶다면 이리저리 알아보고 다닐 필요가 없죠. 당신이 사모펀드(PE)나 헤지펀드 회사에서 일하고 싶다면 일자리를 찾으러 거리를 누비고 다녀야 할 겁니다.

캠퍼스 채용은 학교 입장에서도 수지가 맞는 일이다. 공식적으로 캠퍼스 채용에 참여하려면 기업들은 대개 돈을 지불해야 하는데 이들은 그만큼 자주, 대대적으로 캠퍼스 채용에 참여할 수 있는 정도의 돈이 있다. 게다가 졸업생들은 현실적으로 다른 유형의 일자리에서보다 주요 엘리트 회사에서 더 많은 돈을 번다. 이 점은 졸업생들의 기부라는 측면에서 중요하다. 하지만 사회학자인 마이클 사우더(Michael Sauder)

와 웬디 에스펠란드(Wendy Espeland)가 보여 주었듯이 대학들은 물질적인 화폐만이 아니라 상징적인 자본으로 거래를 하기도 한다. 《유에스 뉴스 앤드 월드 리포트》에 매년 실리는 것과 같은 순위는 학교의 수준에 대한 핵심적인 근거가 되었다. 그 순위는 지원율, 고용주들이 졸업생들을 채용하려는 용의, 졸업생들의 사기, 기부, 영향력 등에 영향을 미친다. 전문대학원 수준에서 많은 학생들을 이들 회사로 보낼 경우, 평가에서 상당한 부분을 차지하는 최근 졸업생들의 최초 급여가 다른 분야보다 유의미하게 더 높아지는 만큼 학교 순위를 올리는 데 도움이 될 수 있다. 따라서 엘리트 전문서비스 회사들과 학생들 사이의 성공적인 구애는 많은 부분에서 엘리트 학생들의 열망이나 불안이 사회적 지위가 높은 기업들이 제시하는 해결책과 잘 맞아떨어졌기 때문이라고 설명할 수 있지만, 대학들 역시 이들의 짝짓기와 무관하지 않다.

— 사전 평가

일부 회사에 따르면 캠퍼스 채용 행사의 또 다른 목적은 후보자들의 사회성 기술을 미리 평가해 보는 데 있다. 채용 행사에서 극도로 긍정적이거나 부정적인 인상을 준다면, 그 인상 때문에 해당 지원자는 인터뷰 풀에 포함될 수도 있고 불합격할 수도 있다. 이런 상황은 경계선에 해당하는 이력서를 보유한 학생들과, 할당된 인터뷰 자리가 더 적은 비핵심 학교 출신 학생들에게 특히 더 맞는 이야기다.

투자은행들은 학생들이 캠퍼스 행사에 참여하는 것 자체를 회사에 대한 관심의 척도로 본다고 알려져 있다. "만약 그들이 진정으로 회사에 들어오고 싶다면, 우리 회사의 문을 두드려야 합니다. 그것이 제가 보는 관점입니다." 투자은행 채용 디렉터인 켈리가 말했다. "많은 경우, … [회사의 채용 담당자들은] 그들에게 달려와 '이 회사에서 일하고 싶어 죽을 지경입니다'라고 말하는 열정적인 사람을 원합니다. … 약간은 에고의 문제죠." 다른 사람들은 금융이 가진 매우 관계 중심적인 성격을 강조했고, 네트워킹 능력을 업무 연관 기술의 하나로 인용했다. 많은 측면에서 캠퍼스 채용 행사는 쌍방향 평가였다. 회사들은 후보자들의 사회성 기술에 대해 더 많이 알게 되는 반면, 후보자들은 그 회사들이 어떤 곳인지 확인했다. 투자은행가인 클라이브는 채용 행사에서 얻게 되는 호혜적인 이익을 다음과 같이 설명했다.

> 우리는 행사가 끝난 다음 돌아와서 "그래, 자네는 거기서 누가 마음에 들었어?"라고 말하곤 합니다. 그날 만난 50명 중에 만약 이름을 기억할 수 있다면, 누가 마음에 들었고, 누구를 팀에 데려오고 싶고, 누가 특히 열정적이었는지를 이야기합니다. 실제로 그 행사가 기술적으로는 평가과정에 들지 않지만 후보자들도 어느 회사가 가장 편안하게 느껴지는지를 파악할 수 있겠죠. 그리고 우리도 그들이 좋았다면, 그 사람은 우리 레이더 스크린에 올라와 있는 셈이죠. 반대의 경우도 마찬가지고요.

학생들 사이에서는 채용 행사에 참여한 직원들이 지원자와 나눈 대화를 노트에 상세하게 기록한다는 소문이 빈번하게 돌았다. 하지만 투자은행이나 컨설팅 회사, 로펌에서 하는 평가는 대개 비공식적이고 주관적인 것이 현실이다. 클라이브가 지적했듯이 평가는 통상적으로 채용 담당자들이 정말로 마음에 든 학생과 정말로 싫어한 학생을 가려내는 데 국한된다. 다른 회사를 다니다 투자은행으로 온 데이비드도 동의했다. "우리는 설문지 같은 것을 작성하지 않습니다. 그보다는 누가 마음에 뚜렷이 남아 있느냐가 중요하죠." 일반적으로 참석한 후보자 수가 더 적을수록, 그 행사가 평가에 포함될 가능성이 크다.

이들 행사는 특정 회사에 인맥을 갖고 있지 않은 학생들이 직원들과 관계를 구축할 수 있는 기회를 제공한다는 측면에서 사회·경제적 지위에 상관없이 핵심 대학에 다니는 학생들 모두에게 열려 있는 통로이며, 이력서 심사나 인터뷰 단계에서 개별적인 스폰서십을 얻을 수 있는 좋은 경로이기도 하다. 하지만 정작 이런 행사에서 가장 크게 혜택을 볼 수 있는 학생들은 이러한 사실을 종종 깨닫지 못하고 있었다. 노동계층 출신 학생들이 고등교육과 노동시장에서 성공하려면 비교과 활동 참여보다 학업 성취가 더 중요하다고 생각하는 것과 거의 마찬가지로, 더 낮은 사회·경제적 배경 출신으로 엘리트 학교에 다니는 많은 학생들은 채용 행사에서 인맥을 만드는 일보다 이력서나 인터뷰 성과가 더 중요하다고 믿고 있었다. 내가 인터뷰한 MBA 학생으로 집안에서 처음으로 대학에 진학했으며 군에 복무한 경험이 있는 짐이 말한 다음 내용에서 이런 오해는 분명하게 드러난다.

짐 . 만나서 인사하고 하는 일들은 엄청나게 시간 소모적입니다. 전 그런 행사에 가는 게 정말 피곤해졌죠. 하지만 한편으론 채용 담당자들과 시간을 보내고 그들의 태도와 성격을 알게 되면서, 심지어 그런 사람들과 일하고 싶은지 느껴볼 수 있다는 점에서 좋았습니다. 그들에게 "왜 그 회사에서 일하는 걸 좋아합니까?" 같은 중요한 질문들을 할 수도 있고요. 그리고 그들의 대답을 평가할 수도 있죠.

로런 . 맞아요. 짐은 어떤 유형의 목적이나 전략을 가진 상태로 그런 행사에 간 건가요?

짐. 아니요. 사실 저는 그런 적은 결코 없습니다. 그랬다면 제 입장에서는 스마트한 행동이었겠죠. (그는 웃음을 터뜨렸다.) 하지만 실제로 그러기에는 이런 종류의 '게임'을 제가 너무 늦게 배운 것 같아요. 게다가 저는 그냥, 모르겠어요. 그런 곳에 가더라도 그저 나 자신이 되고 싶었고, 어떤 일이 일어나건 그냥 일어나는 거죠. 저에게는 게임 플랜이 없었어요. … 그들에게 제가 대화를 할 만한 군인 출신 채용 담당자나 직원을 알고 있는지 확실히 물어보긴 했죠. … 단지 그게 관심을 보일 수 있는 쉬운 질문이었기 때문이죠. 저는 만나서 인사하고 하는 일에 상당히 인내심이 없었습니다. 많은 경우 일찍 자리를 떴죠. 그게 적절했는지는 모르겠어요. 그들이 그런 사람을 찾고 있었는지도 모르겠고요. … 저는 돌아다니면서 채용 담당자들을 많이 만나려는 노력을 크게 하지 않았습니다. 그저 제가 이미 만났던 사람들과 이야기했죠. 하지만 수업 준비를 해야 했기 때문에 그냥 일찍 나와 버렸어요. 피곤했으니까요.

노동계층 출신의 로스쿨 학생인 웨스도 채용 행사에 비슷한 관점을 가지고 있었다. "저는 대개 친구들과 구석에 서 있거나 바 옆에 서서 술이나 마시곤 하죠. 그러니 전 사실상 그런 행사를 채용을 위한 도구로 활용하지 않았습니다. 그런 짓은 바보 같다고 느꼈습니다. 칵테일파티에 가서 수다 떠는 걸 싫어하거든요."

4

서류 전형

출신 학교, 비교과 활동, 성적, 인턴십

종이 한 장에 쓰인 내용으로 한 사람을 판단하기는 쉽지 않죠.
그건 결코 공정하거나 정확한 일도 아니고요.
엄청난 자격을 갖춘 사람들 중에서 누군가를 선택해야 하는데,
당락은 결국 평가자의 취향,
그리고 후보자가 평가자와 특정 경험을 공유하는가에 달려 있습니다.

– 아미트, 컨설턴트

최초의 캠퍼스 설명회를 알리는 종소리가 울려 퍼진 후, 엘리트 회사의 일자리를 위한 경쟁이 시작된다. 비록 핵심 학교와 관심 학교의 학생들로 경쟁을 제한해 풀을 좁힌다 해도 여전히 회사들은 인터뷰 리스트를 만들기 위해 대략 반 이상의 지원서를 걸러내야 한다. 회사들은 우선 이력서 심사로 그 작업을 시작한다.

채용에 대한 탄탄한 기존 연구에도 불구하고 학자들은 현장에서 고용주들이 어떻게 이력서를 심사하는지 놀라울 정도로 아는 것이 거의 없다. 이력서 정보 중 어떤 부분에 고용주들이 신경을 써야 하는지에 관해서는 그 틀을 제공하는 다양한 학술적 이론이 있다. 게다가 지원자들의 성별, 인종, 사회계층을 토대로 이력서를 심사한 다양한 결과를 분석해 여성, 소수인종, 노동계층 출신들이 인터뷰에 초대받을 가능성이 현저히 낮음을 보여 주는 실증 연구는 수없이 많다. 요약하자면, 우리는 고용주들이 이력서를 어떻게 심사해야 하느냐에 대한 시작 단계의 이론부터, 고용주들이 어떤 후보자를 다시 부르는지 마무리 단계의 정보까지 가지고 있다. 하지만 고용주들이 현장에서 실제로 이력서를 어떻게 평가하는가에 대한 중요한 연결선이 빠져 있다. 채용과정에서 이렇게 중요한 단계를 연구하지 않는다면, 우리는 그저 고용주들이 하는 행동을 추측할 수 있을 뿐이다. 결과적으로 그들이 인터뷰 대상자를 선정할 때 활용하는 방법과 정보의 유형을 놓치거나 잘못 해석할 수도 있다. 고용주들이 어떻게 지원자들을 일차적으로 탈락시키는지, 즉 궁극적으로 누가 오퍼를 받을 수 있는지에 대한 경계를 설정하는 결정을 이해하려면, 받은 지원서 중에서 고용주들이 이력서를 어떻게 분류하고 비교하고 선택하는지를 분석하면서, 이력서 심사과정 그 자체를 연구할 필요가 있다. 이 장에서는 이 과정에 초점을 맞춘다.

능력의 분류: 이력서 심사과정

회사를 막론하고 대부분의 평가자들은 다음과 같은 유사한 방식을 취하고 있었다. 그들은 이력서를 심사하는 방법에 대해 공식적인 지시를 거의 받지 못하는 경우가 통상적이었다. 지침이 제공되었다 해도 이는 대개 HR부서에서 만든 서면 메모나 팸플릿에 담겨 있었으며, 평가자들은 이를 무시할 수 있었고, 종종 실제로 그렇게 했다. 따라서 같은 이력서를 두고 두 사람이 서로 다른 결론을 내릴 수도 있었다. 컨설턴트인 프리야는 이렇게 말했다. "그건 과학적인 작업이 아닙니다. 그저 일련의 기준을 수립하는 거죠. 아마도 다른 모든 사람이 비슷한 기준을 가지고 있겠지만, 서로 다른 기준이 있을 수도 있고 아주 싫어하는 것들이 다를 수 있죠." 그리고 이력서 심사는 대개 평가자들의 편의에 따라 이루어졌다. 전문직들은 풀타임으로 하는 고객 업무와 채용 관련 책임 사이에 균형을 맞춰야 했기 때문에 종종 출퇴근길이나 고객 사무실에서 이력서를 심사했다. 기차나 비행기, 택시 안에서 검토하기도 했고, 종종 늦은 밤이나 인터넷으로 배달시킨 저녁식사를 앞에 두고 검토하기도 했다. 게다가 평가자들은 대개 자기소개서(이를 한 번 보기라도 한다고 대답한 사람은 15%도 되지 않았다)와 성적표는 건너뛰면서 신속하게 이력서를 분류하는 경향이 있었고, 이력서 한 장당 10초에서 4분을 쓴다고 보고했다. 랜스는 자신의 회사에서 이루어지는 이력서 심사의 실체를 이렇게 실토했다.

> 실제로 그 일을 하게 되었을 때 제가 예상했던 것과 비교해 보고 놀랐습니다. … 실제로 일어나는 일은 말이죠, … 어떤 사람은 대략 50개에서

100개의 이력서 더미를 받습니다. 어떤 경우 추가적인 책임이 있는 사람들은 150개까지 받을 수도 있습니다. … 우리 모두는 상당히 바쁘고, 자리에 앉아서 이력서 전부를 들여다보는 일은 성가신 일입니다. 그 말은… 저는 머릿속으로 생각하겠죠. "좋아. 이 일은 중요해, 나는 이 일을 해야 해. 하지만 더 중요한 내 본래의 업무들이 있어. 그러니까 나는 앉아서 이 이력서 전부를 들쳐 보고 순위를 매기는 데 약 90분 정도를 할애할 거야." 이 말은 제가 100개의 이력서를 가지고 있다면 쉬지 않고 이력서당 1분을 쓴다는 거죠. … 자기소개서와 성적표를 포함해서 약 1분 정도 됩니다.

한정된 시간에 쫓기면서 이력서를 평가할 때, 평가자들은 대개 컨설턴트 나빈이 요약한 다음 절차를 따랐다.

제가 이력서를 보는 첫 번째 비법은 그저 이들을 세 개의 더미로 쌓아 두는 겁니다. '꼭 필요한 사람', '있으면 좋은 사람', '뽑아선 안 될 사람.' 그런 다음 기준을 통과한 '꼭 필요한 사람' 이력서를 넘겨 봅니다. 그때쯤이면 대개 필요한 숫자보다 더 많은 이력서가 쌓여 있으니까 '있으면 좋은 사람' 더미는 아예 쳐다보지도 않습니다.

평가자들은 이력서를 분류하기 위해 이력서 정보 중에서 굵은 글씨로 눈에 띄게 쓰인 부분과 개인적으로 후보자의 자질을 가름할 때 가장 중요한 '신호'라고 믿고 있는 부분에만 집중하면서, 위에서 아래로 '그 페이지를 훑어내려 간다'고 밝혔다. 〈그림 4.1〉은 평가자들이 지원서를 분류하기 위해 가장 흔하게 사용하는 자질들을 나열하고 있다. 각 숫자는 내 연구에 참여한 평가자들이 이력서를 심사할 때 특정한 자질을 활용했던 비율에 대응한다.

평가자들에게는 활용할 수 있는 많은 이력서 신호들이 있었지만, 그들은 부모의 사회·경제적 지위와 강한 연관성이 있는 경험들, 특히 슈퍼 엘리트 대학 졸업장과 높은 지위를 보여 주는 비교과 활동에 가장 중점을 두었다. 그들은 또한 학년 등수나 자기소개서 내용처럼 가장 폭넓게 접근할 수 있는 이력서 신호들은 평가절하했다. 그렇게 하는 과정에서 혜택을 덜 받은 배경을 가진 학생들이 인터뷰 풀에 들어오는 것을 막는 장벽을 만들어 냈다.

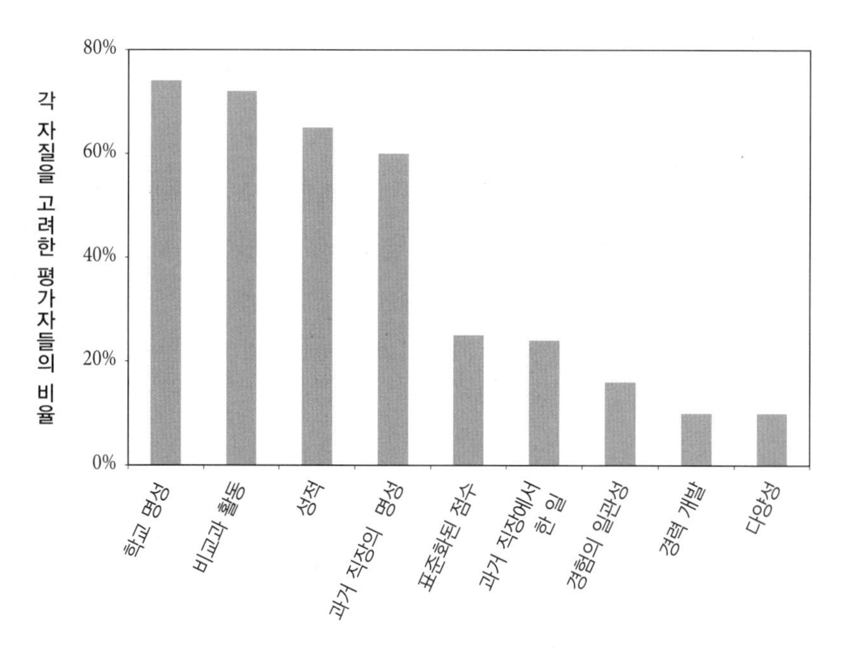

그림 4.1 이력서 평가자들이 고려하는 후보자의 자질(N=90)

이력서 심사자의 숫자(90)는 연구를 위한 인터뷰 참가자들의 전체 숫자보다 더 적다. 모든 면접관들이 이력서 심사과정부터 참여하는 것이 아니기 때문이다. 나는 직접 이력서를 심사한 참가자들의 비율이 이상치로부터 크게 영향받지 않도록 확실히 하기 위해 유의표본 추출법(purposive sampling)을 사용했다.

하지만 대부분의 평가자들이 사회·경제적 요소가 포함된 이력서 신호들을 의도적으로 찾아낸 것은 아니었고, 특권층 가정 출신의 학생들을 위해 따로 인터뷰 기회를 남겨 두려는 욕구를 표출하지도 않았다. 오히려 실제로 제한된 시간 내에 효율적이고 효과적으로 이력서를 심사하려고 노력하면서, 이력서 심사자들은 자신의 성장과정과 삶의 궤적에 뿌리 내리고 있던 능력이란 무엇이고, 그 능력을 가장 잘 보여 주는 것이 무엇인지를 끄집어 냈다. 이들 회사에서 대부분의 평가자들이 백인이고, 상류와 중상류 계층의 아이비리그 학교 졸업생들이라는 점을 감안할 때, 똑똑하고 의욕 넘치며 성공적인 젊은 사람들에게 적절한 교육·사회·직업적 경로에 관한 그들 나름의 정형화된 관점이 이력서를 심사하고 측정하는 기준이 되었다. 많은 평가자들은 이 트랙이 이를 추구할 내적 능력과 욕구가 있는 모든 학생들에게 개방되어 있다는 사실을 당연시했지만, 현실에서는 이력서 심사를 받은 학생들만이 아니라 그들 부모의 입장에서도 집중적인 경제·사회·문화적 자원이 요구되는 트랙이었다.

하지만 자신의 직접 경험이나 친구 혹은 먼 친척들의 경험을 통해, 높은 지위를 보여 주는 증서와 표지를 확보하는 경로에 존재하는 장벽을 실감한 적 있는 심사자들은 능력을 좀 더 확장된 방식으로 규정했다. 이들은 전통적이지 않은 배경을 가진 소수의 후보자가 인터뷰 풀로 들어갈 수 있도록 잠재적인 진입로를 제공했다.

따라서 성취와 성공이 무엇으로 구성되는가에 대한 문화적 믿음, 즉 개인으로서의 삶의 경험과 사회적 위치에 근거를 둔 개념들이 고용주들이 이력서를 심사하고 누구를 인터뷰할 것인지를 결정하는 방식에 영향을 미쳤다. 누가 일에서 성공하는가를 둘러싸고 벌어지는 인기 있는 담론(채용에 관한 일부 학문적 연구는 물론)은 대부분 능력을, 일관되고 통일된 방식으로 측정할 수 있는 개인의 고정된 내적 특성으로 그리고 있다. 하지만 이력서 심사의 실체를 더 가까이에서 들여다보면, 무엇이 기술과 능력, 인적 자본으로 간주되는가, 그리고 누가 그것을 더 많이, 혹은 더 적게 가지고 있는가에 대한 인식은 보는 사람의 시각에 달려 있다. 결국 현실에서 고용주들이 후보자를 평가하는 방식을 정확하게 모델링하려면 지금의 연구들이 그렇듯이 지원자의 특성은 물론 평가자의 특성도 반드시 짚어 보아야 한다.

이 장의 나머지 부분에서 나는 평가자들이 이력서를 심사할 때 최상위에 두는 네 가지 기준과 거기에 부여하는 다양한 의미를 논의할 것이다. 그리고 사회적 인맥이 어떻게 전형적 조건을 갖추지 못한 지원자에게 뒷문을 열어 주는지 보여 주면서 이 장을 마무리하고자 한다.

— 돌아온 학교의 명성

회사들이 이미 캠퍼스 채용을 리스트에 있는 학교들로 제한했다고 해도 평가자들은 여기서 더 나아가 이 선택된 그룹에서 학교 명성이라는 세밀한 정의에 근거해 이력서를 분류한다. 이력서를 심사하는 시점이 되면, 적절한 지위의 구분은 더 이상 리스트에 있는지의 여부가 아니라 그 리스트 내에서의 상대적인 명성이었다. 어떤 회사는 핵심 학교에 관심 학교들보다 더 많은 자리를 배정하는 등 인터뷰를 위해 받아들일 수 있는 이력서의 수가 학교 명성에 따라 계층화돼 있었다. 일부 회사에서는 가장 명성이 높은 핵심 학교 출신 학생들은 추가적인 심사를 거쳐야 들어갈 수 있는 '꼭 필요한 사람' 바구니로 바로 들어가는 '일등석 패스'를 받았다.

평가자들은 개인적인 평가기준으로 (그들이 교육적 명성이라고 부르는) '출신 학교'에 몹시 의존했는데, 엘리트 교과과정의 내용이 학생들을 회사에서의 삶에 더 잘 적응시켜 줄 거라고 믿기 때문은 아니었다. 실제로 평가자들은 엘리트와 특히 슈퍼 엘리트의 교육을 그들보다 덜 엘리트인 학교에서 제공하는 '실용적이고' '관련성이 높은' 교육과 비교해 '너무 추상적'이거나 '지나치게 이론적'이고 심지어 '쓸모없다'고 생각하는 경향이 있었다. 그보다는 오히려 인터뷰 할당량에 대한 회사 정책은 물론, 평가자들이 슈퍼 엘리트 학교에서 받은 '입학허가'와 '등록'에 부여하는 강력한 문화적 의미와 성격에 대한 판단 때문이었다.

브레인 파워

참가자들은 지나칠 정도로 대학 명성과 지성을 동일시했다. 그들의 눈에 대학의 명성은 업무에 특화된 기술이라기보다는 일반적인 인지능력을 알리는 신호였다. 무엇보다 대학의 명성은 빨리 학습할 수 있는 능력을 나타냈다. 변호사인 자스민이 "우리는 스펀지들을 찾고 있습니다. 아시다시피 하버드를 나온 사람은 일을 빨리 배울 테니까요."라고 말했던 것처럼 말이다. 고용주들이 높이 평가하는 것은 엘리트 교육의 내용이 아니었다. 오히려 이들 학교의 입학허가과정에 대해 인식되고 있는 엄격함이었다. 이런 논리에 따르면, 학교의 명성이 높을수록 입학허가를 위한 '기준'은 더 높을 것이고, 따라서 학생들도 더 똑똑할 것이다. 컨설턴트인 조단은 이렇게 설명했다. "최고의 학교들은 더 까다롭습니다. 그들은 더 똑똑하고 능력 있는, 더 우수한 학생 집단을 뽑기 때문에 최고의 학교라는 평판을 얻었으니까요." 변호사인 토마스도 동의했다. "최고의 로스쿨에 입학할 사람이라면, 저는 그 사람이 2군이나

3군에 속하는 로스쿨에 갈 사람보다 지적 능력이 더 뛰어나고, 더 헌신적일 거라고 가정합니다."

대학입학에 대해 이처럼 지성 중심적인 관점을 가지고 있는 것은 물론, 평가자들은 종종 학생들의 대학 등록에는 통상적으로 제한이 없다고 보는 입장을 취했다. 결과적으로 명성의 순위는 평가자들의 마음속에서 후보자들을 '브레인 파워'에 따라 분류할 수 있는 손쉬운 길을 제공했다. 자신이 일하는 투자은행에서 1차로 이력서를 심사하는 책임을 맡았던 캘리는 모의 이력서들을 분류하면서 지원자 심사에 그런 가정들이 어떤 영향을 미치는지 보여 주었다. 그녀는 이렇게 말했다. "그녀[사라]가 학점은 더 낮지만 하버드를 갔기 때문에 지적 능력이라는 범주에서 명백하게 좋은 자질을 가지고 있을 거예요. … 조나단도 프린스턴을 나왔으니 명석함을 놓고 보면 불리한 입장은 전혀 아니었을 거구요." 학교 명성의 이런 '후광효과'는 엘리트 회사 내에서 수행하는 일상 업무가 '로켓 과학처럼 특수한 분야'가 아니라는, 널리 퍼져 있는 믿음과 합쳐졌을 때, 평가자들에게 엘리트 학교 졸업장이 업무의 분석적 역량을 감당할 수 있는 후보자의 능력에 대한 충분한 신호가 된다는 확신을 주었다. 심지어 컨설팅 회사에서 정밀한 계량 업무를 하는 러셀도 이렇게 주장했다. "저는 만약 누군가가 와튼을 다녔다면, 그가 적어도 수학은 잘할 거라고 믿게 되었어요."

대조적으로 슈퍼 엘리트 학교에 다니지 못했다는 사실은 학생의 성적이나 표준화된 시험점수와 상관없이 지적인 실패를 나타낸다. 많은 평가자들은 더 낮은 순위의 학교(심지어 최상위 15대 혹은 리스트에 오른 학교)에서 뛰어난 성과를 얻은 학생들이 '좋은 학교에 들어가려 했으나 실수를 해서 떨어졌다'고 생각했고, 그렇지 않다면 그들의 분석 능력에

'물음표'를 표시하는 것이 당연하다고 믿었다. (회사에서 HR 담당으로 전향하기 전에 변호사였던) 로펌 채용 매니저 메리도 이런 관점을 제시했다. "저는 때때로 좋은 학부에서 좋은 성적을 받은 다음 '그다지 좋지 않은' 로스쿨에 들어간 학생들을 봅니다. 그럼 전 항상 이렇게 말하죠. '아, LSAT 시험을 망쳤나 보군!'" 이런 생각은 평가자들이 내가 제시한 모의 이력서 중 하나인 블레이크의 이력서를 평가할 때 특히 분명하게 나타났다. 블레이크는 높은 성적으로 럿거스대학교 학부를 졸업하고 콜롬비아대학교에서 석사학위를 받았으며 금융 분야에서 업무 경험이 있었다. 투자은행가인 더스틴은 이렇게 평가했다. "좋은 대학원을 나왔고, 학부는 괜찮지만 아이비리그는 아니고… 그러니 내가 확실하게 그에게 묻고 싶은 한 가지는 엑서터[고등학교]를 나왔으면서 왜 일류대학을 가지 않았느냐 하는 겁니다. 무슨 일이 있었던 거죠?" 애널카의 경우에도 유사한 과정이 적용되었다. 그녀는 낮은 순위의 학부와 대학원에서 완벽에 가까운 학점을 받은 소수인종 출신 로스쿨 학생으로, 법률보조원으로서 업무와 직접 관련된 일을 했던 경험이 있었다. 변호사인 에스더는 회의적이었다. "전 왜 그녀가 더 좋은 로스쿨을 가지 않았는지 궁금하군요." 하지만 놀랍게도 지성에 대한 이런 의문부호는 '주립'학교(평가자들이 공립대학이라고 부르는)와 '2군' 혹은 '3군' 사립학교를 다닌 학생들에게만 적용되는 것이 아니라 그 회사의 리스트에 오른 우수한 관심학교에 다닌 학생들에게도 적용되었다. 컨설턴트인 나탈리는 가상의 후보자인 사라의 순위를 매기면서 그런 가정을 드러냈다. "그녀는 스턴[뉴욕대학교의 경영대학원으로 10대 경영대학원에는 들지만 3대 경영대학원에는 들지 못한다]에 다니는군요. 남편이 뉴욕에 있기 때문이거나 경영대학원에는 지원했지만 하버드나 스탠퍼드에 합격하지 못해서 거기에 다니는 걸 거예요."

낮은 순위의 학교에 가겠다는 결정(평가자들에게는 이것이 '선택'으로 인식되기 때문에)은 잠재적으로 지적 능력이 부족하다는 지표가 되는 데 더해서 종종 학생의 입장에서 잘못된 판단이나 자신감의 부족으로 해석되었다. 매우 우수하지만 슈퍼 엘리트 경영대학원은 아닌 학교에 다닌 학생들이 왜 채용과정에서 불리하며, 어떻게 그런 일이 정당화될 수 있는지 설명하면서 투자은행가인 트리스탄은 어깨를 으쓱해 보였다. "당신이 투자은행 쪽으로 가길 원한다면 숙제를 해야죠. 학생들을 월스트리트에 보내는 것으로 유명한 학교 중 한 곳으로 가야죠." 변호사이면서 슈퍼 엘리트 학교를 졸업한 카를로스는 심지어 진학과정에서 심각한 재정적 장애에 직면한 후보자들이라도 "자신의 미래에 투자할 만큼 똑똑해야 한다."고 말했다.

엘리트 학교 졸업장이 없다는 사실이 보내는 부정적인 신호는 내가 문화기술적 연구의 일부로 관찰한 다양성 취업 설명회에서 만난 백인 여성 채용 담당자에게서 가장 분명하게 언급되었다. 로펌 지원과 관련한 한 포럼에서, 그녀는 2군과 3군 학교 출신들이 편중되게 많았던 참석자들에게 자기소개서와 이력서에 '더 열등한' 학교에 다니게 된 이유를 기재하라고 권했다. 그녀는 이렇게 설명했다. "여러분이 더 좋은 학교에서 입학허가를 받았다면 그 학교가 어딘지 이야기하세요. … 전액 장학생이 되었기 때문에 어떤 학교에 갔다면 맨 앞에 '전액 장학생'이라고 쓰세요. 가업을 돕기 위해 집에서 가까운 곳에 머물렀다면 그 내용도 포함시키세요. … 여러분에게는 그 이유에 대한 '설명'이 필요합니다." 결국 많은 측면에서 엘리트 회사들이 높게 평가하는 증명서는 최고의 학교에서 받은 교육이 아니라 최고의 학교에 합격했다는 통지서였다.

세련미와 단정함

평가자들은 또한 교육적 명성을 후보자의 사회성 기술과 '세련미(polish)'의 지표로 해석하기도 했다. 7장에서 더 논의할 '세련미'는 인터뷰에서 중심 무대를 차지하는 평가기준이다. 투자은행가인 빌이 말했듯이, 그들은 "좋은 학교 출신 학생들이 더 '다듬어졌다'"고 믿었다. 컨설턴트인 조던은 이렇게 주장했다. " [슈퍼 엘리트] 학교 출신들의 소통과 리더십 능력이 두드러지게 더 뛰어납니다. … [둘 다 15대 경영대학원에 속하는] 듀크나 다던(Darden)에는 리더십 역량과 소통 기술 측면에서 선택할 수 있는 사람들의 풀이 일단 더 작습니다." 변호사인 카를로스는 교육적 명성이 더 높은 수준의 인지적 기술과 사회적 기술에 대한 신호로 여겨지는 이유를 이렇게 요약했다. "그건 지름길 같은 거죠. 그들이 기본적인 수준의 지성을 보유한 것은 물론, 사회성 기술을 더 많이 가진 흥미로운 사람들이라는 걸 알고 있는 거죠."

평가자의 사회적 배경이 미치는 영향

하지만 평가자 중 대략 3분의 1은 이력서를 심사할 때 교육적 명성을 이용하지 않았다. 이 기준을 강조한 평가자들과 그렇지 않은 평가자들 사이의 주된 차이 중 하나는 그들 자신의 학교생활 이력이었다. 최고의 학교에 다닌 사람들은 다른 유형의 학교에 다닌 사람들보다 교육적 명성을 이용할 가능성이 더 높았다. 그런 측면에서 평가자들은 자신의 교육적 궤적을 연상시키고 입증하는 방식으로 교육적 명성을 규정하고 해석했다. 최고의 로스쿨 졸업생을 강하게 선호했던 슈퍼 엘리트 로스쿨 졸업생인 로저와 가진 대화는 이런 패턴을 예시해 준다.

로저 . 저는 학교에 대해 저와 절대적으로 반대되는 입장이라고 밝혔던 채용 파트너와 얘기를 나눈 적이 있습니다. 그는 자신이 예일이나 하버드, 다른 아이비리그 학교 출신 후보자들을 좋아하지 않는 이유가 그런 학교에 간 사람들은 졸업을 하고 나면, 변호사가 하지 않는 더 엄청나고 중요한 일을 해야 한다고 믿고 있기 때문이라고 말했습니다. 그러나 포댐(Fordham)이나 카도조(Cardozo), 즉 아이비리그 아닌 학교를 다닌 사람들을 찾아보면, 이들은 채용이 돼서 그저 행복하고, 그 부서에서 가장 명석한 사람이 되는 데는 관심이 없고, 그저 그 일을 하고 싶은 사람들입니다. 여기 사람들이 채용하는 수준을 고려할 때, 그는 위원회에서 그런 철학을 가진 유일한 사람인 것이 확실했죠. (그가 웃음을 터뜨렸다.) 하지만 사람들은 각자 서로 다른 기준을 가지고 있는 법이고, 그것 때문에 어떻게 일을 하느냐는 사실 도박만큼이나 알 수 없는 일이죠.

로런 . 그 사람이 어느 학교를 나왔는지 아세요?

로저 . (그는 웃음을 터뜨린 후 잠시 침묵했다.) 그 사람은 포댐 나왔어요.

교육적 명성(혹은 명성의 부족)을 활용하는 것은 이처럼 같은 학교나 같은 소속 군에 대한 선호뿐만이 아니라 평가자들이 자라면서 배운 성공에 대한 더 깊은 문화적인 정의와도 관련이 있었다. 예를 들어, '공립 아이비' 학교를 다닌 투자은행가 올리버는 자신이 그저 '괜찮은 수준'이라고 부르는 학교에 다녔음에도 왜 자신이 후보자 평가에서 여전히 교육적 명성에 프리미엄을 부여하는지를 다음과 같이 설명했다.

이스트코스트에서 자라다 보니 그 지역의 작지만 매우 훌륭한 수많은 인문과학대학들뿐 아니라 모든 아이비리그 학교들과도 가깝게 느껴지죠.

… 저는 어느 학교가 더 들어가기 어려운지 알고 있습니다. 따라서 미주리대 출신인 사람을 매우 높게 평가하지는 않을 겁니다. 그건 일종의 제가 자란 배경 속 경험에서 나오는 거죠.

모의 인터뷰 심사를 하면서 그는 더 우수한 학교의 졸업장 때문에 아이비리그 출신인 줄리아와 조나단을 리스트의 최상위에 놓았다. 그가 가진 생각의 틀과 일관성을 보이는 결과였다. 반대로 노동계층에 속한 가정에서 처음으로 아이비리그 학교에 들어간 컨설턴트 카렌은 슈퍼 엘리트 졸업장에도 불구하고, 자신의 성장과정이 그녀가 교육적 명성을 지성의 척도로 사용하는 것을 어떻게 경계하고 있는지 이렇게 설명했다.

저는 학교에 크게 신경 쓰지 않아요. … 비록 저는 [아이비리그 학교를] 갔지만 제 배경은 아이비리그 학생들과는 달라요. 저는 위스콘신 출신이고, 위스콘신대학교에 갈 수도 있었죠. 중요한 건 당신이 하는 일이고, 매우 똑똑하면서도 여전히 주립대에 가는 사람도 있다는 겁니다. 따라서 제 배경은 위스콘신이나 다른 주립대에 다닌 학생들을 매우 호의적으로 바라보게 만드는 경향이 있어요.

모의 이력서 심사에서 대부분의 평가자들이 블레이크가 대학으로 럿거스를 '선택'한 사실에 의구심을 가졌음에 반해, 카렌은 럿거스에서 콜롬비아로 진학한 것이 탁월한 성실성의 증거라고 믿으면서 그를 자신의 리스트 '최상위'에 놓았다. 따라서 평가자들이 교육적 명성을 심사 기준으로 활용하는지 여부와 어떻게 활용하는지는, 그들이 보유한 학위의 명성과 그들이 개인적인 경험을 통해 배운 교육적 경로에 대한 문화적 정의에 영향을 받는다.

배제로서의 교육

'최고의 학생이 최고의 학교를 간다'라는 만연된 인식에 따라 고용주들은 공식적 채용 정책과 현장 실무 양쪽 모두를 엘리트 대학의 입학사정 위원회에 대부분 맡긴다. 미국의 최고 엘리트 대학에 최고의 인재들이 집중돼 있다는 이력서 심사자들의 공통된 인식은 배제를 목적으로 하는 캠퍼스 채용 정책을 강화시키고, 현장에서 회사의 캠퍼스 리스트에 대한 정당성을 더해 준다. 이력서 심사과정에서 교육적 명성을 강하게 강조하는 일은 2장에서 살펴본 운동장에 접근할 기회를 막는 사회·경제적 장애물을 확대하는 역할을 한다. 아울러 더 낮은 계층 출신의 성과가 좋은 학생 그룹을 간접적으로 걸러내는 역할도 한다.

비교과 활동: 성격에 대한 인증서

이력서를 평가할 때 평가자들이 두 번째로 높은 비중을 두는 항목이 후보자의 비교과 활동이라는 사실은 아마도 놀라운 일일 것이다. 학교의 취업지원센터와 회사는 대개 양쪽 모두, 학생들에게 캠퍼스 채용에 참가하기 위해서 이력서에 학력과 업무 경험뿐 아니라 여가활동과 취미도 기재할 것을 요구한다. 비교과 활동은 중등학교, 대학입학, 학부 경험에서 계층 불평등을 조장하는 핵심적인 도구로 논의되었음에도 불구하고, 대개 직업적 계층화의 원천으로는 여겨지지 않는다. 하지만 비교과 활동은 학점, 표준화된 시험성적, 과거 업무 경력처럼 전통적으로 분석되어 온 노동시장 신호들보다 더 일관성 있고 빈번하게 이력서 심사에 활용되었다. 사회계층에 깊게 자리 잡은 신호인, 높은 지위를 보여 주는 정규적인 여가활동에 상당하고 적절한 수준으로 참여하지 않은 후보자들은 인터뷰 단계로 나아갈 가능성이 없었다. 고용주들은 비교과 활동을 후보자의 사회성과 도덕성에 대한 근본적인 인증자료로 활용했다.

'똑똑한 사람들의 사교클럽'

비록 채용 프레젠테이션이나 비디오에서 끊임없이 보여 주는 업무에 대한 묘사와는 극명한 대척점에 서 있지만, 사무실이나 길에서 보내는 길고 때로는 지겨운 시간이라는 현실 때문에, 연구 참여자들은 상냥한 동료일 뿐만 아니라, 컨설턴트인 에미트에 따르면 '실제로 당신의 친구'가 될 수도 있는, 훌륭한 경기 파트너가 될 후보자를 찾았다. 평가자들에게 비교과 경험은 후보자와의 교류가 얼마나 즐거울 수 있을지 단서를 제공했다. 대학 입학허가의 논리를 도입한 평가자들은 가장 매력적이고 즐거운 동료이자 후보자들은 '다재다능하고' 비교과 활동에 강력한 '열정'을 가진 이들이라고 믿었다.

평가자들은 강의실 바깥의 활동에 참여하는 것이 우수한 사회성 기술의 증거라고 생각했고, 참여가 부족했다면 이를 사회성 결함의 신호라고 간주했다. 컨설턴트인 하워드는 이렇게 주장했다. "저는 많은 비교과 활동에 참여한 사람들이 사회적으로 적응력이 더 좋다는 사실을 알게 되었습니다." 반대로 상당한 비교과 활동 경험이 없는 사람들이나 기본적으로 학문이나 예비전문가를 지향하는 활동에 참여한 사람들은 채용되면 '재미없는 범생이'로 바뀔 수 있는, '따분한 사람', '꼭두각시'로 인식되었다. 컨설턴트인 제스퍼는 이런 감정의 핵심을 정확하게 설명했다.

우리는 하버드나 예일 같은 학교에서 인터뷰하는 것을 좋아합니다. 하지만 당신도 알다시피 4.0대의 학점을 받고 공학을 전공한 사람들은 친구는 전혀 없고, 두꺼운 안경을 쓴 채, 교과서만 하루 종일 읽는, 이곳에 올 가능성이 없는 사람들입니다. … 항상 말하지만 [우리 회사는] 똑똑한 사람들의 사교클럽 같은 곳입니다.

투자은행의 채용 책임자를 맡고 있는 스테파니는 소위 범생이들에 대한 혐오감 뒤에 숨어 있는 논리를 이렇게 털어놓았다.

우리는 개성이 있고, 내놓을 뭔가가 있는 사람을 찾고 있습니다. 더 나은 용어가 없어서 그렇긴 하지만, 말 같지 않은 소리도 함께할 수 있는 사람은… 대개… 스포츠를 즐기고 캠퍼스에서 다양한 활동에 참여합니다. 우등상이란 상은 다 받고, 모든 다양한 경제학 강의를 들은, 4.0을 받은 후보자와 더 다재다능한 개인의 대결이죠.

투자은행가인 크리스토퍼는 평가자들이 직면하고 있다고 믿고 있는 트레이드오프에 대해 이렇게 요약했다. "저는 외향적이고, 친근하고, 확신이 있는 사람이라면 언제든지 로켓 과학자와 맞바꿀 겁니다."

하지만 회사들은 단지 사회적 기술이 있거나 다재다능한 개인을 원하는 데서 더 나아갔다. 그들은 기존 직원들과 문화적으로, 사교적으로 '잘 맞는' 신입사원을 원했다. 대학 캠퍼스에서 남학생과 여학생 사교클럽들이 특정한 명성과 정체성을 가진 것처럼, 평가자들은 회사를 뚜렷한 '개성'이 있는 것처럼 묘사했다. 그들은 '스포츠 스타일' 혹은 '사교클럽 스타일'의 회사들과 대조적인 회사들로 '인텔리'나 '지적인' 회사들을 들었다. 일부 회사는 '전형적인 아이비리그 출신'이나 '부유하지만 학업에 대한 동기는 부족한 사람들이 가는 학교'인 반면, 다른 회사들은 '거칠거나', '공격적인' 회사였다. 이력서 심사 단계에서 평가자들은 지원자들의 비교과 활동을 자기가 속한 '똑똑한 사람들의 사교클럽'에 그들이 적합할 것인지의 여부를 판단하는 데 활용했다. 어떤 사람이 암벽등반을 하거나, 첼로를 연주하거나, 느와르 영화를 즐기는지는 외부 사람들에게는 사소하게 보일 수도 있지만, 그 사람이 회사의 개성과 문화적으로 적합한 사람일지를 평가하는 데는 이런 여가활동의 추구가 중요했다. 예를 들어, 로펌의 채용 담당자인 메리는 그녀의 '공격적인' 회사와 관련성이 있는 풀타임 업무 경력(이는 로스쿨 학생으로는 다소 드문 일이다)이 있었던 모의 후보자 블레이크를 비교과 활동이 맞지 않는다는 인식 때문에 불합격시켰다. 눈에 띌 정도의 지역 억양이 섞인 말투로 그녀는 이렇게 말했다. "저는 [그의 이력서에서] 라크로스나 스쿼시, 조정 같은 취미를 보고 있어요. (그녀는 웃음을 터뜨렸다.) 저는 여기서 개성의 유형을 부여하는데 이곳에 잘 맞을 것 같지 않네요. … 우리는 더 거칠고 소란스러워요. … 저는 이 사람을 포기할래요." 이들 스포츠가 그녀 회사와의 적합성에서 방해물로 보였던 만큼, 같은 활동이 다른 회사에는 잘 맞는다는 증거로 보일 수도 있다. 예를 들어 '전형적인 아이비리그 출신' 투자은행의 HR 매니저인 켈리는 이렇게 주장했다. "저는 블레이크와 사라를 선택해야겠어요. 라크로스와 스쿼시를 하는 사람들이라 거래소에서 매우 잘 어울릴 것 같아요." 이처럼 평가자들은 비교과 활동을 후보자들의 사회성과 다재다능함은 물론 문화적 적합성에 대한 대용물로 활용했다.

시간관리 기술

비교과 활동에 광범위하게 참여했던 후보자들은 더 흥미롭고, 즐거우며, 사회적으로 고상한 사람인 것에 더해 종종 시간관리 기술이 뛰어난 사람으로 인식되었다. 시간관리 기술은 벅찬 요구가 많은 업무 환경에서 성공하기 위한 핵심적인 기술로 여겨졌다. 컨설턴트인 유진이 요약했듯이, "비교과 활동은 상당히 공격적인 스케줄을 동시에 잘 관리할 수 있는 능력을 가리키기도 합니다." '외부' 활동의 가치를 가장 광범위하게 평가한 사람은 투자은행가인 로라였다.

> 이건 우리가 기본적으로 하루 동안 많은 일을 하는 사람을 원한다는 생각으로 되돌아옵니다. 그들은 다양한 많은 취미가 있고, 함께 지내기에 흥미로운 사람들일 뿐만 아니라 춤이건 스포츠이건 결심한 일들을 동시에 잘 해내는 사람들이죠. 게다가 학교만 다닌 학생들과 대조적으로 학교에서도 좋은 성과를 거두는 사람들이고요.

시간관리 기술은 채용 업무와 같은 조직적 헌신과 복수의 고객 프로젝트 사이의 균형을 성공적으로 유지하는 데 뿐만 아니라 엄청나게 긴 업무 스케줄에 직면했을 때 '흥미로움'을 유지하는 데도 유용했다. 로펌 채용 담당자인 브랜트는 이렇게 설명했다.

> 저는 우리가 학구적이기만 한 사람을 원한다고 생각하지 않습니다. … 사람들이 여기에 오로지 일하고, 일하고, 또 일하기 위해서 오기를 원하지 않으니까요. 아시겠지만 우리 회사는 일과 삶의 균형을 강조합니다. 일부 변호사들은 그들이 항상 일하고 있다고 느끼기 때문에 반박을 할 수도 있

겠지만, 저는 다양한 즐거움을 추구하는 성향이야말로 어떤 상황에도 적응할 수 있는 원천이 되어 준다고 생각합니다. 그래서 저는 그러 사람들을 찾죠. … 저는 우리가 원하는 유형의 사람들은 지속적으로 삶을 즐기게 될 거라고 생각합니다.

따라서 평가자들은 잠재적으로 다재다능함 덕분에 번아웃되거나 소모적이 될 위험이 줄어들 수도 있다고 믿었다. 변호사인 헨리는 "말도 안 되게 엄청난 시간을 일에 쏟아부어야 할 수도 있다는 걱정이 항상 있죠. 그리고 저는 휴가를 가서 자신이 즐기는 것에 집중하는 능력이 있다면 여기서 하는 일을 훨씬 더 잘 감당할 수 있다고 생각합니다." 이력서 심사에서 여가활동을 강하게 강조하고 있음에도 불구하고, 일단 업무에 배치되면 신입사원들이 폭넓은 비교과 활동에 계속 참여할 시간을 거의 내기 어려운 것이 이들 회사 업무의 현실이다.

추진력

참가자들은 또한 후보자의 비교과 활동이 그들의 기본적인 추진력과 야망의 지표라고 믿었다. 사무실이나 길에서 많은 시간을 보내기 때문에, 고용주들은 살아남는 것은 물론, 부담이 큰 업무 환경에서 잘 성장할 수 있을 것으로 기대되는 신규 직원들을 찾았다. 기대하는 업무뿐만이 아니라 그 업무를 넘어서는 일들을 하고, 심지어 더 많은 일을 요구할 만한 사람들 말이다. 비교과 활동에서의 성취가 그 후보자의 적극성을 반영한다고 해석하는 평가자들이 압도적으로 많았다. 투자은행가인 니콜라에는 이런 현상을 이렇게 정리했다. "그런 활동들은 우리가 주도성을 판단할 수 있는 정말로 유일한 방법입니다. 학교에서 하는 일은 주어지는 것들이니까요." 계량화할 수 있는 성취와 포상은 물론, 공식화된 활동에서 직책이 있는 리더십 포지션은 훨씬 더 강력한 추진력의 신호로 간주되었다.

비교과 활동과 불평등

비교과 활동에 상당한 수준으로 전념하지 않았던 후보자는 인터뷰 단계로 나아갈 가능성이 없었다. 채용의 다음 단계로 나아가기 위해서는 어떤 활동에든 참여하는 것이 대개 필요했음에도 불구하고, 평가자들이 비교과 활동 중에서도 유독 특정한 유형에 끌리는 경향이 있다는 사실을 감안할 때, 종종 이것만으로는 충분치 않았다. 평가자들은 전반적으로 그런 활동이 그들이 속한 산업 내에서의 업무와 직접 관련이 있다고 해도(투자, 컨설팅, 법률 클리닉 클럽 등), '전문적' 흥미보다는 '개인적'인 흥미에서 동기가 부여된 활동에 혜택을 주었다. 그 이유는 '전문적' 활동은 채용 담당자들에게 '잘 보이려는' 도구적인 목적을 위한 것이라고 믿었기 때문이었고, 따라서 그들은 이를 순수한 '열정', '헌신', '다재다능함'의 증거라기보다는 '이력서 채우기'나 '군더더기'라고 보았다. 일례로 컨설턴트인 카렌은 이들 모두가 캠퍼스 활동에 적극적으로 참여했음에도, 줄리아나 조나단의 비교과 프로필보다 블레이크의 비교과 프로필에 더 높은 점수를 준 이유를 이렇게 설명했다. "블레이크는 콜롬비아에서 자신이 좋아하는 활동(스포츠)에 계속 참여했습니다. 반면, 'HBS 창업가 클럽'(조나단)과 '와튼 우먼 인 비즈니스'(줄리아)는 이력서에서 좋아 보이기 때문에 하는 유형의 활동처럼 보입니다." 평가자들은 또한 유급 고용이나 가족 구성원 돌보기 등 경제적 필요에 의해 했던 활동보다 욕구나 개인적인 열정 때문에 추진한 활동을 선호했다.

특별히 여가활동 중심의 열정에 추가해 평가자들은 시간이나 자원 집약적인 활동들을 선호했는데, 이는 그런 활동에 요구되는 투자가 추진력과, '성취'와 '성공'에 대한 지향성을 더 강하게 뒷받침한다고 믿기 때문이었다. 예를 들어, 그들은 대학 대표팀 운동선수이자 전국 대회나 올림픽 챔피언이었던 경우를 교내 게임에서 운동했던 경우보다 더 바람직한 경우로 차별화했다. 세계적으로 저명한 오케스트라의 멤버로 전 세계를 여행했던 경우와 학교 실내악 그룹에서 연주했던 경우, 그리고 에베레스트나 킬리만자로 정상에 도달했던 경우와 취미삼아 하이킹을 했던 경우를 차별화했다. 전자의 활동은 '진정한 성취'이고 헌신의 증거인 반면, 후자의 활동은 '누구나 할 수 있는' 일로 묘사되었다. 자신의 이력서에서 지역사회 봉사에 대한 관심을 표현한 모의 후보자 조나단을 평가하면서, 투자은행가인 크리스토퍼는 이런 차이를 다음과 같이 예시해서 보여 주었다. "그에게 자원봉사에 대해 묻고 싶군요. … 노인이나 환자들을 대상으로 식사를 배달하는 봉사활동을 위해 어머니를 모시고 운전을 한 건가요, 아니면 그가 코스타리카에 가서 해비타트와 함께 집을 지은 건가요?" 이런 관점에서 볼 때, 여가활동은 후보자들이 성취를 보여 줄 거라는 기대를 받는 영역이다. 컨설턴트인 이(Yi)는 이렇게 설명했다. "우리는 그들이 비교과 활동에서 특별하거나 평균을 넘어서는 종류의 성취를 보여 주었는지 보려고 노력합니다. 예를 들어서 그들이 마라톤에서 뛸 것인지, 콘서트 피아니스트였는지 말이죠." 단순한 흥미나 열정으로는 충분하지 않았다. 오히려 여가활동은 성취를 이루고 외부 포상을 알리는 방식으로 체계적으로 추구되고, 숙달돼야 했다. 컨설턴트 랜스는 이렇게 묘사했다.

저는 스키를 잘 탑니다. 저는 손금을 읽습니다. 드레그 레이스(특수 개조된 자동차로 짧은 거리를 달리는 경주 - 역자 주)를 좋아합니다. 이처럼 활동란에 기재할 수 있는 온갖 종류의 다양한 활동들이 있습니다. 하지만 만약 그저 취미나 흥미를 단순하게 모아 놓은 것이라면 저에게는 의미 없는 단어들일 뿐입니다. … 저는 그 사람이 일종의 관심이나 열정을 발견했는지, 그냥 그 활동을 하는 것만이 아니라 실제로 그 분야를 추구하기로 결심을 했는지 알고 싶습니다. … 스키를 좋아하는 것은 좋습니다. 하지만 1년에 스키장에 20회를 갈 정도로 어떤 단계에 도달했다고 말해 주세요. 체스 경기를 좋아한다면 토너먼트에 참석했거나 센트럴 파크에 가서 일주일에 두 번 정도 경기를 한다고 말해 주세요. 단순한 흥미를 넘어서는 어떤 것으로 실제로 얻는 것이 있었고, 그 활동을 추구할 결심을 했다는 사실을 저에게 보여 주세요.

게다가 평가자들은 백인, 상류층, 중상류층 문화와 연관되는 활동을 선호하는 경향이 있었다. 그런 경향은 엘리트 대학 스포츠 대표팀의 경우에 특히 심했다. 스포츠 대표팀은 종종 누구에게나 '개방된 것'처럼 인식되지만, 부모의 소득과 강력하게 연관된다. 평가자들은 또한 미식축구, 야구, 레슬링과 같이 누구나 접근할 수 있고, 더 다양한 선수 기반과 연관되는 경향이 있는 스포츠들보다 라크로스, 필드하키, 테니스, 스쿼시, 조정처럼 경기를 하려면 돈을 들여야 하는 '클럽' 스포츠는 물론, 아이비리그 학교들에서 강력한 존재감이 있는 스포츠를 선호하는 경향이 있었다. 투자은행가이자 열렬한 스쿼시 선수인 샌딥은 이런 평가를 내렸다. "당신은 디트로이트의 공립학교에서 스쿼시 선수를 결코 발견할 수 없을 겁니다. 코트가 없기 때문이죠. 심지어 그런 게임이 존재한다는 사실도 모릅니다. 그들에게 스쿼시는 호박을 의미할 뿐이죠." 투자은행가인 데이비드는 어떤 비교과 활동이 '중요하다고' 인식되는지라는 문제에서 시간과 계층, 경쟁심, 인종이 어떻게 함께 작용하는지를 다음과 같이 예시해 주기도 했다. "[전형적인 아시아 스포츠인] 탁구팀에 있었다는 것은 오로지 한 종목의 스포츠에서 잘하기 위해 몰두해야 하는 절대적인 시간과 한 선수가 팀에서 맡는 역할 때문에 조정보다는 덜 진지하게 받아들여질 수도 있습니다. … 이는 그저 4년 동안 매일 아침에 함께 노를 젓는 여덟 명의 조정팀에 속했던 것만큼 실질적이지 않은 거죠."

높은 지위를 보여 주는 공식화된 비교과 활동에 장기간 집중적으로 참여하는 것을 강조하는 일은 학생들의 사회·경제적 배경에 근거한다. 노동계층이나 중·하류층 부모들보다는 상류층과 중·상류층 부모들이 자녀들을 조직화된 여가활동에 등록시키면 우수한 대학의 입학허가는 물론 그 이후에도 결실을 거둘 수 있다는 사실을 알고 있을 가능성이 더 높다. 그들에게는 이런 활동을 할 재정적인 여유도 더 많다. 이와 유사하게 혜택을 덜 받은 가정 출신의 학생들은 고용주들은 진정으로 성적, 가시적인 기술, 과거의 고용 경험에 신경을 쓰기 때문에 비교과 활동이 취업 전망과 관련이 없다고 믿고, 시간을 거기에 맞춰서 투자할 가능성이 더 많다. 이런 믿음은 행동을 결정한다. 대학 캠퍼스에서 노동계층 학생들은 중산층과 상류층 동료들보다 비교과 활동에 훨씬 적게 참여한다. 역설적이게도 학교생활을 하면서 노동계층 학생들이 학업(사회적 활동이나 비교과 활동이 아닌)에 집중하는 행동은 졸업하면서 구할 수 있는 일자리의 유형과 받을 수 있는 수입을 확대하는 것이 아니라 오히려 제한한다.

심지어 고용주들이 비교과 활동에 신경을 쓴다는 사실을 알고 있다고 해도, 이 학생들은 적절한 유형의 여가생활에 대한 인증을 얻는 문제에서 불리함과 직면한다. 채용 게임의 이런 규칙을 '단순히 아는 것'만으로는 이력서 심사를 통과하기에 충분치 않기 때문이다. 학생들은 참여의 증거를 가지고 있어야 하지만, 현실에서의 물질적인 제약(예를 들어 참여회비, 장비 비용, 아르바이트를 할 수 없어 포기해야 하는 임금 등)이 참여를 제한한다. 실제로 어떤 경영대학원에서는 비교과 활동기관에 참여를 신청하려면 수수료를 내야 한다(일부 학교에서는 활동 건별당 비용을 청구한다). 게다가 고용주들은 종종 학생들이 어린 시절부터 시작해 장기적인 시간과 자원의 투자를 수반하는 활동에 집중적으로 참여했기를 원한다. 캠퍼스에서 채용 광란이 시작되었을 때 자신의 여가활동 프로필을 가꾸기 시작한 학생들은 파티에 너무 늦게 참석한 셈이며, 대개 전 생애에 걸친 참여와 열정이 신호가 되는 집중적인 추진력의 증거를 만들어 낼 시간이 없을 것이다.

홀트에 쌓여 있는 이력서를 훑어보다 보면 이런 점에서 한 가지 교훈을 얻을 수 있었다. 회사들은 종종 채용 행사에서 지원자들에게 마음을 끄는 이력서를 제출하는 데 필요한 힌트를 제공한다. 한 가지 조언은 해당 분야에서의 성취와 성공을 보여 주기 위해 비교과 활동에서의 성취를 '계량화'하라는 것이었다. 성취를 계량화하라는 비교과 활동의 스토리텔링을 위한 정확한 논리는 알고 있었지만, 설득력 있게 그 일을 해내기 위한 적절한 문화적 알맹이가 없는 학생들을 보게 되면 마음이 불편했다. 예를 들어 한 지원자는 자신이 학생들을 위한 가라오케의 밤 행사를 여덟 번 개최했다고 기재한 반면, 다른 지원자는 지역 바에서 열린 열 번의 공개 음악경연 중에서 일곱 번을 참석했다고 썼다. 그리고 또 다른 학생은 350명의 관중들 앞에서 기타를 연주했다고 썼다. 비록 이런 이력서상의 활동들은 여러 그룹 앞에서 자신감을 가질 수 있고, 업무 관련 기술을 보여 주는 데 유용할 수도 있고, 최소한 비교과 활동의 계량화라는 코드에 익숙하다는 사실을 보여 줄 수도 있지만, 평가자들이 비교과 활동의 성취와 관련짓는 장기간에 걸친 시간과 노력, 돈을 투자해 헌신했다는 사실을 보여 주지는 못했다. 이런 이력서들은 대개 버려졌다(직원들은 때때로 이들을 농담거리 삼아 돌려보기도 했다). 극단의 채용 절차를 엘리트 회사들의 채용 절차에 비교한다면, 배우들이 오디션에서 성공하려면 그들이 읽어야 할 정확한 대본은 물론, 설득력 있고 부드럽게 그 부분을 연기하기 위해 맞춤제작한 소품도 손에 지니고 있어야 하는 셈이다.

— 성적

능력의 지표로 학교 명성과 비교과 활동 참여를 활용하는 것에는 상당한 공감대가 있는 반면, 성적을 어떻게 활용하고 해석할 것인가에 대한 합의는 훨씬 적다. 고용주들은 일반적으로 성적을 불신한다. 이와 유사하게 엘리트 회사들의 채용과정에서 가장 이견이 많은 분야가 성적이다. 많은 회사들은 인터뷰에 초대받기 위해 충족해야 하는 공식적인 '최저 학점'을 설정한다. 하지만 평가자들과 대화해 보면 특히 슈퍼엘리트 핵심 학교들의 경우 성적 요건은 엄격한 컷오프보다는 제안에 가까웠고, 많은 학교에서 균일하게 적용되거나 시행되지도 않았다. 공식적인 회사 정책과 상관없이 학점에 부여하는 의미와 실제로 이력서 심사에서 성적을 활용하는지의 여부에 강하게 영향을 미친 것은 평가자 자신이 학부나 대학원에서 이룬 학업 성취 수준이었다.

학부나 대학원에서 높은 성적을 받았다고 보고했던 평가자들은 성적을 능력의 신호로 활용한다고 보고했다. 수년 전에 자기 학년에서 최고 성적을 받았던 변호사 모건은 로스쿨 성적에 개인적으로 부여하는 가중치를 이렇게 설명했다. "성적은 정말 중요하다고 생각해요. … 저는 성적을 가장 우선으로 삼을 겁니다." 정반대로 성적이 그다지 뛰어나지 않았다고 밝힌 사람들은 성적이 중요하거나 신뢰할 만한 성공의 지표라고 믿지 않았고, 평가에서도 이를 평가절하했다. 컨설턴트인 서니는 이렇게 평가했다.

> 저는 다른 무엇보다 [학부] 학점을 먼저 보는 컨설턴트들을 많이 알고 있습니다. … 저는 특별히 학점을 믿지는 않습니다. 제 자신이 대학에서 낮은 학점을 받았던 사람이기 때문이죠. 하지만 그건 제가 통제할 수 없는 몇 가지 상황 때문이었습니다. 그리고 저는 정말로 학점이 어떤 사람이 컨설팅 그 자체를 얼마나 잘할 수 있는지를 판단할 수 있는 척도는 아니라고 생각합니다.

하지만 자신의 성취 수준과는 상관없이 대부분의 평가자들은 성적이 지적 능력의 지표라고 믿지 않았다. 그 대신 성적은 특히 정해진 학교 출신 후보자들 사이에서 순위를 매기는 단순하고 '공정한' 방법이었다. 성적의 가치를 기술해 달라는 요청을 받았을 때, 변호사인 나오미는 이렇게 말했다. "성적은 그저 평가하기 훨씬 쉬운 지표일 뿐입니다. 모든 사람의 성격은 너무나 주관적이니까요." 성적은 후보자의 도덕적 자질들을 측정하는 데 더 자주 활용되었다. 변호사인 로저는 성적이 후보자가 상황에 대처하는 능력의 지표라고 믿었다. "성적은 발등에 불이

떨어졌을 때 사람들이 어떻게 스트레스에 대처하는지를 보여 줍니다. 만약 매우 경쟁적인 학교에서 좋은 성적을 얻었다면, 그들은 아마도 상당히 똑똑하고 자기 자신을 관리할 줄 아는 사람들일 겁니다." 게다가 학교를 가리지 않고 그 학교의 최고 학생이라면 검토한다는 정책을 유지하는 '개방적인' 소수의 회사 중 한 곳에서 파트너로 일하는 라즈는 성적이 어떤 후보자가 세부사항에 얼마나 집중하는지 알려 주는 신호가 될 수도 있다고 설명했다.

> 우리가 자기 학년에서 1등을 차지한 학생을 고용하는 이유는 훨씬 더 똑똑해서는 아닙니다. 두뇌가 필요조건이긴 하지만 충분조건이라고 생각하지는 않는 만큼, 우리가 그 학년에서 1등을 차지한 학생을 채용하는 이유는 대개 그런 성과가 그 학생이 꼼꼼하다는 사실을 의미한다고 생각하기 때문입니다. 학년에서 1등을 하려면 똑똑해야 합니다. 하지만 '오로지' 똑똑하기만 해서는 안 된다고 생각합니다. 가끔씩 꼼꼼하지 않은 학생이 1등을 차지할 때도 있을 겁니다. 하지만 저는 그게 일반적이라고 생각하지 않습니다. … 제가 생각할 때 학년 등수가 알려 주는 것은 바로 그 점입니다. 더 적당한 말을 찾을 수 없어서이긴 하지만 그들이 얼마나 '지나치게 깐깐한지' 말이죠.

하지만 성적이 뛰어나지 않았던 평가자들일수록 성적이 미래성과에 대한 신뢰할 만한 척도라는 사실을 믿을 가능성이 더 낮은 것처럼, 성실성 측면에서 성적이 낮은 학생들에게 불이익을 줄 가능성도 더 낮았다. 변호사인 레베카는 이렇게 설명했다.

로스쿨에 들어오기 전에는 나 자신도 뛰어난 학생은 아니었던 만큼 저는 성적 너머를 보는 사람 중 하나입니다. 저는 탁월하게 뛰어난 사람을 보면 그건 그들이 열심히 일할 용의가 있다는 의미로 받아들입니다. 하지만 성적이 나쁜 사람을 볼 때는 거기에 그렇게 큰 의미가 있다고 생각하지 않습니다. 제 생각에 좋은 성적은 열심히 일할 용의가 있음을 보여 주지만 그 반대가 진실은 아니라는 거죠.

기준 전환하기

성적이 알려 주는 정보의 내용과 이력서 심사에서 성적에 부여되는 가중치 역시 후보자의 학교 명성과 비교과 활동 참여의 수준에 따라 다양했다. 평가자들은 대개 엘리트 학교에 다녔다는 사실을 지적 능력의 척도로 해석했기 때문에 해당 학년에서 1등을 차지했다는 사실이 덜 중요했다. 설사 있다고 해도 성적의 문턱은 슈퍼 엘리트 학교 캠퍼스에서는 낮았다, 변호사이자 로펌 채용 관리자였던 메리는 이렇게 말했다. "저는 하버드에 학점 컷오프가 있다는 이야기는 들어본 적이 없습니다." 이와 유사하게 홀트에서는 이스트모어에서 지원한 학생이라면 성적에 관계없이 대부분의 학생들에게 인터뷰를 허용했다. 내가 이 정책에 대해 질문했을 때 잭은 이렇게 설명했다. "전 이스트모어의 입학사정 위원회가… 전국에서 가장 똑똑한 [사람들]을 선택하는 법을 안다고 믿어요." 반대로 덜 우수한 학교 출신 학생이라면 자기 학년에서 1등이어야 했다. 컨설턴트인 재비어는 이렇게 고백했다.

3대 대학 혹은 4대 대학 출신이 아니라면 2군에 속한 대학들인데 그럴 경우 그 학교의 각 학년에서 최고 1% 정도에 들어야 합니다. 뉴욕대학교

(NYU)와 같은 곳이 2군에 속한 대학이 되겠죠. 우리는 그런 학교 출신 학생들도 받아들입니다. 하지만 최우등으로 졸업하는 록스타 정도는 돼야 합니다. 반면에 하버드대학교 출신이라면 평균 정도의 성적만 돼도 인터뷰를 받을 수 있죠.

변호사인 레베카는 약간 더 너그러운 기준을 제시했다. "최고 학교가 아니라면, 그들은 성적이 최상위 10% 이하인 학생들은 들여다보지 않을 겁니다."

각 학교에서 비교과 활동 참여 수준이 뛰어난 후보자들에게도 성적은 덜 중요했다. 투자은행가인 다릴은 이렇게 설명했다.

> 학점은 3.9이지만 강의실을 벗어난 다른 활동에는 전혀 참여하지 않은 사람들을 볼 수 있을 겁니다. 그래서 그 사람을 학점은 3.5이지만 여학생이나 남학생 사교클럽, 혹은 학생 자치단체의 회장이자 테니스팀의 주장을 맡고 있는 사람과 일대일로 비교하기는 어렵습니다. 일종의 완벽한 패키지가 중요한 거죠.

성적에 대한 '저평가'는 학교 대표팀 운동선수들의 경우에 특히 심했다. 대표팀 운동선수라면 학부 성적 최저 제한이 대개 3.5에서 3.0으로 더 낮아졌다(그리고 잠재적으로 그 선수가 프로이거나 올림픽에 출전했을 정도였다면 더 낮아졌다). 결과적으로 심지어 성적처럼 같은 단위로 쉽게 측정할 수 있는 단순한 기준에 대해서도 해석은 매우 주관적이었으며, 평가자와 지원자의 정체성에 따라 다양하게 나타났다.

ㅡ 과거 업무 경험

과거 업무 경력은 이력서 심사에서 활용되는 네 번째로 흔한 신호였으며, 평가자 중 반 이상이 활용하는 마지막 신호였다. 업무 경험은 경영대학원 출신 학생들에게 더 중요했는데 그 이유는 단순히 말하자면 그들이 업무 경험이 더 많은 경향이 있기 때문이었다. 최고의 MBA 프로그램에 입학하려면 최소한 2년 내지 3년의 풀타임 근무 경험이 필요하다. 컨설팅 회사와 투자은행에 지원하는 학부 졸업생들에게는 풀타임 업무 경험을 기대하지 않았지만, 적어도 여름방학 중에 한 번(하지만 가급적이면 더 많이)의 인턴십은 경험했을 거라는 기대가 있었다. 이런 기대는 학부에서 로스쿨로 '바로 진학한' 많은 로스쿨 학생들의 경우에도 적용되었다.

이런 차이에도 불구하고, 여름 인턴십이건 풀타임 경력이건 상관없이, 평가자들이 과거 업무 경험의 질을 평가하는 방식에는 놀라운 수준의 일관성이 존재했다. 일자리의 명성에 주목했다는 점이다. 명성은 두 가지 형태로 나타났다. 일자리의 유형이 무엇인지와 그 일자리가 특정 기업 소속인지였다.

일자리의 유형을 살펴보자면, 평가자들은 '진짜' 회사 일자리와 다른 종류의 일자리를 구분했다. 투자은행가인 올리버는 학부 졸업생 이력서에서 업무 경력 부분을 어떻게 평가하는지 설명하면서 그 차이를 이렇게 예시했다. "그들이 스타벅스나 잔디를 깎았던 경우와… 반대로 온전히 금융 쪽은 아니지만 일종의 '진짜' 직업의 경험을 가지고 있는지의 차이죠. 사무실 업무 같은 경험이요." 로펌 채용 관리자인 애비도 동의했다. "그들이 그저 연구보조원이나 웨이터, 바텐더로 일했다면 대개 최고의 경험이라고 볼 수는 없죠. 우리는 기업 환경에서 일한 경험이 있거나 그들에게 '삶의 경험'을 준 남다른 일을 했던 사람을 찾고 있습니다."

'사무실 업무'라는 폭넓은 범주 안에서 평가자들은 특정한 기업의 지위와 명성에 따라 추가적인 차이점을 더 끌어낸다. 그들은 서로 공유하는 문화적 이해에서 어떤 기업이 산업 경계를 초월하는 '좋은 회사'인지를 추론했다. 그들은 이런 정보를 친구들, 가족 구성원들, 그리고 자기 자신의 일자리 탐색과정에서 얻었다고 밝혔다. 투자은행, 컨설팅 회사, (갭이나 구글, 마이크로소프트, 프락터 앤 갬블처럼) 경쟁력 있는 대규모 경영 교육 프로그램을 보유한 기업들이 엘리트 학부와 대학원에서 컴퍼스 채용을 장악하는 경향이 있음을 감안할 때, 평가자들은 이런 '눈에 띄는' 산업에 채용된 경험이 정착이 덜 된 진로보다 명성이 더 높다고 생각하는 경향이 있었다.

업무의 내용보다 과거 직장의 명성을 강조하는 태도는 내가 관찰을 수행한 한 해 동안 홀트가 평가자들에게 배부한 이력서 심사 팸플릿에 가장 명확하게 표현돼 있었다. 거기서 홀트는 평가자들에게 후보의 교육(명성에 의해 측정되는), 비교과 활동, 업무 경험을 평가하라고 지시했고, 각 범주에서 능력을 어떻게 측정할 것인지를 규정한 일부 지침을 제공했다. 업무 경험이라는 제목하에 평가자들은 업무의 질에는 '탁월한', '좋은', '나머지'의 세 단계가 있다는 이야기를 들었다. '탁월한' 업무 경험은 (투자은행, 컨설팅, 법률 분야에 걸쳐 있는) 동종 전문 서비스 기업 여덟 곳과 하이테크 기업 한 곳 중 한 군데에 채용된 경우가 해당된다. '좋은' 경험은 추가적인 전문서비스 기업 여섯 곳, 소매/기술/제조 회사 네 곳, 비영리기관 한 곳 중 한 군데에서 일한 경우가 포함된다. 이들 20개 회사가 아닌 다른 곳은 '나머지' 범주로 묶여서 특별한 것이 없다고 간주된다. 주어진 일자리에서 지원자들이 실제로 수행한 과제들을 평가할 것인지 등에 대해서는 제공된 지침이 없었다.

과거에 엄격한 심사를 통과했다는 신호

그들은 왜 과거 직장의 명성을 그토록 크게 강조하는 것일까? 평가자들은 이름이 있는 기관에 고용되었다는 사실이 지원자가 엄격한 심사과정을 성공적으로 헤쳐 나갔으며, 따라서 강력한 인지적·사회적 기술을 보유하고 있다는 신호라고 믿었다. 이처럼 그들은 대학 입학사정위원회만이 아니라 명성이 높은 회사의 채용위원회에도 심사를 아웃소싱했다. 사실 평가자들은 지원자 학교의 명성과 기존 고용주들의 명성을 총괄해서 '혈통서(pedigree)'라고 불렀다. 그들에게 성취와 성공을 향한 지원자의 성향을 나타내 주는 용어였다. 혈통서는 가치와 개인적 성취를 나타내는 가장 높은 수준의 표지로 간주되었다. 로스쿨 학생들에게는 의미 있는 풀타임 업무 경험이 있는 경우가 덜 흔했지만, 일류 투자은행이나 컨설팅 회사에서 풀타임이나 여름 인턴으로 근무했던 경험은 경쟁이 치열한 법원에서 클럭십을 한 경우처럼 높은 평가를 받았다. 로펌 파트너인 다이애너는 클럭십이 비슷하게 경쟁적인 필터를 성공적으로 통과했음을 나타내기 때문에 회사에서는 이를 중요하게 생각한다고 설명했다. "또 다른 유형의 사전 심사 같은 거죠. … 그 사람 밑에서 클럭십을 한다는 게 매우 영광스러운 일인 판사들이 있습니다. 하버드나 예일에 입학하는 것과 같죠. 알고 있겠지만 그동안 잘해 온 사람들만 그곳에 도달할 수 있습니다."

추진력과 해당 산업에 대한 관심의 신호

나아가서 최고의 회사에 채용되었었다는 사실은 추진력과 기업에서의 삶에 대한 관심의 신호로 해석되었다. 평가자들은 많은 지원자 수를 감안할 때, 채용에서 중요한 도전과제는 그 업무에 대해 순수한 관심이 있는 지원자들을 식별하는 일이라고 밝혔다. 그들은 (그저 '일하고 싶은 척'하는 경우와 반대로) 진정으로 '원하거나' '갈망하는' 사람들이 오퍼가 주어졌을 때 받아들일 가능성이 더 크며, 일단 회사에 들어오면 최소한 몇 년 정도는 머무를 가능성이 더 많다고 믿었다. 구체적인 산업에 상관없이 과거에 엘리트 회사에서 풀타임으로 혹은 여름 동안 채용됐다는 사실은 '서류상'으로 볼 수 있는, 기업에 대한 관심을 나타내는 기본적인 신호로 간주되었다. 컨설턴트인 패트릭은 학부과정에서 컨설팅이나 투자은행에서 인턴십을 수행했다는 사실이 자신에게 신호하는 바를 이렇게 설명했다. "분명히 우리 회사 같은 회사나 심지어 투자은행에서라도 인턴십을 했던 사람들은… 여름 동안 고등학생이나 할 법한 파트타임 업무를 했던 사람들과는 달리 지난 여름에 번듯한 자리를 확보할 만큼 충분히 추진력이 있었다는 걸 보여 주죠."

이런 관점에서 기업 채용 기회를 더 일찍 모색하기 시작한 지원자는 '관심이 더 많은' 사람들로 인식되었다. 컨설턴트인 나빈은 자신이 학부 이력서를 평가할 때 이런 해석이 어떤 역할을 하는지 이렇게 말했다.

> 그들이 그곳으로 나가서 3학년 때 혹은 심지어 2학년 때도 일을 하려는 주도성을 보여 주었는가? 인턴십을 하려고 3학년 때까지 기다리지 않는 사람들도 많습니다. … 하지만 저는 '어디에서'가 많은 부분에서 중요하다고 생각합니다. 아시겠지만 식료품점에서 파트타임으로 일했거나 혹은 구글

에서 인턴을 했다면, 우리는 마음속으로 구글에 들어가기 어렵다는 것을 압니다. 우리는 애플에 들어가기가 어렵다는 것도 압니다. 특히 그들이 다른 컨설팅 회사에서 인턴으로 일했다면 이렇게 생각하죠. "좋아, 이 사람은 인턴으로 다른 최고 컨설팅 회사에 들어갈 수 있었던 사람이구먼. 당연히 우리가 들여다봐야 할 사람이지."

투자은행가인 케빈도 동의했다.

> 당연히 저는 그들이 과거에 여름 인턴십을 통해서 금융 서비스에 관심을 보였는지 알고 싶습니다. … 하버드에는 이런 종류의 일에 대해서는 뭐가 어떻게 돌아가는지를 정말로 훤히 꿰고 있는 사람들이 있습니다. 그리고 그들은 이런 풀타임 자리에 지원하기 전에 이미 두 번의 여름 인턴십을 경험할 겁니다. 따라서 저는 그들이 어떤 종류의 경험을 했는지 살펴볼 겁니다. 만약 그들이 이미 월스트리트에 있어 본 경험이 있다면 엄청난 플러스죠.

하지만 중요한 것은 '동급' 산업이나 회사에서 과거에 인턴십을 했다는 사실이 업무와 관련된 기술에 대한 인증보다는 지원자의 관심에 대한 신호로서 중시되었다는 점이다. 투자은행가인 로라는 금융 분야 인턴십의 중요성을 이렇게 요약했다. "배우는 것은 그다지 많지 않습니다. 하지만 당신이 어떤 곳에 발을 들이고 있는지 알게 되죠."

비록 실제로 흥미가 있다는 신호일수도 있지만, 이런 유형의 이른 채용 기회(학부의 경우 1학년과 2학년 여름, 로스쿨의 경우 1년차 후의 여름)를 차지할 수 있는지의 여부는 일부 법원의 클럭십처럼 높은 지위에 있는 사회적 인맥에 크게 의존한다. 이 경쟁은 통상적으로 공개되지 않은 채용과정인 경우도 종종 있다. 오히려 이 자리들은 막후의 네트워킹과 종종 회사나 고객과 관련해 (가족의 인맥처럼) 이미 존재하는 사회적 인맥을 통해 배분된다. 게다가 많은 이른 기회에는 보수가 없다. 학비나 재정지원 패키지의 일부로 돈을 벌어야 하는 학생들은 종종 이런 유형의 자리를 받아들일 수가 없다. 요약하자면, 이른 시기에 채용 기회를 확보하는 일은 실제로 흥미에 대한 유효한 신호일 수도 있지만, 모든 지원자가 동등하게 이용할 수 있는 대상이 아니다. 게다가 일반적으로 평가자들이 모든 지원자에게 동등하게 접근할 수 있는, 잠재적으로 중요한 흥미의 신호를 무시한다는 점은 주목할 만한 일이다. 바로 지원자들이 자기소개서에 상세하게 기재한 경력을 모색한 일에 대한 관심이다.

티핑 포인트와 홀 패스

적절한 사회적 자본이 있으면, 제도화된 문화적 자본이 부족해도 이를 보완할 수 있다. 인터뷰에 초대받을 것인지, 거부당할 것인지 확실하게 정해지지 않은 경계선에 있는 지원자들의 경우, 사회적 인맥은 티핑 포인트(tipping point)이자 동점일 경우 승자를 결정짓는 타이브레이커로 작용할 수도 있다. 기존에 존재하던 가족이나 학교 인맥, 채용 행사 중에 개발한 인맥은 경계선에 있는 이력서를 인터뷰 대상자 풀 쪽으로 밀어 넣어 줄 수도 있다.

적절한 개인 후원자가 있는 후보자들은 실제로 홀 패스(hall pass)를 받고 이력서 심사를 전부 우회할 수도 있다. 하지만 이는 '고위층'의 추천인 경우에만 적용된다. 회사 내에서 특히 지위가 높은 구성원이나 영향력 있는 고객이 후원하는 개인들 말이다. 드물긴 하지만 그런 후보자들에게는 대개 '예의상의 인터뷰'가 허용된다. 즉, 회사의 시니어 파트너나 가장 중요한 고객들에 대한 '호의'로 이력서에 담긴 정보에 상관없이 자동으로 인터뷰 일정이 잡힌다는 의미이다. 핀은 이렇게 설명했다.

> 우리는 '추천'을 받아들입니다. 의무적인 인터뷰에 해당하는 경우죠. … 말하자면 반드시 인터뷰를 해야 하는 사람들이 매년 두세 명 정도 있습니다. 그들은 대개 누군가에게 전화하기를 좋아하는 고객들의 자녀이거나 중요한 사람들의 자녀입니다. 그 전화는 HR 직원에게 전달되고 자동으로 인터뷰를 하게 됩니다. 하지만 그 이상을 넘어서는 혜택은 절대로 받을 수 없습니다. 아마도 [인터뷰의] 첫 단계는 확보할 수 있겠죠. 하지만 그걸로 끝입니다. 면접관은 누가 추천을 받은 사람이고 누가 실제로 팀에서 [내부적으로] 뽑은 사람인지 모릅니다. 따라서 고객이 아버지인 경우 인터뷰는 할 수 있어도 [우리 회사에서] 일자리를 얻게 해줄 수는 없을 것입니다.

예의상의 인터뷰와 '예의상의 채용' 사이에는 차이가 있으며, 예의상의 인터뷰라도 1차 인터뷰를 통과하지는 못한 경우가 많았다는 사실을 지적하는 것은 중요하다. 하지만 예의상의 인터뷰라는 관행은 신호의 부족을 보충할 뿐만 아니라 인터뷰 파이프라인으로 들어가는 또 다른 트랙을 만들어 냄으로써, 최소한 풀에 들어가는 단계에서는 사회적 자본이 문화적 자본보다 더 중요하다는 점을 시사한다. 문화와 불평등, 사회적 재생산의 연구에서는 문화와 사회적 자본이 대개 서로 분리된 상태에서 연구되기 때문에 이런 발견은 이론적인 측면에서 중요하다.

심사 이후

이 장에서 제시된 유형의 편견들에도 불구하고 평가자들은 이력서 심사가 채용과정에서 가장 '객관적'인 단계라고 믿었다. 그다음에 일어나는 일로 최종 채용 결정에서 엄청난 영향력을 가지는 인터뷰는 이력서에 기재된 자격들보다 지원자의 개성을 기반으로 하는 매우 주관적인 평가로 간주되었다. 투자은행가인 니콜라에는 이렇게 말한다.

> 일단 인터뷰를 하게 되었다면 이력서는 더 이상 문제가 되지 않습니다. 이력서 내용을 알아야 하고 당신이 해온 일을 설득력 있게 설명해야 하지만, 이력서 심사가 끝난 뒤에는 성적이나 학교 같은 것들은 문제가 되지 않습니다. 당신이 텍사스대 출신으로 3.2대의 학점을 받았을 수도 있지만, 일단 인터뷰를 잘하면 여전히 채용이 될 수 있을 겁니다.

인터뷰 단계에서 평가라는 관점에서 볼 때 지원자들의 학교는 공식적으로 '더 이상 문제가 되지 않았음'에도 불구하고 교육적 명성은 간접적으로 중요했다. 회사들은 인터뷰 과정에서 '운동장을 평평하게 만들기' 위해 종종 슈퍼 엘리트 학교 캠퍼스에서 수많은 인터뷰 전 칵테일 리셉션과 인터뷰 워크숍을 개최했다. 그런 행사에서 지원자들은 자신의 면접관이 될 수도 있는 직원들을 만날 기회를 가졌고, 개인별 피드백이 포함된 유용한 인터뷰 준비도 할 수 있었다. 한 컨설팅 회사에는 심지어 후보자들이 정해진 시간에 전화해서 모의 전화 인터뷰를 하고 즉각적인 피드백을 받을 수 있는 핫라인도 있었다. 하지만 그런 행사들은 대개 학교 리스트에서 맨 위에 있는 학교들에 한정되었다. 따라서 슈퍼 엘리트 학교 출신 학생들이 인터뷰 단계부터는 공식적인 우선권을 더 이상 받지 않는다고 해도 회사로부터 그들이 인터뷰에서 '빛이 나도록' 도와줄 코칭을 더 많이 받는 경향이 있었다.

5

인터뷰 준비하기

우리의 직감을 믿습니다

사실 한 장의 종이에 의존해 채용 결정을 내릴 수는 없습니다.
그 사람을 만날 때까지는 사실상 많은 것을 이야기할 수가 없으니까요.

– 니테시, 컨설턴트

캠퍼스 인터뷰가 시작되기 몇 주 전인 어느 눈부신 가을날 아침, 나는 시내에서 최고의 위치에 자리 잡은 고층 빌딩에 있는 홀트 사무실에 도착했다. 이번 시즌의 캠퍼스 면접관이 될 직원들을 대상으로 실시하는 교육과정을 관찰할 예정이었다. 엘리베이터를 타고 고층까지 올라간 후, 카펫이 깔린 복도를 따라서 드문드문 장식이 되어 있는 회의실로 갔다. 안을 들여다보니 수십 명의 홀트 직원이 보였다. 일부는 자리에 앉아 있었고, 일부는 무리를 지어 서 있었다.

나는 회의실 안으로 들어간 다음, 어디에 앉을지 탐색하며 옆쪽 벽 근처를 서성거렸다. 뒷자리에 놓여 있던 플라스틱 의자 중 하나에 자리를 잡은 후, 교육과정을 위해 모여든 직원들을 지켜보기 시작했다. 중간중간에 노란색 리걸 패드에 메모를 적으면서 나는 바쁜 것처럼 보이려고 애를 쓰고 있었다. '다림질.' 내 앞줄에 앉아 있는 직원들의 완벽하게 빳빳한 셔츠 뒤 칼라를 보았을 때 나는 페이지 여백에 이렇게 휘갈겨 썼다. 내 칼라의 접힌 부분은 민망스럽게 처져 있었기에 뒷줄을 선택했다는 사실에 안도했다.

30대 중반으로 보이는 매력적인 여성 소피는 회의실 앞쪽에 있는 '이스트모어 인터뷰 교육'이라는 제목의 파워포인트를 띄워 놓은 스크린과 이젤 위에 위태롭게 올려진 빈 플립 차트 사이에 서 있었다. 면바지에 단추를 열어젖힌 옥스퍼드 셔츠, 브이 네크라인 스웨터들로 가득한 마치 바다와 같은 회의실에서 그녀의 짙은 감색 스커트 정장은 어울리지 않는 것처럼 보였다. 지정된 시작 시간인 8시가 다가오면서 군중들의 웅웅거리는 소리가 잦아들었을 때, 내 매니저인 잭이 그의 시그니처가 된 벤티 사이즈 스타벅스 커피를 손에 들고 갑자기 내 옆자리에 앉았다. "헤이," 그가 나에게 나직이 말했다. "이번[교육과정]은 당신 연구에 도움이 될 것 같은데요." "고마워요." 나는 미소를 지었다. "저 사람은 누구죠?" 내가 소피를 향해 고갯짓을 하면서 물었다. "[다른 사무실에서 온] HR부서 신참인가 본데." 그가 얼굴을 찌푸리면서 대답했다. 나는 소피를 오늘 행사에서 처음이자 마지막으로 보게 될 것이다. 많은 다른 경쟁 기업들처럼 홀트에서 채용은 학교와 사무실에 따라 분리되었다. 소피는 본부의 HR 사무실에 속해 있었고, 그 사무실 사람들이 현장에서 채용을 진행하는 사람들과 교류를 하는 경우는 드물었다. "모든 사람이 이걸 받나요?" 나는 이 교육을 의미하면서 물었다. 잭이 웃음을 터뜨렸다. "글쎄요, 원래는 그래야 하죠!"

"모두들 환영합니다." 소피가 목청도 가다듬지 않고 말을 시작했다. "와 주셔서 감사합니다. 여러분 모두가 매우 바쁘다는 걸 알고 있으니까 바로 시작합시다. 10시 30분에 정확하게 보내 드릴 것을 약속하죠." 소피는 우리에게 오전 교육의 첫 부분은 면접관으로서 '최선의 관행'에 초점을 맞출 거라고 알려 주었다. 이것은 해야 할 일과 해서는 안 될 일을 행동 중심적인 홀트식 표현으로 옮긴 짧은 목록이었다. (연구를 통해 직접 배운 사실이지만, 이 직원들은 HR부서에서 온 어느 누구에 대해서도 인내심이나 존중이 거의 없었다.) 이 교육의 두 번째 부분은 롤플레잉 인터뷰로 구성돼 있었다.

소피는 이스트모어와 홀트의 역사적 관계를 강조하는 것으로 프레젠테이션을 시작했다. 그녀는 회사가 모든 지원자 중 20% 미만(학부 졸업생들의 경우 약 5%)을 받아들이겠지만, 홀트가 1차 인터뷰 대상자 풀을 구성할 때는 과하다 싶을 정도로 포괄적이라는 사실을 지적했다. 그녀는 이렇게 설명했다. "그렇게 하는 것은 우리에게 좋은 홍보가 됩니다. 좋은 인상을 계속 유지하고 그들이 홀트에 기대심을 가지게 하죠."

이런 흥분은 캠퍼스에서 회사에 대한 긍정적인 명성을 유지하는 핵심적인 방법이었다. 호화로운 마케팅 행사처럼 원만하고 잘 조직된 인터뷰 과정은 홀트를 향한 일반적인 '선의'를 만들어 내는 한편, 미래에 새로운 지원자들을 끌어들이는 데도 도움이 될 터였다. 후자는 이스트모어 졸업생들이 나중에 그들의 경력에서 홀트를 고용할 수 있는 위치에 있을 때 도움이 될 거라고 소피는 말했다. 그 전까지 밝고 경쾌했던 그녀의 목소리 톤은 갑자기 단호하게 바뀌었다. "모든 인터뷰 대상자들이 확실하게 긍정적인 경험을 가지도록 하세요."

그녀는 슬라이드 덱에서 내용이 담긴 첫 번째 슬라이드를 클릭했다. 제목은 '이스트모어 실행 계획'이었다. 그녀는 미소를 지으면서 말했다. "아마도 여러분들이 겪었던 과정에서 기억하시겠지만 인터뷰에는 두 단계가 있습니다. 여러분은 일정상 하루에 약 13건의 인터뷰를 하게 됩니다. 인터뷰 전날 밤에는 평가 양식을 받게 될 겁니다. 그 다음날 아침에는 [후보자들의] 이력서를 받게 될 거고요. 이력서를 살펴보도록 노력하세요." 청중들 사이에서 웃음이 터졌다. 분명 그런 반응을 기대하지는 않았던 소피는 짐짓 미소를 짓고 나서 말했다. "많은 사람들이 그렇게 하지 않습니다. 그래서 문제입니다."

그녀는 신속하게 주제를 바꿔서 그 그룹에 지시를 내렸다. "[이력서에] 여러분이 탐색할 사항들에 동그라미 하세요. 여러분은 [지원자와] 이력서에 대해 15분간 제한 없는 열린 토론을 하게 될 겁니다. 관심 있는 상태를 유지하세요. 인터뷰를 마치 대화처럼 다루세요." 이 시점이 되자 청중 가운데 일부 면접관들은 그럴 때를 대비해 제공된 홀트의 로고가 새겨진 패드에 기록을 하기 시작했다. 다른 사람들은 소리가 들릴 정도로 노트북에 타이핑을 하거나 스마트폰을 보고 있었다.

"다음 포인트가 매우 중요합니다." 소피는 이렇게 말한 다음 강조하기 위해 잠시 말을 멈추었다. "인터뷰를 갑자기 끝내지 마세요. 종종 [전체 45분 중에 최초 10분 안에] 그 사람이 오퍼를 받지 못할 것임을 알게 될 수도 있지만 그래도 인터뷰는 끝까지 해야 합니다. … 여러분은 13명의 학생을 보게 될 겁니다. 그중 두 사람 정도는 어떻게 이스트모어에 들어왔는지 알 수 없는 학생들이죠." 다시 웃음이 터졌다. "하지만 그래도 그들이 긍정적인 경험을 가질 수 있도록 분명히 하세요." 주제를 평가로 이동하면서 그녀는 주의를 주었다. "그래야만 좀 더 대화처럼 느껴지니까 인터뷰 중에는 노트를 기록하지 않는 것이 최선입니다. 하지만 인터뷰가 끝났을 때는 그날 일과가 끝난 다음에 기억할 수 있도록 노트를 하세요." 그녀는 이렇게 충고했다. "할 수 있다면, [식사를 하는] 휴식시간 중에 전산으로 된 평가 양식을 채우는 것이 최선입니다. 그래야 나중까지 남아 있지 않아도 되고, 우리가 나중에 [면접관 두 사람이 짝을 지어 인터뷰한 후보자들에 대해 대화를 할 때] 좀 더 유익한 대화를 나눌 수 있도록 말이죠."

바로 이어서 '인터뷰 메트릭스'라는 제목의 슬라이드를 클릭했다. 슬라이드에는 면접관들이 후보자들을 평가해야 할 네 가지 차원이 기재돼 있었다. "리더십," 그녀는 그 용어를 추진력이나 포부 같은 자질과 호환해서 사용하면서 지원자가 '성공 지향적인 태도'를 보여 주는지를 통해 측정돼야 한다고 덧붙였다. "이력서에서 알아내는 편이 가장 쉽습니다." 그녀는 방법을 제시했다. "그들의 활동을 보세요. 스포츠팀의 주장이라면 훌륭합니다. 이력서에 쓰인 내용이 진짜인지 알아보려면 더 깊게 파고드는 것이 중요합니다. 이 사람이 이 내용을 증명할 수 있는 사람인가, 아니면 그저 이력서를 부풀리기 한 사람인가 말이죠. 여러분이 찾고 있는 것은 '의미가 있는' 기여입니다." 소피가 강조했다. "부풀리기가 많다면 더 깊게 파고들어 가세요. '그 신문에서 [당신이] 한 역할을 말해 주세요.'라고 말이죠. 그들의 업무 경험에서 포부를 평가할 수도 있습니다. 아마도 그들은 [엘리트 회사에서 일하지 않았고] 자기 사업을 했을 수도 있습니다. 여러분은 '일관성 있는' 성공의 증거를 찾고 있는 겁니다."

"그다음은 존재감입니다. 그 사람이 신뢰할 만한가? 에너지가 넘치고 자신감이 있는가?" 그녀는 계속해서 의문을 제기했다. "적극적으로 듣는 것도 중요합니다. 자문해 보세요. '이 사람이 내가 첫날부터 고객들 앞에 내세울 만한 사람인가? 아니라면 코칭이 가능한 사람인가? 여러분은 쇼핑 같은 일에만 관심이 있는 부잣집 딸처럼 말하는 사람들도 만나고, 매우 침착한 사람들도 만날 겁니다. 그런 사람들은 판단하기 쉽습니다. 하지만 그 중간에 있는 사람일 때는 위험에 빠집니다. … 그 사람에게 씰룩거리는 이상한 습관(청중들이 웃음을 터뜨렸다)이 있다면 우리는 이 과정을 계속 진행할 수 없습니다. 우리에게 맞는 사람이 아닌 거죠." 사람들이 웃는 것을 저지하면서 그녀는 급히 덧붙였다. "그래도 그 사람이 근육을 씰룩거렸다고 적지는 마세요! 그런 일이 있었다면 구두로 설명하세요. 영구적인 기록에 들어가서는 안 됩니다." 그녀는 목소리를 낮추면서 청중들에게 상기시켰다. "우리는 정부와 일하는 계약업체입니다. 따라서 정부는 언제든지 우리에게 [채용] 기록을 제출하도록 할 수 있습니다. 그리고 신경성 경련은 어떤 사람을 채용해서는 안 되는 이유가 될 수 없습니다."

인터뷰에서 기술적인 케이스 분석 부분, 즉 후보자에게 홀트의 고객들이 직면할 수 있는 전형적인 비즈니스 문제를 숙고해 보고 이를 해결할 방법을 제시하라고 요청하는 부분으로 넘어가서, 소피는 면접관들이 후보자의 반응을 평가할 때 반드시 기억해야 할 요점들을 짚고 넘어갔다. "그들이 경영상의 판단을 보여 주는가? 그들이 상식을 활용하는가? 창의적인가? 심지어 틀린 대답을 한다고 해도 그들에게 힌트를 주세요. 여러분은 어떤 쪽이건 그들에게 좋은 기억을 남겨야 한다는 사실을 기억하세요. 인터뷰는 대화처럼 느껴져야 합니다. 안내책자에는 사례와 관련된 요령들이 더 포함돼 있습니다. 그리고 소그룹 활동 시간에 연습할 기회가 제공될 겁니다."

"마지막으로, 적합성입니다. 적합성은 주관적입니다." 그녀는 무미건조하게 말했다. "적합성에 대해서 그들의 활동을 판단에 이용할 수도 있고, 아니면 여러분이 느끼는 바를 이용할 수도 있습니다. 하지만 여러분의 팀에 그들을 참여시키고 싶은지 자문해 보세요. 그들과 시간을 보내고 싶습니까? 만약 누군가가 당신을 신경 쓰이게 한다면? 그런 것들이 기준입니다." 그녀는 잠시 침묵한 다음 물었다. "질문 있나요?" 맨 앞줄에 앉은 한 젊어 보이는 남성이 질문했다. "그날 평가를 해 나가면서 적합성에 대한 일종의 감을 얻게 되고, 기준이 어디쯤 되는지도 알게 되겠군요. 나중에 다시 돌아가서 수정할 수도 있나요?" "그럼요." 그녀의 대답이 돌아왔다. "그날 하루가 끝날 때까지 순위를 매길 필요는 없습니다." 역시 남성으로 가운데 줄에 앉아 있던 다른 청중이 큰 목소리로 불쑥 끼어들었다. "그날 첫 타자인 사람이 좀 안 됐군요." 소피는 다시 다짐을 두었다. "여러분은 그날 하루 동안 일반적인 기준에 대한 감을 잡게 될 겁니다."

역시 회의실의 옆쪽에 앉아 있던 또 다른 남성이 좀 더 조용한 목소리로 질문했다. 내게는 칼라를 세운 연한 푸른색 셔츠를 입은 뒷모습만 보일 뿐이었다. "케이스 인터뷰에 대해서 말입니다. 그 과정, 즉 논리적인 사고과정에 대해서 어느 정도까지 들여다봐야 하고, 맞는 답을 얻는 문제는 어느 정도까지 중요한 건가요?" "그건 모두 처음에 얘기한 부분입니다." 소피는 대답을 하면서 케이스의 성과를 평가하는 요령이 적힌 슬라이드를 가리켰다. "다른 질문은요?" 그녀가 회의실을 훑어보면서 물었다. 청중의 3분의 1 이상이 여성이었지만 세션의 마지막 질문은 또 다른 남성에게서 나왔다. "기준에 대한 가중치를 어떻게 두어야 하는 건가요?" "좋은 질문입니다." 소피는 고개를 끄덕이면서 지적했다. "우리는 여러분의 판단을 신뢰합니다. 여러분은 후보자에 대한 전체적인 감을 얻게 될 겁니다. 케이스 분석 기술도 물론 중요합니다. 하지만 적합성이나 존재감을 덜 중요시하지는 마세요. 그런 것이 절대적으로 중요합니다." 그녀는 몇 장의 슬라이드를 더 넘겼고, 그중 하나는 면접관들이 인터뷰한 각 지원자들에 대해 채우도록 요청받은 후보자 평가 양식 샘플이었다. 양식은 전자문서로 돼 있었고, 슬라이드에서는 채용 데이터베이스를 통해 완성된 양식을 제출하는 방식을 상세하게 보여 주었다. 그런 다음 소피는 참석자들에게 데이터베이스를 사용하는 방법을 단계별로 설명했다.

그녀는 마무리를 하면서 이렇게 말했다. "이제 우리는 소그룹 활동으로 전환할 겁니다. 여러분은 옆에 앉은 사람과 파트너가 될 겁니다. 여러분은 케이스를 상대방에게 제시하면서 롤플레이를 할 겁니다. 진지하게 임하세요. 각자가 두 가지 역할을 다 하고 나면 끝난 겁니다. 질문 있나요?" 회의실은 조용했고, 청중은 피곤한 기색이 역력했다. "아, 마지막으로 한 가지, 사람들이 인터뷰가 끝나면 여러분에게 감사 편지를 보낼 겁니다. 그들은 비록 짧게라도 이메일로 답장받기를 원합니다.

이런 것들이 브랜드를 구축합니다." 그녀는 추가적인 질문이 없는지 회의실을 한 번 더 둘러보았다. "그럼 소그룹 활동을 시작합시다. 행운을 빌게요!"

각 팀에서 서로 자신을 소개하고 얼굴을 마주할 수 있도록 플라스틱 의자의 방향을 고쳐 앉으면서 그 방은 대화로 웅성거리기 시작했다. 소피는 질문이 있을 경우 대답할 수 있도록 회의실을 돌았지만 질문이 거의 없었기 때문에 회의실 앞쪽에 서서 가깝게 있는 사람과 대화를 나누거나 간간히 블랙베리 스마트폰을 쳐다보면서 대부분의 시간을 보냈다. 나는 각 팀들을 지켜보았다. 일부는 실습을 진지하게 받아들이는 것처럼 보였다. 다른 팀들은 그저 서로 수다를 떨고 있는 것 같았다. 한 팀의 경우에는 인터뷰 대상자가 거만한 지원자 역할을 하고 있는 것이 분명했다. 명백하게 파트너를 당황하게 만들려고 노력하면서 깍지 낀 손을 머리에 올린 채 의자 뒤쪽으로 기대앉아 통상적인 인터뷰 말투보다 더 빈정거리는 농담 투로 대응하고 있었다. 마치 소피의 슬라이드에 나왔던 중요 항목들을 따라 하기라도 하듯이 모의 인터뷰 대상자들은 첫말을 숫자로 시작하는 것처럼 보였다. "그 질문에 대답하려면, 저는 우선 다음 세 가지를 알고 싶습니다." "저는 네 가지 이슈를 살펴보고 싶습니다." "여기에는 중요한 두 가지 요인이 있습니다." "수익률을 이끄는 동인에는 두 가지가 있습니다." 모의 면접관들은 고개를 끄덕이거나 귀를 기울이고, "왜 그렇죠?" "어떻게요?" "그다지 수긍할 수 없는데요." 등의 질문을 하고, 긍정하는 경우가 더 많은 것처럼 보였다. 실제 케이스 인터뷰는 각각 25분에서 30분 정도 소요되지만 약 45분이 지나자 각 팀들은 헤어지기 시작했고, 고객 업무를 해야 하는 하루를 맞이하기 위해 회의실을 조금씩 빠져나갔다.

서류보다 인터뷰

미국 대부분의 고용주들처럼 연구 참여자들은 채용 의사결정을 내릴 때 이력서에 기재된 여러 가지 내용들보다 인터뷰에 더 높은 비중을 두었다. 평가자들은 '서류'가 아닌 '사람'을 직접 만나서 평가할 때 능력을 더 정확히 측정할 수 있다고 믿었다. 그들은 이력서가 업무 성과를 믿을 만하게 예측할 수 있다고 생각하지 않았다. 지원자 풀의 수준이 높고, 그들이 지원하는 자리에 대한 사회적 수요가 상당하다 보니 평가자들은 후보자를 먼저 만나보지 않고 채용 결정을 내리는 일을 경계했다. 투자은행가인 도노반은 자신이 인터뷰를 강하게 선호하는 이유를 이렇게 설명했다.

> 저는 인터뷰를 신뢰합니다. … 그들이 정성 들여 종이에 작성한 내용보다 훨씬 더 신뢰합니다. … [이력서는] 그들이 신중하게 이력서를 작성할 수 있다는 사실을 말해 주지만 그들이 누구인지는 말해 주지 않습니다. … 제가 이력서를 볼 때는… 저는 심지어 그들이 영어를 말할 수 있는지조차 솔직히 알지 못합니다. 머리가 두 개일 수도 있다는 거죠. … 그들의 성취는 엄청난 것처럼 보일 수도 있지만… 저는 학점이 4.0인데 자기 앞가림도 못하는 친구들을 알고 있습니다. 저는 제 대신 [고객들 앞에서] 프레젠테이션을 해줄 사람이 필요합니다.

게다가 평가자들은 지원자들이 자신의 성취를 이력서에 기재할 때 이를 종종 과장한다는 사실을 잘 알고 있다. 투자은행가인 브랜든은 이렇게 말했다. "이력서는 지원자의 경험을 매우 좋게 보이도록 도와줍니다. 아시겠지만 당신은 그들이 암을 극복했다거나 회사에서 온갖 승진을 다 따냈다는 이야기들을 읽게 됩니다. 하지만 그 사람과 직접 대화해 보면 이야기가 다릅니다. 세부사항을 물어보면 그들은 대답을 못하죠." 따라서 평가자들은 서로 얼굴을 마주보고 하는 인터뷰의 사회적 상호작용에 믿음을 쏟아붓는다. 미아라는 이름의 변호사는 내가 평가자들에게 제시한 모의 후보자 이력서의 강점과 약점을 평가했다. 그녀는 자신이 내린 선택에 확신을 가지려면 그들을 직접 만나야 한다는 결론을 내렸다.

모든 사람이 정말 자격이 있어요. 모두 대단한 성적을 받았고 훌륭한 교육을 받았고요. 이들 모두가 리더십이 요구되는 직책을 경험했고, 비교과 활동도 했고, 다양한 취미가 있습니다. 저는 이들 중 한 사람이 다른 사람들보다 그렇게 많이 뛰어나다는 생각이 들지 않습니다. 그러면 이건 정말 인터뷰가 관건이 됩니다. 한 사람을 그다음 사람보다 더 뛰어나게 만드는 것이 무엇인가 하는 문제에 있어서 말이죠. 저는 [이력서 순위에서] 블레이크를 맨 뒤에 놓았지만, 모두를 인터뷰하고 나면 그가 첫 번째 순위가 될 수도 있습니다.

소피가 홀트의 면접관들에게 강조했듯이 이력서에 적힌 경험들, 특히 같은 모교 출신이거나 여가활동을 위한 취미가 같을 경우 등은 인터뷰 중에 더 좋은 분위기를 이끌 수 있는 발판으로 활용되었다. 이런 대화 내용들은 특정한 후보자에게 평가자들이 가지는 기대나 감정적인 대응의 원인이 되기도 했다. 하지만 궁극적으로 채용과정에서 인터뷰를 통해 받은 인상이야말로 지원자들의 이력서보다 채용 의사결정을 하는 데 더 중요한 동인으로 작용했다.

내 연구에 등장하는 모든 고용주들은 채용과정에서 인터뷰가 결정적인 단계라고 생각했다. 그렇다면 회사는 지원자들의 능력을 제대로 발견하기 위해 어떤 준비를 해 왔을까? 아래에서 설명하겠지만, 특히 그들이 채용에 투자하는 막대한 양의 시간과 돈, 회사의 주체로서 직원들의 중요성을 강조하는 것을 감안할 때, 회사는 놀라울 정도로 한 일이 거의 없다는 것이 그 대답이다.

인터뷰 훈련: 면접관 교육

채용의 사회적 설명에서는, 인터뷰 기술과 채용의 법률적 측면에 대한 깊이 있는 지식을 갖춘 전문적인 HR 직원들에 의해 인터뷰 평가를 포함한 채용 의사결정이 이루어지는 것으로 종종 묘사된다. 하지만 내가 연구한 회사들에서 인터뷰는 수익부서의 풀타임 전문직들에 의해 거의 독점적으로 시행되었다. 인터뷰는 그들에게 부수적인 업무였고 그들은 종종 의무감이나 인터뷰를 진행해야 하는 HR 직원들에 대한 동정심이나 선의로 참여했다. 그들에게는 이 새로운 직원들과 함께 일하거나 어울리게 될 수도 있기 때문에 개인적으로 누구를 채용하는지와 관련해 확정된 이해관계가 있었다. 따라서 인터뷰를 수행하는 사람에게는 조직을 위해 채용할 것인지 자신을 위해 채용할 것인지 사이에 내재된 중요한 갈등이 가로놓여 있었다. 다음 장에서 제시하겠지만, 이런 경우 후자가 자주 이겼다.

— 회사 유형에 따른 면접관 교육의 차이

면접관들이 받는 공식적인 교육과 지침의 수준은 업무와 관련이 있는 구조화된 테스트들이 어느 정도로 인터뷰 속에 통합되었는지에 따라 다양했다. 인터뷰 형태가 순수하게 대화형인 로펌에서는 직무 후보자를 인터뷰하는 일이 특별한 교육 없이 어떤 직원이든 능숙하게 할 수 있는 과제로 보였다. 투자은행은 최소한의 지침만을 제공하는 경향이 있었다. 대부분의 투자은행들은 법적으로 중요한 유의 사항과 면접관들에게 인터뷰 중에 전화를 받지 말 것 등의 기본적인 예의를 상기시키는 내용을 담은 요약자료나 팸플릿을 면접관들에게 제공했다. 반면, 홀트와 같은 컨설팅 회사에서는 대개 준비과정이 좀 더 광범위했다. 회사 유형별로 인터뷰에 대한 교육 방식은 아래와 같다.

컨설팅 회사

일반적으로 컨설팅 회사들은 직원들에게 캠퍼스로 후보자를 인터뷰하러 가기 전에, 이 장의 시작 부분에 묘사된 일종의 케이스 인터뷰 교육에 한 번 참석할 것을 요구한다. 그 이유는 컨설팅 일자리를 위한 인터뷰에 후보자들이 업무에서 직면할 수 있는 것과 유사한 비즈니스 문제(즉, 소피가 교육 세션의 마지막에 면접관들에게 짝을 지어 역할극을 하도록 만들었던 '기술적인 케이스')를 어떻게 해결할 것인지 자세히 이야기하도록 요청하는 특화된 테스트가 포함되기 때문이다. 일부 컨설팅 회사에서는 면접관들에게 그들이 제시할 표준화된 케이스 질문을 제공해 주는 반면, 다른 회사들은 면접관들이 개인적 경험이나 상상력에 의존해 자기 나름대로 질문을 만들어 내는 것을 허용했다. 하지만 케이스 질문이 표준화된 것이건 아니건 인터뷰 속에 그 문제를 배치하는 것은 특별한 기술(일부 컨설턴트는 케이스 인터뷰를 '언어'라고 불렀다)로서 성공적으로 시행하는 데는 연습이 필요하다고 보았다. 비록 전문직들은 자신의 일자리를 찾는 과정에서 그 언어를 마스터했지만, 성공적인 케이스의 '제시'는 성공적인 '대응'에 관련된 기술과는 다른 기술을 요구하는 것으로 간주되었다. 컨설턴트인 러셀은 이렇게 말했다. "후보자의 어떤 태도가 더 적절한지는 우리 모두 알고 있지만 케이스를 제시하는 것은 또 다른 문제입니다." 면접관과 HR 직원들 모두 케이스 질문을 잘 시행하려면 연습이 필요하다고 믿었다. 매끄러운 전달이 중요했다. 이 일은 후보자들에게 '브랜드'에 대한 긍정적인 '인식'을 촉진하고, 회사에 대해 좋은 감정을 가지게 만드는 일로 인식되었다.

많은 지원자들의 숫자를 생각할 때(지원자들을 인터뷰하는 일이 연말 보너스에 반영될 수 있는 영예라고 여겨진다는 사실에 더해), 이들 교육 세션은 연간 최소한 한 번은 실시되었다. 일반적으로 평가자들은 경력기간 중 인터뷰 교육에 한 번만 참석했다. 하지만 이런 교육은 대개 지원자의 반응을 체계적으로 평가하거나, 다른 자질이나 평가기준과의 관계에 있어 그 반응들에 어떻게 가중치를 부여할 것인지보다는 인터뷰를 매끄럽고 논리 정연하게 진행하는 방법에 초점을 맞추었다.

투자은행

투자은행들은 좀 더 불간섭주의적인 접근방식을 취하는 경향이 있었다. 일반적으로 캠퍼스 채용팀에는 공식적으로 회사의 채용 우선순위와 미션을 프레젠테이션했다. 하지만 대개 참석하는 것은 선택이었다. 이 과정들은 1년에 1회 혹은 그보다 더 적게 시행되었으며, 무슨 질문을 하고 대답을 어떻게 평가할 것인지 하는 구체적인 논의는 포함되지 않았다. 게다가 투자은행 내부의 보상 구조 때문에 인터뷰 교육의 실행은 더 복잡해졌다. 컨설팅 회사나 로펌에서는 수익부서의 전문직들에게 캠퍼스 채용 참여에 대한 보상이 연말 보너스에 포함될 것으로 기대되는 브랜드 구축 훈련이었지만, 투자은행에서는 그렇지 않았다. 오히려 지원자 인터뷰를 '시간 낭비'이자 개인적인 성과에 부담으로 작용하는 일로 보았다. 인터뷰는 부차적인 일이었고, 업무량이나 고객의 요구가 증가하는 상황이 닥치면 가장 먼저 제거해야 할 의무였다. 한 투자은행의 채용 부문 책임자인 켈리는 일정이 잡힌 인터뷰 전날에 회사 복도를 돌아다니면서 직원들에게 캠퍼스로 가 달라고 '사정하는' 일이 빈번했노라고 말했다. 그녀는 종종 캠퍼스 방문에 동의한 직원들에게 반대급부로 그들의 친구나 가족의 이력서를 검토해 주는 등 서로 부탁을 교환했다. 그녀는 비꼬듯이 이렇게 말했다. "그들은 종종 인터뷰를 하는 것이 제 부탁을 들어주는 거라고 저에게 상기시킵니다. … 제가 그들에게 인재를 데려다준다는 사실은 신경 쓰지도 않죠. 그들은 이 일을 그런 식으로 보지 않습니다. … 따라서 '당신이 나를 도와주면 나도 당신을 도와주겠다'는 식인 경우가 많습니다." 이런 종류의 조직 문화에서 교육이 물 건너가는 경우가 빈번하다는 사실은 놀라운 일은 아니다. 켈리는 이렇게 보고했다.

> 제가 할 수 있는 일은 그들에게 요약 자료를 주고 그들이 읽어 주기를 바라는 것이 전부입니다. 그들은 자기가 하는 일은 자기가 안다고 하면서 승인을 위한 확인도 받지 않습니다. 많은 경우 그들이 그곳에 가게 되는 이유는 그날 거래가 없거나 갈 수 있는 사람이기 때문입니다.

채용 매니저 스테파니는 자신이 속한 투자은행에서 교육은 주로 인터뷰 팸플릿을 배부하는 일로 구성되며, 그 내용은 켈리의 회사에서 사용하는 팸플릿과 마찬가지로 주로 채용의 법률적 측면을 다룬다.

> 이 팸플릿은 인터뷰와 관련된 모든 법적 이슈를 포함하고 있습니다. 우리가 할 수 있는 질문과 할 수 없는 질문들, 즉 나이나, 결혼 여부, 출신지역 등 모든 것을 다루죠. 따라서 우리가 찾고자 하는 것이 무엇이며, 어떻게 행동해야 하는지 알려 주는 [파워포인트] 슬라이드도 있습니다. 무례한 행동이니까 인터뷰 중에는 스마트폰을 꺼내거나 전화를 받지 말라는 것부터 어떤 것이든 말이죠. 그리고 그런 단순한 내용들이 적어도 이들 중 일부에게는 전달돼야 합니다. … 저는 그들이 그 팸플릿을 읽기 바라요.

투자은행에서 교육 자료를 제공할 경우 컨설팅 회사에서 쓰는 자료들과 대동소이했다. 이 자료를 통해 회사에서는 면접관들에게 후보자의 분석 능력, 소통 기술, 적합성, 추진력을 평가하라고 지시했다. 하지만 컨설팅 회사와 달리 투자은행들은 분석 능력에 대한 테스트는 면접관의 재량에 맡겼다. 평가자들에게는 대개 좋아하는 질문들이 있었다. 여기에는 학생들에게 현재의 경제 문제에 대해 어떻게 생각하는지를 설명해 보라고 하는 경우부터 특정한 유형의 금융 계산을 해보라고 요구하는 경우까지 다양한 질문들이 포함되었다. 투자은행 직원들의 관점에서 그들이 시간과 노력을 할애할 수 있는 교육은 요약 자료나 팸플릿을 제공하는 정도를 넘어서지 않는 것이었다. 투자은행가인 데이비드는 이 상황을 이렇게 요약했다.

데이비드 . 인터뷰 교육이라곤 [제가 와튼 학생들을 인터뷰할 장소인] 필라델피아로 내려가는 기차에서 읽으라고 준 봉투 하나가 전부였습니다. … 사람들이 여기에 전념하도록 만들기가 어렵습니다.

로런 . 교육 때문에 손해 보는 게 뭔가요?

데이비드 . (그는 얼굴을 찌푸렸다.) 글쎄요. 업무? 내 일? 언제나 상당히 과중한 업무량 때문에 오후를 빼는 것만 해도 정말 어려운 일입니다.

로펌

마지막으로, 후보자를 인터뷰하는 데 따르는 법률적 이슈들을 감안한다면 놀라운 일이겠지만, 로펌들은 대개 면접관 교육에 있어 가장 뒤처져 있었다. 내 연구에 참여한 회사 중 대부분은 공식적으로 면접관 교육을 실시하지 않았다. 면접관 교육을 하는 소수의 회사들도 몇 년에 한 번 꼴로 실시했다. 앞에서 지적했듯이, 교육을 제공하지 않는 로펌들의 경향에 영향을 미친 것은 인터뷰의 구조일 수도 있다. 로펌의 면접관들에게는 지원자들에게 기술적인 질문을 해야 한다는 기대를 하지 않았다. 로펌의 전문직들은 비록 HR 직원들은 동의하지 않는다 해도 인터뷰를 '상식'이 관여하는, '그저 대화'이며 공식적인 교육이 필요하지 않다고 생각했다. 채용 매니저인 브랜트는 회사 차원에서 교육이 부족하다는 사실을 아쉬워했다.

우리는 그런 회사가 아니지만, 이상적인 회사라면 아마도 인터뷰를 맡은 직원들에게 인터뷰 교육 같은 걸 할 겁니다. 어쨌든 그런 일은 결코 일어나지 않죠. 그들이 거부하니까요. 변호사들은 "난 인터뷰를 10년 동안 해왔어. 인터뷰 방법에 대한 안내 따윈 필요 없어."라고 말하곤 합니다. 저는 우리가 회사에 대해 홍보하고 싶은 것, 우리 회사가 멋진 이유에 대해 사람들이 똑같은 메시지를 전달받을 수 있도록, 인터뷰 과정 중에 회사를 어떻게 홍보할 것인지 무릎을 맞대고 토론할 기회를 가지고 싶습니다. 역시나 모든 면접관이 한 방에 함께 앉는 일은 결코 일어나지 않을 것입니다. 실제로 시도해 본 적도 있지요. 우리는 일종의 인터뷰 교육을 위해 컨설턴트를 고용한 적이 있습니다. 그런데 일정 중에 그 교육이 가까워지자 아마 교육이 있기 하루나 이틀 전쯤에 [변호사들은] "이건 또 뭐지?"와 같은 반응을 보였죠. 교육은 결국 취소되었죠. 사람들이 "난 이런 거 필요 없어. 안 갈 거야." 같은 반응을 보였으니까요.

투자은행에서 그런 것처럼 변호사들은 종종 캠퍼스로 가는 길에 기차나 비행기에서 읽으라는 채용 매뉴얼이나 봉투를 받았지만, 시간을 들여 그 자료를 읽어 보는 면접관들은 드물었다. 자신이 받은 교육을 설명하면서 미아는 이렇게 말했다.

그들이 봉투를 나눠 주면 전 웃는 경우가 많죠. 하지만 전에 인터뷰를 해본 적이 없는 사람들에게는 아마도 도움이 될 거라고 생각해요. … 일종의 인터뷰 중에 해야 할 일과 하지 말아야 할 일에 대한 내용이니까요. 하지만 여름 어소시에이트 자리를 위한 인터뷰는 정말로 격식이 없는 자리예요. … 이건 어느 정도는 '내가 어떻게 하면 당신을 알 수 있을까' 같은 성격의 인터뷰니까요.

과학이 아닌 예술

대부분의 면접관들은 자질 평가에 대한 구체적이고 일관된 척도가 없다는 사실을 걱정하지 않았다. 연구 응답자들은 종종 지원자 평가를 '과학이 아닌 예술'이라고 묘사했다. 사실 회사들은 의도적으로 능력은 주관적으로 가장 잘 평가된다는 원칙을 중심에 두고 평가를 구조화했다. 로펌 채용 매니저인 로지는 자신의 회사에서 평가를 열린 상태로 유지하는 이유를 설명하면서 이렇게 말했다. "우리 변호사들은 자기 고유의 스타일을 인터뷰에 적용합니다. … 우리는 그들의 직감을 믿습니다." 평가자와 HR 직원들 중에는 지원자의 자질은 주관적으로 평가할 때 가장 잘 평가할 수 있다는 단호한 입장을 보이는 경우가 많았다. 그들은 표준화된 평가 접근방식이 '흙 속의 다이아몬드', 즉 결국 그다지 중요하지 않은 이유로 획일적인 메트릭스의 문턱을 넘지 못하는 훌륭한 후보를 놓치는 길로 이어질 수도 있다는 이유로 이를 거부한다. 투자은행가인 아리엘은 이렇게 주장했다. "저는 훌륭한 사람들을 추려 낼 수 있다고 생각합니다. 서류에 적힌 내용 때문에 누군가를 꺼려서는 안 됩니다. 제가 인터뷰한 사람들 중에는 완벽하게 커리어를 바꾸려는 사람이어서 경험은 없었지만 좋은 직감이 들었던 사람들이 많이 있었습니다."

연구 응답자 중 면접관 교육이 완벽하지 않다고 지적한 사람들이 많았음에도 불구하고, 평가자 중 반이 넘는 사람들이 회사가 전반적인 채용과정에서 인재 선별을 탁월하게 하고 있다고 믿었다. 투자은행가인 빌이 이렇게 보충설명했다.

> 이 회사들은 상당히 오랜 기간 이 일을 해 오고 있습니다. 따라서 저는 그들이 효과적인 과정을 파악하는 데 많은 시간과 자원을 배정했을 거라고 생각합니다. … 저는 이런 조직들이… 너무 성공적이기 때문에 그들에게

효과적으로 작동하는 과정을 보유하고 있을 거라고 생각합니다. 왜냐하면 그 과정이 잘 적용되도록 만드는 데 그들의 이해가 달려 있으니까요.

하지만 이처럼 직감에 의존한 주관적인 능력 평가방식에 반대하는 사람도 일부 있었다. 로펌 출신 평가자들(인터뷰 교육을 거의 받지 않고, 인터뷰가 거의 조직화되지 않았던)이 가장 회의적이었다. 예를 들어, 폴이라는 변호사는 회사에서 개별 평가자들에게 부여하는 재량권에 대해 어리둥절해 했다.

회사에는 [후보자들을 평가하는 방법에 대한] 어떤 공식적인 지침이 없습니다. 우리가 받은 종이에는 네 개의 넓은 범주가 있지만, 솔직히 말해서 그 범주들은 극단적으로 모호합니다. … 저는 그 범주들의 폭과 엉성한 관리 감독에 놀랐습니다. 거기에는 기본적으로 학업 능력, 비교과 활동, 개성, 적합성이라는 네 가지 범주가 있습니다. … 네 개의 빈칸과 아래쪽에 '강력 추천', '추천', '비추천'이라는 세 개의 체크 표시가 있는 양식입니다. 지침은 없습니다. … 완전히 주관적이면서 일종의 무작위죠. 그냥 그날 당신이 그 사람에 대해 어떻게 느꼈는지에 달려 있습니다.

로펌 파트너인 에이단은 채용 절차를 '터무니없다'고 하면서 다음과 같이 지적했다.

우리는 지원자와 20분 동안 이야기합니다. 어떤 전문적인 질문도 하지 않습니다. 그리고 그를 [졸업 시점부터] 2년간 16만 달러에 고용합니다. … 정해진 질문은 대개 없습니다. 후보자를 평가하는 방법은 면접관에게 달려 있습니다. … 하지만 [로스쿨] 학생들은 아무것도 모르기 때문에 법 관련 기술이나 지식을 테스트하기는 어렵습니다. 이게 다입니다. 아무것도 모르는 지원자에게 16만 달러를 주는 거죠!

회사에서 능력이 무엇이며, 어떻게 평가해야 하는지 지침을 거의 주지 않기 때문에 인재를 알아보는 것은 대부분 각 면접관의 판단에 달려 있었다. 나는 다음 장에서 면접관들이 이 상황을 어떻게 다루는지를 탐색할 예정이다. 하지만 홀트의 캠퍼스 채용과정에 대한 참여자 관찰에 의존해 나는 이스트모어 학생들에게 중대한 이해관계가 달린 만남이 일어나는 상황을 기술하고자 한다. 그리고 1차 인터뷰로 이어지는 무대 뒤 준비 작업을 살펴볼 예정이다.

캠퍼스 인터뷰

캠퍼스 인터뷰는 자원 집약적인 행사다. 각 회사는 주어진 캠퍼스에서 며칠 동안 수십 명에서 때로는 수백 명에 이르는 후보자들을 인터뷰한다. 회사들이 시행하는 인터뷰는 두 단계로 구성된다. 각 단계마다 지원자들은 대개 두 명의 면접관과 인터뷰를 한다. 인터뷰는 약 30분에서 45분간 실시된다. 이력서 심사를 통과한 모든 지원자들은 1차 인터뷰에 초대를 받는다. 1차 인터뷰 면접관에게 긍정적인 평가를 받고, 면접관들이 어떤 후보자를 다시 부르거나 탈락시킬지 논의하는 그룹 토론(9장에서 이 회의들을 분석한다)에서 승인을 받은 사람들만 최종 인터뷰에 초대를 받는다. 회사들은 종종 수익부서의 전문직 10여 명을 캠퍼스로 보내 1차 및 최종 인터뷰를 하게 하려고 수익 업무에서 그들을 제외한다. 정해진 캠퍼스에서 1차와 최종 인터뷰 사이의 경과 시간은 종종 1주나 2주 정도밖에 되지 않는다.

— 장소 준비하기

이스트모어에서는 매년 두 차례 홀트의 캠퍼스 인터뷰가 실시되었다. 한 번은 풀타임 채용을 위해 가을에, 다른 한 번은 여름 채용을 위해 겨울에 열렸다. 나는 두 차례 모두를 관찰했다. 각 인터뷰 시즌 동안 홀트는 이스트모어 학생들을 인터뷰하려고 워릭(Warwick)이라는 역사적인 호텔 2층의 반을 약 일주일간 빌렸다. 이 기간 동안 홀트는 이스트모어 학생들을 대상으로 1차와 2차(최종) 인터뷰를 모두 실시했다. 1차 인터뷰는 월요일과 화요일에 실시했고, 2차 인터뷰의 초대장은 화요일 밤에 발송되었다. 수요일은 학생들과 면접관들이 휴식하는 날이었다. HR 직원들은 수요일을 목요일과 금요일의 최종 인터뷰 일정을 잡는 데 썼다. 오퍼와 불합격 이메일은 금요일 저녁에 발송되었다.

홀트는 다른 핵심 학교와 관심 학교에 대해서도 유사한 노력을 기울였지만, 인터뷰와 오퍼 자리의 많은 비중이 이스트모어에 배정되었기 때문에 그 스케일은 종종 더 적었다. 워릭은 인터뷰 목적으로 인기 있는 장소였다. 대부분의 투자은행, 컨설팅 회사, 로펌이 이곳에서 이스트모어 학생들을 인터뷰했다. 내가 관찰한 시즌 동안 홀트가 빌린 층은 가장 큰 경쟁자들 사이에 샌드위치처럼 끼여 있었다. 내가 면접관들이 인터뷰하는 방의 문을 열었을 때, 그 방이 꼭대기 층이 아닌 걸로 봐서 홀트의 위상이 떨어지고 있는 게 분명하다고 농담한 면접관도 몇 명 있었다.

일렬로 늘어선 번지르르한 금색 엘리베이터에서 홀트의 층에 내리면, 인터뷰 대상자들은 벽지에 여러 장의 전단이 붙어 있는 복도를 따라서 스위트룸의 거실로 향했다. 이곳이 일주일 동안 홀트의 회사 로비로 탈바꿈한 '스위트룸 대기실'이었다. 스위트룸의 입구 옆에는 흰색 린넨 테이블보가 덮인 테이블 앞에 두 명의 HR 직원이 앉아서, 들어오고 나가는 이스트모어 학생들을 맞이했으며(이들은 모두 정장을 입고 있었고, 대부분 거기에 어울리는 검정색 가죽 패드폴리오를 가지고 있었다), 인쇄된 등록 명부에서 각 방문자의 이름을 지웠다. 학생들은 홀트에서 펼쳐질 진로를 담은 브로슈어와 광택 나는 감색 폴더와 함께 1차 인터뷰 면접관 두 사람의 신상이 적힌 카드가 들어 있는 개인별 인터뷰 팩을 받았다. 등록 절차가 끝나면, 후보자들은 '스위트룸 대기실'에서 편안히 기다리라는 지시를 받는다. 여기가 면접관들이 와서 인터뷰 대상자들을 데리고 가고, 인터뷰가 끝나면 그들이 돌아오는 곳이었다.

인터뷰 첫날 하루는 일찍 시작되었다. 나는 인터뷰 시작 시간인 오전 9시에 맞춰서 준비를 하기 위해 7시에 워릭에 도착했다. 아만다와 HR부서 인턴인 아이린은 후보자들에게 줄 자료 봉투의 내용물과 알파벳 순서로 잘 정리돼 있는지 확인하느라 이미 바쁘게 움직이고 있었다. 내가 다가가자 아만다는 내게 이미 인쇄된 플라스틱 이름표를 건넸다. 나는 이름표를 올리브 브라운 색깔의 오래된 치마 정장 옷깃에 핀으로 달았다(나는 그 옷을 내 자신이 캠퍼스 인터뷰 대상자였던 6년 전에 마지막으로 입었다). 봉투를 정리하는 작업에 합류했을 때 아만다가 성이 알파벳의 뒤쪽 반에 해당하는 후보자들을 위한 면접관 신상 카드가 없다는 사실을 발견했다.

"뭐하는 거야, 아이린?" 아만다가 팩하고 성질을 냈다. "이렇게 단순한 일 하나를 맡겼는데 그걸 제대로 못하다니!" 아이린이 불평 섞인 소리로 사과했다. "어젯밤에 이 일을 끝내느라고 엄청 늦게까지 잠도 못 잤다고요! 너무 피곤해요." 아만다가 화가 난다는 듯 눈알을 굴리더니 나에게 투덜거렸다. "아이린이 한 가지라도 제대로 할 거라고 믿을 수가 있어야지." 우리 셋은 미친 듯이 인터뷰 봉투와 신상 카드를 맞추기 시작했다.

잭은 7시 45분쯤 손에 스타벅스 커피를 들고 가벼운 걸음으로 복도로 들어오더니 나를 옆쪽으로 불렀다. "로런, 아래층에 좀 와 줘야겠는데요." 그는 단호하게 말했다. 우리가 모퉁이를 돌아서 말소리가 들릴 수 없는 곳에 이르자 그는 웃음을 터뜨렸다. "당신을 구해 주는 겁니다. 저 일은 단순 노동자나 할 일이니까요. 뭐 좀 먹으러 갑시다. 배고파요." 그는 내 정장을 아래위로 훑어보았지만 아무런 말도 하지 않았다.

우리는 엘리베이터를 타고 홀트가 그 주 동안 빌린 대연회장이 있는 층으로 내려가 그곳에 차려진 정식 아침식사 뷔페로 향했다. 뷔페 옆 테이블에는 라벨이 붙은 채 면접관의 이름 순서대로 알파벳으로 정리된 폴더들이 놓여 있었다. 각 폴더 안에는 이름이 적힌 면접관의 그날 일정과 배정된 지원자들의 이력서 복사본이 들어 있었다. 나는 이 폴더들은 위층에 있는 후보자 봉투들과 달리 올바르게 정리돼 있기를 바랐다.

우리가 주말에 대한 이야기로 수다를 떨면서 뷔페 테이블을 옮겨 다니는 동안, 잭은 접시에 스크램블드에그와 과일을 높이 쌓았다. 우리가 마지막 접시를 향해 가고 있을 때, 잭은 위층에서 발생한 긴급 상황으로 불려 올라갔다. (아만다는 아이린이 한 일에서 더 많은 실수를 발견했고, 오늘 아침에 여기 오기로 일정이 잡힌 채용 인턴 릴라는 코빼기도 보이지 않았다.) 나는 그 방의 중앙에 아무도 앉지 않은 둥근 연회용 테이블에 앉아서 테이블에 세팅된 부채 모양으로 접힌 린넨 냅킨을 펼치고 에그 베네딕트를 조금씩 먹었다. 나는 어색하게 보이는 것을 피하려고 정장 주머니에서 노트를 꺼내 현장의 느낌을 끄적거렸다.

마침내 둘 다 30대 중반으로 보이는 백인 남성과 아시아계 여성 두 면접관이 테이블의 다른 쪽에 앉았다. 아무도 내 존재를 아는 척하지 않았다. 그들은 여행 계획과 최근 고객 업무에 대해 잡담을 나누었다. 잠시의 침묵 후, 깃 끝에 단추를 채운 버튼다운식 셔츠를 입고 짙은 회색 바지를 입은 남성이 자신의 인터뷰 봉투를 열어 보았다. 그의 식사 파트너는 약하게 영국식 악센트가 있는 목소리로 농담을 했다. "저는 [이력서를] 볼 필요도 없어요. 얼굴만 봐도 알 수 있으니까요!" 그도 농담을 했다. "그저 두개골 크기를 재 봐야 해요." 그들은 날씨와 그들 둘 다 알고 있는 사람들을 들먹이며 계속 대화를 나누었다. 약 10분이 지난 후, 여성 면접관이 한숨을 내쉬었다. "아마도 이걸 한 번 봐야 할 것 같아요."라고 말하고는 관심을 그 쪽으로 돌렸다.

잠이 덜 깬 듯해 보이는 면접관 중 일부는 아직도 머리가 젖은 상태로 연회장 안을 돌아다녔다. 8시 15분쯤에 금방 젤을 바른 머리를 한 키가 큰 남성이 망설이며 나에게 다가왔다. 그는 내 이름표를 내려다보고 영국 악센트로 정중하게 말했다. "실례합니다, 로런. 아침 식사를 방해하려는 건 아닙니다만, 제 일정은 있는데 [폴더 안에] 이력서들이 없네요. 인터뷰가 금방 시작되는데 말이죠." 먹고 있던 잉글리시 머핀이 목에 걸릴 뻔 했다. "정말 죄송합니다." 나는 침착하지만 황급함이 전달되도록 노력하면서 대답했다. "성함이 어떻게 되시죠?" "나이겔 헤리스입니다. 런던 사무소요." "좋아요, 나이겔. 제가 확실히 가져다드릴게요." 나는 뷔페 테이블에서 샘을 찾아서 그 사실을 알렸다. "이런 젠장." 그가 들고 있던 은색 서빙 포크를 떨어뜨리면서 중얼거렸다. 그가 욕하는 것을 들은 건 처음이었다. 샘은 한달음에 그 방을 떠났다.

내가 HR부서에 대한 오명을 처음으로 접한 것은 워릭에서 보낸 인터뷰 주간 중이었다. 채용 관련 사회학 연구의 바탕에 깔린 공통된 가정은 HR 관리자들이 회사 내에서 후보자들을 인터뷰하고 채용 의사결정을 내리는 개인들이라는 것이다. 학자들은 이런 가정을 활용해 채용 의사결정이 어떻게 내려지는지 예측하고 설명했다. 하지만 홀트를 비롯한 여러 엘리트 회사에서 HR의 역할은 그런 것이 아니었다. 이들 회사에서 HR부서는 회사 내에서 지위나 신뢰성, 힘이 없었고, 채용에 의사결정을 내릴 권한도 거의 없었다. 우리 업무는 의사결정을 내리는 것이 아니라 후보자들을 향해 미소를 짓고, 채용의 첫 단계가 무난하게 진행되도록 만전을 기하고, 무대 뒤의 흐름이 잘 돌아가도록 하면서 문제를 잘 숨기는 일이었다. 우리는 부분적으로는 비서였고, 하녀였으며, 상담자였고, 회사 위계구조에서 우리 자리가 더 낮다는 사실을 정기적으로 상기시켜 준 면접관들을 위한 샌드백이었다. 아마도 엘리트 회사에서 HR부서에 붙은 이런 오명을 가장 잘 요약해서 말해 준 사람은 투자은행의 채용 매니저인 캘리였던 것 같다.

저는 이 회사에서 돈을 벌지 않는 부서에서 일한다면 보상을 적게 받는다는 사실을 배웠습니다. 당신은 매일 당신 몫을 벌어들이는 사람이 아닌 거죠. 당신은 다른 사람들이 생산하는 걸 낭비하고 있는 겁니다. 다시 말하면, 당신이 사실상 새로운 인재들을 그들에게 데려온다고 해도 말이죠. 하지만 그들은 이 일을 그렇게 보지 않습니다. 당신은 답답한 짐 덩어리일 뿐입니다.

— 인터뷰 대상자 준비시키기

나는 스위트룸 대기실로 향했다. 후보자들은 스위트룸 문 앞의 복도에 줄을 서기 시작했다. 그들은 최고의 미소를 지으면서 옆 사람과 담소를 나누고 있었다. 나는 그들 사이를 비집고 스위트룸으로 들어갔다.

대기실 안에는 더 많은 좌석을 마련하려고 호텔 내의 다른 곳에서 스위트룸으로 옮겨온 온갖 종류의 짝이 맞지 않는 2인용 소파와 등받이가 뒤로 넘어가는 리클라이너에 후보자들이 앉아 있었다. 학생들은 초조하게 면접관들의 인적 사항을 읽고 또 읽으면서 서로 혹은 그 방에 배치된 HR 직원과 담소를 나누고 있었다. (커피, 뜨거운 물, 티백, 갓 짜낸 주스를 포함한) 온갖 종류의 음료수와 간식이 이 도시의 파노라마 전경이 보이는 거대한 액자형 창문 앞 탁자에 놓여 있었다. 스위트룸 대기실에서 일하면서 배운 사실이지만, 나비넥타이를 맨 호텔 직원은 매 시간 음식을 다시 채웠고, 2시간마다 완전히 교체했다. 아침에는 페이스트리와 신선한 과일, 점심에는 얇게 자른 햄과 빵, 오후에는 치즈 플레이트가 나왔으며, 커피 주전자는 끊임없이 채워졌다. 그러나 뷔페에서 무엇인가를 먹는 학생들은 거의 없었다.

컨설턴트들은 인터뷰 준비가 완료되면 스위트룸 대기실에 들러 후보자들을 부르고 커피나 간단히 간식을 챙겼다. 그런 다음 그 컨설턴트에게 배정된 인터뷰 방으로 가곤 했다. 후보자와 면접관이 지정된 방으로 걸어가면서 인터뷰는 시작되었다. 나는 문을 열어 주고, 화장실 휴지와 수건을 다시 채우고, 화장실 배관 청소 도구를 찾는 등 내 일을 하러 가면서, "비행기 여행은 어땠어요?" "언제 왔죠?" "오늘 날씨가 참 좋군요. 그렇죠?"라고 묻는, 대답이 뻔할 수밖에 없는 대화들을 우연히 듣기도 했다.

일단 방안에 들어가면 먼저 화장실을 지나고, 그런 다음 침대와 티크 색상의 투자은행가용 책상 사이를 빠져나가, 방 뒤쪽에 있는 등판이 높고 겉을 벨벳으로 감쌌으며 속이 빵빵하게 차 있는 서로 짝을 맞춘 한 쌍의 안락의자로 향했다. 당혹스럽게도 왕좌를 닮은 그 의자들은 꽃병에 꽂힌 생화나 병에 든 온갖 종류의 미니바 캔디로 꾸민 작은 나무 테이블을 사이에 두고 놓여 있었다. 일단 면접관과 후보자가 자리를 잡으면 인터뷰가 공식적으로 시작되었다.

6

인터뷰 1막

당신도 스쿠버 다이빙을 좋아하는군요!

나는 시간을 함께 보내고 싶을 만한 사람들을 찾습니다.
공정하지는 않지만 어쩔 수 없는 일이죠.

– 브랜든, 투자은행가

인터뷰 방에서 평가는 면접관의 손에 달려 있다. 취업 인터뷰는 특별한 유형의 사회적 의례다. 인터뷰에는 대개 면접관과 후보자가 따라야 하는 각본이 있다. 산업에 따라 인용해야 하는 적절한 대사는 다양하지만 말이다. 내가 연구한 회사들에서 인터뷰 각본은 다음의 4막으로 구성되었다. 어색함을 깨기 위한 가벼운 담소, 자서전체의 서사, 기술적 테스트, 질의응답 시간이다. 이 장에서는 첫 번째 막에 대해 탐색할 것이다.

회사와 잘 맞고, 명석하며, 의욕이 높고, 사회적인 능력이 있는 젊은이와 같이 회사가 기대하는 지원자의 유형을 그들이 알고 있다고 해도, 그런 자질을 해석하고 측정하는 방법을 창안하는 것은 각 평가자에게 달려 있었다. 체계적 지침이 없는 상태에서 면접관들은 능력을 구성하는 요인과 능력을 가장 잘 알아볼 수 있는 방법을 자기 나름의 믿음에 의존했다. 아래에서 설명하겠지만(그리고 다음 몇 개의 장에서 계속해서 탐색하겠지만), 가치에 대한 이런 개념은 면접관들 자신의 성장과정, 삶의 궤적, 정체성에서 비롯되었으며, 이런 것들을 인증하는 개념이었다.

1막: 어색한 분위기를 깨고 적합성 찾기

인터뷰 과정에 대해 평가자들에게 질문했을 때, 그들은 인터뷰가 인위적인 사회적 상호작용이라는 사실을 선뜻 인정했다. 잠재적 불편함을 줄이기 위해, 그들은 즉시 '어색한 분위기를 깨고', 편안한 잡담에 인터뷰 대상자를 끌어들이려 노력했다.

의사의 진료실이건 인터뷰를 위한 방이건 이사회 회의실이건 상관없이, 어색함을 깨는 일에는 눈앞의 비즈니스와 직접 관련이 없는 주제에 대한 사교적인 대화가 동반된다. 내가 대화를 나눈 평가자들은 종종 후보자들에게 여가 시간에 하고 싶은 일을 질문하는 것으로 이 작업을 시작했다. 하지만 이 대화가 평가과정과 관계가 별로 없는 '가치 없는 대화'는 아니었다. 그 대화는 면접관이 문화적 적합성이라는 핵심 기준을 평가하는 기본 근거였다. 모든 세 유형의 엘리트 회사들에서 문화적 적합성은 인터뷰에서 후보자들을 평가하는 데 사용되는 가장 중요한 기준 세 가지 중 하나로 묘사되었다. 내 연구에서 절반이 넘는 평가자들이 적합성을 분석 기술과 세련미보다 더 높은 순위로 평가하면서 인터뷰 단계에서 '가장 중요한' 기준으로 정의했다. 로펌 파트너인 오마르는 "우리는 다른 무엇보다 문화적 양립 가능성을 찾고 있습니다. 잘 섞여 들어갈… 누군가를요." 회사에서 대개 면접관들에게 후보자의 적합성을 평가하라고 요청하기 때문에 (기술적 능력과 소통 기술과 함께) 심지어 컨설턴트인 프리야처럼 개인적으로 적합성을 중요시 여기지 않는 평가자들조차도 평가에서 종종 이 항목을 채택한다고 밝혔다. "나는 [적합성이 고려 대상이 되어야 한다고] 전혀 생각하지 않아요." 프리야는 나에게 이렇게 말했다. "이건 저에게는 매우 (그녀는 고개를 저었다) 미국인다운 생각처럼 보입니다. 하지만 [회사가] 원하니까 해야 하는 일이죠."

경영학자들은 후보자의 재능과 일자리에서 요구되는 재능 사이의 '적합성' 혹은 일치 여부를 근거로 한 채용의 혜택을 논의해 왔다. 게다가 많은 고용주들이 직원들에게 동기를 부여하기 위한 방법으로 조직문화를 활용한다. 강력하고 응집력이 있는 문화는 종종 조직의 생산성, 수익성, 창의성을 높이는 것으로 여겨졌다. 결과적으로 일부 학자들과 현장 실무자들은 직장에서의 적절한 행동을 상세히 기술하면서 모두가 공유하는 가치로 정의되는 조직 문화와, 지원자들의 안정적인 개인별 특성(예를 들어 외향적이냐 내성적이냐) 및 업무 가치(예를 들어 독립적인 일을 선호하는지 아니면 협업을 선호하는지) 사이의 적합성에 근거해 신규 직원을 선택하는 것을 옹호한다. 이들이 일치할 경우 직원 만족도, 성과, 근속연수를 높일 수 있다.

하지만 내 샘플에 포함된 평가자들은 적합성을 다른 방식으로 정의하고 평가했다. 면접관들은 업무 스타일이나 직무 기술보다, 즉 사무실 바깥에서 지원자가 어떻게 처신하기를 선호하는지를 의미하는 '플레이 스타일'의 적합성을 추구했다. 특히 그들은 (자신을 포함해) 회사 직원들이 추구하는 여가활동, 성장배경, 자기표현 스타일이 맞는 사람들을 찾았다.

게다가 그들은 적합성을 고객을 응대하는 전문직에서 요구되는 사회성 기술 및 소통 기술과는 별개의 것으로 보았다. 후자는 '세련미'(다음 장에서 더 길게 다루게 될)라고 알려진 다른 (그리고 역시 중요한) 평가기준의 측면들이었다. 적합성과 세련미 사이의 구분은 컨설턴트 유진이 내린 다음의 평가에서 분명하게 드러난다.

> 고객 앞에 그 사람을 세우고 싶을지[세련미의 주된 측면] 알고 싶어서 누군가를 판단할 때, 해당되는 질문은 그들이 전문가처럼 처신하는가입니다. … 우리는 신뢰할 수 있는 방식으로 말하고, 자기 의견을 정중하지만 설득력 있게 제시하는 사람이 필요합니다. … 하지만 적합성의 경우는 우리 팀에 그 사람을 포함시키고 싶은가의 문제입니다. … 우리는 편안하게 느끼도록 해주고, 함께 어울리기를 즐기며, 힘들 때도 냉정을 유지하면서 힘든 시간들을 일종의 재미로 만들어 주는 누군가를 원합니다.

가지고 있거나 없거나 둘 중 하나라는 식으로, 지원자가 가진 개성의 안정적인 특성으로 인식되는 적합성과는 달리, 많은 평가자들은 세련미가 가르쳐 주거나 '코칭'할 수 있는 대상이라고 믿고 있었다. 면접관들은 어색함을 깨는 단계 중 일부로 세련미를 타진해 보기도 하지만, 대개는 적합성에 더 많은 관심을 두었고, 후보자의 세련미 수준을 더 면밀히 검증하는 일은 인터뷰 2막, 즉 자서전적 서사 단계를 위해서 아껴 두었다.

평가자들에게 여가에 대한 관심, 배경, 플레이 스타일의 유사성이 중요한 이유는 이런 유형의 회사에서 업무가 가지는 시간집약적인 본질 때문이었다. 컨설턴트인 에드워드가 정확하게 표현했듯이 일은 놀이가 돼야 한다는 광범위한 인식이 있었고, 문화적 공통성이 있다면 재미가 촉진될 수 있었다. 그는 이렇게 주장했다. "[채용은] 운동장에서 같이 놀 수 있는 멤버를 고르는 일과 같습니다. … 제대로 고른다면 일은 놀이가 되고, 놀이는 팀 안에서 더 재미있어집니다. 그리고 당신과 비슷하게 생각하는 사람들이 있을 때 그 팀이 더 좋아지죠." 게다가 직원들이 정기적으로 사무실과 길에서 보내는 긴 시간을 생각할 때, 문화적으로 유사한 동료와 어울리는 일은 비록 가혹한 업무 일정을 꼭 더 생산적이거나 성공적으로 만들지는 못하더라도, 더 즐길 만한 것으로 만드는 방법으로 보였다. 변호사인 아서는 이렇게 설명했다. "새벽 4시에 회의실에 갇혀 있기를 원하는 사람은 결코 없을 겁니다. 하지만 그래야 한다면 그곳에 있는 사람들과 함께 있는 것을 즐길 수 있기를 바라죠." 업무에 대한 엄청난 시간적 헌신은 직장 동료를 자연스럽게 그 직원의 주된 사회적 네트워크로 바꿔 놓는다. 이런 사실을 감안할 때 상급 서열에 속하는 모든 단계에서 평가자들은 능력 있는 동료일 뿐만 아니라

플레이 메이트나 심지어 친구가 될 가능성이 있는 사람을 채용하고 싶다고 밝혔다. 컨설턴트인 랜스의 표현처럼, 면접관들은 '단짝(buddies)'을 찾고 싶어 했다.

> 우리는 마치 '언제나' 회사에 있는 것 같아요. 밤에도 일하고 주말에도 일하죠. 거의 대부분이 사무실에 있거나 출장 중이에요. 만약 당신 주변에 있는 사람들이 친구라면 훨씬 더 재미있겠죠. 따라서 인터뷰를 할 때도 제가 찾는 사람은 더 알고 싶고, 같이 시간을 보내고 싶은 사람들입니다. … 심지어 업무를 벗어나서도 말이죠. 제가 단짝이 될 수 있는 사람들이죠.

게다가 평가자들은 회사 업무를 종종 최소한의 특화된 기술만을 요구하는 대상으로 인식했다. 회사가 잠재적인 채용 대상자나 고객에게 그들이 오로지 최고의 인재만 채용한다는 사실을 강조하는데도 불구하고, 평가자들은 흔히 그들 업무를 '로켓 과학이 아니'라고 표현했고, 업무를 잘하기 위한 기술적 사전 지식의 중요성을 최소화하면서 신입사원에게 제공되는 광범위한 교육을 인용했다.

따라서 후보자들이 일단 (가장 흔하게는 이력서 심사에서 학교 명성으로 평가되는) 인지적 능력에 대한 1차 심사를 통과하면, 인터뷰에서는 학점이나 수강과목, 업무 경험보다 적합성에 대해 더 많은 가중치를 부여한다. 투자은행가인 니콜라에는 자신이 적합성을 강조하는 이유를 이렇게 정당화했다.

> 이 업무의 많은 부분이 적성이 아니라 태도에 달려 있습니다. … 적합성은 정말로 중요합니다. 아시다시피 우리는 배우자와 자녀, 친구들, 부모나

형제보다 동료와 더 많은 시간을 보냅니다. 저는 매일 함께 일하면서, 해외 출장에 동행하거나 기상이변으로 공항에 갇히게 되거나 업무를 마치고 맥주 한잔을 하러 갈 때 편안하게 느낄 동료가 필요합니다. 케미스트리가 있어야 하죠. 따라서 지원자는 명석해야 할 뿐만 아니라 우리의 '마음에 들어야' 합니다.

하지만 적합성은 평가자들이 직장에서 자신의 즐거움을 키우기 위해 활용하는 개인적인 기준 이상의 것이다. 적합성은 공식적인 채용 정책에 포함된 공식적인 기준이기도 했다. 연구 참여자들에게 적합성이 왜 공식적으로 후보자 평가 속에 구조화돼 있는지 설명해 달라고 요청했을 때, 대부분은 그 개념을 직원 유지와 관련지어 설명했다. 신입 직원들의 대다수가 고용된 지 4년 이내에 떠날 것이고, 불과 2년 후에 떠나는 직원들의 비율도 상당할 거라는 것이다. 많은 직원들은 일과 삶의 더 나은 균형, 지적으로 더 자극이 되는 업무, 혹은 헤지 펀드나 사모펀드 회사의 경우 더 큰 재정적인 보상을 제시하는 다른 회사나 산업에서 일자리를 찾으면서 떠날 것을 선택한다. 따라서 기업들은 적합성을 후보자 선정을 위한 도구로 활용하면서 직원 감소율을 최소화하려고 노력한다. 문화적으로 비슷한 후보자라면 자신의 일을 즐길 것이고, 동료들도 좋아할 것이며, 오래 머무를 가능성이 더 높다고 인식되었다. 투자은행 이사인 마크도 이 점을 인정했다. "우리는 우리가 하는 내기의 위험을 줄이려고 노력합니다. 채용과정을 통해서 우리는 그런 사람들을 찾으려고 노력하죠. … 우리와 잘 맞아서 일단 이곳에 들어오면 나가지 않을 사람들 말이죠." 하지만 일부 참여자들은 높은 이직률을 채용과정이 진정으로 '그 업무에 적합한', 즉 그 일에 가장 잘 맞는 후보자들을 찾지 못했다는 증거로 지목했다. 투자은행가인 페르난도는 이를 이렇게 평가했다.

[후보자들이] 채용과정에서 좋은 평가를 받았다는 사실이 그들이 업무를 잘할 것을 의미하지는 않습니다. 사실 채용된 사람들 중 약 30%에서 40%의 사람들이 2년 내지 3년 내에 스스로의 선택 때문이건 다른 이유 때문이건 사라집니다. 이 채용과정이 엄청나게 성공적은 아니라는 걸 의미하죠.

높은 이직률에 직면한 고용주들은 비슷한 마음을 가진 사람들이 서로 긴밀한 유대를 가지는 직장을 만드는 것이 새로운 지원자들을 끌어들이는 데 계속 도움이 될 수 있는 홍보 포인트라고 보았다. 내가 이야기를 나눈 HR 매니저들은 성별과 인종의 다양성이 채용 우선순위라고 강조했고, 이 회사들은 실제로 지원자 풀의 인구통계학적 다양성을 높이기 위해 상당한 자원을 쏟아부었다. 그럼에도 불구하고 매니저들은 동시에 신규 채용자들 사이에서 문화적 유사성의 기준치를 달성하는 것을 채용에서의 성공으로 간주했다. 로펌 채용 매니저인 주디는 이렇게 자랑했다.

우리 회사에는 여름 신규 어소시에이트들이 근무하는 첫 주에 주말여행을 보내 주는 제도가 있습니다. 그들 중 한 명이 그다음 주에 돌아와서 제게 이렇게 말하더군요. "우리는 모두 여러 면에서 서로 다릅니다. 하지만, 모두 같은 성격을 가지고 있기 때문에 [이 회사에] 채용되었다고 말할 수 있을 것 같아요. 우리가 모두 비슷한 유형의 사람들인 건 확실하니까요."

본질적으로 회사는 지원자 풀에서는 표면적으로 인구통계학적 다양성을 추구하지만, 신입사원들에 있어서는 깊은 수준의 문화적 동질성을 추구한다. 게다가 3장에서 설명했듯이, 잠재적인 지원자의 입장에서 이 회사들이 가진 매력의 일부는 채용된 사람들이 재미있기 때문에 일이 재미있다는 것이었다. 채용 담당자들은 회사에 합류하면 이미 갖춰진 플레이 메이트와 친구의 네트워크를 얻게 될 거라고 학생들에게 반복해서 확인시켜 준다.

— 인터뷰에서 적합성 측정하기

고용주들은 기존 직원과 문화적으로 유사한 후보자를 선택하는 일이 매우 중요하다고 강조한다. 면접관들은 그들 자신을 대용물로 써서 후보자의 문화적 적합성을 평가했다. 그들은 지원자가 자신과 잘 맞으면, 다른 직원들과도 잘 맞을 거라고 믿었다. 변호사인 카를로스가 설명했듯이 결국 중요한 것은 "자기 자신을 이용해 [적합성을] 평가하는 것입니다. 그게 당신이 근거로 삼아야 하는 모든 것이기 때문이죠." 평가자들이 스스로를 대용물로 활용하는 데는 두 가지 방법이 있었다. 첫 번째 방법은 인터뷰의 처음 몇 분간 후보자들에 대한 감정적인 반응, 특히 '케미스트리'를 이용하는 것이다. 비벌리라는 변호사는 이렇게 말했다. "데이트를 하는 경우와 같다고 하는 게 이걸 묘사할 수 있는 최선의 방법이겠네요. 잘 맞는 사람이라면, 당신은 그걸 '알게' 되죠. '잘 맞는다'는 손에 잡히지 않는 감정에 더해서 대략 평가자들 중 5분의 4에 해당하는 사람들이 HR 직원들도 종종 인증했던 '비행기 테스트'라고 알려진 휴리스틱(heuristic) 테스트를 활용했다. 평가자들은 엄청나게 다양한 종류의 공항과 비행 중단에 관련된 이미지에 의존해 테스트를 설명했지만, 투자은행 이사인 맥스는 이 테스트의 핵심을 이렇게 표현했다.

> 우리가 주로 쓰는 기준 중 하나를 저는 '공항에 갇힌 경우 테스트'라고 부릅니다. 내가 눈 폭풍우 속에서 미니애폴리스에 있는 공항에서 그들과 함께 갇히기를 원할까? 그리고 만약 이틀 동안 출장을 가야 하고 그들과 저녁을 먹어야 한다면, 그들이 과연 내가 어울리고 싶어 하는 유형의 사람인가? 일부 기본적인 기준, 기술이나 명석함 등이 필요하겠지만, 그들이 이 테스트를 통과하는 것, 그게 저한테는 가장 중요합니다.

두 번째 방법은 인터뷰 중 어색함을 깨는 시간 동안 경험의 유사성을 찾는 일이었다. 여기서 목표는 면접관이 후보자에게서 문화적 적합성을 찾는 작업과 관련 있는, 서로 잘 맞는 느낌이나 케미스트리의 감정을 이끌어 낼 수 있을지 알아보는 것이다. 평가자들은 서로 공유하는 경험을 이야기하려고 이력서를 훑어보는 일로 인터뷰를 시작한다고 기술했다. 대개 그들은 비교과활동이나 직업과 관련 없는 일에서 공통성을 찾았다. "저는 대개 로스쿨과 관련이 없는 일에서 시작하려고 노력합니다." 변호사인 제이미는 나에게 말했다 "뭔가 있을까 하면서 저는 그들의 [비교과] 활동을 빠르게 살펴봅니다. 대개 제가 흥미를 느끼는 뭔가를 선택하려고 노력하죠. … 내가 공감할 수 있거나 알고 있는 것들 말입니다." 투자은행가인 샌디프가 이야기했듯이 여가활동의 유사성은 적합성의 감정을 위해 특히 중요하다.

> 저는 지원자들에게 심심할 때 재미로 뭘 하는지 물어봅니다. 만약 그들이 "오, 저는 그럴 때 《월스트리트 저널》을 읽습니다." 같은 대답을 한다면

미안하지만 그 사람은 내가 채용하려는 사람이 아닙니다. … 아무도 재미로 《월스트리트 저널》을 읽진 않죠. 저는 당신이 누군지에 대해서는 신경 쓰지 않습니다. 그 잡지는 습관처럼 읽거나 필요성 때문에 읽습니다. 신문을 재미로 읽지는 않습니다. 만약 재미를 위해 자신이 하는 일을 이야기할 수 없다면 상황은 끝난 거죠.

투자은행가인 니콜라에는 후보자와 자신의 여가활동 사이에 존재하는 공통점을 바탕으로 특히 매우 적합하다고 평가했던 사람의 사례를 알려 주었다. "그녀의 이력서를 보았더니 다이빙을 하는 사람이더군요. 저도 그렇고요. 그래서 다이빙에 대해 물어보는 것으로 시작했죠. 그리고 우리는 태국에서 다이버 자격증을 따는 일을 두고 멋진 대화를 나누었습니다. … 순식간에 스파크가 일어났죠." 그는 그녀를 해당 채용 시즌에 자신이 인터뷰한 후보자 중 첫 순위로 올려놓았고, 심의과정에서도 그녀를 옹호했다. 투자은행가인 아리엘은 자신처럼 뉴욕시 마라톤에 참여했고, '뉴욕에서 유명인들을 스토킹하는 재미'를 공유했던 한 후보자와 가진 '즉각적인 공감'을 기억했다. 비공식적인 대화에서 일대일로 맞는 것이 있는지가 불확실할 때, 어떤 사람들은 투자은행가인 올리버처럼 표적 탐색 방법을 활용했다.

저는 다음과 같이 모호하고 개인적인 질문을 여러 개 할 겁니다. "좋아하는 일이 뭐죠?" 그런 다음 "오, 저는 주식 종목을 선택하고 금융 관련 책을 읽는 걸 좋아합니다." 같은 '틀에 박힌' 대답이 나오지 않기를 바랍니다. 저는 "오, 저는 스쿠버 다이빙이나 하이킹을 좋아합니다." 같은 대답을 원하죠. … 혹은 이렇게 물을 수도 있죠. "학교 농구팀을 팔로우하고 있나요?" "어디서 자랐습니까?" [혹은] "고등학교 때 운동을 했나요?" 그저 어떤 사람과 당신이 공감할 수 있을지 느껴 보려고 노력할 때 하는 질문들이죠.

여가활동의 유사성이 적합성의 느낌을 이끌어 낼 수 있는 것처럼, 인지하는 공통점이 부족하거나 차이점이 너무 많으면 이런 것들이 적합성의 감정을 인터뷰 초기에 억누를 수도 있다. 변호사인 노아는 자신이 겪은 사례를 이렇게 서술했다. "저는 항상 그렇듯이 그녀가 들어오기 몇 분 전에 뭘 물어 봐야 할지 파악하려고 이력서를 보았습니다. 하지만 거기에는 제가 공감할 만한 것이 전혀 없었습니다. 저는 그녀의 활동을 찾아보았고, 즉시 우리에게 '대화할 것이 아무것도' 없다는 사실을 알았죠." 그는 그 후보자가 '훌륭한 성적'을 받았고, '똑똑한 여성'이었다고 기억했지만, 그녀를 2차 인터뷰에 추천하지 않았다. "[사무실에 있는] 다른 사람들을 죽도록 지겹게 만들 수는 없으니까 그녀를 통과시키지 않았죠."

경험의 유사성, 특히 비교과 활동과 비직업적 활동에서의 유사성은 평가자들이 문화적 적합성의 증거라고 해석했던 즉각적인 라포(rapport), 불꽃이 튀는 느낌, 서로 연결되었다는 감정을 만들어 내는 강력한 사회적 윤활제였다. 평가자들이 적합성을 인지하는 방식을 요약할 방법을 찾던 컨설턴트 케이틀린은 이렇게 말했다. "그건 일종의 라포를 개발할 수 있는 능력입니다. 딱 집어서 말하기 어려운 어떤 것이고." 그녀는 잠시 침묵한 후 다시 말을 시작했다. "아시겠지만 당신은 당신과 같은 종류의 사람을 만나고 싶어 합니다."

— 적합성의 상대적 중요성

논쟁의 여지는 있지만 적합성은 그 일자리가 가진 사회적 요구가 만들어 낸 부산물이라고 볼 수도 있다. 팀과 고객을 응대하는 일을 더 많이 수행할수록, 동료 및 고객들과 즉각적으로 연결된다는 느낌을 만들어 내기 위해 적합성을 근거로 후보자를 선택하는 방식이 더 합리적이라고 볼 수도 있다. 하지만 내 연구는 그런 해석을 뒷받침하지 않았다. (후보자들을 평가할 때 가장 중요한 자질부터 순서대로 기준의 순위를 매기라는 요청을 받았을 때) 적합성에 가장 높은 순위를 부여한 회사의 유형별로 평가자의 비율을 비교해 보니, 법률 분야에서 적합성이 가장 중요했던 것으로 나타났다. 법률 분야는 업무를 시작한 첫 해 동안 사람들 사이의 상호작용에 대한 수요가 가장 적은 분야다. 적합성은 컨설팅에서 가장 덜 중요했는데, 컨설팅은 직원이 업무를 시작한 첫 해 동안 사람들 사이의 상호작용에 가장 많이 초점을 맞춘다.

오히려 잘 구조화된 인터뷰 형식이 평가에서 주관성을 줄일 수 있음을 시사하는 연구들과 일맥상통하게, 적합성의 중요성은 인터뷰에 기술적인 질문들이 포함되었을 때 감소했다. 적합성은 일반적으로 인터뷰에 구조가 거의 없고, 혹시나 기술적인 테스트가 있다고 해도 드물게 이용되는 법률 분야에서 가장 강조되었다. 가장 기초적인 금융 원칙에 대한 기본적인 친숙도 문제를 인터뷰에 포함시키는 투자은행이 그 뒤를 따랐다. 적합성은 고도로 구조화된 비즈니스 문제를 인터뷰에 포함시키는 컨설팅 분야에서 대개 가장 적게 사용되었다. 부분적으로는 구조화된 질문과 기술적인 테스트가 포함되면서 문화적 유사성과 후보자를 향한 개인적인 감정 반응보다 능력에 대한 지표를 제공했기 때문에, 면접관들이 평가에서 적합성의 사용을 억눌렀던 것이다. 컨설팅 분야에서 일하는 나빈에 따르면, "누군가가 완벽하게 적합하다고 해도 만약 그들이 케이스를 절대적으로 망쳤다면, 탈락입니다."

하지만 이상적인 근로자는 능력이 있을 뿐만 아니라 문화적으로 유사해야 한다는 널리 퍼져 있는(회사 정책이 뒷받침하는) 믿음은 기술적인 케이스 인터뷰가 채용에서 문화적 적합성이 활용되는 것을 줄일 수는 있지만 제거할 수는 없다는 사실을 의미한다. 약 40%의 컨설턴트가 적합성이 가장 순위가 높다고 보고했다. 카이는 케이스 성적과 적합성 사이의 갈등을 이렇게 묘사했다. "이건 마치 공기와 물의 대결 같아요. 정말로 둘 다 필요하죠." 일단 후보자들이 기본 수준의 능력을 보이고 나면, 절대적인 케이스 인터뷰 점수가 아니라 적합성에 대한 인식이 일상적으로 평가를 이끌었다. 페리라는 이름의 한 컨설턴트는 이렇게 회상했다.

> 적합성에 대해서 저는 [평가 양식]에 이렇게 씁니다. … "금방 모든 사람의 절친이 될 것입니다." … 저는 그런 걸 좋은 적합성이라고 부릅니다. 솔직히 그의 케이스 인터뷰 점수가 최고는 아니었습니다. 하지만 그의 개성과 존재감이 너무도 강했기 때문에 저는 그를 [2차 인터뷰 단계로] 올려 보냈습니다.

따라서 인터뷰 포맷과 이상적인 후보자에 대한 개념은 둘 다 평가자들이 평가를 할 때 문화적 유사성에 우선순위를 부여하는 정도에 영향을 미쳤다.

— 적합성과 불평등

평가자들이 적합성을 판단하는 방식은 상류층이나 중상류층 출신의 백인 남성이나 여성 면접관들의 대다수와 비슷한 배경 출신의 후보자들에게 우위를 제공했다. 이와 비슷하게 그 방식은 면접관과 출신 배경이 다른 후보자들에게는 장애물을 만들어 냈다. 흥미롭게도 이 과정들이 자동적으로 여성 지원자들에 대한 불이익으로 이어지지는 않았다. 많은 평가자들이 운동 경기나 전형적으로 남성적인 비교과 활동에 참여했지만 인터뷰 대상자 풀에 포함된 많은 여성들 역시 그랬다. 9장에서 제시하고 있지만, 남성 후보자들의 적합성은 여성 후보자들의 경우보다 더 자주 의심받았다.

하지만 적합성은 평가에서 사회·경제적 편견을 강화했다. 앞의 여러 장에서 논의된 것처럼, 조화로운 여가활동의 구축은 경제적 혜택을 더 많이 받은 사람들의 특징이다. 또한 평가자들이 참여했고, 중요하게 생각한 활동의 유형들은 중상류층 백인들의 문화와 가장 자주 관련된다. 결과적으로, 적합성의 활용은 플레이 메이트와 회사에서의 즐거움에 대한 평가자들의 욕망으로 표현되었고, 계층이나 사회적 재생산 프로젝트에 노골적으로 연계되지는 않았다 할지라도 회사 직원들 대다수와 다른 후보자들에게는 비공식적인 장애물을 낳았다. 백인이며 공개적으로 동성애자인 변호사 토마스는 적합성과 불평등의 관계를 이렇게 요약했다.

> 저는 다양성 학생들이 불리한 상황에 있다고 생각합니다. 저는 그것이 피부색이나 인종, 성별, 성적 취향 그 자체라고 생각하지는 않습니다. 하지만 저는 회사들이 적합성이라는 관점에서 이야기하는 것들이 같은 곳에서

나온다고 생각합니다. 저는 어떤 다른 커뮤니티 출신들은 이곳 사람들과 공감할 수 있는 동일한 경험을 가지고 있지 않다고 생각합니다. 따라서 저는 이 문제가 민감한 이슈라고 생각합니다. 이 문제는 계층과 더 관계가 있지 않나 생각합니다.

적합성은 단지 동료 간의 협력관계뿐 아니라 지원자들의 문화적 자본에 대한 심사이기도 했다. 많은 의미에서 인터뷰 초기의 짧은 시간들은 게이트키퍼와 지원자들 사이의 문화적 자본 짝짓기의 과정으로 구성되었다. 다음 여러 장들에서 제시하겠지만, 인터뷰의 이런 초기 순간들은 평가자들이 적합성을 판단하기 위해 활용한 '케미스트리' 차원에서만 중요한 것은 아니었다. 이 순간들을 통해 인터뷰의 모든 다른 부분을 판단하는 첫인상도 형성되었다.

7

인터뷰 2막

당신의 스토리와 세련미를 보여 주세요

저는 지원자들과 그저 수다를 떱니다.
그러면 “자본비용을 어떻게 계산하죠?”라고 묻는 것과는 달리
그들의 삶과 배경, 성격을 알 수 있게 되죠.

– 클라이브, 투자은행가

면접관들은 대개 인터뷰의 1막, 즉 어색함을 깨기 위해 직업과 관련이 없는 흥미와 비교과 활동에 대해 나누던 대화를 끝내면서 후보자들에게 과거 경험과 미래 커리어 목표에 대한 자서전적 이야기를 해보라고 한다. 이 부분은 보통 후보자들의 '스토리'로 불린다. 평가자들은 인터뷰의 2막에도 전반에 걸쳐 적합성을 계속 평가하지만, 스토리의 주된 기능은 다른 데 있다. 스토리는 면접관들이 후보자의 추진력과 야망, 회사에 대한 관심, 세련미의 수준을 평가하는 수단이었다. 편안한 잡담 중에 적합성의 '감'을 얻는 방법에 대해 설명했던 로펌 파트너인 토마스(채용의 기준으로 적합성을 활용하기 꺼렸던)는 대화 주제를 인터뷰의 스토리텔링 부분으로 옮겼다.

그들이 적합성이 있는지 무기력한 성격은 아닌지에 대한 감을 얻으려고 저는 그들에게 취미가 뭔지 물어볼 겁니다. … 그런 다음에 저는 실제로 그 사람이 누구인지로 대화를 바꿉니다. … 저는 그들에게 상당히 열린 질문을 할 겁니다. "로스쿨 생활을 즐겼습니까? 왜 로스쿨로 간다는 결정을 내렸죠?" 그들이 왜 우리 회사를 선택했는지, 그리고 왜 내 사무실에 앉아서 나와 이야기를 하고 있는지에 대해서 말이죠.

내가 연구한 회사의 평가자들은 이력서에 포함된 업무 관련 이력이 지원자의 포부와 이 직업에 대한 진정한 관심 수준을 알려 주기에는 부족하다고 믿었다. 이런 것들을 판단하려면 면접관들은 지원자들이 자기 삶의 경험에 대해 감정을 담아 흥미롭게 이야기하도록 할 필요가 있었다. "[지원자들은] 모두 자격이 있습니다." 저스틴이라는 컨설턴트가 수긍했다. "하지만," 그는 말을 이었다. "저는 그들의 스토리를 알고 싶습니다." 변호사인 레베카에게 성공적인 이야기란 이력서 뒤에서 그 사람을 살짝 엿볼 수 있는 서사를 의미했다. "만약 그들이 좋은 성적을 받았고 《로 리뷰*Law Review*》(미국 로스쿨의 학생들이 발간하는 간행물. 작문 시험으로 편집위원을 선발하며 대체로 상위권 학생들로 이루어짐 - 역자 주)에도 참여했다면, 그 사람이 그 일을 할 능력이 있다는 건 알 수 있겠죠." 그녀가 말했다. "하지만 저는 더 많은 것을 원합니다. 자기 자신에 대해 말할 수 있는 능력과 '그들이 정말 누구인지'를 찾고 있죠. … 저는 무엇이 그들을 흥미롭고 특별하게 만드는지 알고 싶어요."

2막: 당신의 이야기를 들려주세요

권력과 지위를 가진 자리로 접근할 수 있는 기회는 시험 점수나 계량화할 수 있는 성취만을 근거로 배분되지 않는다. 게이트키퍼는 지원자들이 대학에 제출한 '자기소개서'나 취업 인터뷰에서 고용주의 질문에 답변하는 내용 속에서 자신의 과거를 이야기하고 미래를 그릴 때, 그들의 이야기에 근거해 능력을 판단하고, (교육 영역에서나 비즈니스 영역에서) 높은 지위를 향한 트랙에 누구를 입장시키고 누구를 거부할 것인지에 대한 결정을 내린다. 이런 점에서 서사는 사회적 선택과 계층화에서 의미 있는 역할을 담당한다.

하지만 사회학자인 마이클 셧슨(Michael Schudson)은 모든 서사가 행동의 이유가 될 만큼 강력하지는 않다고 주장한다. 그는 스토리가 특정 기준을 만났을 때 행동에 영향을 미칠 가능성이 더 높다고 설명한다. 즉, 스토리가 어떤 그룹의 상징이나 가치에 호소할 때, 스토리를 쉽게 상상할 수 있거나 기억할 수 있을 때, 스토리가 사회적 그룹이나 구조에 통합될 때, 그리고 스토리가 행동 지향적일 때 그렇다는 것이다. 내가 연구한 회사에서 면접관들을 움직인 서사는 셧슨이 찾아낸 유형들과 그 특성을 공유했다. 평가자가 인터뷰에서 후보자에게 높은 점수를 주지 않을 수 없도록 만든 (그리고 어떤 경우에는 나중에 채용위원회 심사에서 이들 후보자들을 옹호하도록 이끈) 서사들은, 그 내용은 물론 인터뷰 대상자의 서사 포맷과 스타일 모두에서 개인주의와 자립, 개인적 성취에 대한 미국 중상류층의 이상에 부합하는 경향이 있었다. 하지만 (개인보다는) 그룹과 공명하는 편이 사람들이 행동하도록 영감을 준다는 개념과는 대조적으로, 나는 취업 인터뷰라는 환경에서 면접관 자신의 스토리를 재확인하는 경우도 (그 이상은 아니라 해도) 그만큼 강력한 행동의 동기가 될 수 있으며, 더 나아가 적합성을 판단할 때 일어났던 종류의 자기 복제를 심화시킨다는 사실을 발견했다. 좋은 스토리들은 또한 생생했다. 그런 스토리에는 면접관에게 흥분을 유발시키는 감정적인 언어가 사용되었으며, 이는 결국 심의과정에서 후보자를 기억하기 훨씬 쉽게 만들었다.

강력한 서사는 서로 뚜렷이 다르지만 연결된 두 가지 구성요소를 가지고 있다. 바로 지원자의 과거 경험과 그 사람의 미래 궤적이다. 면접관들은 과거에 대한 스토리를 지원자의 '추진력'의 수준을 판단하는 데 활용한다. 미래에 대한 스토리는 회사와 함께하는 진로에 기울이는 지원자의 '관심' 수준을 평가하는 데 활용한다. 면접관들은 이들 각 요소를 평가할 때, 대화를 이끄는 경우나 따라오는 경우 모두에서 지원자의 편안함, 자신감, 자연스러움의 수준을 확인하고 세련미도 판단한다.

— 추진력: 당신의 삶은 어떠했는가

좋은 스토리는 후보자가 인터뷰 방에 오기까지의 여정, 즉 지원자가 이 특별한 커리어 시점에 도달하기 위해 택했던 사회·교육·직업적 경로를 간략하지만 설득력 있게 축약한다. 면접관들은 후보자의 기본적인 추진력에 대한 감을 얻기 위해 과거 스토리를 파고들었다. 컨설턴트인 레슬리는 이 작업에는 "삶이 어땠는지 사람들을 약간은 시험하는 일과, 그들이 진정으로 열정을 가지는 대상과, 그들에게 관심을 불러일으키는 것이 무엇인지를 설명할 때 그냥 듣기만 하는 일이 포함됩니다. 이 작업은 그들의 업무 스타일 유형에 대해 많은 것을 알려 줍니다."라고 주장했다. 투자은행가인 비샬은 자신이 추진력을 뒷받침하는 서사가 중요하다고 생각하는 이유를 다음과 같이 설명했다.

> 저는 "당신 삶의 스토리를 말해 주세요."라고 말합니다. 그 스토리는 그들이 자신에 대해, 자신의 목적과 목표에 대해 얼마나 열정적인지 보여 줍니다. 저는 사람들의 좋은 스토리를 듣는 것을 즐깁니다. 저는 스스로를 시험해 보는 사람을 좋아합니다. 저는 현 상태에 안주하는 것을 좋아하지 않습니다. 당신은 소파에 앉아서 만족감을 느낄 수는 있지만, 인생에 대해서는 안주할 수 없습니다. 그런 다음, 저는 계속해서 그들이 어떻게 결정을 내렸는지를 확인합니다.

투자은행가인 트리스탄이 표현했듯이, 면접관들은 그들이 인식하기에 '그 일을 하기'에 만이 아니라 '그 일에 관심을 쏟기'에 충분한 추진력이 있을 것 같은 후보자들을 찾고 있었다. 평가자들은 이런 유형의 지원자는 삶의 다른 부분에서도 내부의 추진력을 드러내 보였을 것이며,

그것이 과거 스토리에 명백하게 나타날 것이라고 믿었다.

면접관에게서 추진력에 대한 높은 점수를 받는 데 있어 모든 후보자의 이야기가 똑같이 성공적인 것은 아니었다. 이는 놀라운 사실은 아니지만 문제가 있는 상황이다. 누군가의 (이력서에 열거된) '실제 경험'보다 그 사람의 경험에 대한 '기교를 부린 스토리텔링'에 더 많은 가중치가 부여된다는 사실을 의미하기 때문이다. 컨설팅 파트너인 그레이스는 이렇게 말했다. "우리는 어떤 장소에서 그 사람이 구체적으로 어떤 일을 했는지에 대해서 언급을 줄입니다. 저는 이 사람이 실재하며, 자신이 한 일에 대해 '입체적인 이야기'를 할 수 있는가가 더 중요한 문제라고 생각합니다." 아래의 세부 항목에서 나는 입체적인 이야기를 구성하는 핵심 요소에 대해 논의할 것이다. 여기에는 일관성 있고 순차적인 설명으로 엮어진 의사결정과, 감정적으로 사람을 흥분시키는 흥미진진한 서사, 그리고 개인적인 수준의 반향을 불러일으키기에 충분할 만큼 면접관의 경험과 유사한 경험의 묘사 혹은 특별히 극적이고 유별난 감정적 반응을 불러일으키는 독특한 스토리라인이 포함된다.

서사적 기교: 수많은 경험을 일관성 있게 엮어 내기

현실에서 겪은 교육과 직업에 대한 노출 경험, 그중에서도 특히 청소년기의 경험은 단편소설 모음집을 닮았다고 할 수도 있을 것이다. 거기에는 다양한 기회, 실험적 모험, 성인이 지도한 (혹은 성인이 강요한) 더 장기적인 의사결정이 만들어 낸 사건들이 있다. 하지만 면접관들은 소설과 더 가깝게 닮은 서사 스타일을 더 높게 평가한다. 후보자들은 그들의 자서전을, 특정한 목적을 달성하기 위해 선택한 일련의 일관되고, 의미 있으며, (이상적으로) 점진적인 단계로 제시해야만 한다. 조지라는 컨설턴트는 이렇게 설명했다. "이건 당신 자신에 대한 합리적인 서사를 제시하는 것과 거의 비슷하죠. 아마도 그게 이것을 설명하는 최선의 방법일 겁니다. … 당신은 설득력 있고 논리 정연한 스토리라인을 보유해야 할 필요가 있습니다." 투자은행가인 브리짓은 심지어 경험이 순차적으로 이어지지 않는다 해도 후보자들로서는 이 설득력 있는 줄거리를 정교하게 만들어 낼 필요가 있다고 느꼈다. 그 이야기는 '그들의 경험이 어떻게 서로 잘 맞아들어 가는지' 드러낼 수 있도록 '[이력서 상의] 점들을 연결'할 수 있어야 했다. 일부 평가자들은 학업이나 업무상의 궤적이 현실에서는 언제나 그토록 깔끔하게 펼쳐진 경로를 따르지 않는다는 사실을 알고 있었다. 하지만 그들은 여전히 후보자들이 자신의 과거가 면접관에게 그런 식으로 보이도록 해야 한다는 점을 강조했다. 순차적이지 않은 경로를 통해 월스트리트에 진출한 투자은행가 브랜든은 이렇게 조언했다. "그들의 이야기가 납득이 되나요? 심지어 나처럼 말이 되지 않는 이야기를 가지고도 설득할 수 있어야 합니다."

효과적인 스토리를 말할 때 핵심은 자신의 경험을 기회나 운 같은 우연한 상황이 아니라, 일련의 개인적 결정에서 비롯된 것처럼 제시하는 데 있다. 또 다른 투자은행가인 도노반은 이렇게 설명했다. "저는 그저 그들과 그들이 과거에 한 일들, 왜 그런 결정을 했는지, 무엇에 관심이 있었는지, 그 관심이 삶에서 어떻게 기능했는지, 그리고 구체적으로 발생한 일들에 대해 대화하려고 노력합니다." 특히 직업과 여름 인턴십 선택은 물론, 학부나 대학원 선택에 대한 질문들이 흔했다. 케이틀린이라는 이름의 컨설턴트의 경우에는 질문들이 약간 더 구체적이었다. 그녀는 이렇게 말했다. "이것은 많은 부분에서 어떤 것 뒤에 숨어 있는 '이유'가 무엇인지 좀 더 자세히 알아보는 일입니다. 따라서 그런 질문을 받았을 때, 왜 대학에서 이 전공을 선택했는지를 신중하게 답변할 수 있는가 하는 문제죠."

회사들이 지원자를 끌어들이려고 노력하면서(3장 참조) 높은 지위라는 보상에 대한 엘리트 대학생들의 욕망을 이용했다는 사실을 감안한다면 역설적이지만, 외적 동기보다는 내적 동기로 인한 선택과 경로, 가치가 가장 최선으로 여겨졌다. 예를 들어, 회사들이 명성이 높은 교육·비교과·직업 활동에 참여한 개인을 더 높게 평가했음에도 불구하고 높은 지위를 향한 트랙을 추구하기로 결정한 것이, 돈을 벌거나 부모님을 만족시켜 드리거나 동기들 사이에서 지위를 유지할 필요와 같은 외부적인 동기 요인이 아니라, 그와 대조적으로 내적 추진력, 사랑, 가치 등에 의해 비롯된 결정이라는 관점에서 틀을 잡는 편이 후보자들에게 더 유리했다. 평가자들은 최소한 외면상으로는 지위 상승을 목적으로 끊임없이 보상을 뒤쫓는 것처럼 보이는 후보자들을 특히 경계했다. 컨설턴트인 랜스는 얼굴을 찌푸리면서 이렇게 말했다. "저는 어떤 사람이 실제로 어떤 것에 관심이 있고, 학교생활 등을 통해 발견하고 배우려고 노력하고 있는지 아니면 이것이 일종의 확인 표시 같은 것인지를 상당히 빨리 파악할 수 있습니다." 외부 요인을 토대로 한 의사결정은 도덕적인 위험신호로 여겼다. 채용 매니저인 비비안은 특별히 생생한 한 가지 예를 소개했다.

> 어떤 사람은 저에게 자신은 그다지 로스쿨에 가고 싶지 않았고, 박사과정에 진학해서 중세 문학 속 거인들의 일탈적인 성적 태도를 연구하고 싶었지만, 아버지가 돈을 대주려고 하지 않았다고 말하더군요. … 자신이 여기 있는 이유는 오로지 아버지가 대학원 학비를 대주지 않았기 때문이라

고… 말이 되나요? 가고 싶은 다른 곳을 몰랐기 때문에 로스쿨에 진학하기로 했다고 말하는 사람들도 있습니다. … 이런 이야기들은 정말로 그들의 지원 동기에 의문을 가지도록 만듭니다.

변호사인 키스는 좀 더 흔하지만 똑같이 형편없는 로스쿨 선택의 서사를 이렇게 말했다. "[왜 이 로스쿨을 선택했느냐"는 질문에 대한] 나쁜 대답은 '여기밖에 합격하지 못했다'는 것입니다. (그는 헛웃음을 쳤다.) 그건 아니죠." 나는 그에게 그럼 좋은 대답은 어떤 것인지 좀 더 자세히 말해 달라고 요청했다. "그들은 대형 로펌에 더 가까워지려고 뉴욕에 있고 싶었을 수도 있고, 혹은 가족 사업 등의 운영을 돕기 위해서 의도적으로 탐색을 [지리적으로] 제한했을 수도 있죠. 모르겠습니다. 하지만 '다른 곳에는 합격하지 못해서'는 답이 될 수 없을 겁니다." 효과적인 이야기에서는 후보자들을 내적인 열정을 추구하면서도 전략적이고 혁신적인 의사결정을 내리는 주인공으로 묘사했다. 랜스의 말을 빌리자면, 좋은 스토리는 후보자들을 "특정한 주제에 대해 정말로 강한 열정을 가지고 있어서, 그 열정을 실현하기 위해 그저 전력 투구하는 사람"으로 그렸다.

열정은 다양한 형태를 띨 수 있었다. 특히 학부를 바로 마친 젊은 후보자들과 과거 풀타임으로 일한 경험이 없는 로스쿨 학생들에게 열정은 지성과 관련이 있었다. 투자은행가인 행크는 이렇게 설명했다. "우리는 자신이 내린 결정 중 일부를 지적인 방식으로 차례차례 설명해 줄 수 있는 후보자를 찾습니다. 말하자면 [전공을] 어떻게 선택했는지, [4학년 졸업] 논문을 썼다면 어떤 주제에 대해 어떻게 흥미를 느끼게 되었는지 말해 줄 수 있기를 바라는 거죠. 상담 교수가 그 주제를 내주었기 때문이거나 그냥 그렇게 되었다는 답이 아니고 말이죠. 이처럼 어느 정도의 사고과정과 지적 호기심을 보고 싶어 합니다." 열정은 또한 성공에 대한 타고난 지향성일 수도 있다. 단순히 지위나 보상을 추구하는 것이 아니라, 승리에 대한 만족감과 기쁨을 만끽할 줄 알아야 한다. 컨설턴트인 앨버트는 "그들[인터뷰 대상자들]이 성공을 향한 지향성이 있고 이를 증명하는 기록을 알고 싶습니다. 그들이 모든 일에서 항상 최고가 되려고 노력하고, 끊임없이 자신을 다음 단계로 밀어붙일 거라는 사실 말이죠."

MBA 학생들의 경우에는 직업적 열정의 스토리가 높게 평가되었다. 비록 다른 많은 투자은행가들은 이력서에 나타난 강력한 기업가적 관심의 증거를 위험 신호로 간주했지만(그런 관심은 투자은행 문화의 위계적인 본질과 충돌하는 것으로 인식되었다), 페르난도는 개인적인 열정에 있어 집요한 추구를 중요시했던 한 후보자의 서사에 감동을 받았던 경험을 이렇게 설명했다.

> 그는 자기 사업을 하기로 결정한 거죠. 저에게는 자기만의 일을 하고, 기업가적 욕망을 시험하고, 스스로 어떤 일을 하려고 노력하는 것이 매우 인상적이었습니다. 그는 실제로 그렇게 했고 성공했습니다. 그리고 성공했음에도 그는 자신이 일군 사업을 경영할 사람을 채용할 방법을 찾았고, 그런 다음 학교로 돌아갔습니다. … 첫째, 그가 자기만의 것을 하려고 시간을 들였고, [둘째] 성공했다는 점에서 인상적이었습니다.

아울러 좋은 스토리는 후보자가 자신의 경험에서 끌어낸 개인적인 성장과 의미를 강조하는 스토리였다. 그 스토리에서 앞으로 나아가는 각각의 진전은 어떤 일자리나 성취 그 이상의 것이었다. 그것은 그 후보자의 자기실현을 위한 한 걸음이었다. 컨설턴트 아미트의 논평은 면접관들이 종종 그런 성숙과정의 중요성을 당연한 것으로 받아들인다는 사실을 드러낸다.

아미트 . 저는 일종의 성숙함과 어느 정도의 통찰과 자기 성찰을 보길 원합니다. 저는 자신이 한 일과 그 일이 어떤 영향을 미쳤는지, 거기서 무엇을 배웠는지에 대해 곰곰이 생각해 본 사람을 만나고 싶습니다. 그리고 기본적으로 자신이 처했던 모든 상황에서 무엇을 얻었는지도요.

로런 . 그럼 그런 것들은 당신에게 왜 중요한가요?

아미트 . (침묵하다가) 제 생각에 기업환경에서 성숙함은 매우 중요합니다. 사람들과 함께 일하기 위해서, 그리고 압박과 위기의 상황에 대처할 수 있기 위해서 말이죠. 그리고 제 생각에 약간의 성숙함과 세심함이 필요한 다른 사람들을 다루기 위해서는 더 그렇고요. (그는 웃음을 터뜨렸다.) 지금 당신이 이런 질문을 하니까, 실제로 내가 왜 이런 것들을 찾는지에 대해 스스로 생각해 보기 시작했습니다. 정말로 모르겠군요! 하지만 이건 중요합니다.

평가자들이 선호하는 서사의 유형에는 네 가지 중요한 사회·경제적인 차원이 있었다. 첫째, 후보자들이 손닿는 곳에 선택권을, 특히 매력적인 선택권들을 '보유하고 있었다'고 가정한다. 이것은 모든 학생에게 심지어 엘리트 학교 출신의 후보자에게도 거의 사실이 아니다. 둘째, 관련 연구에 따르면 개인적인 열정과 자기실현을 위한 욕망에 근거해 직업과 학교를 선택하는 것은 경제적인 특권층이 삶의 선택을 인지하는 방식이다. 의사결정의 우선순위에서 외적이고 현실적인 고민들을 낮은 순위로 만들 수 있는 자유는 모든 개인이 누릴 수 없는 사치이기 때문이다. 셋째, 심리학 연구에서는 더 낮은 사회·경제적 배경을 가진 개인들은 그 경험이 다른 사람과 연결돼 있으며, 수많은 개별적인 선택의 산물이 아니라 구조적이고 외부적인 요인들에 의해 형성된다고 간주하는 경향이 있다고 본다. 개인의 선택, 자유, 독특함을 강조하는 서사 스타일은 중산층과 상류계층이 세상을 인식하는 방식에 가깝다. 마지막으로, 개인이 직접 자신의 운명을 통제한다는 생각은 (사회·경제적 배경과 상관없이) 개인주의가 덜한 국가나 문화에 익숙한 후보자에게는 불이익을 줄 수 있는, 특히 미국적 시각에서 세계를 보는 틀이라고 할 수 있다. 따라서 좋은 평가를 받는 스토리들은 많은 의미에서, 문화적으로 평가자들과 공감하는 스토리였다. 개인주의, 개인의 운명, 통제라는 더 폭넓은 미국 중상위계층의 이상을 재확인하는 이야기들이었다. 이런 기준을 충족하기 위해 자신의 스토리를 연결해야 한다는 사실을 깨닫지 못한 후보자들은 추진력이 부족한 사람으로 보였으며 불이익을 당했다.

서사적 힘: 감정 불어넣기

탄탄한 스토리는 경험을, 내적 동기가 이끄는 일련의 단계적인 결정과 개인적인 열정의 추구로 제시한다. 하지만 최고의 스토리는 감정적으로 자극적인 스토리이기도 했다. 몰리라는 투자은행가는 좋은 스토리가 "나를 감동시킵니다."라고 말했다. 감정은 채용을 포함한 사회생활의 거의 모든 차원에서 대안을 비교하고, 평가하고, 그중에서 선택할 때 활용하는 기본 토대가 된다. 다양한 감정 가운데 흥분의 감정은 가장 강력하게 평가와 행동에 동기를 부여한다. 감탄의 감정 역시 사람들 사이의 평가에서 강력한 동인이 될 수 있다. 좋다고 여겨지는 서사들은 듣는 사람들을 '흥분시키면서' 강력하고, 긍정적이며, 감정적인 반응을 낳았다. 흥분과 감탄, 심지어 경외의 감정까지 자아내면서 면접관들을 흔들어 놓은 이야기들이었다. 그들의 스토리로 면접관에게 강력하고 긍정적인 감정을 이끌어 내는 데 실패한 후보자들은 종종 탈락(불합격)했다. 컨설턴트인 낸시는 그런 사례 중 하나를 이렇게 말했다. "그녀는 분명히 매우 똑똑한 여성이었습니다. 성적도 최고였죠. [그리고 그녀는] 최종 인터뷰까지 올라왔습니다. … 하지만 그녀의 개인적인 경험 [자서전적] 인터뷰는, 모르겠어요. 그냥 그 인터뷰는 아주 '감동적'이지는 않았어요." 낸시는 2차 인터뷰에서 그 후보자를 탈락시켰다.

다음은 평가자들을 '감동시키거나' '감탄하게 만드는' 경향이 있는 두 가지 유형의 서사적 내용이다. 바로 평가자 자신의 개인적 전기와 유사하거나 매우 생생한 이야기였다.

서사적 공감: 당신 안에서 나를 본다

셧슨은 어떤 서사의 성공이나 실패를 설명하는 데는 그룹과의 공감이 더 중요하다고 주장했지만, 채용 인터뷰에서 서사적 힘의 강력한 원천은 개인과의 공감이었다. 특히 평가자들의 과거 역사와 비슷한 개인적인 스토리를 제시하는 후보자는 추진력에 더 높은 점수를 받을 수 있었다. "추진력은 대부분의 사람들이 생각하는 것처럼, 단지 어떤 클럽의 회장이 되거나 운동선수였다는 것만을 의미하지는 않습니다." 컨설턴트인 유진이 털어놓았다. "추진력은 다양한 형태를 취할 수 있습니다. 예를 들어 새로운 문화에서 오는 어려움을 극복한 사람처럼 말이죠." 나중에 내가 이번 채용 시즌의 최고 후보자를 꼽아 달라고 요청했을 때, 그는 자신처럼, 상당히 어렸을 때 난민으로 미국에 오게 된 베트남인 여성에 대해 이야기해 주었다. 그는 강력한 문화적·언어적 장애물을 극복하면서 보여 준 인내심을 컨설팅 산업에서의 미래 성공을 가늠하는 지표로 인용했다. 그런 점에서 비슷한 스토리를 가진 면접관과 짝이 된다면, 이는 배경이 다른 후보자에게 혜택이 될 수도 있다.

일반적으로 유사성을 토대로 한 공감은 사회·경제적으로 혜택을 받은 학생들에게 이점을 제공하는 경향이 있었다. 면접관들 대다수도 혜택을 받은 계층 출신이기 때문에, 후보자들이 정서적인 유대를 쌓기 위한 토대로 활용할 수 있는 유사성이 더 많았다. 인터뷰는 여전히 본질적으로 사람들 사이의 과정이다. 적합성을 구성하는 요인들이 대부분 특정한 면접관의 인식과 정체성에 의존했듯이, 스토리의 품질에 대한 인식도 그랬다. 평범하지 않은 스토리를 가진 면접관과 짝이 될 경우, 이는 덜 혜택받은 배경 출신의 후보자들에게 진입로를 제공해 줄 수 있었다. 이런 현상은 10장에서 더 자세히 논의할 예정이다.

서사적 드라마: 생생한 이미지 창조하기, 고난을 이겨 내기

평가자가 후보자의 추진력 수준을 긍정적으로 평가하게 되는 잠재적인 원천은 서사적 유사성이었지만, 평가자가 후보자의 스토리가 가진 생생함에서 에너지를 얻은 경우에는 서사적 차이도 이롭게 작용할 수 있었다. 일반적으로 사람들은 본능적이고 상상하기 쉬운 사건과 이미지에 더 큰 가중치를 부여하고, 감정적으로 더 감동받는 경향이 있다. 취업 인터뷰에서 충분히 극적이고 독특하거나 특이한 줄거리들은 흥분, 놀라움, 경탄, 호기심의 형태로 평가자에게 강력하고 긍정적인 반응을 불러일으킬 수 있었다. 컨설턴트인 레슬리는 최고의 스토리는 바로 사람들 사이의 공감 혹은 생생함이라는 두 가지 바구니 중 하나에 담기는 경향이 있음을 강조했다. 그녀는 이를 이렇게 설명했다.

제가 깨달은 건 적어도 우리 회사에는 두 가지 철학이 존재한다는 겁니다. 하나는 흙 속의 다이아몬드 유형으로 특이한 스토리를 찾아내기를 좋아하는 사람들입니다. … 완전히 관련이 없는 배경을 가진 사람이지만, 일을 하면 놀랄 만큼 잘 해내는 사람들을 찾는 거죠. 그다음에는 다른 철학을 가진 학파가 있는데, 거기 속한 사람들은 머릿속에 들어 있는 일종의 전형(archetype)을 매우 신뢰합니다. … 그리고 그들의 생각이 매우 특정한 경로에 사로잡혀 있을 수도 있고요.

레슬리는 자신은 생생함의 범주에 들어간다고 밝히면서 이렇게 말했다. "스토리가 반드시 명백하고 단순해야 할 필요는 없습니다. 저는 좀 독특한 스토리들을 선호합니다."

어떤 스토리가 생생한 이유는 면접관이 상상하기 쉽고, (나중에) 다른 사람들에게 묘사하기 쉽다고 생각되는 특이하고, 독특하거나 극적인 내용이기 때문일 수도 있다. 매우 감정적인 개인적인 열정에 대한 극단적 헌신은 감정을 증폭시키는 또 하나의 원천이었다. 컨설턴트인 에드워드가 특별하게 매혹되었던 한 후보자는 그에게 '경이로운' 스토리를 이야기해 주었다.

MBA를 비롯한 여러 가지 자격을 갖추기도 했지만, 그는 경력과 관련해 흥미로운 일들을 했더군요. 자신이 요리사가 되고 싶은 건지 알아보고 싫어서 그는 경영대학원을 6개월 빨리 졸업했습니다. 그런 다음 별 세 개짜리 식당 세 곳에서 일했더군요. … 그는 어느 식재료 비영리 공동사업체의 일원이 되기 위해 특정한 [예술가들의] 동네로 이사를 했습니다.

극적인 줄거리는 평가자들을 감동시킬 수도 있었다. 컨설턴트인 나탈리는 그녀가 최근에 인터뷰했던, '엄청난 스토리'를 가진 한 후보자를 기억했다.

이 여성은 쓰나미가 닥친 후 자신이 그곳에 필요하다고 생각했기 때문에 휴가기간이 지난 후에도 인도에 머물렀던 경험을 말해 주었습니다. 그런 다음 그녀는 물에 대한 공포에 사로잡힌 마을 어부들을 도왔고, 아기들을 잃어버린 여성들이 심리치료를 받도록 했습니다. 그야말로 놀라운 일이죠. 그러면서도 그 일을 얘기할 때는 여전히 겸손했고, 자신이 한 일에 강한 열정을 보여 주었습니다. … 저는 그녀를 뽑아야만 한다는 걸 즉시 알았죠.

나탈리가 가장 높은 인터뷰 점수를 준 이 후보자는 최종 합격하였다.

일반적으로 평가자들은 극단적인 헌신의 스토리에서 감정의 증폭을 경험하며, 존경과 때로는 심지어 경외의 감정을 느끼기도 한다. 명분이나 개인적인 만족을 추구하는 데 열정적으로 헌신하려면 보수를 받는 일에서 벗어날 수 있는 시간이 필요하다. 자원이 더 적은 사람들은 일상적이고 덜 감동적인 경험을 그저 연대순으로 기록하기 때문에 서사에 불이익을 받을 수도 있다.

그러나 경제적으로나 사회적으로 가장 불리한 후보자들은 장애물을 극복한 개인의 더 극적인 스토리가 가지는 광범위한 매력을 활용하기에 더 좋은 위치에 있었다. 평가자들은 무일푼에서 부자가 된 이야기에서 특히 더 큰 감동을 받았다. 어떤 회사에서는 이제 이런 스토리들을 '그릿(grit) 요인'이라고 부른다. 이 회사는 난관을 극복한 개인들이 어려움에 직면했을 때 회복이 더 빠르며, 강력한 극복 기술을 가지고 있는 경향이 있음을 시사하는 연구 결과에 근거해 이 기준을 충족하는 서사를 보유한 후보자에게 추가 점수를 부여한다. 비비안은 자신과 상당히 다른 배경을 가진 한 후보자를 인터뷰했을 때 느꼈던 흥분을 이렇게 말했다.

> 그는 자신이 미국으로 이민을 오게 된 경위와 관련해 놀라운 스토리를 말해 주었습니다. 그는 베트남 보트피플이었고, 보트를 타고 겪어야 했던 해적에 대해 이야기해 주었습니다. … 그는 "저는 영어를 말하지 못하던 상황에서 학부과정을 최우등으로 졸업해 졸업생 대표가 되었습니다."라고 말했습니다. 이런 사람은 스스로 길을 헤쳐 나가서 성공한 사람이기 때문에 이런 종류의 이야기는 너무나 감동적입니다.

생생한 스토리는 인터뷰의 다른 측면들을 압도할 수도 있다. 특히 개인의 서사라는 구성 요소와 기술적인 케이스의 토론이나 다른 업무 관련 지식에 대한 테스트가 균형을 이루지 않았던 로펌의 경우가 그랬다. 로펌 채용 파트너인 다이아나는 후보자의 스토리가 가진 강력한 보상성의 효과를 이렇게 기억했다.

> 그 사람은 인터뷰를 뛰어나게 잘하진 못했죠. 별로 침착한 사람이 아니었어요. … 그 사람은 백인이었지만 콤톤과 비슷한 지역인 [로스앤젤레스의]

사우스 센트럴에서 자랐죠. 학교에서는 총격사건이 많이 발생했고, 그의 어머니는 싱글맘이었고, 그는 가족 중에서 처음으로 대학에 진학한 사람이었죠. 그리고 대학을 졸업한 후에 그는 지역사회에 받은 것을 다시 돌려주고자 사우스 센트럴로 돌아가서 몇 년간 고등학교에서 학생들을 가르쳤습니다. 결국 우리는 학점이 엄청나게 높거나 인터뷰를 잘해서가 아니라 그의 스토리 때문에 우리 회사에 들어오라는 제안을 했답니다.

생생한 이야기는 채용에서 기존의 사회·경제적 편견과 인종적 편견을 뒤엎는 역할을 할 수도 있지만, 후보자들은 자신의 경험을 평가자들을 감정적으로 매료시키는, 장애물을 극복한 설득력 있는 유형의 서사로 엮어 내야 할 필요가 있음을 깨달아야 한다. 여기서 딜레마는 이런 종류의 지식이 문화를 기반으로 하며, 사회·경제적으로 편향돼 있다는 점이다. 혜택을 적게 받은 배경 출신의 개인들은 자신이 '축출'되거나, 아웃사이더가 되거나, 면접관들과 다르다는 이유로 불이익을 받을까 봐 두려워 자신의 출신을 밝히고 싶어 하지 않는다. 게다가 과거 연구들에 따르면 지위가 낮은 그룹의 멤버들, 특히 사회·경제적 배경이 더 낮거나 소수인종 출신인 사람들은 회사에서 개인적 정보를 공개할 가능성이 더 낮다.

— 일에 대한 관심: 당신은 왜 우리 회사에 오려 하는가

하지만 인터뷰의 서사적 부분은 추진력을 기록으로 보여 주는 일 외에 두 번째로 중요한 목적을 달성해야 했다. 면접관들은 후보자들이 일반적으로는 엘리트 전문서비스 기업에, 구체적으로는 그들이 인터뷰를 하는 회사에 자신의 미래가 있다고 확신하는지 설득력 있게 이야기해 주기를 기대하고 있었다.

산업에 대한 관심과 회사에 대한 관심은 둘 다 중요한 평가기준이었다. 회사들이 그물을 매우 넓게 던진 덕분에 엘리트 학교 출신의 후보자 수백 명을 인터뷰하면서, 평가자들은 평범한 지원자들은 걸러내고 그 일자리에 진정으로 관심이 있는 사람에게만 초점을 맞추고자 했다. "저는 이 사람이 왜 컨설팅에 관심이 있는지, 그리고 특히 왜 [이 회사에] 관심이 있는지 알고 싶습니다." 컨설턴트인 저스틴이 말했다. "사람들은 [최고 엘리트 경영대학원에 다니는 사람들 중에] 3분의 1은 현재 컨설턴트고, 3분의 1은 컨설턴트가 될 거라고 말합니다. 그리고 나머지 3분의 1은 재미 삼아 [컨설팅 채용] 절차를 거칩니다." 컨설턴트인 서니도 동의했다. "이력서와 자기소개서를 보내는 것이 너무 쉽기 때문에 최고 학교 출신의 너무 많은 사람들이 채용 절차에 참여합니다. 실제로 다른 모든 사람들이 '가만, 내가 이 일을 실제로 하고 싶어 하는 건가?'라는 생각조차 해보지 않고 지원을 합니다."

평가자들은 진정한 관심을 나타내는 지원자들은 세 가지 측면에서 유리하다고 생각했다. 첫째, 진정으로 관심이 있는 후보자들은 오퍼를 받아들일 가능성이 더 높았다. 회사에 들어오려는 진지한 욕구가 없는 후보자들보다 이들 개인에게 집중한다면, 비록 공식적으로 발표되지는 않는 숫자지만 회사 내부에서나 핵심 학교 학생들 사이의 대화에서 높은 지위의 원천이 되는 오퍼 수락률을 높이는 데 도움이 될 뿐만 아니라, 채용에 들어가는 자원의 양을 줄일 수 있다. 둘째, 이 일자리와 회사에 진정한 관심을 보인 후보자들은 일단 채용이 되면 업무에 더 많은 노력을 쏟을 의사가 있다는 믿음이 있었다. 헌터라는 한 컨설턴트가 설명했듯이, 평가자들은 '이곳에 근무하는 일에 대해 열정이 있고' 힘든 일정에도 불구하고 열심히 일할 학생들을 식별해 내는 방법의 하나로 이런 관심을 활용했다. 변호사인 오마르는 이런 개인들이 일단 취업을 하면 다른 사람들보다 '덜 비참해 할' 가능성이 높다고 농담하기도 했다. 투자은행가인 헤더는 후보자의 관심 수준을 평가하는 일이 왜 중요한지를 이렇게 요약했다.

> 저에게 다른 한 가지는 이 산업에 대한 일종의 열정 혹은 관심입니다. 그렇지 않다면 당신이 다른 일을 할 수 있을 때 왜 이 일을 하려고 하겠어요? 제 말은 저는 이 학교에서 배출되는 학생들은 거의 어떤 일이든지 할 수 있는 선택권이 있다고 생각해요. 만약 그들이 여기에 정말로 관심이 없다면, 나는 이 일을 하라고 권하지 않을 겁니다. 그들이 이 일을 좋아하지 않는다면, 그건 회사를 위해서나 그 사람을 위해서나 엄청난 시간 낭비가 될 거니까요.

면접관의 '왜 우리 회사인지'라는 질문에 대한 대답으로 제공되는 스토리는 모든 후보자에게 중요했지만, 특히 이력이 덜 전형적인 후보자에게 중요했다. 흥미롭게도 이런 '직관에 반하는' 지원자들은 저평가되지 않았다. 오히려 평가자들은 단순하게 이 후보자들의 서사에서 '왜 우리인지' 부분에 더 많은 가중치를 부여했다. 컨설턴트인 제이크는 비전형적인 후보자를 인터뷰할 때 자신이 흥미를 평가하는 방식을 이렇게 설명했다.

> 만약 [이력서가] 정말로 컨설팅에 맞는 것처럼 보이지 않는다면… 저는 '왜 컨설팅인가'에 관한 질문을 좀 더 강하게 밀어붙일 것입니다. … 저를 실

망시킬 것은 없습니다. 만약 그 사람이 저는 모르지만 여행 잡지 같은 곳, 보기에 전혀 관련 없어 보이는 어떤 분야에서 일했다면, 그 사실이 반드시 제 흥미를 떨어뜨리지는 않을 겁니다. 다시 말하지만, 저는 그저 좀 더 신중하게 '왜 컨설팅인가'의 질문에 대한 대답에 귀를 기울이고 싶습니다.

후보자의 과거 스토리와 엘리트 기업 분야에서 그들이 원하는 미래에 관한 스토리 사이의 명확한 연결은 경영대학원 수준에서 경력을 바꾸고 싶어 하는 지원자에게 특히 중요하다. "그 사람은 의사였을 수도, 음악가였을 수도, 변호사였을 수도 있습니다. 뭐든지 가능하죠. 그들은 왜 컨설팅이 그들에게 잘 맞는지, 그리고 그들이 왜 우리 회사를 좋아하는지 나를 설득할 필요가 있습니다." 카비타라는 컨설턴트가 말했다. 그녀는 사례 하나를 제시했다. "저널리스트였던 배경을 가진 매우 긍정적인 에너지와 침착함을 보유한 여성이 있었습니다. 그녀는 자신의 스토리가 뭔지 알고 있었죠. 왜 자신이 컨설팅을 하고 싶어 하는지 알고 있었습니다. 그녀는 매우 설득력 있는 방식으로 자신의 경험을 이야기할 수 있었죠." 카비타는 그녀를 2차 인터뷰로 올려 보냈고, 그녀는 결국 채용되었다. 업무와 직접 연관이 있는 이력서 자격 사항들을 갖춘 후보자라도 '왜 우리인가'라는 질문에 설득력 있게 대답할 수 없다면 불합격할 가능성이 높다. 헤더는 이런 근거를 바탕으로 자신이 왜 한 학부 졸업생을 탈락시켰는지 설명했다.

그는 매우 명석하고 동기들 중에 최고 성적을 기록한 경제학 전공자였죠. 하지만 그는 관심이 많아 보이지 않았습니다. 그래서 우리가 "그럼 이 산업에서 어떤 일을 하고 싶은가요? 본인이 어떤 분야에서 일하고 있을 거라고 예상하나요?" 하고 물었을 때, 그는 이렇게 대답했습니다. "글쎄요. 어디든지요. 저는 그저 여기 근무하는 게 멋지다고 생각합니다." 그 사람에게는 바로 진정한 열정이 정말로 없었습니다. 그는 좋은 스토리가 없어서 불합격한 거죠.

과거의 삶과 관련해 다른 유형의 스토리보다 더 설득력이 있는 일부 유형의 스토리가 있는 것처럼, 관심과 관련해서도 다른 서사보다 더 설득력이 있다고 인식되는 서사들이 있었다. 특히 평가자들은 직업적인 혹은 물질적인 관심보다 개인적인 관심에 끌려서 회사에 들어오고 싶어 하는 동기를 더 높게 평가하는 경향이 있었다. 그들은 일반적으로 누구나 얻을 수 있는 근거에서 나온 관심보다 개인적이고 직접적인 관찰에서 나온 관심을 훨씬 높게 평가했다. 평가자들은 후보자가 내부자들이나 알 만한 지식을 갖추고 있다면 이는 흥미를 강하게 보여 주는 지표라고 판단했다.

외부적 보상보다 내적 동기로 지원한 사람들

평가자들은 많은 사람들이 '적절한 이유'라고 언급한 이유 때문에 그 일자리에 관심을 가지게 된 후보자들을 선택하고 싶어 했다. 개인적인 열정에서 나온 과거 서사를 가진 후보자를 찾던 것처럼, 면접관들은 엘리트 기업에 대한 관심을 외부적 보상보다 내적 동기가 이끈 것으로 설정한 후보자들을 찾고 있었다. 관심을 평가할 때, 그들은 부르디외의 '필요성에서의 거리(distance from necessity)'라는 개념과 유사한 해석상의 논리를 적용했다. 부르디외의 개념에서 더 부유한 계층의 구성원들은 직접적인 유용성과 대치되는 심미적·상징적·표현적 특성을 위한 활동을 높게 평가한다. 평가자들은 높은 급여나 지위, 직업상의 성공과 같은 도구적 목적을 달성하고 싶어 하는 후보자들보다, 일 그 자체나 사회적 환경을 통해 자신의 개인적 성장을 이루기 위해 입사에 관심을 가진 후보자들을 더 높게 평가했다.

특히 연구 참여자 중 많은 수가 연구를 위한 인터뷰 중에 엘리트 회사에서 근무했던 경력이 미국의 젊은 엘리트임을 인증하는 중요한 자격증이 되었다는 사실을 인정했음에도 불구하고, 단순히 더 높은 지위를 추가해 이력서를 계속해서 개선하고 '싶어 했다고' 믿어지는 후보자들을 싫어했다. 예를 들어 투자은행가인 하이디는 자신이 "단지 '내가 여기서 일했고, 이것이 그다음 단계라서'가 아니라, 그들이 이 세계로 들어오도록 영감을 준 일에 대한 서사에 귀를 기울였던 방법"을 이야기했다. 투자은행가인 케빈은 좋은 동기와 나쁜 동기를 비교하면서 다음과 같이 설명했다.

> 우리는 전반적으로 이 일에 관심이 있는 사람을 찾습니다. … 그들이 정말로, 진실로 그 일자리에 관심이 있으며, 알아볼 만큼 알아보았는지, 자신이 발을 담그려는 곳이 어떤 곳인지를 진정으로 알고 있는지의 여부를 알아내려 합니다. 저는 열정을 찾고 있습니다. 어느 정도의 자기 인식을 찾고 있습니다. 내가 왜 이곳에 있는가? 이 일이 내가 진정으로 하고 싶어 하는 일인가? 내가 여기에 대해 실제로 생각해 본 적이 있는가? … 나는 그들이 명성이나 피난처, 혹은 돈 때문에 우리 회사에 그냥 지원하는 것이 아님을 확실히 하고 싶습니다. 나는 금융 서비스에 대한 관심과 관련해 그들의 눈 속에서 반짝거리는 작은 빛을 보고 싶습니다.

너무 많은 사람들이 월스트리트를 화려한 볼러의 라이프 스타일과 연관 짓기 때문이겠지만, 투자은행가들은 특히 '돈 때문에' 그곳에 있는 사람들을 싫어한다. 크리스토퍼는 자신이 취업 후보자에게서 찾고 있는 관심의 종류를 이야기할 때 그런 혐오감을 분명하게 내비쳤다.

> 저는 이 사람이 어떻게 내 앞에 왔는지 알고 싶습니다. 투자은행가인 삼촌과 함께 자라서 어린 시절부터 항상 투자은행가가 되고 싶어 했는지? 아니면 그들이 신문에서 투자은행이 급여가 가장 높다는 사실을 알게 되었고 그래서 그 일이 자기가 하고 싶은 일이라는 결정을 내렸는지? 자라면서 투자은행가가 되고 싶었고 투자은행가가 되기 위해 자신의 삶을 만들어 온 사람과, 급여가 좋다는 사실을 알게 되어 지원한 사람 사이에는 큰 차이가 있습니다. … 만약 돈 때문에 이끌렸다면 그들은 오래가지 못합니다.

회사를 가리지 않고 평가자들은 어떤 직업을 원하는 최선의 이유는 그 후보자의 내부에서 나온다고 주장했다. 여기에는 회사가 하는 일의 종류나 그 회사에서 일하는 사람들의 유형에 대한 지적인 관심과 흥분이 포함되었다. 수잔은 좋은 동기를 내보였던 한 후보자를 이렇게 묘사했다.

> 그들은 이 자리에 대해 너무 공격적이지 않으면서 매우 순수한 관심을 내보였습니다. … 그들은 왜 이 자리를 원하는지, 이 일이 자신의 장기적인 커리어 목적에 어떻게 들어맞는다고 생각했는지에 대한 매우 바람직한 이유들을 제공했습니다. 이것은 돈이나 단지 좋은 회사에 입사하고 싶기 때문이 아니었습니다. 자신을 위한 관심이자, 커리어 목표와 업무 외적으로

관심을 가지는 곳과의 적합성과 같은 진정으로 순수한 관심이었습니다. 수년 동안 관심을 가져왔고, 이제 그런 종류의 기회를 향해 이동할 준비가 된 것이었죠.

'적절한' 이유로 동기가 부여된 사람들

평가자가 회사에 들어가게 된 동기와의 유사성은 후보자가 그 회사에 관심이 있는지, 그리고 그 관심에 '적절한 이유'가 있는지를 보는 강력한 평가기준이었다. 컨설턴트인 하워드는 흥미라는 기준에서 높은 점수를 받은 한 최근 인터뷰 대상자를 지목했다. "우리 회사에 대한 관심을 질문했을 때, 그녀는 내가 실제로 했을 법한 답변을 제시했습니다. 그녀는 나와 똑같은 사고과정을 겪었던 거죠." 투자은행가인 로라는 자신의 동기를 적절한 동기로 활용한 평가자의 또 다른 사례를 제시했다.

> 대학생이었을 때 저는 도무지 하고 싶은 일이 또렷하지 않았습니다. 저는 그런 선택이 합리적인 것처럼 보였기 때문에 투자은행을 선택했고, 만약 내가 그 일을 싫어한다 해도 여전히 명석한 사람들로부터 많은 유용한 기술을 배우는 데 2년을 쓴 셈이 될 거라고 판단했습니다. 자신이 무엇을 원하는지 정확하게 알고 들어온 후보자들은 이렇게 말합니다. "저는 부동산 금융에서 구매 쪽의 업무를 정말 하고 싶습니다." 저는 이렇게 생각하죠. "뭐라고? 스물두 살밖에 안 된 사람이 그게 뭔지를 어떻게 알고 있는 거지?" 저는 그런 유형의 후보자들은 지나치게 닳았다고 생각합니다. 제 말은 코치를 받은 것 같다는 뜻이죠. 저는 합당한 목적을 가지고 이 사업에 들어오는 '순수한' 후보자들을 선호합니다.

나중에 로라에게 그런 이유에서 우호적으로 순위를 매긴 후보자를 묘사해 보라고 요청하자 그녀는 이렇게 말했다.

> 제가 그에게 "왜 금융이죠?" 하고 물었을 때, 그는 정말로 정직한 대답을 했습니다. 그는 그렇게 똑똑하고 많은 것을 성취했으며 흥미 있는 사람들에게 몇 년 동안 둘러싸여 일반적인 금융 기술을 배운다는 사실에 정말로 흥분돼 있다고 말했습니다. … 그에게는 이곳에 있고 싶어 하는 좋은 이유가 있었고, 그 점에 솔직했습니다.

앞서 지적했듯이 회사의 업무 유형과 일하는 환경에 관심을 보인 개인을 선택하는 것은 금방 불행해질 사람들을 걸러내는 데 도움이 될 수 있다. 하지만 어떤 유형의 동기가 추진력과 관심의 신호인가에 대한 면접관들의 평가는 계층을 토대로 한 이해에서 비롯된다. 평가자들은 커뮤니티로부터 받은 것을 되돌려 주거나, 자신 혹은 가족을 재정적으로 부양하는 등의 동기와 대조적인, 개인적인 열정, 개인주의, 개인의 성장을 찾고 있었다.

선행 연구와 내부자 지식을 통해 정보를 제공받은 사람들

'왜 우리인가'라는 질문에 대한 후보자들의 대답을 평점하면서, 평가자들은 또한 그들이 서사에 포함시킨 일자리, 회사, 라이프 스타일에 대해 얼마나 많은 지식을 가지고 있는지 확인함으로써 회사에 대한 후보자의 관심을 판단했다. 달리 말하면, 그들은 후보자들이 '숙제를 했는지'에 관심을 두었다. 이런 종류의 예비적 연구의 중요성은 투자은행에서 가장 강조되었고, 다음이 컨설팅, 그다음이 로펌이었다. 흥미에 관한 최소한의 기준을 통과하려면, 후보자들은 기본적인 사항을 알기 위해 가장 기초적인 인터넷 검색을 하는 데 재능을 보여야 했다. 평가자들 중 일부는 유머를 섞어서 (다른 사람들은 경멸감을 섞어서) 회사 이름을 틀리게 부르거나, 실재하지도 않는 사무소나 영업 분야에 관심을 표명한 후보자들의 사례를 회상했다. 변호사인 해리슨은 받아들일 수 없는 전형적인 관심의 표현을 이렇게 털어놓았다. "그들은 제게 다른 사람들에게 하는 똑같이 형편없는 대답을 했습니다. '저는 국제적인 로펌을 매우 좋아하고, 국제 중재라는 말은 정말 멋집니다.' 이런 대답은 제가 듣고 싶어 하지 않는 대답입니다. … 저는 약간은 다른 무언가를 찾고 있습니다." 가장 좋은 답변은 해당 산업, 회사, 직원들에 대한 얻기 어려운, 암묵적인 지식을 보여 주는 답변이었다. 산업 내부자에게서 얻었다는 것을 암시하는 그런 종류의 정보 말이다. 가야트리라는 투자은행가가 설득력 있다고 생각한 증거는 후보자들이 다른 어소시에이트나 애널리스트와 대화를 나누었으며, 산업에 대한 리서치를 했다는 증거였다. 투자은행가인 클라이브는 관심에 대한 강력한 증거와 후보자들이 일을 즐기면서 상당한 기간 동안 회사에 남을 가능성 사이의 연계성을 강조했다.

> 당신이 여기서 어떤 상황에 처하게 될지 알고 있나요? 그리고 관련 기사들을 통해서 아마도 알고 있겠지만… 투자은행 업무는 매우 힘들고, 말 그대로 당신의 삶을 회사에 헌신해야 합니다. 힘든 일이죠. 그래서 우리는 그렇게 오랜 기간 그런 고난을 겪고 싶어 할 만큼의 충분한 동기부여가 되지 않았을지도 모르는 누군가를 데려오는 일을 피하고 싶습니다. 따라서 업무에 대한 리서치를 했고, 그 업무에 무엇이 수반되는지 아는 사람, 그리

고 가급적이면 이 과정을 먼저 겪어서 그들에게 이 일에 대해 말해 줄 수 있는, [학교에서] 1년 내지 2년 정도 앞선 친구들이 몇 명 있다는 사실을 보여 주는 사람이 좋습니다. 기꺼이 여기에 갇혀서 정말 열심히 일하고 배우려는 용의가 있는 사람이요.

클라이브의 논평은 비공식적인 네트워크와 사회적 자본이 특정 지원자들에게 우월한 위치를 제공할 수 있다는 사실을 분명히 보여 준다. 흥미롭게도 평가자들은 채용과정에서, 특히 엘리트 학교 출신 학생들의 입장에서 이런 유형의 내부자 정보가 불평등의 원천이라고 인식하지 않았다. 컨설턴트인 서니는 명망이 높은 핵심 대학과 관심 대학의 학생들에 대해 이렇게 언급했다. "그 학교에서 도움을 줄 수 있는 사람이 단 한 명은 아닐 테니까요. 매년 수많은 사람들이 지속적으로 인터뷰를 합니다. 그들에게는 분명히 컨설팅이 어떤 것인지 파악하고 현명해질 기회가 있었을 겁니다."

하지만 해당 캠퍼스에서 모든 학생이 동등하게 그런 사회적 인맥에 접근하는 것은 가능하지 않다. 채용과 관련해 '상황을 파악하는 일'은 상당한 시간 투자를 요구한다. 내가 인터뷰한 일부 학생 구직자들은 인터뷰를 포함한 채용 활동에 참여하는 일이 교과과정을 추가로 듣는 것만큼이나 시간을 많이 빼앗아 간다고 밝혔다. MBA 학생들은 구직 활동이 풀타임 일자리와 더 비슷하게 닮았다고 밝혔다. 등록금이나 생활비를 상환하기 위해(혹은 가족들에게 돈을 송금하기 위해) 상당한 양의 유급 고용에 참여해야 하는 재정적 수단이 한정된 학생들은 종종 다른 책임에서 하루당 1시간에서 3시간 정도를 '빼서' 채용의 세계에 몰두할 수 없었다. 게다가 회사 내부자 정보는 부유한 학생들이 장악하고 있는 스포츠팀이나 사교클럽, (학부생들을 위한) 비밀 모임의 구성원들 사이에서 더 자유롭게 흘러 다니는 경향이 있었다. 명성이 높은 경영대학원의 취업지원센터 직원이 해준 설명은 적절한 유형의 일자리에 대해 탐색하는 데 어떻게 학생들의 시간과 돈, 사회적 네트워크가 도움이 되는지를 조명해 준다. "그녀는 실제로 그 회사에 대한 더 많은 정보를 얻으려고 밖에 나가서 그 회사에 다니는 학생들과 직원들을 수소문해 자기만의 포커스 그룹을 만들었죠." 이 학생은 회사에 대한 그들의 경험을 공유하기 위해 사람들을 모아 그룹을 만들었다. 그녀는 그들에게 음식과 소정의 사례비로 보상했다. "그녀는 그 회사에 최종 합격했어요." 그 직원은 자랑스럽게 내게 말했다.

에너지가 넘치며, 업무에 대한 흥분을 설득력 있게 보여 주는 사람들

면접관들은 자신의 과거 경험에 대한 서사처럼 후보자들의 순수한 관심도 가공되었을 수도 있다는 사실을 인정했다. 투자은행가인 조시도 마찬가지였다. "자기 스토리를 장황하게 늘리고 싶어 하는 후보자들도 많이 있죠. 우리는 그저 그들이 얼마나 심하게 과장을 하는지 알고 싶은 겁니다. 스토리가 얼마나 진실되게 들리는지, 혹은 그들이 이 산업에 속한 일자리라면 어느 회사라도 상관없다고 여기는지 살펴봅니다. 놀랍게도, 평가자에게 후보자에 대한 확신과 신뢰의 느낌을 주는 데 성공한다면 가짜 관심은 문제로 여겨지지 않았다. 투자은행가인 도노반은 빙긋이 웃으면서 말했다. "저는 진짜처럼 보이는 이런 종류의 가짜 겉모습을 좋아합니다."

평가자들은 후보자들이 서사 부분에서 '왜 우리인가'를 설명할 때, 그들의 흥분과 에너지 수준을 판단함으로써 과장의 문제를 해결하려고 노력한다. 컨설턴트인 캐런은 후보자의 관심 수준을 어떻게 판단하느냐고 질문을 하자 이렇게 대답했다.

> 그들이 당신에게 이야기할 때 흥분하는지, 아니면 그저 또 다른 인터뷰에 불과한 것인지 알 수 있습니다. … 대부분 말하는 내용보다는 목소리의 톤과 인터뷰 중에 하는 행동을 통해서 알 수 있죠. 그리고 당신의 프로젝트와 경험에 얼마나 많은 관심이 있는지도요. 특히 누군가가 내게 이야기할 때 저는 그들이 정말로 관심을 가지고 흥분하는 모습을 보고 싶습니다.

그녀는 인터뷰 중에 회사에 대한 강한 흥분을 보여 준 한 후보자의 사례를 들었다.

> 컨설팅에 대해 물었을 때, 그는 이 직업의 전망에 너무나 기대가 컸기 때문에 그가 이 회사에 매우 관심이 있다는 사실을 명백하게 알 수 있었습니다. 그리고 뭐랄까, 이런 말은 정말 설득력 없이 들리겠지만 그 사람 주변에는 일종의 '광채'가 있었어요. 광채와 우리가 하고 있는 일에 대한 관심. 그리고 [그 사람은] 그저 내가 하는 일과 생각, 그런 종류의 것에 관심이 매우 많았습니다. 따라서 다른 후보자들 누구와도 매우 달랐죠. … 사람들은 항상 누군가를 원하면 그걸 알게 된다고 말합니다. 그 사람은 제가 "그래, 이 후보자는 훌륭해."라고 생각한 처음이자, 아마도 유일한 후보자였습니다.

동시에 너무 심한 흥분을 보인 후보자는 '절박'하거나 심지어 '섬뜩'하게 보일 위험이 있었다. 컨설턴트인 앰버는 회사에 입사할 수 있다는 것에 '지나치게 행복해 하던' 한 후보자를 회상했다. "그 사람은 매우 흥분했는데 그건 좋은 일이고 저는 열정적인 사람들을 좋아하긴 하지만, 그는 다소 심하게 행복해 했습니다. 자기 앞에 놓인 삶 전체를 회사에서 보낼 것이며, 모든 것이 이미 결정된 것처럼 그리고 있었죠." 흥분과 신중함 사이의 적절한 균형을 설명하면서, 변호사인 나오미는 비록 그녀의 회사에서 너무나 일하고 싶어 했고, 회사에 대해 모든 것을 알고 있었지만 오퍼를 받지 못한 '최고로 열정적이었던' 한 후보자를 언급했다. "그건 로맨틱한 관계를 겪는 것과 같죠." 나오미는 이렇게 설명했다. "당신에게 너무 빠져 있는 듯한 남자는 아무도 원하지 않잖아요. 누구나 얻기 힘든 남자를 원하죠." 앰버와 나오미의 평가가 시사하듯이 성공적이 되려면 후보자들은 흥분과 신중함 사이에서 균형을 유지할 필요가 있었다. 이런 종류의 균형을 유지하는 능력은 세련미가 요구되는 대인관계 기준에서 핵심적인 측면이었다.

세련미: 근사하게 보이기

전문 서비스는 고객 중심 산업으로 고객을 만족시키려면 높은 품질의 뛰어난 업무 수행은 물론, 이를 매력적으로 포장하는 일이 수반된다. 적절한 수준의 세련미와 '존재감'(평가자들은 후보자의 소통 스타일과 자기표현을 언급할 때 이 두 가지 용어를 번갈아 가며 썼다)은 업무와 관련한 중요한 필수요건이었다. 회사들은 사회적으로 다른 직원들과의 적합도가 높을 뿐만 아니라, 추진력이 있고, 업무에 순수한 관심을 보이는 사람들을 찾았다. 컨설턴트 조던의 표현에 따르면, 평가자들은 후보자들과 이야기하고, 그들의 이야기에 귀를 기울이면서 '근사하게 보일' 사람들을 찾는다.

평가자들은 자신이 인터뷰한 거의 모든 사람이 해당 업무를 하기에 '충분히 똑똑하다'는 데 선뜻 동의했다. 역시 컨설턴트인 스텔라가 지적했듯이, 결국 "아이비리그 학교에 다니는 모든 사람은 똑똑하기" 때문이다. 그녀는 덧붙였다. "하지만 여기서 질문은 그들이 처신을 잘할 수 있을까입니다." 후보자들의 사회성 기술과 대인관계 기술에 대한 인식은 고객을 대면하는 모든 직업을 위한 인터뷰에서 핵심적인 역할을 했다. 세련미는 내가 연구했던 엘리트 회사 일자리를 위한 인터뷰에서 특히 강조되었다. 이는 새롭게 채용하는 후보자들이 보통 20대인 젊은이들이기 때문이었다. 반면 이 회사들의 고객은 대개 자신의 경력을 견고하게 확립한, 나이가 더 많고 사회적 지위가 있는 사람들이었다. 그들은 종종 수백만 혹은 수십억 달러 규모의 다국적기업 소속 최고위급 임원들이거나 매니징 디렉터, 법무자문이었다. 고객들은 그들의 재무, 법무, 전략 문제를 다루도록 배정받은 신입사원들이 한 일에 대해 시간당 수백 달러를 지불했다. 이들 신입사원 중 상당수는 직접 관련된 업무 경험이 거의 없거나 전무했다. 컨설턴트 나탈리가 설명했듯이 "이상적인 회사라면 고객들 앞에 내세우고 싶은 사람들, 즉 당신이 프로페셔널하고 성숙하다고 느끼는 직원들이 일하고 있겠죠. 자신보다 나이가 두 배나 많은 사람들이 있는 방으로 걸어 들어가 자신감 있게, 하지만 지나친 자신감을 내비치지 않고 상황을 지휘할 수 있는 사람들말이죠." 세련미가 부족한 신입사원들은 고객과 그들 사이의 나이와 경험의 차이에 관심이 쏠리게 하고, 잠재적으로 고객의 신뢰를 약화시킬 것이다. 엠마라는 컨설턴트에 따르면 세련미가 부족할 경우 신입사원들이 '너무 아이처럼 보일' 수 있다고 한다.

또한 세련미는 기업 내부 차원에서도 중요하다. 신입사원은 그룹 프로젝트에서 팀 구성원들과 효과적으로 의사소통할 수 있어야 했다. 투자은행가인 헤더는 이렇게 설명했다.

> 금융의 많은 부분은 협업입니다. … 대형 투자은행에서 일한다면 당신은 정기적으로 고객을 응대합니다. 그룹 내 다른 사람들도 정기적으로 대면합니다. 팀 프로젝트도 많이 있을 겁니다. 당신은 사람들을 상대하고 고객과 명확하게 의사소통을 해야 합니다. [그리고] 회사 내의 다른 직원들과도 명확하게 의사소통을 해야 할 겁니다.

세련미의 중요성에 대한 공감대가 강했음에도 불구하고, 내 연구에 참여한 면접관들은 처음에는 취업 인터뷰 중에 세련미를 어떻게 인식하고 평가하는지 설명하기 어려워했다. 비비안은 특별히 세련미가 대단하다고 느낀 한 후보자를 이렇게 언급했다. "그건 프랑스식으로는 말로 형언하기 어려운 무언가를 의미해요. 뭔지는 모르겠지만, 그들에게는 존재감이 있어요." "그 사람과 이야기를 하면 좋은 감정을 느껴요. 그게 설명할 수 있는 최선이에요." 세련미를 포르노와 비교한 투자은행가 레이첼은 웃으면서 말했다. "보면 알게 되죠."

노동시장을 연구하는 학자들은 소통 기술을 선천적이며 이분법적인 기술로 자주 묘사한다. 직원들에게는 사람을 대하는 강력한 기술이 있거나, 아니면 없다는 것이다. 하지만 현실에서 적절한 상호작용 스타일과 규범은 사람과 상황에 따라 다양하다. 예를 들어 권위 있는 존재에 대한 순종은 종종 블루칼라 직업에서는 자산이다. 독립성과 자기표현을 내보이는 것은 중상류층, 관리직 일자리에서 높게 평가받는다. 심지어 전문직의 유형에 따라 규범에는 다양성이 존재한다. 실리콘밸리 스타트업 회사의 취업 인터뷰에 알록달록한 양말을 신고 폭이 좁은 넥타이를 매는 것은 창의성과 내부자 지위를 나타내는 신호로 보일 수도 있다. 반면 월스트리트 로펌 인터뷰에 같은 복장을 입는 것은 무례함으로 해석될 수도 있다. 그렇다면 회사들 전반에 걸쳐, 평가자들이 세련미를 평가하는 작업이 주관적이라는 사실에 선뜻 동의하는 것도 이상한 일은 아니다.

아래에서 나는 엘리트 회사라는 맥락에서 세련미를 구성하는 것이 무엇인지 좀 더 자세히 살펴보고자 한다. 이런 체계적 검증은 두 가지 이유에서 유용하다. 먼저 높은 급여를 받는 기업 일자리를 향한 경쟁에서 어떤 유형의 상호작용 스타일이 더 유리한지, 그리고 어떤 후보자들이 그런 스타일을 보여 줄 가능성이 더 높은지를 밝히는 데 도움이 된다. 또한 문화와 불평등에 대한 학술적 연구에서 어떤 것이 상호작용에 관한 문화적 자본으로 간주되는지를 명확하게 하는 데 도움이 된다.

― 세련미 평가하기: '일련의 섬세한 균형'

앞서 인용한 평가들이 제시하듯이 많은 평가자들은 우선 세련미를 구성하는 것이 무엇인지 분명히 밝히는 데 어려움을 느꼈다. 하지만 더 깊게 탐색하면서 그 자질의 핵심 요소는 더욱 명백해졌다. 세련미는 면접관들을 편안하게 만들면서도 편안하게 보이는 것, 대화의 리듬과, 규범을 지키면서도 대화의 고삐를 놓지 않는 것, 흥분을 내보이면서도 이를 경계선 안에서 유지하는 것, 자신감이 있어 보이면서도 건방져 보이지 않는 것으로 구성된다.

개인적인 침착함 보이기

사회학자인 샤머스 칸(Shamus Khan)은 세인트 폴에 있는 특권층의 기숙학교에 대한 연구에서 대화라는 환경, 특히 높고 낮은 지위의 개인들이 참여한 대화에서, 편안하게 보이면서 다른 사람들을 편안하게 만드는 능력은 현대적인 경제 엘리트의 문화적 특징임을 지적했다. 불평등에 관심이 있던 칸과 다른 사회학자들은 다른 사람들과 대화를 하면서 편안한 느낌을 조성할 수 있는 능력이 더 부유하고 교육을 많이 받은 개인들의 특징이며, 이는 더 폭넓은 사회적 네트워크의 개발을 촉진할 뿐만 아니라 조직 위계질서 전반에 있어서 여러 직위에 있는 사람들과 긍정적이고 신뢰할 수 있는 관계를 구축하는 데 도움이 된다고 제시했다. 사회학자인 보니 에릭슨(Bonnie Erickson)은 회사 내에서 성공적으로 진급하는 데 후자가 특히 중요할 수 있다는 사실을 발견했다. 이와 유사하게 후보자의 편안한 태도와 면접관들을 편안하게 만드는 능력은 평가자들이 지원자의 세련미 수준을 판단할 때 가장 흔하게 사용하는 기준이었다. 편안함에는 두 개의 구성요소가 있다. 후보자들은 차분하게 보이면서(평가자들은 이를 '침착함'이라고 하기도 했다), 면접관들이 편안하게 느끼도록 만들 수 있어야 했다. 투자은행가인 페르난도는 이들 차원이 어떻게 동시에 작용하는지 이렇게 설명했다.

저는 세련미나 존재감이 다른 인간과 교감할 수 있는 자연스러운 능력이라고 봅니다. 엄청나게 중요한 거죠. 새로운 누군가를 만날 때 편안하게 느끼는지, 그 사람을 편안하게 만들어 주는지는 매우 중요합니다. 바로 불편하지 않게 대화를 이어 갈 수 있는 능력, 그런 것이 한 가지 측면이라고 볼 수 있죠. 다른 측면은 자기 확신의 아우라가 있느냐 없느냐 하는 문제입니다. 대화 내용을 충분히 이해하고, 혹여 이해하지 못했을지라도 이해한 것 같은 확신을 보여 줄 때 우리는 좋은 느낌을 받습니다.

평가자들은 침착성을 평가할 때, 보통 언어적 단서와 비언어적 단서 두 가지 모두를 평가했다. 그들은 대화 중에 신체나 목소리가 불안해 보이지 않고 자연스럽게 보이는 후보자들을 찾았다. 컨설턴트인 유진은 자신이 어떻게 세련미를 판단하는지 설명하면서 비언어적 단서의 중요성을 강조했다. "그들이 내게 인사할 때 내가 어떻게 느끼도록 만드는지에 대한 거죠. 아시겠지만, 자세, 눈 맞춤, 얼마나 자신감이 있는가 하는 것들이죠." 투자은행가인 라이언도 동의했다. "저는 걸어 들어올 때 그 사람에 대해 모든 것을 알아차리는 경향이 있습니다. 그들이 가진 자신감이건, 악수 스타일이건, 눈 맞춤이건… 원래 다 그런 거죠." 역시 투자은행가인 트리스탄이 지적했듯이, 후보자의 몸이 말썽일 때도 있다.

제가 제일 먼저 보는 것은 자세입니다. 불안한 듯, 혹은 자기 자신에 대해 확신하지 못하는 것처럼 보이는 사람들은 불리할 수밖에 없습니다. 저는 감정으로 그것을 통제하기는 어렵다는 걸 압니다. 하지만 당신도 아시겠지만 그것이 현실이죠. 그리고 어떤 사람들은 유독 편안해 보이기도 합니다. 그건 좋은 일이죠. 하지만 그들이 계속해서 몸을 까딱거리거나, 시선을 맞추지 않거나, 다른 곳을 쳐다본다면 그건 분명히 좋은 상황이 아닙니다.

다른 사람이 편안하게 느끼도록 도와주기

편안함의 두 번째 요소, 즉 다른 사람이 긴장을 풀고 편안하게 느끼도록 만드는 능력은 세련미에서 높은 점수를 받은 후보자들을 특징짓는, 스스로에 대한 자신감 있는 표현과 밀접하게 연결돼 있다. 이들은 더 침착한 것은 물론, '자신에 대해 있는 그대로 편안한' 상태를 유지하면서 더 강건한 정신력을 가진 사람으로 인식되었다. 과거 연구에 따르면, 기분과 감정은 사람들 사이의 상호작용에서 전염성을 띠는 경향이 있다. 불안한 후보자가 안절부절못할 때 면접관들은 종종 신경이 거슬리는 느낌을 받는 반면, 침착한 후보자의 편안한 감정은 종종 면접관들의 긴장을 풀어 주었다. 실제로 평가자들이 사회적 상호작용 가운데 산만하거나 거슬린다고 느낀 소소한 부분이 후보자의 세련미에 대한 평가를 낮출 수 있었다. "[최근에] 저는 정말로 똑똑해 보이고, [이 회사에] 관심이 있는 것으로 보이는 사람을 만났습니다." 변호사인 안드레아가 말했다. "하지만 그는 너무 자주 한쪽 눈을 깜박였어요. 거기에 정신이 산만해지지 않고 대화를 이어가기는 매우 어려웠죠. 저는 매우 애석하다고 생각했지만, [우리가] 그 사람을 고객 앞에 세울 수는 없다고 생각했어요." 이와 비슷하게 대화 습관도 세련미를 평가하는 데 중요한 역할을 했다. 어색한 시작과 언어에서의 불확실성은 종종 자신감의 부족으로, 따라서 세련미의 부족으로 해석되었다. 투자은행가인 캘빈은 지금도 기억하는 언어 표현이 좋지 않던 한 후보와 인터뷰를 했다. "그 사람은 '음'이라는 소리를 처음 3분간 스무 번 정도 하더군요."

평가자들은 인터뷰가 '자연스럽게' 느껴지기를, 그리고 취조보다는 대화에 가깝게 보이기를 기대했다. 그들은 후보자들이 대화를 선제적으로 이끌거나, 평가자들의 표현을 빌리자면 면접관을 개인적인 차원에서 참여시키려고 노력함으로써 '고삐를 잡고 있거나', '대화를 밀고 나가야' 한다고 생각했다. 세련된 후보자들은 평가자들 사이에 편안한 느낌을 촉진하는, 자연스러워 보이는 대화의 리듬을 유지하는 데 능숙했다. 가장 세련된 사람들은 도리어 면접관을 인터뷰함으로써 전통적인 면접관과 면접 대상자의 위계질서를 교묘하게 뒤집었다. 컨설턴트인 조지는 다음 사례를 들면서 이렇게 말했다. "최고들은 면접관에게 질문을 하면서 인터뷰 과정을 시작하죠."

> 후보자들이 모여 있는 방을 나와서… 우리는 실제로 인터뷰를 실시할 방으로 걸어가고 있었습니다. 그녀는 즉석에서 내 신상카드에 적힌 내용에 대해서 묻더군요. 저는 그렇게 먼저 말을 거는 방식이 정말로 도움이 된다고 생각합니다. 즉각적으로 전통적인 면접관과 면접 대상자 관계를 뒤엎었기 때문에 우리 대화를 제가 이야기한 그런 종류의 대화로 바로 바꿔 놓았죠. 면접관이 당신의 질문에 대답하게 하면서 바로 시작하는 거죠.

대화에서 적극적인 역할 맡기

세련된 후보자들은 평가자와 후보자 사이의 권력 차이를 감안할 때, 취업 인터뷰에서 더 적절하게 보일 수 있는 질문–대답, 요청–응답의 리듬을 순종적으로 따르기보다 면접관과의 공통점을 의도적으로 찾아내면서 쌍방향 대화를 만들어 내고 유지하기 위한 단계를 밟았다. 투자은행가인 제이슨의 의견에서는 대화를 시작하고 유지하는 데 있어 적극적인 역할을 맡는 후보자들에 대한 평가자들의 선호가 분명하게 드러났다. "면접관은 그저 대답만 하고 끝내는 사람을 뽑고 싶어 하지 않습니다." 그는 강조했다. "이건 대화가 돼야 합니다. 우리는 편안한 감정을 원하고, [대화가] 갑자기 멈추기를 원하지 않습니다. 저는 때때로 후보자들이 긴장해서 그저 다음 질문을 기다리고, 질문에 올바르게 답하는 데만 집중한다는 걸 압니다." 컨설턴트인 샬롯은 세련미를 정의하면서 "대화를 이끌어 가고, 대화의 전환을 다룰 줄 아는 능력"을 포함시켰다. "질문을 받고, 그들은 대답을 합니다. 그런 다음 면접관이 말하겠죠. '오, 흥미롭군요. 저의 경우엔 이러했답니다.' 그러면 그 학생이 이를 되받아 이어 가는 식입니다."

질문-대답 형식에 고지식하게 집착하는 인터뷰 대상자들은 특히 그들이 한 대답들이 짧고 직선적일 때, 대화의 흐름을 가로막으면서 대화를 유지할 부담을 면접관에게 넘기는 사람으로 인식되었다. 변호사이면서 로펌 채용 매니저인 메리는 이렇게 논평했다.

> 가장 어려운 인터뷰는 어떤 말도 하지 않는 사람과의 인터뷰입니다. 당신이 질문을 하면서 이것은 예스나 노로 대답할 질문이 아니라고 생각하는데 그들은 예스나 노라는 답을 합니다. 그들은 두세 단어로 대답하고, 그런 다음 당신은 다시 시작할 때의 상황으로 되돌아옵니다. 그들은 분명히 인터뷰하기 힘든 학생들입니다.

하지만 후보자들은 적극적인 참여와 대화의 독점 사이에 있는 선을 매우 조심스럽게 걸어야 한다. 컨설턴트인 나빈은 이렇게 불평했다. "어떤 사람들은 들으려고 하지 않습니다. 그들은 당신이 말할 때 끊임없이 끼어들고, 당신이 생각을 마무리하도록 놔 두지 않습니다." 따라서 투자은행가인 사셍크가 설명했듯이 대화의 타이밍은 세련미의 핵심적인 측정 기준이다.

언제 말을 하고 언제 조용히 해야 하는지 아는 것입니다. … 대화에 언제 참여해야 하고 언제 빠져나와야 할지 아는 것입니다. 그리고 중요한 것은 당신 자신을 어떻게 홍보해야 할지 아는 것입니다. 따라서 심지어 내가 직접적으로 묻지 않았을 때도 대화 중에 특정한 기술을 보유하고 있다는 정보의 일부를 전달하거나, 최소한 그런 인식이라도 줄 수 있어야 합니다.

투자은행가인 크리스토퍼도 세련미를 갖춘 후보자의 사례를 들면서 대화의 타이밍을 강조했다.

그는 대화할 때 타이밍을 압니다. 이 남자에게는 여유가 있었습니다. 자신감도 높았고요. 그는 젊었지만, 아주 젊었지만 자신감이 있는 사람이었습니다. 그는 대화의 흐름을 따랐습니다. 하지만 저는 그가 매우 쿨한 사람이며, 심지어 소소한 대화에서도 자신에 대한 홍보가 될 만한 요점을 전달한다는 걸 알아차렸습니다. … "오, 그래요? 글쎄요. 그건 제가 [대학에서] 겪은 경험과 비슷하군요. 제가 이런저런 일을 했을 때…."

요약하자면, 대화의 리더십과 팔로우십 사이의 긴장에 있어 균형을 맞추고, 적절한 대화의 리듬을 따르고, 타이밍을 맞추는 일은 성공적으로 세련미를 보여 주기 위한 핵심 요소였다.

적당한 흥분을 표현하기

아울러 세련미에는 적절한 유형과 강도의 감정을 내보이는 일이 수반된다. 미국인들은 다른 감정보다 흥분의 감정에 특혜를 주는 경향이 있다. 따라서 면접관과 대화하는 중에 후보자들은 그 일자리에 대한 관심을 소통하는 것은 물론, 면접관들이 종종 '에너지'라고 부르는 흥분을 표현할 필요가 있다. 평가자들에게 그들이 어떻게 후보자의 에너지 수준을 판단하느냐고 물었을 때, 그들은 구체적인 기준을 대지 못해서 애를 먹었다. 더 깊게 파고들자 그들은 자세, 시선, 억양과 같은 요인들을 언급했다. 컨설턴트인 패트릭은 후보자들의 에너지와 세련미를 평가하기 위해 비언어적 신호에 집중했다. "그들이 의자에 기대앉아 있는지, 별 관심 없다는 듯 웅얼거리는지, 정말로 그 절차에 관심이 있고 열정이 있는지?" 컨설턴트인 케이틀린은 세련미를 판단하는 일이 더 복잡하다고 생각했다. "세련미 중 일부는 몸이 보내는 신호입니다. 눈을 맞추고, 아시겠지만, 몸을 앞으로 기울이고, 그 사람이 말하는 것에 관심을 보이는 일 등이죠." 그녀는 이렇게 인정했다. "하지만 솔직히 말해서 거기에 과학은 없는 것 같아요. … 세련미의 중요한 부분은 그냥 에너지죠."

인터뷰에 들어와서 흥분을 드러낸 후보자들은 종종 평가자를 '흥분시켰고', 평가자가 그 후보자와 계속해서 대화를 하는 것이 흥분된다고 느끼도록 만들었다. 반대로, 흥분의 표현이 부족한 후보자는 면접관의 에너지 수준을 '끌어내렸고' 감정적으로 부정적인 반응을 유발했으며, 평가자가 그 사람을 '지루하다'고 인식하는 결과를 낳을 수도 있었다. 컨설턴트인 나빈은 개인적인 흥분이 부족하다는 이유로 불합격한 한 후보자를 이렇게 언급했다. "그의 에너지 수준은 엄청나게 낮았습니다. 그야말로 최고로 낮은 에너지 수준이어서, 실제로 [그에게] 열정이라고는 찾아볼 수 없었기 때문에 그를 '흔들어 깨워야' 할 것 같은 느낌이었습니다. … 그는 2차 인터뷰에서 살아남지 못했습니다. 만약 그 사람을 고객 앞에 데려다 놓는다면, 고객이 2분 안에 흥미를 잃어버릴 것처럼 느껴졌거든요."

또한 사교적 대화에서 흥분을 표현하지 않은 후보자들은 평가자들이 일자리와 회사에 대한 관심의 진정성을 의심하게 만들었다. 하지만 여기에도 균형, 즉 선을 넘지 않는 열정이 중요했다. 부르디외는 특권층의 특징이 '거리'의 표현과 감정적인 무심함임을 지적한 바 있다. 게다가 최근의 한 실험적 연구는 더 높은 계층 출신의 개인들이 사람들 사이에서 감정적으로 더 무심하다는 사실을 발견했다. 따라서 엘리트 회사에서 너무 심하게 흥분을 표현한다면 이는 세련미가 부족하다는 신호의 역할을 했다. 앞에서 그녀의 말을 인용했지만, 나오미가 "아무도 당신에게 온통 빠져 있는 남자를 원하지는 않는다."라고 말했듯이, 엘리트 고용주들은 지나치게 열정적인 후보자에게는 지루한 후보자에게보다도 더 관심을 보이지 않았다. 컨설턴트인 조던은 흥분과 신중함 사이에서, 그리고 열성적으로 보이는 것과 '쿨함을 유지하는 것' 사이에서, '일련의 섬세한 균형'을 자연스럽게 보여 준 한 후보자를 이렇게 소개했다.

> 그 사람은 처음에 아주 좋은 인상을 주었습니다. 대기실에서 처음 만날 때부터 그는 에너지가 넘쳤지만 지나치게 열의를 보이지는 않았습니다. 그는 당신이 일종의 아첨쟁이라고 느끼는 그런 사람은 아니었습니다. 이런 식이었죠. "네, 만나서 반갑습니다. 저는 이 인터뷰를 고대하고 있었어요. 오늘 기분은 어떠신가요?"… 저는 곧바로 그에게 편안함을 느꼈습니다. 그는 인터뷰 중에는 주의를 기울였고, 매우 정중했으며, 구부정하게 앉아 있거나 뒤로 기대지도 않았습니다. … 당신이 지나치게 불안해지는 스펙트럼이 있고, 지나치게 편안해지는 스펙트럼이 있죠. 그 가운데가 딱 좋습니다.

하지만 긍정적이지만 지나치게 압도적이지 않은 에너지가 어떤 것인지는 특정한 면접관의 감정 수준과 표현에 따라 다양했다. 면접관들은 자신의 에너지 수준과 비슷한 후보자들에게 끌렸다. 예를 들어, 에너지가 특히 넘치는 변호사인 비벌리는 자신이 본 최고의 후보자에 대해 이렇게 말했다. "그녀는 믿을 수 없을 정도로 에너지가 넘쳤고, 재미있고 흥미로웠습니다. … 그녀는 매우 야심적이고, 열정적이고, 명석했어요." 좀 더 명랑한 변호사인 미아는 면접 대상자들이 자신의 감정을 표현하는 수준을 면접관의 수준에 맞추어 조정할 필요가 있다고 믿었다. "만약 당신이 인터뷰에 들어갔는데 면접관이 아주 느긋한 사람이라면, 당신도 그 사람의 수준에 맞춰야 한다고 생각합니다. 그리고 인터뷰에 들어갔는데 그 사람이 매우 진지한 사람이라면… 역시나 그 수준에 맞출 필요가 있습니다." 따라서 세련미에는 흥분과 차분함 사이의 적절한 균형을 보이는 일과 이를 면접관의 감정 수준에 영리하게 맞추는 일이 수반된다.

자신감 있되 건방지지 않기

세련미를 특징짓는 좀 더 섬세한 균형에는 한 가지가 더 있었다. 거만하게 보이지 않으면서 자신감을 내보이는 일이다. 오만은 평가자들에게는 심각한 위험 신호다. 특히 남성 면접관들 사이에서 오만함은 분노를 유발했으며, 자동으로 불합격으로 이어질 수도 있었다. 투자은행가인 코너는 이렇게 주의를 주었다. "오만함은 피하는 게 좋습니다. 지나치게 자신감이 있는 것은 괜찮습니다. 당신이 과거에 한 일 중 일부와 그 방법을 제시하는 것도 좋습니다. 당신은 이런저런 일을 했던 것이 자랑스럽겠지만, 당신이 건방지고 모르는 게 없는 사람처럼 구는 순간, 저는 바로 흥미를 잃게 될 겁니다." 흥미롭게도 취업 인터뷰에서 자신을 대놓고 홍보한 여성 후보자들이 강력한 역풍을, 그것도 특히 여성 면접관들에게서 경험한다는 사실을 보여 주는 연구결과에도 불구하고, 내 연구에서는 남성과 여성 면접관들이 모두 남성 지원자들을 잘난 체하고 오만하다고 묘사할 가능성이 더 많았다.

평가자들은 오만을 지나친 허세와 같다고 보았다. 변호사인 모건은 "자신의 능력에 대해 편안하게 느끼고 회사에 관심을 보이는" 사람들과 "자신이 얼마나 대단한지, [동기들 중에] 최우수 학생이었던 자신이 법률 분야로 가는 것은 신의 선물(그녀는 빙긋이 웃었다)이라고" 강조하는 사람들을 구분했다. 게다가 후보자가 대화에서 차례로 이야기하는 규범을 따르지 않거나 대화를 주도하려고 노력할 때 이를 오만함의 증거로 보는 면접관들도 있었다. 어떤 후보자가 잘난 체하는 사람인지 아닌지 어떻게 판단하느냐는 질문에 컨설턴트인 재스퍼는 이렇게 대답했다. "그러니까, 예를 든다면, 누군가가 인터뷰에서 당신에게 가르치려고 든다든지 하는 거죠. 그런 일은 종종 발생합니다. 두세 문장만 들어도 알아차릴 수 있죠." 대조적으로, 투자은행가인 클라이브는 인상 깊은 성취를 이루었지만, 자기 홍보와 겸손함 사이에서 적절한 균형을 유지한 한 후보자를 언급했다. "그는 그 일에 대해 자랑하지 않았습니다. … 어느 수준의 겸손함을 보이는 사람들에게 저는 언제나 긍정적이죠." 컨설턴트인 조지는 이상적으로 균형을 맞추는 행동의 구성요소들을 요약하면서 이렇게 말했다. "후보자는 매력적이고, 간결하지만 흥미로워야 하고, 지나치게 말이 많으면 안 되고, 지나치게 열정적이어서도 안 되고, 지나치게 수줍어해서도 안 됩니다."

세련미와 권력

근사하게 보이는 것은 핵심적인 업무 관련 기술이다. 하지만 세련미는 계층을 기반으로 하는 상호작용 스타일과 연관이 있다. 대화에서 리더십 발휘하기, 적극적으로 면접관을 인터뷰하기, 대화의 고삐 놓지 않기는 경제적 특권층이 가진 상호작용 스타일의 특징이다.

게다가 성공적으로 인터뷰를 하려면, 취업 후보자들은 세련미의 적절한 각본을 알고 있어야 할 뿐만 아니라 자연스럽고 수월해 보이는 방식으로 이를 수행할 수 있어야 한다. 부르디외에 따르면, 사람들은 젊었을 때 계층 기반의 언어 및 상호작용 스타일로 사회화되며, 그들이 함께 자란 스타일이 그들에게 가장 자연스럽게 남아 있다. 비록 더 나이가 들어서 적절한 상호작용 코드를 배울 수는 있지만(이런 현상에 대한 논의는 10장을 참조), 내부자들은 이런 스타일의 수행을 억지스럽거나 자연스럽지 않다고 평가한다. 투자은행가인 크리스토퍼는 계층과 세련미의 관계를 다음과 같이 생생하게 설명해 주었다.

> 계층이 중요하냐고요? 당연히 중요하죠. 계층은 당신이 말하는 방식, 쓰는 언어, 옷 입는 방식, 누군가에게 이야기할 때 터져 나오는 일반적인 표현을 통해 나타납니다. 당신은 자라면서 어떻게 행동할지를 배웁니다. 사실 저의 아버지는 은행장이었습니다. … 따라서 저는 그 사업과 함께 숨을 쉬면서 살았죠. 아버지와 제가 매일 은행에 대해서 이야기했단 의미입니다. 결과적으로 저는 그 사업에 둘러싸인 채 살았기 때문에 사업이 어떻게 돌아가는지, 어떻게 운영해야 하는지도 이해합니다. 저는 CEO나 CFO들과 자신감 있게 이야기하는 방법을 압니다. 그런 분들이 식사하러 우리 집에 항상 방문했고, 저는 그런 일을 하면서 자랐으니까요. 그런 점에서,

네, 저는 계층이 큰 차이를 가져온다고 생각합니다. 만약 표준어를 구사하지 않는 가정에서 자랐고, 전문직처럼 옷 입는 법을 모르고, 그런 사람들과 결코 교류한 적이 없다면, 당신은 분명히 불리한 상황에 있습니다. 투자은행이나 로펌처럼 가장 배타적인 산업에서는… 이 산업에 있는 사람들은 당신이 스스로를 어떻게 표현하는지, 정확하게 어떤 옷을 입는지, 어떻게 입는지 엄청난 관심을 기울입니다. 제 말을 믿으세요. 그들은 그게 자연스러운지 아닌지 알 수 있습니다.

또한 세련미에는 성별을 반영한 중요한 요소가 있다. 능력과 관련된 스테레오타입에서는 여성을 남성보다 소통 기술이 더 뛰어난 존재로 묘사한다. 이와 유사하게 홀트의 (인터뷰한 각 후보자를 위해 평가자들이 작성한) 서면 인터뷰 평가지를 분석해 보니, 여성이 남성보다 세련미 점수가 더 높은 경향이 있었다. 이들 스테레오타입 중 일부는 의식적인 것이었다. 컨설팅 분야에서 일하는 여성들의 채용 설명회에 참여했을 때, 1군에 속한 한 회사의 시니어 파트너는 컨설팅이 소통과 공감이라는 '여성적인' 기술을 활용하는 '여성의 사업'임을 강조했다. 하지만 어떤 연구 결과들은 직장에서 여성이 사회적 상황에 처했을 때 얼마나 따뜻해 보이는지에 대해 남성보다 더 자주 평가받는다는 사실을 보여 준다. 미소를 짓거나 고개를 끄덕이는 등의 따뜻함의 단서를 보여 주지 않는 여성은, 특히 여성 평가자들에게서 더 가혹한 대우를 받았고, 인터뷰에서도 낮은 점수를 받았다.

성별과 마찬가지로 인종적 스테레오타입도 세련미에 대한 인식에 영향을 미쳤다. 홀트에서 흑인과 히스패닉계 후보자들(특히 남성들)은 서면 인터뷰 평가에서 백인이나 아시아계 미국인 후보자들보다 세련미

항목에서 유의미하게 더 낮은 점수를 받았다. 흑인과 히스패닉계가 세련미가 더 낮다는 인식은 스테레오타입 때문일 수도 있고, 인종적 소수집단에 대한 무의식적이고 부정적인 감정적 반응 때문일 수도 있으며, 그 후보자들이 인터뷰 중에 한 실제 행동 때문일 수도 있다. 게다가 투자은행가인 라이언이 의견을 제시했듯이 인종과 사회·경제적 지위가 함께 작용해 세련미에 대한 더 낮은 평가를 가져왔을 수도 있다.

> 당신이 얼마나 똑똑한지는 중요하지 않습니다. 심지어 당신이 중류층이나 중상류층이라 해도, 아버지가 골드만삭스의 파트너이거나 헤지펀드의 매니저이고 평생 투자에 대한 이야기를 하면서 자란 사람과 경쟁하기는 어렵습니다. 그런 사람들은 인터뷰에 왔을 때, 더 세련되고, 사업에 대해 더 많이 알고 있고, 정보에 근거해 좀 더 효과적으로 질문에 답하겠지요. … 만약 회사에 소수집단 출신의 임원들이 거의 없다면, 소수집단 출신의 임원들의 자녀도 없을 겁니다. 그 아이들은 단순히 태어나면서부터 저 멀리 앞서가고 있는 거죠.

하지만 흑인과 히스패닉계 후보자들이 덜 세련되었다는 평가를 받는 유일한 인종집단은 아니다. 소극적이라는 인종적 스테레오타입과 일관되게, 아시아계(아시아계 미국인은 제외하고) 후보자들과, 특히 아시아계 여성들은 다른 후보자들에 비해 '따분하다'거나 보여 주는 에너지 수준이 '너무 낮다'고 묘사되는 경우가 더 빈번했다. 그들은 종종 사람들의 인식상의 결점에 근거해 불합격했다.

취업 후보자를 평가할 때 대인관계 및 주관적 자질을 강하게 강조하는 현상의 일면은 회사가 채우려고 하는 일자리에 팀워크와 고객과의 대면이 요구된다는 점에서 비롯되었다. 하지만 회사가 평가자에게 부여하는 재량과 능력의 정의와 측정방법에 대한 지침 부족은, 평가자들을 업무 연관성보다 그들 자신, 즉 자신의 감정, 자라온 삶, 스테레오타입을 기준으로 활용해 후보자의 능력 메트릭스를 작성하고 점수를 매기도록 독려했다. 그러면서 그들은 대개 혜택을 더 많이 받은 계층 출신의 지원자들에게 우위를 제공하는, 계층의 색깔을 띤 렌즈를 사용해 후보자의 개인적 자질을 규정하고 측정했다. 이런 재량은 후보자의 인지 능력과 기술에 대한 평가에서도 계속되었다.

8

인터뷰 3·4막

전문성보다 지능을 우대합니다

우리가 원하는 것은
전문적 지식보다 일정 수준 이상의 학력입니다.
여기는 도서관이 아니니까요.

– 비샬, 투자은행가

인터뷰 1, 2단계에서 평가자들은 후보자들의 대인관계 자질, 말하자면 적합성의 수준, 세련미, 추진력, 회사에 대한 관심을 확인하는 데 초점을 맞추었다. 3단계에 이르면, 고용주들은 그 후보자가 업무에서 요구하는 기능을 수행할 수 있는 '기술과 지능'을 갖추었는지 측정하는 쪽으로 방향을 바꾼다. 채용 의사결정에 관한 전통적인 사회학 모델에 따르면, 인지 능력과 전문적인 기술이 무대의 중심을 차지하고, 고용주들은 주로 이런 능력들을 바탕으로 채용 의사결정을 하며, 이 영역에서 가장 뛰어난 기술을 가졌다고 믿어지는 지원자들을 선택한다. 앞에서 논의된 유형의 사회적, 대인관계 관련 자질들은 종종 지엽적인 고민으로 간주된다.

하지만 엘리트 회사들의 취업 인터뷰에서는 고용주들이 후보자의 인지능력에 대한 인식보다 대인관계 자질에 대한 인식을 종종 더 중요하게 평가한다. 고용주들이 후자에 신경을 덜 쓰거나 덜 심각하게 받아들이기 때문은 아니다. 오히려 그들은 인지 능력을 확인할 목적으로 제시된 인터뷰 질문을 망친 후보자들을 탈락시키는 경향이 있었고 실제로 그렇게 했다. 그럼에도 불구하고 다양한 회사 유형에 걸쳐서 평가자들은 기본 수준 정도의 능력을 지닌 지원자를 선호했다. 즉, 최고 수준의 수행능력을 보여 준 지원자들보다 그들 용어로 '문턱을 넘을 수 있는 정도의' 지원자들을 찾았다.

왜 그렇게 되는 것일까? 앞서 지적한 대로 이들 회사의 일자리는 팀으로 일하며 고객을 만나는 일자리다. 대인관계 자질은 중요한 업무 관련 기술이다. 이런 요인이 대인관계와 사회적 요인을 더 높게 평가하는 이유에 기여한다 할지라도 이런 패턴에 따르는 더 진부하고 논리적인 설명이 존재한다. 바로 타이밍이다. 면접관들은 대개 인지 능력과 기술적 지식을 확인하려는 질문을 한다고 해도 관심사와 세련미에 대한 진단이 끝날 때까지는 이런 질문을 하지 않는다. 이런 유형의 질문을 할 때쯤이면 이미 많은 면접관들이 그 후보자를 채용하고 싶은지 아닌지 마음을 정한 상태였다. 취업 인터뷰에 대한 기존 연구들과 같은 맥락에서 이런 초기 인상은 바꾸기 어려웠고, 인터뷰 뒷부분에서 평가자들이 후보자의 대답과 행동을 어떻게 해석하는가에 영향을 미쳤다. 컨설턴트인 샬롯은 이런 현상을 다음과 같이 정리했다.

> 사람들은 인터뷰에서 어떤 사람에 대한 의견을 아주 일찍 정합니다. 그리고 그 의견은 후보자가 말하는 모든 것에 그들의 관점을 부여하는 결과를 가져옵니다. 그리고 그들은 진정한 탐색이나 장단점을 시험하기보다 그저 그 사람에 대한 자신의 의견이 맞는지를 확인하는 데 질문을 활용합니다.

게다가 특히 구조화가 덜 된 투자은행과 로펌의 인터뷰에서 초기 인상은 면접관들이 후보자에게 물어보는 기술적 질문의 유형과 난이도에 영향을 미칠 수도 있다. 투자은행가인 맥스는 이렇게 털어놓았다. "아시겠지만 제가 그들을[그 후보자를] 정말로 좋아한다면, 그들이 당황하는 모습을 보고 싶지 않기 때문에 숫자를 제시하지 않을 겁니다. 저는 [채용위원회로] 돌아가서 '모든 게 잘 진행되었다'고 말할 수 있기를 원하니까요. 그리고 저는 그들을 통과시킵니다." 반대로, 인터뷰의 처음 부분을 망친 후보자들은 이를 자신에게 유리한 방향으로 선회시킬 기회가 거의 없다. 실제로 평가자들은 이런 유형의 인터뷰에 대해 마음이 '떠나는 경우'라고 밝혔다. 모든 다른 후보자들은 문턱을 넘는 수준의 기본적인 역량을 보여야 할 필요가 있었다. 하지만 이 장에서 제시하듯이 면접관들이 실제로 기술적인 질문을 하는 정도는 기술적 기준의 높고 낮음에 영향을 미쳤다.

3막: 기술과 지능의 측정

평가자들은 기술과 지능을 어떻게 측정할까? 세 유형의 회사 모두에서 평가자들은 종종 후보자의 지능을 전문적 혹은 특화된 업무 기술보다 더 중요하게 생각했다. 일반적인 지능은 다음 세 가지 이유로 특화된 기술보다 우선순위를 차지했다. 첫째, 대부분의 평가자들은 지능에 대해 개인주의적이고, 타고난 특성 중심의 관점을 지지했다. 그들은 지성이 개인들이 직면한 모든 상황에 적용할 수 있는, 타고난 안정적인 자질('가공되지 않은 지적인 힘')이라고 생각했다. 투자은행가인 마이클은 나에게 이렇게 말했다. "결국, 우리는 똑똑한 사람들을 찾고 있으니까요. 만약 누군가가 똑똑하다면 그들은 그 명석함을 우리 업무에 적용할 가능성이 많겠죠." 업무와 연관된 기술과 달리 지적 능력은 가르칠 수 없다. 후보자들은 그런 능력을 가진 사람들과 가지지 않은 사람들로 나누어졌다. 로펌 파트너인 로런은 농구의 전설인 빌 러셀이 했던, "농구는 코치할 수 있지만 키는 코치할 수 없다."라는 말을 하더니 비슷한 이유로 자신도 후보자의 기술보다 지능을 더 강조한다고 설명했다. "저는 법은 가르칠 수 있지만 지능은 가르칠 수 없다는 명제를 믿는 사람입니다. 따라서 지능이 우수한 사람을 원하죠."

둘째, 회사 유형 전반에 걸쳐 대부분의 평가자들은 (기술적인 전문성보다) 기본 수준의 지성이면 업무 첫해 동안 신입사원에게 요구되는 과제들을 적절하게 수행하기에 충분하다고 믿었다. 투자은행의 채용 디렉터인 스테파니는 딱 잘라 말했다. "우리의 철학은, 만약 당신이 회사와 잘 맞고, 사람들과 잘 지내고, 인터뷰에서 죽이 잘 맞아서 좋은 관계를 구축했다면, 그걸로 당신은 회사에 들어올 수 있을 거라는 겁니다. 일적인 성공에 필요한 것들은 우리가 교육할 수 있습니다." 고용주들의 목표는 풀에서 가장 똑똑한 지원자를 채용하는 것이 아니다. 면접관들은 그들이 찾는 지능 수준은 리스트에 오른 학교에서 받은 학위의 소유로 사실상 보장된다고 반복해서 강조했다. 면접에 초대받은 후보들의 방대한 대다수가 그런 기본 수준을 충족했기 때문에 평가자들은 후보자의 적합성, 추진력, 세련미를 평가하는 데 집중할 수 있었다. 투자은행가인 도노반은 이렇게 설명했다.

> 이 일자리는 대부분의 경우 지적으로 벅찬 일자리가 아닙니다. 물론, 기본적인 수준의 지능은 필요합니다. 바보나 멍청이어서는 안 되겠죠. 하지만 1군에 속하는 경영대학원에 들어간 사람이라면 본질적으로 누구나 그 일을 할 두뇌는 가지고 있습니다. 그들에게 추진력과 열정, 대인관계 기술이 있는지는 여전히 토론의 대상이죠.

마지막으로, 평가자들은 업무에 특화된 지식을 바탕으로 후보자들을 가려내기에는 채용이 너무 이른 시기에 진행된다고 지적했다. 명문 학부와 로스쿨의 교과과정은 실용적이기보다는 추상적이고 이론적이었다. 따라서 로스쿨 채용은 물론, 컨설팅 회사와 투자은행에서 학부생들을 채용할 때도 그들이 복잡한 전문 기술을 이미 보유하고 있을 거라는 기대는 없었다.

모든 세 가지 유형의 회사에서 구체적이고 전문적인 역량을 숙달한 사람이 아닌, 일반화된 지능을 보유한 후보자들에게 우선순위를 부여했음에도 평가자들이 후보자들을 대상으로 그 일을 할 수 있는 지적 능력이 있는지 측정하는 방식은 회사 유형에 따라 의미 있는 수준의 차이가 있었다. 다른 평가기준에 비해 인지적 자질에 가중치를 얼마나 두느냐도 회사별 차이를 보였다. 아래에서 설명하겠지만, 이런 차이들은 평가의 구조에 강하게 영향을 받았다. 즉, 인터뷰가 인지 능력이나 전문적 기술에 대한 구조적 테스트를 더 많이 포함할수록, 이들 자질이 후보자 평가에서 더 많은 가중치를 부여받는다.

— 로펌: 지성과 세련미를 동일시하다

투자은행 및 컨설팅 부문과 비슷하게, 로펌들도 지성에 대한 평가를 리스트에 오른 학교들의 입학사정 위원회에 대부분 아웃소싱한다고 볼 수 있다. 또한 로펌들은 다른 두 유형의 회사들에서 흔히 적용하는 기준보다 더 엄격한 학점 컷오프를 활용해 지원자들을 걸러내는 경향이 있기 때문에 로펌의 평가자들은 인터뷰 단계까지 도달한 후보자가 기본적인 지적 기준을 충족했다는 사실에 확신을 가졌다. 변호사인 미아는 폭넓게 공유되고 있는 관점을 이렇게 요약했다. “저는 그들이 인터뷰를 하고 있는 시점까지 분명히 많은 것을 성취했으며, 똑똑하고, 업무를 수행할 수 있다는 사실을 압니다.”

좋은 로스쿨에서 받은 좋은 성적이 지능의 적절한 지표라는 믿음에는 로스쿨 교과과정이 일반적으로 지나치게 추상적이고, 학생들에게 법률 실무보다 이론을 가르친다는 믿음이 동반되었다. 따라서 법에 대한 실질적인 지식을 시연하는 것은 기대하지도 않았고, (대개) 인터뷰 중에 이를 테스트하지도 않았다. 게다가 로펌 업무가 기본적인 논리와 분석 기술을 요구함에도 불구하고, 내 연구에 참여한 변호사들 중에서는 후보자들을 평가할 때 이런 기술에 대해 자연스럽게 언급한 사람들은 소수에 불과했다. 이에 반해 컨설턴트들은 거의 모두가, 투자은행가들은 반 이상이 이를 언급했다.

후보자에게 법과 관련한 문제를 내거나 분석기술을 탐색하는 대신, 면접관들은 세련미 수준을 평가함으로써 지성을 판단하려는 경향이 있었다. 특히 소송 업무 부문에서 일하는 변호사들의 경우, 세련미가 직무 관련 기술임은 의심할 여지도 없다. 하지만 엘리트 로펌에 들어가는 대부분의 신입 변호사들은 법정에 들어가 볼 일이 결코 없을 것이다. 기업 자문 부문으로 입사하는 신입 변호사들은 업무를 시작한 후 처음 몇 년간(대부분의 경우 그 일자리에 있는 유일한 기간이 될 것이다) 일부 고객을 만나겠지만 많은 고객을 대응하지는 않을 것이다. 게다가 사회적 능력과 인지적 기술은 별개의 특성이다. 사회적 기술이 뛰어난 사람들이 반드시 지적으로 예리하지 않으며, 매우 똑똑한 사람들이 사회적으로는 서투를 수도 있다. 하지만 취업 인터뷰라는 환경에서 변호사들은 빈번하게 세련미와 지성을 동일시한다. 레베카는 인지적 능력에 대한 평가를 후보자의 자기표현에 의존하는 것을 자연스럽게 받아들인다.

> 많은 사람들이 이 일이 화려한 일이라고 생각하죠. 하지만 솔직히 말하면 상당히 지겹고 단순한 일입니다. 따라서 이 일을 하는 데 로켓 과학자가 필요한 것은 아닙니다. 하지만 [직무 후보자들은] 약간은 똑똑할 필요가 있죠. 그 사람이 똑똑한지 아닌지 제가 어떻게 알겠어요? 이건 그들이 자신을 어떻게 표현하느냐의 문제입니다.

리암도 동의했다. "저는 어떤 사람이 어떻게 말하고, 처신하고, 자신을 표현하는지를 통해 그 사람의 지성에 대해 실제로 많은 것을 알 수 있다고 생각합니다."

의도적으로 후보자들의 전문적 기술을 측정하고자 했던 소수의 면접관들은 지원자들에게 그들이 기고한 글이나 논문에 대해 이야기하도록 하는 경향이 있었다. 로런은 자신의 접근방식을 이렇게 말했다.

> 저는 그들이 말하도록 만듭니다. 판례나 그들이 《로 리뷰》 혹은 다른 곳에 쓴 글에 대해서요. 저는 이것이 그들이 다룬 주제인 만큼 자신의 입장을 방어하고 분석할 수 있어야 하고, 만약 제가 질문을 한다면 거기에 대답하거나 혹은 적어도 많은 부분을 생각해 본 적이 있어야 한다고 봅니다. 제가 그들이 생각지 않은 질문을 한다 해도 분석의 목적만을 놓고 볼 때, 합리적인 답변을 생각해 낼 수 있기를 원합니다. 이것이 법률적 분석력을 테스트하는 방법이기 때문이죠.

하지만 로펌 채용 매니저인 로지는 수많은 채용위원회에 참여했던 경험을 바탕으로 볼 때, 로런과 같은 질문을 하는 경우는 드물다는 결론을 내리게 되었다.

> 누군가는 여러분의 이력서에 적힌 내용에 대해 탐색용 질문을 하게 될 겁니다. … 여러분이 어떤 사건에 내려진 결론에 대해 논문을 쓰거나 학술지에 글을 썼다면, 그들은 당신에게 요점을 설명하라고 요청할 것입니다. 반대편의 입장에서 주장을 펴라고 요구할 수도 있습니다. 하지만 그런 경우는 가장 어려운 인터뷰이고, 솔직히 그렇게 자주 일어나지 않습니다.

— 투자은행: 기본적인 기술 확인하기

흔히 구조화되지 않은 로펌 인터뷰와 대조적으로 투자은행 인터뷰에는 대개 업무 관련 지식과 기술을 드러나게 할 목적을 가진 기본적인 질문들이 포함되었다. 평가자들이 원하는 자질은 분석적 기술, 압박을 받으면서도 신속하게 사고하기, 업무에서 실무적으로 요구되는 사항에 대한 지식이었다. 그러나 이러한 질문과 답변에 얼마나 가중치를 더 부과하는지는 면접관에 따라 상당한 차이가 있었다.

평가자들은 기본 수준의 문제 해결 기술을 보여 주는 후보자들을 찾는 경우가 가장 흔했다. 학부생들의 경우 가장 강조되는 기술은 논리적 추론이었는데 캐빈은 그 이유를 이렇게 설명했다. 심지어 아이비리그에서도 "인문대학에는 금융 교과과정이 개설되지 않기 때문에 학부생들이 그런 내용을 알 거라고 기대할 수 없습니다. 그들은 어쨌든 업무에서 그런 것들을 배울 겁니다." 따라서 투자은행가들은 대개 학부생 후보자에게 일반적인 문제 해결 기술을 확인하기 위해 답이 정해지지 않은 열린 질문에 답할 것을 요구했다. "우리는 그들이 상황을 어떻게 생각하는지 보기 위해서 기본적인 퍼즐을 제공합니다." 마이클이 말했다. 면접관의 특유한 선호도를 바탕으로 하는 퍼즐의 종류는 그룹에 따라 상당히 다양했다. 일부 면접관들은 투자은행가인 핀처럼 최근의 경제 사건에 대한 문제를 냈다.

> 그래서 만약 당신이 경제학을 전공했다면 저는 이렇게 묻습니다. "현재 진행 중인 금융시장에 영향을 미치는 거시적 트렌드에는 어떤 게 있을까요?" 그리고 당신이 그 질문에 좋은 대답을 하지 못한다면, 당신은 끝난 셈이죠. … 이야기할 수 있는 것들은 수천 가지가 있으니까요. 때때로 그저

멍하니 응시하는 눈길을 받기도 하는데 그럴 때는 이렇게 생각하죠. "말도 안 돼. 도대체 이 사람이 어떻게 지금 여기에 있는 거지?"

빌과 같은 사람들은 후보자들에게 더 폭넓고, 답이 정해지지 않은 비즈니스 문제를 제시하고 그들에게 그 문제를 어떻게 해결할 것인지 차근차근 설명해 보라고 요청했다. 학부 학생들의 경우 이런 퍼즐에는 대개 어떤 계량적인 분석도 포함되지 않았다. 오히려 면접관들은 그 후보자의 해답에 깔려 있는 '사고과정'의 질을 평가했다. 예를 들어 빌은 자신이 "[후보자들이] 얼마나 빨리, 그리고 폭넓게 생각할 수 있는지를 보기 위해 그들이 한 번도 생각해 보지 않은 무엇인가로 그들을 공격하기를" 좋아한다고 말했다. 그가 좋아하는 질문은 후보자들에게 그들이 뉴욕시에서 아파트를 구입하려면 어떻게 할 것인지 말해 보라고 하는 것이었다.

사고의 폭이 매우 좁은 사람들은 이렇게 말할 겁니다. "글쎄요, 저는 걸어서 통근할 수 있도록 회사와 가까운 곳에 살고 싶습니다. 통근하는 데 많은 시간을 쓰고 싶지 않아서요." 그게 끝입니다. 똑똑한 사람들은 이렇게 말하죠. "흠, 뉴욕시에 아파트요. 글쎄요. 저는 교통이 얼마나 복잡한지 알 수 있도록 하루 중 다양한 시간대에 직접 가서 관찰해 볼 겁니다. 저는 그 곳이 학교와 가까운지도 알고 싶고 소방서와 가까운지도 알고 싶습니다. 제가 매 15분마다 잠에서 깨지 않도록 말이죠. 저는 그 집이 쇼핑할 곳이나 식료품 가게와도 얼마나 가까운지 알고 싶습니다. 이웃들이 어떤지도 알고 싶고요. 제가 그 아파트를 다시 세를 놓는 것이 가능한지도 알고 싶습니다."

투자은행이 가진 계량적인 본질을 고려할 때, 평가자들이 인터뷰 중에 수학이나 금융 모델링 기술을 테스트하기보다 후보자의 사고과정에 우선순위를 부여한다는 사실은 놀라운 일이다. 트리스탄은 왜 학부생들의 계량 능력을 테스트하지 않는지 설명하면서 이렇게 말했다.

> 저는 숫자에 대해서는 상당히 가볍게 생각하는 편입니다. 때때로 그들에게 기본적인 질문들, 기본적인 금융 질문들을 하겠지요. … 저는 그저 그들이 몇 개의 수학 수업을 들었고, 거기서 잘하고 계량 수업도 일부 들었다면, 그 일을 할 수 있다고 생각합니다.

아마도 여성이 남성보다 숫자와 계량적 기술이 부족하다는 편견 때문이겠지만, 투자은행의 면접관들은 계량적인 기술에서는 여성 학부생들을 더 심하게 밀어붙이는 경향이 있었다. 일부 평가자들은 공개적으로 여성에 대한 이런 편견을 인정했다. 다른 사람들의 경우 그룹 심의 과정에서 여성 후보자들에 대한 계량적 기준이 더 높다는 사실이 명백해졌다(9장 참조).

MBA 후보자에게도 분석적 기술에 대한 기준은 더 높았다. 이들 면접 대상자들은 현장에서 금융 관련 계산을 할 수 있어야 한다는(혹은 최소한 면접관에게 특정한 계산을 하는 방법을 자세히 설명할 수 있어야 한다는) 기대를 받았다. 하지만 면접관들은 후보자들에게 계산을 해보라고 요청했는지에 대해서, 그리고 실제로 요청한 사람들이 얼마나 후보자들의 대답을 고려했는지에 대해서는 다양한 입장을 보였다. 사셍크와 같은 일부 면접관들은 수학적 정확성보다 개념 이해를 강조했다. 그는 이렇게 말했다. "경영대학원에 들어간 사람이라면 이 업무를 하기에 충분한 계량적 기술을 가지고 있다고 생각하기 때문에 저는 숫자가 전부라고 말하진 않을 겁니다." 다른 면접관들, 특히 아리엘처럼 좀 더 계량 중심적인 배경을 가진 사람들은 일상적으로 금융 관련 질문을 하고, 대답의 정확성에 상당한 가중치를 부여한다. "제가 약간 기술적인 문제를 물어보면 대답하느라 정말로 애를 먹는 학생들이 있었습니다." 그녀는 말했다. "저는 회계 문제를 많이 물어보는 경향이 있습니다. 제가 그 분야 출신이기 때문이죠. 그리고 어떤 학생은 말 그대로 진땀을 뺐던 적도 있었죠." 그녀는 기술적인 문제에 대한 답변을 근거로 그 후보자를 불합격시켰다.

요약하자면, 투자은행의 인터뷰에는 대개 기본적인 분석 기술 테스트가 포함되었고, 이것이 로펌 인터뷰에 비해 전문적인 기술에 대한 기준을 높였지만, 분석적 기술을 테스트하고 채용 결정에 활용하는 정도는 개별 평가자의 개인적 선호도와 배경에 따라 다양했다.

분석적 능력에 추가해 투자은행권 평가자들은 '신속한 사고'를 보여준 후보자들을 찾았다. '순간적으로 판단하기' 혹은 예상치 않은 질문을 받은 지 몇 초 안에 조리 있는 답변을 제시할 수 있다면 이는 지능의 결정적인 신호로 여겨졌다. 평가자들은 습관적으로 신중한 고려, 빈틈없는 사전 숙고, 깊이 있는 분석보다 빠른 사고를 높게 평가했다. 이를 제이슨은 이렇게 표현했다. "두말 할 것 없이 우리는 사상가라기보다는 한 무리의 행동가들이니까요." 순간적인 판단은 빠르게 변하는 금융시장과 고객들(특히 요구사항이 많은 고객들)을 다루는 데 있어 자산이 된다고 보았다. 도노반은 면접 대상자들의 민첩성을 테스트하는 것이 중요하다고 생각했다. "그들을 시험에 들게 하는 것처럼 들릴 수도 있지만, 그들이 얼마나 빨리 집중할 수 있는지를 보려고 노력합니다."

마지막으로, 투자은행가들은 후보자들이 그 일자리가 실제로 요구하는 것에 대한 현실적인 이해를 갖추었다는 근거를 찾는다. 로펌이나 컨설팅 회사처럼 '당신이 하려는 일에 대해 알고 있다는 것'은 흥미의 표시일 뿐만 아니라 성공을 위한 핵심적인 전문 기술로 받아들여졌다. 많은 평가자들에게 해당 업무에 대한 이해는 경제 원칙, 금융시장, 모델링 기술에 대한 이해보다 더 중요했다. 그 이유에 대해서는 투자은행 업무의 시간 집약적이고, 본질적으로 크게 성공하지 않으면 크게 실패하는 측면을 인용한 평가자들이 많았다. 평가자들은 후보자가 무엇을 기대해야 할지 알고 있어서, 일단 회사를 위해 일하기 시작하면 너무 빨리 떠나지 않기를 원했다. "이 일은 매우 치열한 일입니다." 맥스가 설명했다. "그 사람이 자신이 어떤 일을 하려는 것인지 알고 있는지 궁금합니다. 그러고 그들의 의도나 지식에 대해 질문합니다. 그들은 누군가가 나타나서… 일한 지 두 달 만에 '세상에, 이 일은 정말 별로군. 난 이 일을 원하지 않아. 난 나갈 거야. 그만둘 거라고'라고 말하는 것을 원하지 않기 때문이죠." 일부 면접관들은 후보자들에게 애널리스트(학부생)나 어소시에이트(MBA) 채용자들이 날마다 무엇을 하는지 자세히 말해 보라고 요청함으로써 여기에 대한 지식을 테스트했다. 종종 앞으로 자신이 하려는 일을 알고 있음을 보여 준 후보자들은 그 지식을 현직 혹은 과거 투자은행가들 직접 대화를 나눠 얻었다는 점을 시사했다. 인터뷰 중에 학부생들에게 기대하는 이런 지식에 대해 이야기하다가 행크는 이렇게 말했다.

> 우리는 당신이 애널리스트의 역할에 대해 깊이 생각해 보았다는 것을 중요하게 여깁니다. … 그들의 기대가 어떤 것인지, 그리고 당신은 아마도

동기나 한 살 많은 사람으로 그 과정을 겪어 본 사람들과 대화를 나누었을 겁니다. 혹은 투자은행 부문에 있는 사람들을 알고, 그들의 역할이 어떤 것인지 대화를 했을 수도 있죠. 이 일은 최고의 라이프 스타일, 즉 워라밸을 보장해 주는 곳은 아닙니다. 그리고 우리는 그 사실을 매우 잘 인식하고 알고 있기를 바랍니다. 매일 밤, 심지어 토요일 밤에도 새벽 1시나 2시까지 일하는 삶은 생각보다 고되기 때문입니다.

시간이나 요구사항 측면에서 투자은행가들의 라이프 스타일은 컨설팅이나 로펌에서 일하는 사람들의 라이프 스타일과 밀접하게 닮아 있다. 하지만 '당신이 하려고 하는 일이 무엇인지 아는 것'이 흥미의 신호일 뿐만 아니라 업무에 특화된 지식의 핵심적인 형태이기도 하다고 인식하는 곳은 오직 투자은행뿐이다.

— 컨설팅 회사: 문제 해결 기술 테스트하기

연구결과에 따르면 로펌이나 투자은행에서 사용되는 구조화되지 않은 유형의 인터뷰는 고용주들에게는 인기가 있을지 몰라도 미래 업무 성과를 예측하는 지표로는 형편이 없다. 일부 학자들은 구조화되고 표준화된 인터뷰 질문들, 특히 업무 관련 과제의 시뮬레이션을 포함한 질문들을 활용하는 것이 인터뷰에서 정확성을 높이고, 편견을 줄일 수 있음을 제시한다. 하지만 다른 학자들은 반대 의견을 주장한다. 능력에 대한 표준화된 테스트가 실제로는 편견을 키울 수 있다는 것이다. 이처럼 자기 모순적으로 보이는 효과를 어떻게 설명할 수 있을까? 운동장을 평평하게 만들면서 동시에 기울이는 역할을 하는 구조화된 인터뷰에서는 무슨 일이 일어나는 것일까?

컨설팅 회사들은 이 문제를 검증할 수 있는 흥미로운 사례 연구 한 가지를 제시한다. 다른 많은 영역에서는 유사하지만, 로펌, 투자은행, 컨설팅 회사의 고용에 있어서 결정적인 차이는 인터뷰가 구조화된 정도에 있다. 투자은행이나 로펌과 달리 컨설팅 분야에서는 면접관들이 약 20분에 걸쳐 반쯤 구조화된 인터뷰 질문을 진행한다. 이 시간 동안 지원자들은 업무에서 그들이 맞닥뜨릴 수 있는 문제와 비슷한 비즈니스 문제를 구두로 해결하라는 요청을 받는다. 케이스 인터뷰의 목적은 면접관에게 지원자의 전문적인 기술에 대한 실시간 스냅샷을 제공하는 데 있다. 컨설팅 회사들은 평가자들이 이력서에 품고 있는 일반적인 불신을 피하는 방식으로 이를 시행한다(그리고 '서류가 아닌 사람을' 채용한다는 프레임과도 더 일관성을 가진다). 게다가 각 지원자에게 비슷한 조합의 질문들을 제시함으로써, 지원자들을 비교할 수 있는 더 표준화된 틀을 면접관에게 제공한다. 지금부터 나는 더 구조화된 인터뷰 척도를 포함시키는 일이 평가상의 편견과 불평등, 특히 지원자의 학교 명성과 사회·경제적 지위와 관련된 편견과 불평등을 어떻게 줄이면서 동시에 어떻게 악화시키는지 밝히기 위해 평가자들이 케이스 인터뷰에서 능력을 판단하는 방식을 분석하고자 한다.

반복해서 말하지만 컨설팅 분야에서 모든 면접관은 면접 대상자에게 고객이 제기할 수 있는 비즈니스 문제와 비슷한 문제를 제시하는, 특화된 케이스 인터뷰를 실시해야 한다. 그러면 그 후보자는 면접관에게 자신이 이 문제를 어떻게 해결할 것인지 차근차근 설명해야 한다. 이러한 기술적 질문에 성공적으로 대답하려면 비즈니스 이슈에 대한 기본적인 지식과 함께 수학적 계산 능력을 시연해야 한다. 그리고 동시에 침착함과 면접관을 편안하게 해줄 대화 스타일을 유지해야 한다.

케이스에 대한 질문이 초반부터 제시되는 것은 아니었다. 면접관들은 이 질문을 대개 그들이 적합성을 판단했던 어색함을 깨뜨리는 잡담 후에, 그리고 추진력과 세련미를 판단했던 인터뷰의 서사 부분 다음에 제시했다. 인터뷰의 케이스 부분에 관심을 돌릴 때쯤이면, 면접관은 후보자에 대한 상당한 인상을 이미 구축한 상태였다. 케이스 인터뷰 직전까지 평가자들이 즐거움을 느끼고 있거나 당시의 정보와 인상의 교류에 만족하고 있었을 경우 종종 케이스 단계로 넘어가기를 주저했다. 반대로 카비타의 설명에 따르면 초기 대화에서 에너지가 넘치지 않았거나 분위기가 어색했을 때, 케이스에 대한 토론으로 옮겨 간다면 이는 부정적인 감정을 다른 방향으로 돌리거나 분산시킬 기회가 될 수 있었다. "만약 대화가 (시작 단계에서) 사실상 아무 진전이 없다면, 저는 그저 케이스로 뛰어들어서 거기서 더 많은 시간을 보냅니다. 혹은 그 사람이 케이스에서 헤맨다면 인터뷰를 일찍 끝냅니다."

비록 내가 연구한 산업들 전반에 걸쳐서 케이스 인터뷰가 업무 관련 전문 기술에 대한 가장 체계적인 테스트이긴 하지만, 그 목적은 이미 업무에 특화된 지식을 확보한 후보자들이 아니라 문제 해결에 대한 일반화된 재능을 보인 후보자들을 선별해 내는 데 있었다. 평가자들은 문제 해결 기술을 타고난 지적 능력의 근거로 해석했다. "우리는 그들이 어떤 한 분야의 전문가가 되기를 기대하지 않습니다." 엠마가 나에게 확인해 주었다.

역설적이게도 일반화된 문제 해결 재능의 판단은 매우 특화된 방식으로 이루어졌다. 케이스 인터뷰에는 극도로 양식화되고 의례적인 형태의 상호작용이 포함돼 있었다. 컨설턴트들은 종종 케이스 인터뷰가 다른 형태의 인터뷰와는 다르다고 이야기했다. 케이스 인터뷰에서 성공하려면, 후보자들은 특정한 유형의 상호작용 각본을 지킬 필요가 있었다. 그들은 평가자들이 별도의 '언어'라고 부르는 것에 익숙해지고, 이를 편안하게 느낄 필요가 있었다. 많은 측면에서 그 언어는 세련미의 구성요소와 연관이 있었다.

케이스 인터뷰 속으로 한 발짝 들어가기

케이스 인터뷰는 듣기와 말하기, 알아내기와 숨기기, 묻기와 대답하기, 쉬기와 몰아치기, 이끌기와 이끌려 가기로 이루어진 섬세하고 신중한 댄스였다. 심지어 다른 유형의 일자리에 대한 경험이 많은 후보자라고 해도 각본이 있는 이런 상호작용에 이미 완전히 익숙한 상태가 아니라면, 케이스 인터뷰에서 쉽게 실수를 할 수 있었다. 전형적인 케이스 질문에서 면접관들은 회사나 제품을 하나 소개하고 후보자에게 그 회사나 제품에 대한 약간의 배경 정보를 제공한 다음, 그 회사가 직면하고 있는 문제(예를 들어 시장에 진입할 것인지 철수할 것인지 결정하는 경우 등)를 설명한다. 그러고 나서 면접관은 후보자에게 그 문제를 어떻게 해결할 것인지 질문한다. 예를 들어 내가 예일대학교 4학년 재학 중에 컨설팅 회사와 인터뷰를 했을 때, 그들이 제시했던 사례는 뉴욕시의 대중교통시스템에서 사용할 목적으로 전자 스와이프 카드[지금은 메트로카드로 알려진]를 도입하려는 일과 관련해 조언을 하는 문제였다. 케이스 인터뷰에서 중요한 측면은 면접관이 부가적인 정보를 가지고 있다는 점이다. 후보자가 면접관이 듣고 싶어 하는 대답을 구성할 때 핵심적인 사항으로 밝혀질 지식을 일부러, 그리고 임시로 공개하지 않는 것이다. 따라서 성공적인 케이스 인터뷰를 위한 첫 번째 규칙은 면접관이 충동성이나 미성숙함의 신호로 해석하지 않도록 질문에 즉각적으로 대답하지 '않는' 것이다. 대신 후보자는 의도적으로 귀를 기울이고, 고개를 끄덕이고, 시선을 계속해서 맞추면서 면접관의 질문을 다른 말로 바꿔서 말해 본다.

후보자에게 기대하는 것은 머리로는 면접관이 고객을 위한 '좋은 결정'(컨설팅에서 좋은 결정은 대개 수익성 있는 결정을 의미한다)이라고 생각할 만한 아이디어에 도달하기 위해 해당 케이스에서 사실들을 추론하는 한편, 구두상으로는 제시된 지적 도전과제를 요약하는 것이다. 대중교통 스와이프 카드로 돌아가서, 후보자는 예를 들어 이렇게 말할 수 있다. "말씀을 들어 보면 뉴욕시 지하철 측에서 고객 운임 지급과 징수 시스템을 자동화할 것을 고려 중인데 그것이 수익성이 있으면서 장기적으로 투자할 가치가 있는 사업인지 알고 싶어 하시는군요."

케이스 문제 해결을 위한 올바른 구조 수립하기

대개 후보자들에게 기대되는 것은 하나의 구조를 위해 세 개 내지 다섯 개의 이슈를 열거하는 것이다. 이슈가 세 개보다 작으면 그 후보자가 생각이 얕다는 신호가 될 수 있고, 다섯 개보다 많을 경우 집중력이나 조직력이 부족하다는 신호가 될 수 있다. 컨설턴트인 나탈리는 적절한 구조를 이렇게 간략히 묘사했다. "'이것이 저에게 풀라고 요청한 문제입니다. 맞습니까?'라고 물으면 저는 '네'라고 대답하죠. 그러면 그들은 이렇게 말합니다. '좋습니다. 저는 최소한 세 가지 혹은 네 가지의 이슈를 살펴보는 방법으로 이 문제들을 탐색해 보겠습니다.' 그런 다음 그들은 이슈의 각각을 나열하면서 기본적으로 구조를 설정하죠."

면접 대상자들이 명확하게 표현한 요점이 우수하거나 정확하다는 사실보다 많은 측면에서 더 중요한 것은 적절한 유형의 '구조'를 제시하는 일이다. 조던은 이렇게 설명했다.

> 구조는 중요합니다. 어떤 사람이 그 문제에 대답하기 위해 특정 프레임워크를 적용한다는 사실이 중요합니다. 그들이 그 자리에서 바로 생각해 낸 놀랍고 새로운 프레임워크여야 하느냐고요? 반드시 그렇지는 않습니다. 그렇다면 좋겠죠. 하지만 중요한 것은… 그들이 문제에 답하기 위해 어떤 구조를 활용하는가 하는 점입니다. 좋습니다. 그래서 질문은 "우리가 어떻게 수익성을 개선할 수 있을까요?"입니다. [그들이 말합니다.] "자 보세요. 기본적으로 수익성은 두 가지, 즉 매출과 비용으로 만들어지는 요인입니다. 그럼 매출에 대해 먼저 이야기해 보도록 하죠." … 이 경로에 정말로 새로운 내용은 없습니다. … 하지만 그래도 좋습니다.

면접관들은 두 가지 이유에서 구조화가 중요하다고 믿는다. 첫째, 구조화는 후보자가 고객에게 복잡한 아이디어를 내어놓고 소통할 때 얼마나 성공적일지 보여 주는 대용물로 여겨진다. 랜스는 심지어 "정말로 똑똑한 사람들"조차도 단순한 설명을 제대로 하지 못할 수 있다고 말했다. "그들은 나에게 단계별로 차분하게 설명하는 게 아니라 그저 마음속에 떠오르는 것을 모두 줄줄 이야기할 겁니다." 앰버가 지적했듯이, "고객들이 이슈를 구조화하기 위해 당신을 찾아오기" 때문에 설명을 이해하기 어렵거나, 설명이 논리적으로 조직화되지 않은 후보자들은 제외할 필요가 있었다. 면접관들은 또한 후보자의 사고에서 조직의 존재 유무를 그들의 근본적인 지적 능력과 도덕적 자질의 신호로 해석했다. 프레임워크를 제시하거나 혹은 몇몇 참가자들이 명명했듯이 '중요 항목 요약해서 말하기'는 구조화된 사고와 복잡한 문제를 정리해서 그 핵심을 압축할 수 있는 능력의 증거로 받아들여졌다. 이런 방식으로 자신의 답변을 조직화하지 않은 후보자들은 '중구난방'이거나 '엉망진창'일 뿐만 아니라 심지어 '미성숙'하다는 비난을 받았다.

의사결정 트리를 이용해 자연스럽게 이동하기

케이스 인터뷰 성공을 위해 중요한 부분은 면접관에게 특정한 조합의 이슈들을 다루려는 계획이나 의제가 있다는 사실을 아는 것이다. 어떤 컨설턴트는 케이스 인터뷰를 두고 면접관이 경로를 정하는 '의사결정 트리'라고 말했다. 바람직한 후보자들은 구조를 제시한 후, 면접관이 선택할 수 있도록 잠시 신중하게 침묵한다. 면접관은 그 침묵을 끝내고 후보자에게 지침을 제공하기 위해 이렇게 말할 수 있다. "매출에 대해 이야기해 봅시다." 그때 후보자는 "매출에서 저는 다음 세 가지 문제를 다루고 싶습니다."와 같이 하나의 구조를 제시해야 한다. 그러면 면접관은 이들 세 가지 가능성 중에서 선택한다.

후보자는 답변과정에서 단지 미묘하게라도 그가 추구해야 할 방향을 드러낼 가능성이 있는 질문을 면접관에게 해야 한다. '단서에 대해 열린 마음을 가지는 것'도 도움이 된다. 후보자들이 잘못된 방향으로 가기 시작하면 면접관들은 그들이 가야 할 방향으로 돌아가도록 말로 방향을 슬쩍 바꿔 보려고 노력한다. "보통… 전체 과정을 다 맞게 가는 사람은 없습니다." 프리야는 케이스 인터뷰에 대해 이렇게 말했다. "하지만 당신은 그들에게 많은 힌트를 줍니다. 그 힌트를 이해하는 사람들도 일부 있고, 그중 어떤 것도 받아먹지 못하는 사람도 있습니다. 그리고 당신이 찾는 부류의 사람들은 말하자면 사회적 단서를 더 잘 받아들이는 사람들이죠." 제공된 단서에 따라 행동하지 못한다는 것은 위험신호였다. 가장 성공적인 면접 대상자들은 분명한 의도를 가지고 질문을 하고, 그 사례를 올바르게 해결하는 데 도움이 될 정보를 이끌어 내고, 면접관의 질의에 핵심 항목만 요약하는 스타일의 잘 정리된 답변으로 대응한 사람들이었다. 소극적으로 '아무 반응 없이' 앉아서 인내심 있게 면접관이 정보나 지침을 제공해 주기를 기다리는 태도는 인터뷰를 망치는 행동이었다.

케이스 인터뷰를 잘하려면, 후보자들이 이 인터뷰를 특징짓는 고도로 각본화된 대화에 참여하고 있을 때 진실하고 자연스럽게 보일 필요가 있다는 사실도 중요하다. 사례에 대한 답변이 '자연스러운' 답변인지 '외운' 답변인지는 면접관에게 그 대화가 얼마나 막힘이 없는 것처럼 느껴졌는지에 의해 판단된다. 낸시는 그 각본을 따랐던 한 후보자가 다른 면에서는 강력했지만 그 과정에서 진실해 보이지 않았기 때문에 낮은 점수를 받은 사례를 다음과 같이 이야기했다.

> 그녀는 매우 똑똑한 게 분명했습니다. … 문제는 그녀가 매우 규칙에 따르는 것처럼 보였다는 거였죠. 아시겠지만, 그녀는 옳은 대답과 어떤 일을 하는 옳은 방법을 모두 외웠습니다. 하지만 그녀가 진정으로 흥분을 느끼거나 창조적으로 한 일이 아니었습니다. "좋아요. 이런 질문을 받았을 때는 이렇게 답변해야 하죠." 같은 식이었죠.

숫자 계산과 케이스 요약하기

케이스 인터뷰가 이런 경로를 따라 움직일 때, 후보자에게는 면접관이 그가 풀고 있는 기술적 문제와 관련해 '봉투 뒷면을 이용해 간단히 계산할 수 있는' 하나 혹은 둘 이상의 기본적인 수학 계산을 해보라고 요구하는 순간이 다가올 것이다. 터무니없는 실수를 한다면 그 후보자는 더 이상 고려 대상에 포함될 자격을 잃을 수도 있다. "기본적인 퍼센트도 계산할 수 없다면 그건 위험 신호죠." 아미트가 말했다. (다음 장에서 논의하듯이 남성 후보자에게는 그런 실수에 대해 여성 후보자보다 더 많은 여지가 제공되긴 했지만) 일반적으로 사소한 실수는 허용되었고, 면접관들은 종종 그런 케이스에서 힌트를 제공했다. 루시는 평가자들이 수학적 정확성보다 구조를 더 우선순위에 둘 가능성이 높다는 사실을 강조했다.

> 그들이 문제를 구조화할 수 있나요? 일단 문제를 구조화하고, 구성요소들로 분해하고, 논리적으로 분석했다면, 실제로 이런 특별한 비즈니스 상황에서 발생할 수 있는 일에 대해 훌륭한 개념적 사고와 비즈니스 감각을 가지고 있나요? 당신이 거기서 계속해서 그런 구조화를 발견한다면, 심지어 그들이 이곳저곳에서 약간씩 틀렸다 해도 괜찮습니다. 가르칠 수 있으니까요. 그들은 엑셀을 사용하게 될 것이고, 신속하게 배울 것입니다.

많은 측면에서 숫자들 그 자체보다 그 숫자가 주어진 맥락에서 합리적인지 아닌지 판단하는 능력을 포함해, 자기가 도출한 계산의 의미를 후보자들이 이해하는지가 더 중요했다.

일단 계산이 끝나면, 면접관들은 후보자에게 이 숫자에 근거해 의사결정을 하라고 요청한다. 마지막 단계는 최초의 문제(내 경우는 전자 스와이프 카드를 도입하는 것이 좋은 생각인지)로 돌아가 거기에 답하고('예스' 혹은 '노'로), 그 이유를 세 가지 핵심 항목들로 요약하는 것이다. 조던의 논평이 보여 주듯 여기서도 평가자들은 내용보다 구조와 논리를 더 높게 평가했다.

저는 실제로 누군가가 완벽하게 맞는 답을 얻었는지는 관심이 없습니다. 저는 그들이 답을 얻었고, 실용적인 무엇인가에 도달했고, 구조를 만들어 계속 유지했다는 데 신경을 씁니다. 만약 그 사례를 해결하지 못했다 해도, 저는 신경 쓰지 않습니다. … 해결했다면 좋은 일이죠. 하지만 제가 신경 쓰는 것은 그들이 패턴을 따랐는지, 논리를 활용했는지, 질문을 했는지, 귀 기울여 들었는지, 그리고 머릿속에서 제멋대로 이해한 질문이 아닌 실제로 받은 질문에 대한 대답을 했는지 등입니다.

기준을 넘되 기대 이상으로 너무 잘하지 않기

컨설팅 회사들의 경우, 여러 산업 전반에 걸쳐 흔히 활용되는 문화적 적합성, 세련미, 추진력이라는, 더 주관적이고 대인관계적인 평가기준이 미치는 영향을 케이스 인터뷰가 상쇄하면서 중요한 분석적 균형을 잡아 주었다. 케이스에서 성과가 형편없다면 후보자들은 대개 더 앞으로 나아가지 못했다. 하지만 케이스 성과가 탁월하다 해도 이는 오만함이나 적합성 부족과 같은 개인적으로 부정적인 자질에 대한 위험 신호들을 완전히 상쇄하기에는 충분치 않았다. 엘라는 다음 사례를 제시했다.

[그 후보자는] 케이스를 멋지게 해결한 그날 인터뷰 일정에서 가장 똑똑한 사람이 분명했습니다. 하지만… 그는 뭔가를 오해했을 때 면접관을 다소 무시하는 태도를 보였습니다. … 비록 그들이 믿을 수 없을 정도로 똑똑하고, 업무 측면에서 커다란 실적을 낼 수 있을 것 같다고 해도 잠재적으로 신입사원 동기들에게 나쁜 영향을 미칠 수 있는 사람을 고용하는 것은 장기적으로 가치 있는 일이 아닙니다.

대부분의 평가자들은 케이스에서 기본적인 수준의 능력을 보여 주길 원했다. 많은 평가자들에게 적절한 기준은 '기대 이상으로 훨씬 더 잘하기'보다는 '문턱을 넘어서기'였다. 케이스 성과는 양분법적인 척도, 즉 '예스 혹은 노', '찬성 혹은 반대' 형태의 평가로 보였다. 컨설턴트인 조던은 이렇게 보충설명을 했다.

> 케이스 인터뷰는 예스 혹은 노로 평가됩니다. 다른 기준들은 더 가변적입니다. 케이스를 대체할 수 있는 건 없습니다. 날려 버린 케이스를 벌충할 수 있는 것은 없다는 거죠. 케이스에서 매우 잘해 낼 수도 있습니다. [하지만] 냉담하거나, 오만하거나, 잘난 체한다면, 역시 실패하게 될 것입니다. 그리고 케이스는 기본적으로 충분히 잘했느냐, 아니면 충분히 잘하지 못했느냐의 문제입니다.

적합성이나 세련미 같은 다른 자질의 평가보다 케이스의 절대적인 성과(단순한 합격이냐 불합격이냐를 훨씬 넘어서는)를 우선시하는 정도는 면접관에 따라 다양했다. 평가자들이 자신의 교육 배경과 비슷한 배경을 가진 후보자에게 더 많은 능력이 있다고 보는 경향이 있듯이, 자신의 강점이 분석적인 능력에 있다고 보느냐 혹은 대인관계에 있다고 보느냐에 따라서 인터뷰의 다른 구성요소에 대비해 케이스에 비중을 더 많이 두거나 적게 두는 경향이 있었다. 하지만 평가자의 개인적 배경도 영향을 미쳤다. 내 연구 샘플에 포함된 여성들은 비기술 분야의 전공과 배경 출신일 가능성이 더 높았으며, 그런 배경을 가진 사람들은 케이스 인터뷰를 덜 중요시하는 경향이 있었다. 인문 분야의 배경을 가지고 자신의 개인적 장점이 분석력보다 대인관계에 있다고 믿었던 샬롯은 면접관들이 케이스 성과에 어떻게 반응하며, 여기에 배정하는 가중치와 관련해 개인적 배경과 성별이 어떻게 함께 영향을 미치는지 예시하는 논평을 제공하기도 했다.

> 케이스 인터뷰에서 어처구니없는 실수를 저지른 사람은 방어해 주기가 어렵습니다. … 하지만 저는 아마도 [분석적 기술보다] 대인관계와 적합성 같은 것들을 더 중요하게 생각하는 것 같아요. 왜냐하면, 영문학을 전공한 사람이라면 케이스 분석에 많은 경험이 없을 수도 있다고 생각하기 때문입니다. … 만약 그들이 논리적 사고를 할 수 있고 임원들이나 실무팀과 잘 지낼 수 있을 것처럼 보인다면 저는 그들에게 기회를 줄 수 있습니다.

따라서 능력을 이루는 요인에 대한 의식적인 믿음과 후보자의 자질을 평가하는 방법에 대한 무의식적인 편견, 이 두 가지는 전체 인터뷰에서 케이스 분석이 차지하는 비중에 상당한 영향을 미쳤다.

그들만의 언어가 만드는 장벽

대부분의 컨설턴트들은 케이스 인터뷰를 '위대한 평형자', 즉 지원자들을 위해 운동장을 평평하게 만드는 표준화된 평가 척도라고 생각했다. 실제로 컨설턴트들이 매일 하는 업무와 직접 연관이 있는 더 구조화된 질문들을 포함시키는 것은 더 주관적인 평가기준들과는 반대 방향에서 균형을 잡아 주는 중요한 역할을 했다. 그럼에도 케이스 인터뷰는 나름대로 고유한 형태의 불평등을 낳았다.

케이스 문제에 대한 바람직한 답변은 근본적으로 적절한 '스타일'의 대답을 적용하는 일과 관련이 있었다. 몇몇 면접관들은 케이스 인터뷰에 대해 그 자체가 특정 언어라고 묘사했다.

케이스 인터뷰에서 무엇을 기대해야 할지, 그리고 각각의 다른 지점에서 어떤 스타일의 대답이 적절한지 알아내려면 대부분의 사람들보다 케이스 인터뷰를 더 잘 알고 있는 사람들의 코칭이 필요했다. 게다가 평가자들은 자연스러워 보이는 답변을 원했고, 여기에 숙달되려면 많은 시간이 필요했다. 내가 인터뷰한 몇 명의 MBA 학생들은 이 인터뷰들을 준비하는 데, 그들이 학교에서 온전하게 한 학기 동안 진행된 과정의 숙제를 끝마치는 데 들인 시간만큼의 시간을 썼다고 밝혔다. 심지어 학생들이 이런 종류의 인터뷰를 준비할 수 있도록 도와주는 체계를 갖춘 산업도 등장했다. 대중적인 시장에서 판매되는 책도 있고, 학생 신문과 명문 대학이 만든 매뉴얼들도 있었다. 진로 관련 웹사이트에서는 케이스 인터뷰의 성공 공식에 접근할 수 있는 기회를 서비스했는데 유료인 경우도 종종 있었다. 내부자 팁에 접근할 수 있는 기회를 공평하게 제공하기 위한 무료 블로그도 최근 몇 년간에 등장했다. 이런 유형의 지침들은 질문의 범주(예를 들어 신규 제품 소개, 시장 규모 산출 등)와 질문 사례, 답변 사례를 나열한다. 최근에는 회사들도 유사한 유형의 정보를 웹사이트에 올리기 시작했다.

회사들은 학생들이 이 언어를 배우도록 도와주기 위해 캠퍼스 교육도 추가로 제공했지만 이는 '오로지' 엘리트 학교에만 한정되었다. 더 엘리트 학교일수록 더 광범위한 준비를 할 기회가 제공되었다. 이런 유형의 교육에는 회사들의 질문 유형과 적절한 답변 패턴에 대한 개요를 학생들에게 제공하는 간단한 점심 세미나부터, 면접 대상자들이 케이스를 컨설턴트와 연습할 기회를 가질 수 있도록 하루 종일 열리는 워크숍까지 다양했다. 최고 엘리트 경영대학원에서는 채용기간 동안 캠퍼스에서 풀타임으로 배치된 컨설턴트들이 도움을 요청한 학생들과 케이스 인터뷰 연습을 했다. 회사에서 어느 핵심 학교의 캠퍼스 채용을 풀타임으로 맡은 루시는 그들이 최고 엘리트 캠퍼스 출신 학생들을 준비시키는 작업에 얼마나 집중적으로 투자하는지를 이렇게 실토했다. “우리는 실제로 인터뷰에 초대받은 학생들을 위해서 워크숍을 개최했습니다. 인터뷰를 준비하는 몇 명의 학생들과 각각 한 시간 정도의 세션을 하는 데 하루에 4시간씩 2주를 투자했죠.” 그녀의 회사가 후보자 교육에 왜 이런 종류의 투자를 했냐고 묻자 루시는 이렇게 대답했다.

> 저는 운동장을 조금이라도 평평하게 만들기 위해서라고 생각합니다. … 따라서 저는 이 교육이 사람들을 컨설팅 인터뷰에 노출시키고… 그래서 [케이스 포맷이 가지는 특이성이] 그들의 실제 능력을 가리지 않도록 말이죠. … 우리는 겁을 주고 싶지도 않습니다. 우린 그들이 성공하기를 원하고, 그렇게 할 수 있는 도구를 제공하는 사람들로 보이고 싶습니다. 그리고 그것이 우리가 지향하는 태도입니다. 우리는 확실하게 그들이 성공할 수 있도록 준비시키고 싶습니다. 성과를 내는 것은 그들에게 달려 있지만요.

회사가 제공하는 이런 종류의 공식적인 훈련에 추가해 엘리트 학교 학생들은 동기나 동문들과 연습할 수 있는 비공식적 기회를 가졌다. 예를 들어 최고 엘리트 경영대학원의 신입생 풀은 엘리트 학부의 졸업생 풀과 마찬가지로 과거에 풀타임 컨설턴트였던 사람들로 가득하다. 학부 수준에서는 학생들이 개인적으로 아는 졸업생에게 혹은 졸업생 명부를 통해 접촉할 수 있는 졸업생들에게 인터뷰 준비를 도와달라고 전화할 수 있다. 이런 유형의 산업과 회사 중심의 사회적 네트워크에 접근할 기회는 엘리트 학교에 다니면 확보하기가 용이한 만큼 채용에서 학교에 따른 불평등을 강화했다. 그레이스는 이를 다음과 같이 인정했다.

> 저는 모든 사람에게 공정한 기회가 있다고 생각하지만, 준비할 기회는 일부 사람들에게 더 많다고 생각합니다. 따라서 만약 당신에게 우리 회사를 다니는 친구가 있다면, 혹은 뛰어난 컨설팅 클럽이 있는 캠퍼스에 다닌다면, 그 과정을 더 많이 배우고 더 많이 연습할 수 있는 기회가 있겠죠. 전 연습이 도움이 된다고 생각해요.

이처럼 매우 주관적인 능력 평가와는 반대 방향에서 균형을 잡아 주긴 하지만, 케이스 인터뷰의 적절한 응답의 고도로 양식화된 본질은 비핵심 학교 출신 후보자들과 제한적인 사회적 네트워크를 가진 후보자들에게 추가적인 불이익을 주었다.

요약하자면, 산업 전반에 걸쳐 평가자들은 기본 수준의 지적 능력을 보유하고 있다고 인식되는 후보자들을 찾았다. 하지만 평가의 다른 기준과 마찬가지로 평가자들은 종종 지능을 그들 나름의 이미지로 규정하거나 측정했고, 후보자들을 평가할 때 평가자 자신이 개인적으로 강점이 있는 영역을 강조했다. 게다가 평가자들이 취업 인터뷰에서 지능을 개념화하고, 측정하고, 가중치를 부여하는 방식에는 산업 간에 중요한 차이가 있었다. 로펌 인터뷰의 비구조화된 포맷은 평가자들이 후보자들의 지적 능력을 주로 세련미라는 측면에서 판단하도록 독려했다. 반대로 컨설팅 인터뷰의 고도로 구조화된 본질은 평가자들이 후보자들의 지적 능력과 분석 기술에 대한 인식에 더 큰 가중치를 부여하도록 이끌었다. 하지만 후보자들의 대답 내용보다 스타일을 강조했고, 내부자의 코칭이 필요한, 즉 케이스 인터뷰 언어를 말할 수 있는 능력을 강조했기 때문에 케이스 인터뷰의 포맷은 엘리트 직업에 대한 접근기회라는 점에서 이미 강고한 학교에 따른 불평등을 악화시킬 수도 있었다.

4막: 질의응답

인터뷰의 마지막 단계는 간략한 질의응답 시간이다. 면접관이 일자리나 회사에 대해 후보자의 질문에 대답할 것을 제안하면서 인터뷰는 끝났다. 이 단계는 대개 몇 분밖에 걸리지 않았고, 인터뷰의 다른 부분에서 시간이 초과되었을 때는 종종 생략되기도 했지만 단순한 잡담은 아니었다. 이 단계 역시 본질적으로 평가의 시간이었다. 질의응답의 결과는 후보자들을 성공시킬 수는 없었지만 확실하게 무너뜨릴 수는 있었다.

인터뷰의 다른 막처럼 질의응답은 의례화된 대화였고, 여기서 좋은 성과란 특정한 각본을 따르는 것이었다. 첫째, 인터뷰 대상자는 면접관에게 '무엇인가'를 물어야 한다. 투자은행가인 브리짓은 이렇게 보충설명을 했다. "최악의 경우는 인터뷰를 끝내고… 제가 이렇게 묻죠. '저에게 질문할 게 있나요?' 그러면 그들은 이렇게 말합니다. '아니요. 없는 것 같은데요.' 그러면 저는 이렇게 생각하죠. '말도 안 돼. 이건 인터뷰 규칙 제1번이라고!'" 면접관들은 회사나 일자리에 대한 질문이 있다는 사실을 회사에 대한 순수한 관심의 증거로 해석하고, 질문이 없을 경우 후보자가 진실로 그 일자리를 원하지 않는다는 신호로 해석한다. 투자은행가인 라이언은 이런 언급을 했다.

> 그래서 어떤 종류의 질문을 하는가는 매우 중요합니다. … 즉 그들이 이 분야에 대해 사려 깊은 질문을 했는지 말이죠. … 우리는 그들이 이미 회사에 대해 얼마나 많은 숙제를 했는지 알려고 노력합니다. 저는 당신이 누군가를 30분 동안 만날 계획이라면, 인터넷을 활용해 그들이 최근에 한 거래의 종류를 알아보기 위해 30분 정도는 쓸 수 있다고 생각합니다. … 그저 일종의 일반적인 관심을 보여 주는 거죠. … 저는 누군가가 와서 [우리 회사에서] 인터뷰를 한다면, 그들이 언론에 크게 보도된 서너 가지 거래에 대해서 물어볼 수 있어야 한다고 생각합니다. 그렇지 않다면 그건 아마도 그들이 이 분야에 대해서나 여기서 일자리를 얻는 데 대해 그다지 진지하지 않다는 걸 의미하겠죠.

인터뷰의 앞선 단계들과 마찬가지로 평가자들은 여전히 어떤 유형의 질문이 좋거나 나쁜지에 대한 개인적인 선호가 있었다. 위에서 언급한 라이언 같은 사람들은 회사에 대한 질문을 선호했다. 컨설턴트인 레슬리 같은 사람들은 좀 더 개인적인 질문을 선호했다. "이런 사람들이 있습니다. … '왜 이 일을 즐기는지, 왜 당신이 10년 동안 컨설팅을 해왔는지 이야기하고 싶어요.' 그런 사람들은 좀 더 전반적이고 전체적인 경험을 원합니다. 그쪽이 제가 찾고 있는 사람에 더 가까웠죠."

하지만 이들 일자리에 수반되는 시간적인 헌신을 탐색하는 질문은 잘못된 질문이었다. 예를 들어 출장 횟수나 근무시간에 대해 너무 많은 질문을 한다면 면접관들은 그 일자리나 회사에 대한 지원자의 헌신은 물론, 근본적으로 개인적인 성격에 의문을 품었다. 위에서 인용했던 레슬리는 이렇게 말을 이었다.

저는 사람들이 [질의응답 시간에] 하는 질문이 알려 주는 것이 많다고 생각해요. 항상 라이프 스타일과 출장, 근무시간, 모든 것을 질문하려는 사람들이 있죠. 어느 정도까지는 그것도 괜찮습니다. 하지만 그 문제를 정말로 깊게 파고들고, 또 그게 전부인 사람들도 일부 있죠. "글쎄요, 그럼 당신은 우리한테 뭘 줄 건가요?"

변호사인 몇몇 여성 평가자들은 인터뷰 중에 일과 삶의 균형 혹은 육아휴직에 대해 질문한 지원자들에게 특별히 부정적으로 반응했다. 변호사인 미아는 바람직하지 못했던 질의응답을 이렇게 털어놓았다.

들어와서 육아휴직과 유연근무제 같은 것들에 엄청나게 많은 질문을 쏟아 내는 사람은 바람직하지 않습니다. 회사에 들어올 때 보일 좋은 태도라고 생각하지 않으니까요. 그런 게 중요한 질문이긴 합니다. … [하지만] 이런 생각이 들죠. "정말로 '일하고' 싶은 건가요?"

그녀는 계속해서 한 지원자에 대해 이야기했다.

그녀가 질문한 것은 파트타임과 유연근무제, 육아휴직이 전부였고, 근무시간과 급여에 대해서 자세히 알고 싶어 했습니다. 그녀는 매우 자기중심적이었습니다. 우리에게 좋은 인상을 주려는 노력도 전혀 하지 않았죠. 마치 "아! 당신이 나에게 좋은 인상을 줘야 해요. 내가 여기서 인터뷰를 하는 것만으로도 당신은 운이 좋은 게 틀림없으니까요."와 같은 태도였어요. 무례하고 모욕적이죠.

이처럼 질의응답은 후보자의 추진력, 회사에 대한 관심, 성격에 대한 평가자의 인상을 확정하거나 바꾸어 놓은 인터뷰의 핵심 부분이었다. 이 부분에서 적절한 각본을 고수하는 것이 최종 인상을 형성하는 데 중요했지만, 인터뷰의 다른 단계가 평가에서 우위를 차지하는 경향이 있는 만큼 (아무 질문도 하지 않거나 부적절한 질문을 해서 이를 망친 후보자들을 제외하고는) 질의응답에서 기대 이상으로 잘할 필요는 없었다.

2차 인터뷰

2차 인터뷰는 구조에서 1차 인터뷰와 거의 같았다. 후보자들은 수익부서의 전문직들과 최소한 두 번의 별도 인터뷰를 가졌다. 인터뷰는 똑같이 4막으로 이루어졌다. 어색함을 깨는 잡담, 서사적 스토리텔링, 인지 능력과 전문적 지식에 대한 평가, 그리고 질의응답이었다. 평가자들은 후보자들을 평가하는 데 적합성, 추진력, 세련미, 지적능력이라는 똑같은 평가 기술을 활용했다. 그럼에도, 1차와 2차 인터뷰 사이에는 핵심적인 차이가 두 가지 있었다. 첫째, 2차 인터뷰에서는 평가자들이 어떤 영역의 부정적인 성과에 대해서도 덜 너그러웠다. 매우 긍정적인 다른 자질을 발견한다면 특정 영역에서 평범하거나 양면적인 성과를 내도 큰 문제로 여겨지지 않거나 두 번째 기회를 줄 수 있었던 1차 인터뷰와는 달리, 평가자들은 더 엄격한 기준을 유지했다. 컨설턴트인 그레이스는 이렇게 설명했다.

> 저는 1차 인터뷰에서는 때때로 우리가 사람들에게 유리한 방향으로 일단 믿어 준다고 생각해요. 그리고 2차에서는… 사람들에게 유리한 방향으로 믿어 주지 않으려고 노력합니다. 아시겠지만 1차는 이런 식이죠. "글쎄요, 아마도 당신은 더 잘해 낼 수도 있을 것 같군요." 그리고 당신은 긍정적인 점수를 받을 가능성이 더 많습니다. 2차는 이런 식에 더 가깝다고 생각합니다. "이건 당신의 마지막 기회입니다." 기준은 같지만 거기에 적용되는 엄격함이나 혹독함이 다른 거죠.

둘째, 세 가지 회사 유형 모두에 걸쳐서 2차 인터뷰 평가자들은 1차 인터뷰보다 주관적인 요인과 대인관계 요인에 더 많은 가중치를 부여하는 경향이 있었다. 이는 부분적으로는 이들이 분석적 기술에 대한 평가를 1차 인터뷰 면접관들에게 암묵적으로 위임했다는 데서 기인했다. 엘리트 학생들은 필요한 인지적 기술을 갖추고 있다는 개념을 강화시키면서, 거기서 더 나아가 평가자들은 2차(최종) 인터뷰까지 올라온 후보자라면 이미 그 업무를 하는 데 필요한 분석 기술을 가지고 있음을 보여 주었다고 추정했다. 9장은 면접관과 채용위원회가 2차 인터뷰에서 얻은 인상을 활용해 어떻게 최종 오퍼나 불합격 결정을 내리는지에 대해 논의한다.

다양성: 사라진 평가기준

놀랍게도 후보자 인터뷰에서도, 그리고 평가기준에 대한 일반적 논의에서도 사라져 버린 평가기준은 다양성이었다. 회사들은 다양성 채용 행사에 투자했음에도 불구하고 대개 평가자들에게 1차 인터뷰나 2차 인터뷰에서 다양성을 고려하라고 지시하지 않았다. 컨설턴트인 조지는 이런 지적을 했다. "분명히 나와 같은 직급의 면접관들에게는 다양성에 대해 가중치를 두거나 두지 말라는 종류의 전달 사항은 없었습니다. 지침 자체가 아예 없죠. … 제가 들은 바에 따르면, 우리가 무엇을 후보자의 강점이나 단점으로 인식하는지가 전부입니다." 내가 그에게 후보자들을 평가하면서 다양성을 고려했는지 물어보자 그는 이렇게 대답했다. "네? 다양성이요? 그렇지는 않았다고 말해야겠네요. 대답은 '노입니다. 제 말은 솔직히 다양성이 저에게 중요한 관심사는 아니었다는 거죠."

많은 평가자들은 다양성을 고려하는 바로 그 행위가 '기준을 낮춘다는' 의미라고 말하면서, 유효한 채용 기준에서 다양성에 대한 고려를 빼는 문제에 더 단호했다. 투자은행의 매니징 디렉터인 맥스는 이 점을 분명히 밝혔다. "우리가 다양성 후보자들을 위해 할 수 있는 것은 그 정도까지입니다." 컨설턴트인 루시는 인터뷰 단계까지 도달한 다양성 후보자들은 "다른 모든 사람과 동등한 대우를 받는다."고 언급했다. 대부분의 평가자들은 여성이나 인종적 소수집단처럼 인구통계상의 특정 그룹에게 채용과정이 유리하거나 불리하다고 인식하지 않았다. 능력을 판단하기 위해 피부색이나 성별에 대한 블라인드 접근방식을 옹호하면서도, 그들은 다양성 후보들이 2차 인터뷰나 일자리 오퍼를 받기 위해 통과해야 하는 인터뷰의 모든 평가 영역에서 전통적인 후보자들과 동등한 수준의 성과를 보여야 한다고 강조했다. 이런 정서는 컨설팅에서 가장 강했다. "인종이나 성별 같은 것들은 중요하지 않습니다." 카일이라는 컨설턴트가 단언했다. "정말로 중요한 것은 이 사람이 케이스 인터뷰를 얼마나 잘했느냐입니다." 역시 컨설턴트인 카이는 인터뷰에서 다양성은 "그저 고려 대상에서 빠지는 거죠. 만약 우리가 최고의 후보자들을 뽑는다면 자연스럽게 그들이 세계 인구 전반을 대표하는 샘플이 될 것입니다. … 우리 회사는 아직 그 정도까지 이르진 못했지만 언젠가 가능할 겁니다."라고 말했다.

그럼에도 인터뷰 과정과 인간 본성에 편견이 있다는 사실을 인정한 평가자들도 일부 있었다. 이들은 콜백이나 일자리 오퍼를 하는 데 있어서 '경계선에 있는' 다양성 후보자들을 통과시키려고 노력할 사람들이었다. 변호사인 토마스는 이렇게 주장했다.

> 우리는 이곳이 다양성이 높은 직장이 아니라는 사실을 알고 있습니다. 여성, 인종적 · 성적 소수집단 학생들은 이 직업에서 필요한 만큼 그들의 인구 집단을 대표하고 있지 못합니다. 회사들은 다양성 후보자들을 적극적으로 찾아 나섭니다. 적어도 제 경험으로는, 채용 의사결정을 내릴 때 다양한 요인들을 고려하는데 다양성은 그중 한 요인입니다. … 만약 제가 확실하게 결정을 못 내린 사람이 몇 명 있는데 그중 한 사람이 다양성 후보라면, 그 다양성 후보는 우선적으로 콜백을 받을 겁니다.

게다가 자신이 다양성 옹호자라고 주장하는 사람들도 일부 있었다(토마스도 그중 한 사람이었다). 대개 이들은 표준과 다른 후보자에게 공감을 느끼는 사람들이었다. 일반적으로 그들 자신이 다양성 배경을 가지고 있었고, 그런 상황으로 불이익을 겪거나 가까운 친구 혹은 가족 구성원을 통해 편견의 힘에 민감해진 사람들이었다. 하지만 옹호자가 되는 것은 같은 그룹의 후보자들을 전반적으로 선호하는 것과는 다르다는 사실을 지적할 필요가 있다. 인터뷰 점수와 관련해 채용에 관한 사회학 연구에서 등장하는 흔한 가정들과 달리, 내 연구에 참여한 여성들은 후보자가 여성이라고 해서 특별한 선호도를 보이진 않았고, 백인이 아닌 사람들도 백인이 아닌 다른 사람들에게 각별한 관심을 표하진 않았다. 실제로 성별과 인종에 있어서는 오히려 그들이 소속되어 있지 않은 외집단에 대한 선호의 근거가 일부 존재했다.

흑인들과 히스패닉계가 엘리트 기업의 신입사원 그룹에서 차지하는 비중은 전체 인구는 물론 엘리트 학부와 대학원 프로그램에서 그들이 차지하는 비중과 비교했을 때도 상당히 낮았다. 여성들은 투자은행 채용에서 유의미한 수준으로 소외되었으며, MBA 수준에서 특히 그랬다. 하지만 다양성은 채용 기준으로 관심을 거의 받지 못했다. 대부분의 평가자들은 채용과정이 인종이나 성별에 상관없이 개인의 성과, 노력, 능력을 바탕으로 '최고의' 후보들을 적절하게 가려내고 성공적으로 식별해 냈다고 확고하게 주장했다. 하지만 이처럼 다양성을 보지 않는 접근방식은 인터뷰의 각 단계에 뒤따르는 그룹 심의에서 면접관들이 최종적으로 선택된 후보자들을 비교하고, 궁극적으로 선정할 때 성별 및 인종적 편견이 작용할 수 있는 길을 터 놓았다. 그런 심의와 연관된 문제는 다음 장에서 중점적으로 다룬다.

9

최종 심사

저는 그 사람이 왠지 별로예요

면접이 끝난 후 평가자들은 지원자에 대해 이야기합니다.
누군가는 어떤 학생에게 완전히 감명받았다고 하고,
누군가는 똑같은 사람을 만나지만 별로라고 합니다.
정말 각양각색이죠.
하지만 사람들이 원래 다 그렇잖아요.

– 브랜트, 로펌 채용 매니저

▌ 내가 연구한 로펌에서 인터뷰는 채용과정의 끝을 의미하지 않았다. 면접관들의 점수가 후보자들의 운명을 정하는 데 막대한 역할을 했음에도 개별 면접관이 아닌 채용위원회에서 최종적인 콜백과 오퍼에 대한 결정을 내렸다. 비밀 유지에 대한 우려로 위원회 구성원들이 나누는 막후 대화에 접근이 제한되고, 체계적인 연구를 할 수 있는 기회를 제한했기 때문에 사회과학자들은 채용위원회가 의사결정에 도달하는 방식을 거의 알지 못한다. 그 결과 채용에 대한 실증적 모델들은 공통적으로 채용 의사결정을 직접 설명하는 것은 이력서의 특성 혹은 인터뷰 점수라는 입장을 제시한다. 하지만 투자은행가에서 교수까지 화이트칼라 직업의 많은 유형에서 최종적인 채용 추천은 채용 관리자나 학부장과 같은 한 개인에 의해 이루어지지 않는다. 그 대신 이들 결정은 채용위원회에 의해 이루어진다. 최종 인터뷰 리스트를 작성하고 최종 채용 결정을 내리는 과정에서 이 그룹은 다양한 평가자들이 얻은, 때로는 서로 충돌하는 후보자들에 대한 인상을 조정해야 하고 더 폭넓은 채용 목적과 목표를 바탕으로 후보자들에 대한 인식의 균형을 맞춰야 한다.

이 장에서 나는 내부자의 눈을 통해 엘리트 전문서비스 기업 내 채용위원회가 이토록 복잡한 과업을 어떻게 달성하는지 살펴보고자 한다. 내 목표는 회사들이 최종 채용 의사결정을 내리기 위해 후보자의 리스트를 축약하고, '문턱을 넘어선' 복수의 후보자를 식별하는 방법을 조명하기 위해 채용위원회 토론이라는 블랙박스를 여는 데 있다. 이 단계에서 업무 후보자 선택을 위해 위원회가 활용할 수 있는 방법은 몇 가지가 있다. 가장 효율적이고 효과적인 방법 중 하나는 각 면접 대상자가 받은 인터뷰 평균 점수를 계산해서 단순히 가장 높은 점수를 받은 사람들을 선택하는 것이다. 하지만 연구 참여자들은 그런 기법이 너무 비인격적이라면서 거부했다. 후보자 평가가 예술이지 과학이 아니라고 여기는 것처럼 그들은 능력도 단순히 차가운 숫자의 합계 이상이라고 이해했다. 최고의 인재를 식별하기 위해서는 변호사인 안드레아가 표현했듯이, 평가자들이 '대화로 해결'할 수 있는 환경에서 각 후보자에 대한 그룹 토론을 할 필요가 있었다. 이런 심의의 목적은 각 후보자에 대한 정보의 질과 양을 높이고 개인적 편견을 상쇄시키기 위해서였다. 그리고 실제로 이런 대화가 개인별로 특유한 선호도를 다소간 약화시키긴 했다. 하지만 이 장에서 살펴보듯이 실제로 그룹 대화는 성별과 인종을 포함해 후보자들이 속한 그룹의 범주에 기반을 둔 편견을 증폭시켰다.

인터뷰 직후 느낌 나누기

홀트가 워릭 호텔에서 1차 인터뷰를 실시한 날의 일정이 끝나 가고 있었다. 스위트룸 대기실에 있던 학생 무리는 흩어졌고 아만다와 나만 남아 있었다. 우리는 침묵 속에 앉아 있었다. 나는 후보자들이 인터뷰를 기다리는 동안 미소를 지으면서 담소를 나누고, 호텔 방문을 열어주고, 막힌 화장실을 해결하고, 불만스러운 면접관들을 달래는 너무나 많은 급한 일을 하느라 (하이힐을 신고) 몇 시간을 뛰어다니고 나니 육체적으로나 정신적으로 기진맥진한 상태였다. 아만다가 스타킹 신은 다리를 앞으로 쭉 편 채 눈을 감고 의자에 기대앉아 있는 동안 나는 녹초가 되어 칵테일 냅킨 뒤편에 현장 노트를 갈겨쓰고 있었다.

잭이 급히 방으로 들어오더니 그날 일과 정리를 시작하라고 지시했다. 나는 지시사항을 물으려고 아만다를 쳐다보았다. 그녀가 대답으로 어깨를 으쓱해 보였을 때, 나는 스위트룸의 테이블, 의자, 바닥에 어질러져 있는 반쯤 먹다 만 스낵이 담긴 접시들을 모아서 쌓기 시작했다. 한밤중처럼 느껴졌지만 시간을 확인하려고 벽시계 쪽으로 몸을 돌려보니 아직 오후 5시밖에 되지 않은 상태였다. 나는 그녀에게 물었다. "잘 버티고 있어요?"

"젠장, 여기서 나가고 싶을 뿐이야." 그녀는 몹시 무덤덤하게 대답했지만 그녀의 거친 입은 다시 한 번 나를 깜짝 놀라게 했다.

"다음엔 뭘 해야 하죠?" 내가 물었다.

그녀가 어깨를 으쓱했다. "접수대?" 그녀는 고개를 스위트룸 바깥에 배치된 접수 테이블 방향으로 가리키며 말했다.

우리는 함께 방을 나가서 테이블 위에 흩어져 있는 종이를 정리하기 시작했다. 언제나처럼 에너지가 넘치는 상태로 잭이 돌아왔을 때, 우리는 막 홀트의 이름이 새겨진 배너를 테이블에서 벗기는 중이었다.

"로런, 이쪽으로 와요. 조정 작업을 도와줘야 하니까." 그는 아만다 쪽을 향했다. "여기 작업을 마무리하고 내일 할 일을 준비해 줘요. 그러고 아래층에서 만납시다." 잭은 내 팔을 끼더니 나를 엘리베이터 홀로 이끌었다. 그는 나를 향해 돌아서 목소리를 낮추더니 "당신이 이걸 좋아할 거라고 생각했어요."라고 말했다.

잭이 나를 참여시키려고 계획한 '조정'은 1차 인터뷰 동안 각자 같은 지원자들을 별도로 인터뷰했던 면접관 두 명 간의 일대일 미팅이었다. 짝이 된 면접관들은 각 후보자에 대한 인상을 교환하기 위해 만났고, 공동으로 각 후보자들의 순위를 매긴 다음 1차 인터뷰를 통과시켜야 한다고 생각한 사람들과 떨어뜨려야 한다고 생각한 사람들을 추천했다. 두 사람이 (대개 15분 이상은 진행되지 않은) 토론을 할 때 HR 직원 한 사람이 옆에 앉아서 공식적인 '조정자' 역할을 했다. 조정자의 업무는 면접관들의 논의를 주의 깊게 듣고, 상세한 노트를 작성하고, 채용위원회 회의에서 그들의 대리인 역할을 하는 것이었다. 이스트모어의 경우 HR 조정자는 잭과 아만다(일단 그녀가 스위트룸 정리를 끝내고 연회장으로 내려오면), 샘, 내가 될 예정이었다. 홀트의 다양성 매니저인 아프리카계 미국인 에보니가 조정자 역할을 하지 않은 것은 주목할 만한 사실이었다. 그 대신 그녀는 방을 돌아다니면서 짝이 된 면접관들 간의 이야기를 듣고, 자신의 지원자 리스트에 있는 다양성 후보자들의 상황을 확인하기 위해 그들의 대화에 때때로 관여했다.

조정회의의 목적은 두 가지였다. 첫째, 면접관들이 후보자들의 상대적인 능력에 대해 이야기하고 공감대에 도달할 수 있는 기회를 제공했다. 둘째, 나처럼 노트를 적는 조정자들이 대리인의 역할을 했기 때문에 면접관들은 채용위원회 회의에서 그들의 목소리를 낼 수 있었다. 면접관의 수가 매일 40명에 이르기 때문에 위원회의 의사결정 심의에 모든 사람이 참석할 가능성은 배제되었다. 대신 면접관들이 전자적으로 기록하고 저장한 의견과 추천은 모든 위원회 구성원들이 활용할 수 있었다. 그리고 요청을 받은 HR 조정자들은 그들이 조정과정에서 적은 노트에서 추가적인 정보를 제공할 예정이었다.

잭과 나는 연회장으로 내려가는 엘리베이터를 탔고, 그곳에는 뜨거운 애피타이저와 저녁 뷔페가 기다리고 있었다. 얼마 안 되는 면접관들이 뷔페 테이블 사이에 간간히 섞여 있었고, 그들의 손가락은 노트북 자판을 맹렬히 두드리고 있었다. 잭은 나를 에보니에게 안내했다. "로런이 조정을 도와줄 겁니다." 에보니는 눈을 가늘게 뜨고 나를 잠시 보더니 잭의 말을 인정한다는 듯 어깨를 으쓱했다.

오후 5시가 되기 직전까지 면접관들은 연회장으로 끊임없이 들어왔다. 많은 면접관들이 뷔페 테이블로 직행해 버펄로 윙과 닭고기 꼬치구이를 먹고 있었다. 5시 15분이 되자 연회장은 사람들로 가득 찼고 웅성거리는 소리가 들렸다. 잭은 소음을 누르고 소리를 질렀다. "안녕하세요, 여러분." 웅성거림은 계속되었다. "딱 '1분'간만 주목해 주세요." 그는 충분히 조용해질 때까지 기다렸다가 면접관 각자가 후보자에 대한 개인적인 인상을 기록한 전자문서를 언급하면서 이렇게 말했다. "개별 점수 시트를 다 채우신 다음 여러분의 인터뷰 짝을 찾아서 저에게 이야기해 주세요. 우리가 조정을 위한 준비를 해드릴 겁니다. 조정이 끝나면, '제발' '제발' 그 후에 있을 채용 프레젠테이션을 위해서 남아 주세요. 가능하다면 말이죠. 우리는 강한 면모를 보여야 합니다." 그는 방을 둘러보았다. "이해하시겠죠? 시트 작성을 마치고, 짝을 찾아서 저에게 오세요."

평가자들은 다시 하던 대화나 스마트폰으로 돌아갔다. 그다음 몇 분 간 잭, 에보니와 함께 나는 연회장 중간에 서서 면접관들이 자신의 짝을 찾으려고 애쓰는 모습을 지켜보았다. 그들 중 많은 수가 전 세계 다른 사무소에서 온 만큼 과거에 서로 만난 적이 없었다. 짝을 찾으면 수많은 연회 테이블 중 한 곳에 자기들만의 자리를 마련했다.

우리가 면접관들이 접근해 오기를 기다리는 동안 에보니는 나에게 모든 후보자의 이름과 정보가 적힌 스프레드시트 인쇄물을 건네 주었다. 그녀는 '장단점이 혼합된 사람들'이나 '의견이 갈리는 사람들'의 경우, 만약 논의 대상인 개인이 '다양성 후보'(그 스프레드시트에는 흑인이거나 히스패닉계, 아메리카 원주민일 경우 체크가 된 11명의 후보자가 있었다)라면 면접관들에게 그 사실을 알려 주라고 지시했다. 에보니는 신속한 식별을 위해 다양성 후보들의 이름에 노란색 형광펜으로 표시를 했다. 나는 에보니에게 설명해 달라고 요청했다. "만약 누군가가 다양성 후보라면 그들에게 알려 주는 것 외에 해야 하는 일이 있나요?"

그녀가 맥이 빠진 목소리로 대꾸했다. "그들에게 이 정보를 제공할 수는 있지만 그게 전부예요."

나는 확인을 위해 잭을 향했다. "그래서 확실히 하자면 제가 해야 할 일은 면접관들이 하는 말을 듣고 기록하고 누군가가 다양성 후보라면 그 사실을 말해 주는 거군요."

"넵!" 그가 미소를 지었다.

— 조정하기

네모난 안경알에 검정색 테를 두른 안경을 쓴, 키가 크고 머리칼이 갈색인 백인 남성이 우리에게 다가왔다. 그는 30대 후반으로 보였다.

"우리는 준비가 되었습니다." 그가 독일어 억양이 조금 섞인 말투로 부드럽게 말했다.

"이름이 뭐죠?" 잭이 물었다.

"스테판 건터와 애덤 데이비스입니다."

"건터… 데이비스" 잭이 클립보드에 끼워진 후보자 명부를 훑어보면서 반복해서 말했다. "찾았어요." 잭이 그들의 성 옆에 체크 표시를 했다. "로런, 당신이 이 사람들을 맡아요." 그가 웃으면서 지시했다.

"좋아요." 나는 마주 미소를 짓고 긴장감을 감추려고 노력하면서 동의했다. 나는 스테판을 향해 돌아서서 "안녕하세요. 로런입니다."라고 말했지만 내 목소리는 지나치게 들뜬 톤이 되어 버렸다.

"안녕하세요." 그가 웃지도 않고 대답한 다음, 조용히 자신의 짝인 애덤이 앉아 있는 크고 둥근 테이블로 나를 데리고 갔다. 역시 백인으로 안경을 썼으며 어두운 갈색 머리에 30대로 보이는 애덤의 옆자리로 스테판은 자리했다.

나는 스테판의 옆자리에 앉았다. 그러자 스테판은 자신의 짝과 얼굴을 마주 볼 수 있도록 의자를 나에게서 멀리 돌렸고, 그의 짝도 스테판을 마주 보기 위해 의자를 돌렸다. 나는 그 두 사람을 좀 더 잘 볼 수 있도록 의자를 움직여 보려고 노력했다. (조정 중에 나는 벽에 붙은 파리 같은 존재여야 하지만, 내 스스로가 종종 어른들의 대화를 엿들으려고 노력하는 치기 어린 아이처럼 느껴졌다.)

"시작합시다." 회의를 리드하며 애덤이 스테판에게 말했다.

"알렉스 우부터 시작합시다." 스테판이 대답했고 답변을 기다리지 않고 말을 이었다. "그는 케이스에서 일부 점수를 잃긴 했지만 세부 사항에서는 잘했어요."

애덤은 한숨을 쉰 다음 침묵했다. "네, 하지만 난 그가 거기서 한 단계 더 업그레이드할 수 있는 능력이 부족했다고 생각하는데요. … 지나치게 자만하는 것 같기도 하구요. 그의 마음속에서 '불타는 정열'도 그다지 보지 못했고요."

스테판이 눈썹을 찡그렸다. "저는 그렇게 보지 않았는데요." 그는 말을 덧붙이기 전에 인터뷰 노트를 잠시 들여다보았다. "케이스에서 그의 성과가 훌륭하지는 않았다 해도 괜찮았어요." 그는 망설였다. "그 사람은 정말 '젊어' 보였고요." 침묵이 따랐다.

몇 초 후 애덤은 시계를 확인하고 나서 말했다. "모르겠네요. 그 사람을 [알렉스가 자신의 지원서에서 우선순위로 꼽은 더 작은 지역 사무소에] 제시해 봅시다. 거기서 사람이 필요한지 알아보자고요." 스테판은 회의적으로 보였지만 애덤이 안심을 시켰다. "저는 이것 때문에 잠을 설칠 것 같지는 않네요."

스테판이 고개를 끄덕인 후 자신의 노트를 힐끗 내려다보았다. "다음은… 메이슨 셀비… 이 사람은 강점과 약점이 분명하네요. 강점은 그가 매우 호감형이고, 창의적이고, 신중하다는 점이죠. … 매우 창의적이에요. 그 사람은 정말로 존재감이 있어요. 하지만 대답이 구조화되진 않았죠." 스테판이 의견을 제시했다. "그 사람은 사려 깊은 대답을 했지만 장황했어요. 가장 적합한 사람은 아닙니다. 그는 비즈니스보다는 인문 분야쪽에 가까워요. 오해하지 마세요. 저도 약간 그런 사람입니다. 문화에 깊게 빠지는. 하지만 비즈니스에 대한 열정이 있는지는 확신할 수 없군요."

애덤이 노트를 들여다보고 대답했다. "그는 제 케이스에서도 잘하지 못했어요."

스테판이 어깨를 으쓱했다. "불합격이네요." 노트를 훑어보면서 그는 다음 지원자로 옮겨 갔다. "아난드 파리타."

"그 사람은 안 됩니다." 애덤이 단호하게 말했다. "저는 그 사람을 마지막 순위로 놓았어요. 세련미가 부족합니다. 논점을 갑자기 바꾸기도 했고 간결하거나 구조화되지 않았어요. 제가 그에게 '대답이 뭐죠?' 하고 물었을 때 그는 '글쎄요, 질문이 뭐죠?' 하고 되묻더군요."

나는 킥 웃었지만 곧 이것이 바람직한 반응이 아니라는 걸 깨닫고 금세 엄숙한 얼굴로 돌아왔다.

스테판이 덧붙였다. "그 사람은 창의적이고 계량적이긴 했지만 초점이 없었어요."

"그럼 불합격."

애덤과 스테판은 비슷한 방식으로 남아 있는 후보자들에 대한 논의를 끝내고 억지로 순위를 매긴 다음 나에게 건네주었다.

"다 된 건가요?" 애덤이 물었다.

"네." 나는 미소를 띠며 대답했다. 내 마음속의 캘리포니아인 기질은 그가 활짝 웃도록 만들려고 노력하고 있었다.

"좋아요." 그가 웃음기라고는 하나도 없이 말했다.

나는 1차 인터뷰의 두 번째 날이자 마지막 날인 화요일 밤에 열릴 예정인 채용위원회 콜백 회의를 위해 내 노트에 이들 면접 대상자들의 순위를 기록했다. 나는 잭에게 돌아갔고, 그는 나를 다른 면접관 둘에게 배치했다. 그들도 키가 큰 백인 남성들이었다. 존은 스테판이나 수많은 다른 홀트 직원들이 선호하는 검정색 테를 두른 사각형 안경을 쓴 금발 머리 남성이었다. 40대 초반으로 보이는 젠스는 유럽 사무소에서 온 관리자였다. 머리칼은 갈색이었고 용감하게 틀을 깨고 은색 테를 두른 타원형 모양의 안경을 쓰고 있었다. 간단하게 담소를 나눈 후 두 사람은 조정에 돌입했다.

"하비 애런슨." 젠스가 호명했다.

"그 사람 아주 좋아요." 존이 대답했다. "당장 데리고 와야죠!"

젠스는 개인 노트에 적힌 하비의 이름 옆에 표시를 했다. "테드 애클슨." 젠스가 계속해서 호명했다.

존이 의견을 밝혔다. "의약 쪽으로 좋은 배경을 가지고 있어요. 과거에 컨설턴트였고요. 그 사람은 표현이 매우 분명합니다. 하지만 케이스에서는 그냥 괜찮은 수준이었어요. 그저 매우 '평범'했죠."

젠스가 존에게 동의한다는 의미로 고개를 끄덕이면서 테드의 이름 옆에 마이너스 사인처럼 보이는 기호를 휘갈겨 썼다. "타마라 존스," 그가 계속 진행했다.

존은 말을 하지 않았다. 침묵을 깨고 젠스가 말했다. "저는 별로 좋게 보이지 않았어요. 케이스를 할 때 헤드라이트 앞에 선 사슴 같았죠. 하지만 [일상적인 잡담 대신] 케이스부터 시작했기 때문에 그 점이 영향을 주었을 수도 있습니다."

그때 존이 끼어들었다. "글쎄요. 저는 [최고의 투자은행에서 했던] 그녀의 여름 인턴 경험에서 좋은 인상을 받았는데요. 제 케이스도 잘했고요."

그들은 계산 문제에 어떻게 대처했는지에 초점을 맞추면서 그녀가 각 면접관의 케이스 질문에 어떻게 답변했는지 상세한 내용을 서로 주고받았다.

"2차 면접에 부를까요?" 존이 물었다.

젠스가 어깨를 으쓱했다.

"그녀는 다양성 후보입니다." 내가 끼어들었다. 타마라는 흑인 여성이었다. 존은 확실히 내 발언을 아는 체하지 않고 계속 진행했다. 누군가가 다양성 후보라는 언질에 대해 내가 받은 반응은 여러 가지였다. "고맙습니다."부터 성가시다는 듯 눈을 굴리거나, 나머지 조정시간 동안 발언을 자제해 달라는 부탁을 하는 경우까지 다양했다. 하지만 가장 흔한 반응은 존이 그랬던 것처럼 반응이 없는 경우였다.

"그녀를 테드 위로 올려야 할까요, 아니면 아래로 내려야 할까요?" 존이 물었다.

젠스는 입술을 오므리고 고민하면서 머리를 양 옆으로 움직였다.

존이 제안했다. "그녀에게 한 번 더 기회를 줍시다."

"좋아요."

나를 향해 돌아선 존이 지시했다. "쓰세요. "수학에서 록스타는 아님. 하지만 구조와 창의성, 존재감이 좋았음."

그런 다음 젠스 쪽을 다시 향하고 그가 물었다. "우리가 그녀와 테드 중에서 선택해야 한다면 어떻게 할까요?"

젠스가 대답했다. "박빙이죠. 하지만 우린 여성들이 필요해요."

존이 나에게 지시했다. "좋아요. 그러니까 타마라가 테드 위입니다." 나는 그들의 말을 단어 하나까지 받아 적었지만 그들 중 누구도 자신의 점수 시트를 수정하지 않았다. 그들은 다음 후보자로 옮겨 갔다.

"아드리앤 모로는 어땠나요?" 존이 물었다.

젠스가 바로 끼어들었다. "그녀는 수학이 안 돼요."

존이 동의했다. "맞아요. 그리고 한 가지 해결책에만 매달렸죠. 다음. (그가 잠시 침묵했다.) 페드로 히메네스."

젠스는 조용했다. 존이 주장했다. "그는 분석적으로는 날카롭지만 고객을 대응할 준비가 안 되었어요. 해결책을 이끌어 내지 못했지요. 사람은 마음에 들었지만 케이스에서의 성과는 아니었어요."

내가 페드로가 다양성 후보라고 끼어들기도 전에 젠스는 페드로가 '불합격'이라는 데 동의했고, 그들은 이내 자기 자료를 챙기기 시작했다.

조정은 약 6시 30분에 끝났다. 나는 마지막 면접관들을 관찰한 후 잭과 에보니에게 보고했다. 그들은 조정을 도와줘서 고맙다고 인사하고 나에게 내가 적은 상세한 노트를 보관하고 있다가 다음날 밤 채용위원회 콜백 전화회의에 가지고 오라고 지시했다.

조정 분석하기

홀트에서 보낸 시간 동안 나는 73명의 후보자들을 위한 조정에 참여했다. 문화기술자들은 종종 그들이 관찰한 사람의 매너, 스타일, 개성, 관계에 대해 풍부한 묘사를 제공한다. 하지만 특정한 직원과 채용 행사나 식사자리에서 대화를 나누었거나 하지 않은 이상 조정과정에서 내가 관찰한 평가자들은 서로 낯선 사이에 불과했다. 내가 그들에 대해 아는 모든 것은 이력서(온라인을 통해, 그리고 우리가 인터뷰 전에 후보자들에게 나누어 준 신상카드에서 알 수 있는)와 짧은 조정 회의 동안 그들이 어떻게 행동하는지를 관찰하면서 알게 된 것이었다. 마찬가지로 학교나 회사 교육, 과거 프로젝트에서 서로를 알고 있던 면접관들도 일부 있었지만 많은 수는, 특히 1차 인터뷰 단계에서는 그 전에 서로 만난 적이 없었다. 따라서 비록 같은 회사 직원이라 해도 미래 채용 활동이나 프로젝트 바깥에서 다시 일대일로 앉아서 대화를 나눌 가능성이 없는 두 사람 사이의 조정은 종종 그저 순식간에 지나가는 대화일 뿐이었다.

내 연구 참여자들은 인터뷰 과정에서 대개 나를 조사하는 데 큰 관심이 있었던 반면, 평가자들은 조정과정 동안 나에게 관심이 거의 없었다. 나는 불필요한 관심을 끌지 않는 존재여야 했다. 즉, 보이기는 하되 들리지는 않는 존재여야 했다. 대부분의 면접관들은 가능한 한 조정과정을 빨리 끝내려고 애썼다. 시작하기 전에 그들은 종종 "우리가 왜 이걸 해야 하죠?" "이 일의 목적이 뭐죠?"와 같은 질문을 했다. 일부는 그들이 이미 각 면접 대상자를 위한 점수 시트 작성을 완료했음을 감안할 때, 조정은 '시간 낭비' 혹은 '엄청난 시간 잡아먹기'이거나 '멍청한', '말도 안 되는', '비효율적인' 일이라고 단언하면서 의문형보다는 서술형으로 불쾌감을 표현했다. 조정 그 자체에서 일부 면접관들은 상대에게 결정을 차근차근 설명하기보다 자신이 정한 콜백 대상자와 불합격자를 소리 내서 읽고 싶어 했다. 나는 채용위원회를 위해 공식적인 기록이 필요하다는 점을 강조하면서 조정자로서 내 공식적인 역량을 조금 탐색해 볼 수 있었지만 거기까지가 내가 할 수 있는 전부였다.

많은 평가자들이 부정적인 의견을 표명했음에도 불구하고 (다양한 형태로) 대부분의 회사에서 열린 조정 대화는 의미가 있다. 이 의견들은 채용위원회 구성원들이 어떤 후보자를 최종 인터뷰에 초대할지 선택할 때 활용할 수 있는 중요한 데이터 소스를 제공한다. 또한 조정 회의는 능력이 무엇이고, 어떤 후보자들이 능력이 있거나 없는지에 대해 고용주들이 나누는 사적인 토론을 들을 수 있는 드문 기회이기도 했다. 그들의 대화는 교육이나 HR 지시사항을 통해 구성원들에게 공식적으로 소통되지 않은, 암묵적인 절차상의 각본을 따른다. 조정자로서의 내 역할이 스프레드시트 인쇄물을 받아 들고 가서 조정을 하라는 지시가 다였던 만큼 홀트의 면접관들도 조정을 하는 방법에 대한 특별한 교육이나 조언을 받지 못했다. 다른 많은 회사에서는 이들 대화가 대개 두 면접관이 사무실로 돌아가는 비행기나 기차에서 혹은 인터뷰 후 식사 중에 이루어지는 만큼 그 본질에서는 심지어 더 비공식적이었다.

홀트에서 조정은 대개 짝이 된 두 평가자가 모두 자리에 앉은 다음 시작되었다. 스테판과 애덤, 그리고 존과 젠스의 회의 내용 발췌가 시사하듯이 그 과정은 대개 한 평가자가 이름을 크게 읽고 자신의 의견을 발표하거나 다른 평가자의 의견을 구하는 것으로 시작되었다. 인식을 공유하기 위한 질문을 기다리는 면접관이 많지는 않았지만, "어떻게 느끼셨어요?"가 흔한 질문이었다. 그런 다음 상대방은 첫 번째 평가자의 인상에 반응하면서 개인적인 평가를 내놓았다.

이스트모어의 높은 위상 때문에 할당 인원이나 콜백 비율에 제한이 없었음에도 불구하고 평가자들은 그들이 인터뷰한 모든 사람을 통과시켜서는 안 된다는 사실을 알고 있었고, 내가 관찰한 어떤 면접관들도 그렇게 하고 싶어 하지 않았다. 대개 그들이 콜백 대상자로 기재한 숫자는 명단에 있는 후보자들의 3분의 1 이상은 넘지 않았다. 후보자들의 약 10%에서 15%가 '절대적인 예스'였고, 사람들은 흔히 그들을 '록스타'라고 불렀다. 3분의 1은 확실한 '불합격'이었다. 나머지는 확실하지 않다는 평가를 받았다. 결국 채용위원회는 명백한 록스타들과 면접관들이 최고점을 준 한두 명의 불확실한 후보자를 콜백 대상자로 선택할 것이다. 회사에서 학교 명성과 후보자들의 지리적 선호도(두 곳 이상의 지역에 사무소가 있는 회사의 경우)는 콜백과 오퍼 결정을 할 때 불확실한 후보자 중에서 얼마나 아래까지 내려갈 것인가에 영향을 미쳤다. 나는 조정과정 중에 리스트의 최고점과 최저점에 대해서는 매우 빨리 공감대가 형성되는 것을 관찰했다. 최고나 최악의 후보자들은 관심을 거의 받지 못했다. 채용 심사의 목적은 공감대였지 베팅이 아니었다. 한 평가자가 어떤 후보자에 대해 '대단한 사람' 혹은 '명백하게 예스', '우승후보', 혹은 심지어 '기대를 뛰어넘는다'고 주장하고, 그의 짝 역시 긍정적인 인상을 받았을 때 후자는 전자의 '해석'에 대해 '예스', '완전', '명백하죠', '마찬가지'라고 짧게 확인했다. 그런 다음 그들은 더 이상 대화하지 않고 다음 후보자로 넘어간다. 이와 비슷하게 '명백하게 노', '엉망진창', '호러 쇼', '무섭게 형편없는', '소름끼치는', '끔찍한' 혹은 '역겨운' 후보자들은 추가적인 논평이 없이 불합격했다.

토론의 많은 부분은 중간에 자리한 후보자들에게 초점을 맞추고 있었다. 명백한 록스타도 아니고 불합격도 아닌 사람들이었다. 이들은

'의견이 갈리는 사람들' (즉, 평가자 한 사람은 긍정적이고 한 사람은 부정적일 때), '장단점이 혼합된 사람들' (즉, 일부 분명한 강점이 있지만 일부 명백한 단점도 있을 때), 혹은 '괜찮은 사람'이지만 면접관들에게서 강력하게 긍정적인 감정들을 끌어내는 데 실패한 사람들이었다. 불확실한 후보자들을 최종적으로 예스나 노의 범주로 밀어 넣는 그 미묘한 포인트는 후보자의 운명을 형성하는 중요한 순간을 조정한다.

— 기울어진 티핑 포인트

홀트 면접관들이 후보자들을 콜백 풀에 포함시킬지 뺄지를 결정할 때 가장 흔히 사용하는 평가기준은 케이스 성과와 세련미, 적합성이었다. 하지만 이들 기준에 대한 논쟁과, 후보자들이 달성해야 할 성과의 '기준'은 후보자들의 성별, 인종, 국적에 따라 현저하게 달랐다. 이들 티핑 포인트는 인구통계학적 그룹에 따른 능력 범주별 스테레오타입과 일관된 방식으로 작용했다. 〈표 9.1〉은 내가 참여한 1차 인터뷰 조정과정에서 주요한 평가 항목 각각에 대해 역량이 의문시되었던 면접 대상자들의 비율을 성별과 인종별로 열거하고 있다.

사회학자들은 흔히 스테레오타입이 균일하고 보편적인 방식으로 작동한다고 설명한다. 예를 들어 남성과 여성을 살펴보면 권력, 자원, 기회에 대한 역사적 차이 때문에 남성들이 대부분의 분야, 특히 수학처럼 남성들의 스테레오타입이 된 과제에 있어서 여성보다 훨씬 더 낫다고 인식되어 왔다. 그런 스테레오타입들은 일반적으로, 그리고 특별히 채용의 평가과정에서 능력 평가에 강력한 영향을 미치고 있다. 하지만 편향된 평가는 단순히 어떤 사람의 성별, 인종, 국적을 인식한다고 자동으로 촉발되지는 않는다. 스테레오타입은 인간 인식의 배경에서 언제

표 9.1 각 평가 항목별로 논쟁의 대상이 된 홀트 면접 대상자들의 비율(N=73, 단위%)

	세련미	케이스 구조	케이스 수학	적합성
전체	45	19	30	19
여성	35	0	60	10
남성	49	26	19	23
흑인	50	50	63	0
백인	31	20	29	24
아시아인/아시아계 미국인	33	33	33	0
인도인/인도계 미국인	75	0	13	0
히스패닉/히스패닉계 미국인	89	0	22	33

* 숫자는 가장 근접한 퍼센트로 반올림했다.
* 내가 연구한 몇 개의 회사들이 사용하는 후보자 분류 체계와 일관성을 유지하기 위해 인도인/인도계 미국인을 아시아인/아시아계 미국인 범주에서 따로 분리했다.

나 작용할 수 있지만 심리학자들은 사람들을 평가할 때나 다른 사람과 상호작용을 할 때 스테레오타입에 입각해 행동할 가능성이 다소 더 높아지는 특정한 상황이 있음을 보여 주었다. 특히 스테레오타입은 한 후보자의 자질이 분명하지 않을 때와 같은 애매한 상황에서 채용 평가에 영향을 끼칠 가능성이 더 높다.

명백한 록스타나 불합격이 아닌 후보자의 경우, 평가자들은 심의를 위한 대화를 하면서, 부정적인 스테레오타입이 작용하는 영역에서 성과를 꼼꼼하게 살폈고, 이런 영역에서 그들의 능력을 더 가혹하게 평가했다. 약간 다르게 표현하자면, 한 영역에서 터무니없는 실수를 저질렀을 때 이는 모든 유형의 후보자에게 불합격의 근거가 되었지만, 부정적인 스테레오타입이 작용하는 영역에서는 사소한 실수들도 더 깊은 내면적 실패의 증거로 받아들여졌고 자주 불합격으로 이어졌다. 해당 영역에서 부정적인 스테레오타입이 작용하지 않는 그룹 출신의 후보자가 저지른 동일한 실수는 종종 상황 요인의 관점(예를 들어 일진이 나쁜 날)에서 설명되었고 양해를 받았다.

한 가지 예로 여성들에게는 종종 수학에 대한 자질이 부족하다는 스테레오타입이 있다. 한 사례에서 작은 수학적 실수를 저지른 여성 후보자에게는 불합격할 가능성이 많았던 반면, 비슷한 실수를 저지른 남성들에게는 종종 두 번째 기회가 주어졌고 2차 인터뷰에 다시 초대받았다. 이와 비슷하게 '다듬어지지 않은' 한 백인 남성은 코칭이 가능하다고 인식된 반면, (고용주들이 덜 세련되었다고 인식하는 그룹의 구성원인) 흑인 남성 후보자는 그렇지 못했다.

누가 세련미를 보유했는가

남성, 여성, 인종적 소수집단, 백인들의 소통 기술은 모두 면밀한 평가의 대상이 되었다. 그럼에도 불구하고 면접관들이 후보자의 세련미에 대해 설정한 기준은 사회적 능력에 대한 더 넓은 범주상의 스테레오타입을 반영했다. 숙련된 소통 전문가라는 스테레오타입을 가진 여성 지원자들의 세련미 수준은 가장 적은 비판을 받았다. 평가자들은 종종 남성 후보자를 대상으로 세련미에 대한 우려를 제기했다. 하지만 백인 남성과 소수인종 남성에게 세련미는 서로 다르게 정의되었다. 백인 남성 지원자의 경우 세련미가 의문시된다는 것은 귀에 거슬리는 비언어적 혹은 언어적인 몸짓과 패턴을 보여 주었음을 의미했다. 내가 입회한 두 백인 남성 평가자들 사이의 조정 토론은 이런 유형의 후보자에 대한 사례를 제공했다. 첫 번째 평가자가 그 후보자가 케이스에서 잘 답변했다고 말하자 두 번째 평가자는 그를 쏘아보면서 이렇게 말했다.

"하지만 그 사람은 '이상한 사람' 범주에 해당됩니다. 시선도 마주치지 않고, 잠시도 가만있지 않았어요." 그의 짝은 동의한다는 의미로 고개를 끄덕였고, 그 후보자를 불합격시키기로 결정했다. 백인이 아닌 남성 지원자들에게 그 기준은 상당히 높았다. 사회적 기술이 부족하다고 표현하는 인종적 스테레오타입과 일관되게 흑인들과 히스패닉계 후보자들은 백인들보다 세련미에 관해 훨씬 더 정밀한 검토의 대상이 되었고, 종종 백인이라면 탈락하지 않을 '미묘한' 약점 때문에 탈락했다. 7장에서 논의했듯이, 세련미를 내보이는 일에는 일련의 섬세한 균형을 유지하는 일이 수반되었다. 충분히 신뢰성 있게 보일 정도로 정중한 태도와 다가가기 쉽게 보일 정도로 충분히 편안한 태도 사이의 긴장이 그런 것 중 하나였다. 흑인 남성과 히스패닉계 남성은 이런 균형에 숙달되지 못했다는 이유로 백인 남성들보다 훨씬 더 자주 책잡히곤 했다. 예를 들어, 흑인 남성들은 '너무 뻣뻣하거나', '너무 격식을 차리지 않는다' 이유로 흔히 불합격했다. 반면, 너무 뻣뻣하거나 격식을 차리지 않은 백인 남성들은 종종 코칭이 필요한 사람으로 보였고 2차 인터뷰까지 올라갔다.

이와 유사하게 백인이 아닌 남성들은 대화에서 이끌기와 따라가기 사이에서 적절한 균형을 유지하고 있다고 보일 가능성이 더 적었다. 너무 오만하게 보이는 경우는 인종을 불문하고 모든 후보자에게 불합격의 근거가 되었지만, 너무 수동적이거나 너무 공격적이라고 보는 기준은 백인 남성에 비해 백인이 아닌 남성들에게 더 엄격했다. 백인이 아닌 남성들은 흔히 너무 수동적이거나, 너무 불안해하거나, 너무 고압적인 사람으로 보였다. 예를 들어, 한 흑인 서아프리카계 후보자는 '회사 졸업생'(과거 직원이었던 사람들을 부르는 명칭)으로부터 강력한 추천을 받았고, 케이스에서 좋은 성과를 보였으며, '훌륭한 적합성'을 가진 것으로 얘기되었지만 '그의 소통이 절제되었고', '너무 겸손했기' 때문에 그를 면접한 인도계 미국인에게 불리한 평가를 받았다. 하지만 백인 남성 후보자들의 겸손함은 종종 미덕으로 간주되었다. 마찬가지로 후보자 풀에 있는 몇 안 되는 미국에서 태어난 히스패닉계 사람 중 한 명은 '때때로 긴장했기' 때문에 면접관(백인 남성)을 실망시켰다. 그를 인터뷰한 다른 한 명의 백인 여성은 얼굴을 찌푸리면서 덧붙였다. "제가 너무 많이 리드를 해야 했어요. 추진력이 충분하지 않았죠." 이들은 그를 탈락시키기로 결정했다. 그들은 또한 인터뷰에서 허세를 부리지 않고 역시 긴장한 것처럼 보이는 한 백인 남성 지원자를 인터뷰했다. 하지만 히스패닉계 후보자의 경우와는 대조적으로 남성의 긴장한 모습을 '귀여움'과 진실함의 신호라고 특징지었다. 이 면접관들은 그 백인 후보자를 최종 인터뷰로 올려 보냈다.

그럼에도 불구하고 엘리트 후보자들로 구성된 인구 중에 세련미와 인종의 관계는 국적이라는 문제로 인해 복잡해진다. 이스트모어와 같은 1군에 속한 전문대학원에는 상당한 비율의 외국 학생들이 등록한다. 채용에서 인종적 분류를 둘러싼 법칙은 애매하며, 인종과 국적을 또렷하게 구분하지도 않는다. 이처럼 (홀트를 포함한) 회사들은 스페인어를 사용하는 학생들을 그들이 미국에서 태어난 히스패닉이건, 라틴아메리카 국가나 스페인, 포르투갈에서 온 외국 학생들이건 상관없이 모두 히스패닉으로 분류한다. 이와 유사하게 많은 흑인 후보자들은 미국 태생이 아니다. 그들은 카리브해 지역이나 아프리카에 있는 국가에서 온 외국 학생들이다. 따라서 홀트의 풀에 포함된 다양성 후보자들 중 많은 이들이 억양이 있는 영어를 말하는 외국 학생들이었다. 이 사실은 면접관들이 대부분의 후보자들의 억양 때문에 이해하기가 어렵다고 불평하면서 모든 인종에 속한 외국 학생들의 세련미에 종종 의문을 제기했다는 점에서 의미가 있다(순수한 영국, 독일, 스칸디나비아 지역의 억양은 예외였다). 다른 흔한 불평은 외국 학생들이 면접관의 의도나 말뜻을 이해하지 못한다는 것이었다. 미국에서 태어난 히스패닉계 남성인 한 면접관은 남부 유럽 출신의 한 백인 후보자에 대해 이런 의견을 달았다. "언어 문제가 생길 수 있음: '성사시키다(contrive)'의 정의를 알지 못했음." 이 면접관은 그 후보자가 케이스에서 기준을 넘어서는 성과를 보였음에도 불구하고 이 점을 근거로 그를 탈락시켜야 한다고 심각한 논쟁을 벌였다.

외국인 학생들에 대해 근본적인 세련미가 부족하다는 신호로 그들이 믿고 있던 특정한 행동이나 상호작용을 언급한 평가자들도 일부 있었지만, 다른 평가자들은 이들 후보자들을 인터뷰할 때 경험한 불편함이나 어색함의 감정을 근거로 애매한 주장을 제시했다. 이런 부정적인 감정은 두 면접관(둘 다 백인 남성들인)이 미국에서 10년이 넘게 살면서 공부했던 한 북아프리카 출신 후보자를 탈락시키도록 만들었다.

면접관 1 . 그는 카사블랑카에서의 경험을 이야기했습니다. 오늘 케이스 성과가 최고였던 사람들 중 한 명이었죠. 초반에는 답변의 구조화가 그다지 훌륭하지 않았지만, 곧 그는 [케이스 인터뷰에서 제기된 문제를 해결하기 위해] 해야 할 일이 뭔지 깨닫고 그 방향으로 밀고 나갔어요.

면접관 2 . (그는 한숨을 쉬었다). 저는 그가 동료나 고객과 어떻게 대화할지 잘 모르겠어요. 매우 걱정이 됩니다. 게다가 그 사람은 재미가 없어요(그는 목소리를 낮추었다). [법적인 우려] 때문에 이 문제를 어떻게 말할지 조심스럽지만, 그 사람의 마음을 읽고 진정으로 대화에 참여하기가 어려웠어요. 문화적 스타일에서 차이가 있었죠. 그 사람은 중동 사무소에 관심이 있을 수도 있어요. 거기서는 아마 괜찮을 겁니다.

면접관 1. (그는 어깨를 으쓱했다).

면접관 2. (나에게 돌아서서) 적으세요. "오늘 케이스는 최고였지만 소통과 존재감 요인에 있어서 불확실함." 그 사람은 좋은 사람이고 흥미로운 일들을 해 왔지만 뭔가 느낌이 좀 아니에요.

그 후보자는 2차 인터뷰에 초대받지 못했다.

면접관들의 표현에 따르면 그들은 좋은 인터뷰를 특징짓는 흐름, 편안함, 라포를 깨는 '문화적 차이'나 '문화적 장벽'을 경험했다. 이런 순간들과 단절된 느낌은 물 흐르듯 자연스럽게 보여야 했던 대화를 중단시켰고, 세련미가 부족하다는 증거로 해석되었다. 면접관들은 유럽 출신 백인 후보자들과도 그런 감정을 경험했는데 특히 스페인, 프랑스, 이탈리아에서 온 사람들이 그랬다.

케이스: 스테레오타입이 반영된 평가

조정과정에서 케이스 성과를 두고 논쟁하는 경우는 흔했다. 하지만 면접관들이 케이스 성과의 어떤 부분을 더 면밀히 검토하는지에는 여전히 성별에 따른 차이가 있었다. 남성 후보자의 케이스 성과가 의문시될 때 주된 우려는 대개 포장과 구조의 부족이었다. 특히 흑인 남성 후보자의 구조에 더 가혹한 판단을 내리는 경우가 흔했다. 어떤 면접관 두 명은 케이스 발표 시 표준적인 구조가 부족했다는 이유로 그 풀에서 탁월한 세련미를 보유했다고 인식되었던 유일한 흑인 남성을 탈락시켰다.

면접관 1(백인 남성). 그는 흑인이에요. 저는 그가 잘되길 원했지만, 그는 거기까지 도달하지 못했어요.

면접관 2(히스패닉계 미국인 남성). 그는 매우 세련되었고, 설명도 잘했지만, 접근방식이 구조적이지 못했어요. 심지어 "제가 말하고자 하는 세 가지 요점은 이것입니다."라는 말도 하지 못했으니까요.

면접관 1. 여러 번 유도를 해야 했죠. (그는 한숨을 쉬었다.)

면접관 2. 그는 다양성 후보군요.

면접관 1. 재난 수준은 아니지만 2차에 올려 보낼 사람은 분명히 아니죠.

바로 그 같은 면접관들은 역시 답변의 구조화 능력이 부족했던 백인 남성 후보자를 컨설팅 케이스 인터뷰에 '익숙하지 않고', 단순히 연습이 필요했다는 이유로 콜백하기로 결정함으로써 케이스 성과에 대한 인식과 후보자의 인종이 어떻게 상호작용하는지를 보여 주었다. 이 면접관들은 그에게 전화해서 다음 단계의 인터뷰를 하기 전에 '답변의 구조화에 더 신경을 쓸' 필요가 있다는 피드백을 하라고 나에게 요청했다.

남성들의 경우 케이스에서의 약점은 흔히 논리나 구조 부족의 문제로 규정된 반면, 여성들의 경우 거의 독점적으로 수학과 관련한 인식의 문제가 주된 약점으로 지적돼 남성보다 계량적 기술이 부족하다는, 여성에 대한 스테레오타입과 일관성을 보였다. 모든 여성이 수학이 부족하다는 비난을 받았다고 말하려는 것은 아니다. 사실 '기대치를 넘어서는 수준'을 보여 준 여성들도 일부 있었다. 하지만 여성 후보자의 케이스 성과에 대한 의견이 엇갈릴 때, 면접관들은 그녀가 케이스를 해결하면서 한 계산을 근거로 수학 관련 능력을 매우 면밀하게 검토했다. 남성 후보자가 사소한 계산 실수를 저질렀을 때 평가자들은 종종 그 후보자가 오늘 '일진이 나쁜 날'이었을 거라고 논평하면서 예외적인 일로 간주한 반면, 여성 후보자가 같은 유형의 실수를 저질렀을 때는 수학과 분석 기술이 열등하다는 증거로 해석했다.

그런 실수가 발생할 때 면접관들은 종종 다른 단서를 통해 후보자의 계량적 기량 수준을 파악하려고 했다. 그런 힌트 중 한 가지는 이력서에 기재된 과거 업무 경험이었지만, 평가자들은 종종 이 정보를 스테레오타입에 입각한 방식으로 해석했다. 예를 들어, 내가 관찰했던, 한 백인 남성과 한 백인 여성 면접관의 조정과정에서 그들은 둘 다 '서류상으로는 대단해 보였으며', 적합성이 높았고, 인터뷰에서 높은 세련미를 보여 주었으며, 케이스도 잘 구조화했던 한 백인 남성과 다른 백인 여성, 두 후보자의 운명을 두고 논쟁을 벌였다. 하지만 둘 다 계산에서 몇 가지 사소한 실수를 저질렀다. 그들이 모든 다른 측면에서 뛰어났기 때문에 면접관들은 오락가락하면서 이 후보자들을 어떻게 할지 결정하려고 노력했다. 그들은 이력서로 돌아갔다. 남성 후보자는 대학원으로 돌아가기 전에 매우 계량적인 일을 하는 컨설팅 회사에서 일했다. 여성은 최고의 투자은행에서 금융 쪽의 계량적인 분야에서 일했다. 그들의 과거 고용주들은 모두 최고로 명성이 높았다. 게다가 그 후보자들은 각자의 회사에서 같은 기간 일했고 직급 수준도 비슷했다. 하지만 면접관들은 그 남성이 계량 중심의 컨설팅 회사에 고용되었었기 때문에 '숫자를 잘 다룰 것'이 분명하다고 결정했다. 과거 고용이 그의 기본적인 계산 관련 기량에 보증서 역할을 한 것이다. 반대로 그들은 자신들이 적절한 분석 기술이 없다고 판단한 그녀를 채용했다는 점에서 그 투자은행이 실수를 저질렀다고 결정했다. 여성 면접관은 과장된 큰 소리로 이렇게 말했다. "어떻게 [이렇게 대단한 투자은행에서] 일자리를 구했지? 누군가가 실수를 한 게 분명하군!" 비록 두 후보자가 인터뷰의 케이스 부분에서 유사한 계량적 실수를 했고, 둘 다 유사한 계량 분야의 업무 경험이 있었음에도 불구하고 면접관들은 남성 후보자는 2차 인터뷰로 올려 보냈고 여성은 불합격시켰다. 따라서 성별을 반영한 능력 스테레오타입과 같은 맥락에서 여성들의 계산 기술은 남성들의 기술보다 더 면밀한 검토 대상이 되었고, 가중치가 높았으며, 가혹한 판단을 받았다. 하지만 거기에는 인종과의 중요한 상호작용이 존재했다. 강력한 계량적 기술을 가지고 있다는 아시아인들에 대한 스테레오타입과 일관되게 아시아(동아시아와 남아시아 양쪽을 포함해) 여성들의 계산 기술은 대개 의문시되지 않았다.

어울리지 않는 남성들

적합성이 잠재적으로 성 차별을 가리는 가면의 역할을 할 수 있다는 점을 고려할 때, 평가자들이 남성 지원자의 적합성에 의문을 가장 자주 제기한다는 사실은 놀라운 일일 수도 있다. 그럼에도 불구하고 6장에서 논의된 인터뷰에서의 적합성 평가와 비슷하게 심사과정에서의 적합성에 대한 의심은 그 본질에 있어 노골적으로 성별을 반영했고, 남성과 여성 지원자 모두를 대상으로 스테레오타입상으로 볼 때 남성적인 활동과 더 높은 적합성을 연결시켰다. 내가 관찰한 조정과정에서 스테레오타입 측면에서 여성적인 자기표현 스타일, 취미, 경험을 가진 남성들의 적합성을 의심하는 경우가 가장 흔했다. 예를 들어, 면접관 스테판과 애덤은 백인 남성 후보자인 메이슨 셀비가 '문화'와 '예술'에 관심이 너무 많다는 이유로 적합성을 우려했다. 그 외에도 남성 후보자에 대해 이런 유형의 관심을 가지고 있다고 우려하는 평가자들이 몇 명 있었다.

하지만 예술과 문화에 상당한 관심을 가진 여성 후보자들은 평가 단계에서 적합성의 영역에서 불이익을 당하지 않았다. 세 명의 히스패닉계 남성 중 적합성을 의심받은 두 사람은 너무 조용하고 충분히 자기주장을 펴지 않는 사람들로 언급되었다. 따라서 이 시점에는 적합성이 남성성과 관련된 스테레오타입상의 이상형에 순응하는지를 미묘하게 심사하는 것이었으며, 이는 성별에 부응하는 행동을 덜 했던 남성 후보자들에게 불이익으로 돌아왔다.

— 2차 인터뷰 대상자 선정을 위한 채용위원회 회의

조정은 2차 인터뷰를 위한 콜백 후보자들을 선택하는 심의과정 중 첫 단계에 불과했다. 나를 포함한 HR 직원들은 조정과정에서 우리가 기록한 노트 전체를 채용위원회에 가져갔고, 위원회 구성원들은 평가자들이 매긴 점수 시트와 우리의 조정 노트 사이에서 균형을 맞추었다.

내가 참여한 한 홀트 채용위원회 콜백 미팅은 인터뷰의 두 번째 날 9시가 되자 즉시 시작되었다. 미팅은 오로지 심의 회의를 위해 홀트가 예약한 워릭 호텔 스위트룸에서 열렸다. 에보니와 함께 이스트모어 채용팀의 핵심 맴버들, 잭과 아만다, 샘, 니테시와 나는 그 방의 구석에 놓여 있는 중간 크기의 둥근 연회 테이블 앞에 앉았다. 나는 한 번도 직접 만나지 못했지만 홀트 수익부서의 전문직이면서 전국적으로 채용을 책임지는 매트라는 남성이 컨퍼런스 콜을 통해 원격으로 회의를 진행했다. 테이블의 중간에 놓여 있는 불가사리처럼 생긴 스피커폰을 통해 모두가 그의 목소리를 들을 수 있었다. 이 회의의 목적은 1차 인터뷰 후보자들 중에 누구를 최종 인터뷰에 초대해야 할지 결정하는 데 있었다. 최종 단계 후보자들은 그들이 1지망으로 꼽은 사무소 출신의 직원들과 인터뷰를 할 예정이었기 때문에, 홀트의 미국 주요 지역 각각을 대표하는 한 명 혹은 두 명의 시니어 직원들까지 대시를 포함하면 모두 합해서 여성 네 명과 남성 다섯 명이 원격으로 전화 회의에 참여했다.

집에서 전화로 참여한 매트는 현재까지 홀트의 채용 노력과 다른 핵심 학교에서의 채용 현황을 요약하는 것으로 미팅을 시작했다. "브롬튼과 엘리스탄[대학교]은 재난 수준이었습니다." 그는 탄식했다. "우리는 브롬튼에서 한동안 고전해 왔습니다. 우리는 채용에 투자를 많이 해 왔고 회사도 많이 알렸습니다. 학교 대사와 모든 것을 조정해 왔죠. 엘라스탄은 그저 학생들이 별로였습니다. 끔찍했죠. 이스트모어가 우리 모두를 구원해 주어야 할 텐데요!"

그런 다음 매트는 2차 인터뷰를 위한 실행계획을 잭에게 잠깐 질문했다. 에보니가 현재까지 전국적으로 홀트가 오퍼를 제시한 다양성 후보자의 숫자를 간략하게 발표했다. 매트는 에보니의 도움을 칭찬한 다음 그녀를 미팅에서 물러나게 했다. 곧 알게 되었지만 의사결정 회의에서 에보니를 제외하는 것은 표준 절차였다. 그녀는 이미 정리해 둔 핸드백을 집어 들고 미소를 지은 후, 전화로 참여한 사람들과 테이블에 있는 사람들에게 인사를 했다. 에보니가 그 방을 나갈 때까지 미팅은 잠시 중지되었고 스위트룸의 문이 닫히는 소리가 들렸다. 모든 사람이 채용 데이터베이스에 연결할 수 있음이 확인되자 매트는 우리에게 '접속'해서 최종 인터뷰를 위해 다시 불러들일 이스트모어 후보자들을 선택하라고 지시했다. 우리는 이스트모어 팀이었기 때문에 대부분의 다른 대학들과 달리 2차 면접 대상 인원에 대한 제한이 없었다. 직원들이 이스트모어의 학생들이 최고의 인재들이라고 믿었기 때문에 이스트모어에서의 철학은 '더 많을수록 더 좋다'는 것이었다.

후보자 선정 프로세스

콜백을 위한 선정과정은 온라인 시스템을 이용해서 이루어졌다. 데이터베이스는 각 사무소 대표가 접속하면, 그 사무소의 위치에 관심을 표명한 후보자의 이름을 바로 볼 수 있게 구성돼 있었다. 후보자들의 이름은 스크린의 왼쪽에 알파벳순으로 나열돼 있었다. 두 사람의 면접관이 공식적인 채용 기준, 즉 분석 능력, 세련미, 추진력, 적합성, (독립된 점수인) 전반적인 채용 추천 각각의 항목에 대해 매긴 등급은 이름 옆에 적혀 있었다. 후보자의 이름을 더블 클릭하면 각 면접관의 서면 평가를 볼 수 있었다. 테스크 바에서 적절한 아이콘을 선택하면 그 후보자의 이력서, 성적표, 추천 이력, 다양성 현황을 볼 수 있었다. 이 프로그램은 복수의 사용자가 동시에 볼 수 있도록 허용했지만, 프로그램을 통제하는 것은 한 번에 한 사람만 가능했다. 그 방에 있던 우리는 누구도 의사결정 권한이 없었지만 관찰자로 로그인해서 게스트로서 그 인터페이스에서 이루어지는 선택과정을 볼 수 있었다. 잭은 컴퓨터를 이용해 그의 사무실 인터페이스에 접속했고, 아만다와 니테시는 노트북을 이용해 다른 두 곳의 대형 사무실에 각각 접속했다. 잭은 자신의 스크린을 같이 볼 수 있도록 나에게 더 가깝게 자리를 좁혀 앉으라고 말했다.

잭의 스크린에는 우리 사무소를 지원한 후보자들이 나열돼 있었다. 화살표 커서가 움직여 전체 채용추천이 기재된 열을 향하더니 이 범주를 클릭해 이름 대신 점수별로 지원자들을 다시 정렬하는 모습이 보였다. 이제 그 페이지의 제일 위쪽에 전반적인 점수가 가장 높은 후보자들이 나타났다. 후보자별로 사용자가 그를 콜백할지 혹은 불합격시킬지 표시할 수 있는 박스가 있었다. 사용자가 콜백 옵션을 클릭하면 후보자의 이름은 검정색에서 녹색으로 바뀌었다. 불합격의 경우에는 빨간색으로 바뀌었다. 몇 분 안에 리스트의 맨 위에 있는 이름들은 녹색으로, 가장 밑에 있는 이름들은 빨간색으로 바뀌었다. 이들 후보자에 대한 토론은 없었다. 이 의사결정은 스크린 앞에 앉아 있는 사람에 의해 단독으로 이루어졌다. 리스트의 맨 위와 맨 아래에 대한 결정이 내려진 후, 의사결정은 느려졌고, 이름의 색깔도 더 느리게 바뀌었다. 나는 화살표가 면접관의 서면 의견을 볼 수 있는 아이콘을 클릭하는 모습을 지켜보았다. 의견을 읽은 후 후보자들 중 일부의 이름이 빨간색 혹은 녹색으로 바뀌었다. 나는 이들 후보자에 대한 조정 토론 중 일부에 참여했던 만큼 면접관들이 평가 양식에 포함된 서면 점수와 의견을 수정해 조정 내용을 반영하지 않는다면, (일부는 수정했지만 일부는 하지 않았다) 그들의 대화에 따른 의견의 변화가 사라져 버릴 수도 있다는 생각을 했다. 예를 들어 스테판과 애덤이 테드보다 타마라에게 더 높은 순위를 주기로 한 결정은 각 후보자의 서면 점수 시트에 반영되지 않았다. 테드의 점수는 여전히 타마라보다 더 높았다. 따라서 사용자가 채용 데이터베이스에 있는 전반적인 채용 평균 점수를 기준으로 지원자들을 정렬할 때, 테드는 높은 점수 덕분에 2차 인터뷰에 초대를 받는 한편 타마라는 받지 못하는 결과가 나왔다. 이처럼 채용위원회 멤버들이 조정과정에서 나온 의견을 들어보자고 기록을 분명하게 요청하지 않는다면, 스테판과 애덤에 대한 인상과 결정 같은 정보는 인터뷰한 두 사람과 HR 조정자를 제외하고는 아무도 얻을 수 없었다.

나는 이 과정이 얼마나 조용하게 이루어지는지를 보고 놀랐다. 컨퍼런스 콜의 배경 소음이 들리긴 했지만 그 방 안에 있거나 전화로 연결된 참석자들이 대화하는 경우는 아주 적었다.

일단 다른 모든 사무소를 대표하는 위원회 멤버들이 분류를 마치고 선택을 했고, 그런 다음 결국 그들의 콜백 의사결정이 지지부진해지자 남아 있는 모든 후보자의 운명은 잭과 아만다, 샘, 내가 조정과정 중에 적은 노트를 바탕으로 결정될 예정이었다. 조정과정에서 나온 정보를 제공해 달라는 요청을 받았을 때 우리는 노트를 소리 내 읽어야 했다. 일반적으로 면접관들의 의견은 액면 그대로 받아들여졌다. 만약 그들이 어떤 후보자에게 두 번째 기회를 주기로 결정했다면 위원회도 그에 따랐다. 만약 그들이 한 후보자를 불확실한 후보자 혹은 종종 다양성 후보자에게 해당되었던 특정한 자질이 '우리에게 필요하지 않은 이상 노'라고 평가한 경우 그 후보자는 탈락했다.

의사결정에 대한 외부 영향

일부 사회적 인맥도 후보자들을 콜백 풀로 넘길 수 있을 정도로 충분히 강력했다. 채용 행사 중에 캠퍼스에서 후보자를 만난 현직 혹은 전직 홀트 직원이 강력하게 긍정적인 언급이나 부정적인 언급을 할 경우 콜백 결정을 이끌어 낼 수 있었다.

나는 다른 채용 시즌 중에 직원 추천의 힘과 관련한 극단적인 사례를 본 적이 있다. 1차 인터뷰가 끝나자 잭은 과거 홀트 직원이었으며 이스트모어 학생인 레니라는 젊은 여성에게 콜백 미팅에 직접 앉아서 면접관의 점수와 조정 보고서를 보완할 수 있도록 경계선에 있는 후보자들에 대한 내부자 정보를 제공해 달라고 요청했다. 비록 잭과 매트가 홀트에서 직원들과 동기들의 의견을 좀 더 심각하게 받아들이는 새로운 비공식 프로그램을 '실험 중'이라고 밝히긴 했지만, 이것은 공식적이거나 제도화된 역할은 아니었다. 내가 잭에게 새로운 선택을 시도하는 이유를 물었을 때, 그는 신규 채용 직원들이 낮은 성과 평가를 더 많이 받거나 업무를 시작한 후 너무 빨리 떠나면서, 회사 내부에서 최근 몇 년간 자질이 후퇴하고 있다고 믿는다는 이야기를 했다. 잭은 개인적으로 레니를 선택했고 그녀가 '슈퍼 스마트하며 대단한 록스타'라고 주장함으로써, 이스트모어 팀의 나머지 사람들에게 그 회의에 참석하는 일과 관련하여 자격을 규정했다.

회의에서 레니의 역할은 1차 인터뷰에 참여한 후보자들에 대한 정보원이었다. 그녀는 불과 회의가 있기 일주일 전에 이 역할을 수행해 달라는 요청을 받았고, 인터뷰를 하는 학생들에게는 그녀가 이 방에 있을 거라는 사실이 공개되지 않았다(비록 조정과정에서 그녀의 친구 몇 명은 잘 알고 있었던 것이 명백해졌지만). 그녀의 임무는 단순했다. 어떤 학생을 콜백해야 할지 말지에 대해 논쟁이 있거나 의견이 불일치할 때, 그녀는 강의실에서 사교행사, 비교과 활동에서 그들과 대화하면서 갖게 된 인상을 그룹에게 전달할 수 있었다. 비록 그녀가 이스트모어 채용팀의 공식 멤버는 아니었지만 동기에 대한 그녀의 생각은 종종 의견을 장악했고, 이는 특히 그녀가 자신의 의견을 표현하는 데 주저하지 않았기 때문이었다. 경계선에 있던 학생들은 그녀가 상세한 이유를 제시하지 않았을 때도 단순히 그들에게 "특별한 느낌은 없었어요."라고 말했다는 이유로 탈락했다. 예를 들어 그녀는 "그 사람은 똑똑해 보였어요."라는 의견으로 한 후보자가 콜백을 받도록 만들었고, "그 사람은 그다지 좋아하지 않아요."라는 의견으로 한 후보자를 풀에서 탈락하도록 만들었다. 반대로 레니는 인터뷰가 끝난 후 그녀에게 접근해 자신들이 원했던 만큼 인터뷰를 잘하지 못했다는 걱정을 호소한 두 사람의 여성 후보자를 콜백 풀로 밀어넣었다. 레니는 그 두 여성이 이스트모어에서 성과가 뛰어난 사람들이라고 말하면서, 그들에게 두 번째 기회를 주라고 그룹을 독려했다. 위원회는 그렇게 했다. 내가 들은 바에 따르면 레니가 컨퍼런스 콜에 포함된 것은 흥미롭게도 이런 종류의 비공식적인 인상이 가치가 있다고 여겨졌기 때문이다. 하지만 한편으로 내가 들은 바에 따르면 다양성 매니저인 에보니가 여기에 초대받지 못하고 오히려 채용위원회 심의를 떠나라는 요청을 받은 것은 채용 의사결정을 할 때 인종을 고려하는 것이 적절하지 않기 때문이었다.

콜백 단계에서 특히 인맥이 레니 같은 채용팀 구성원이나 매우 직급이 높은 직원들과 잘 연결돼 있다면, 후보자들의 사회적 네트워크는 형편없는 케이스 성과를 보완해 줄 수도 있었다. 한 후보자는 캠퍼스에서 커피를 마시면서 만난 직원과 레니는 물론 자신이 1순위로 꼽은 사무소 파트너의 강력한 추천을 받았다. 하지만 그의 말마따나 1차 인터뷰를 "완전히 망쳤다." 채용위원회는 조정과정에서 나온 노트를 요청했다. 이 후보자에 대해 논의한 회의에서 조정을 맡았던 아만다는 이렇게 보고했다. "그들은 그 사람이 얼마나 큰 소리로 말하는지 한참 동안 대화를 했습니다." 그 후보자는 케이스 성과도 형편없었지만 두 면접관이 반복해서 이런 부정적인 대인관계 특성에 대한 의견을 표명한 것이었다. "저는 그 사람에 대한 평가에 위협적이라고 써 두었습니다." 아만다는 노트를 소리 내서 읽으면서 면접관 중 한 사람의 의견을 인용했다. 두 면접관은 탈락을 권고했다. 하지만 심지어 이런 정보를 들은 후에도 컨퍼런스 콜에 참여한 파트너들은 시니어 파트너가 그 후보자를 그렇게 강력하게 추천했다는 사실을 감안할 때, 그를 콜백 대상에 포함시켜야 할지를 둘러싸고 계속해서 논쟁을 했다. 전화로 참여한 대시는 심지어 그 파트너가 실제로 복도에서 자신을 불러 세우고 그 후보자가 얼마나 대단한지 개인적으로 이야기를 했다고 말했다. 그런 다음 대시는 이 그룹에서 그 후보자를 탈락시킬 경우를 이야기하면서, "저는 그 파트너의 반응을 상상할 수 있습니다. '당신'이 그 사람을 통과시키기 싫었다고 얘기하세요."라고 농담을 했다. 역시 컨퍼런스 콜에 참여하고 있던 매트가 끼어들어 경계선에 있는 학생들이지만 학교 동기들과 동료들에게 강력하게 긍정적인 평가를 받은 사람은 채용결정 단계까지 통과할 수 있다는, 추천 관련 실험에 대한 정보를 대시에게 제공했다. 대시는 그 실험을 결코 들어본 적이 없었지만 거기에 동의했고, 그 후보자는 최종 단계까지 진출했다.

컨퍼런스 콜이 다 끝나갈 때쯤 매트가 물었다. "뉴욕 사무소를 위한 여성들의 파이프라인은 어떤가요?" 뉴욕 사무소 대표는 콜백 대상의 거의 반이 여성이라고 답했다. "노스 캘리포니아는요?" "아직 한 명 밖에 없지만 경계선에 있는 사람이 또 하나 있습니다." "이름이 뭐죠?" 매트가 물었다. "에이미 스털링입니다." 레니가 목소리를 높여 말했다. "오, 그녀는 정말 대단해요. 엄청 똑똑하고, 멋지고, 제 절친 중의 한 사람이죠. 그녀를 '잡아야' 해요." 사우스 캘리포니아 사무소 대표가 끼어들었다. "하지만 그녀는 사우스 캘리포니아를 최우선순위로 매겼어요. 그다음이 노스 캘리포니아구요." 사무소 선호도와 가용 여부와 같은 물류상의 요인들이 어떻게 채용 결정에 영향을 미치는지를 잘 보여주는 의견이었다. 레니는 즉시 답변했다. "그녀가 그렇게 한 이유는 노스 캘리포니아에 들어가기가 엄청나게 어렵다는 걸 알고 있기 때문이에요. 절 믿으세요. 노스 캘리포니아가 그녀의 첫 번째 선택이에요." 노스 캘리포니아 대표가 대답했다. "우리 리스트에 있는 댄 밸뷰는 사우스 캘리포니아도 선택했습니다. 여성을 더 많이 뽑기 위해서 우리는 댄을 에이미와 교환할 수 있어요." 레니가 소리쳤다. "네, 꼭이요! 그녀는 정말 멋있어요. 일도 잘해 낼 거구요. 제가 그녀를 회사에 합류하도록 만들게요!" 사우스 캘리포니아 사무소 직원들이 댄의 프로필을 클릭하는 동안 그쪽에서는 침묵만 흘렀다. 그런 다음 사우스 캘리포니아 쪽에서 말했다. "우리는 그렇게 해도 괜찮아요." 노스 캘리포니아가 그 결정을 확인했다. "좋습니다. 끝난 겁니다."

일단 교환에 합의하자 심의는 끝났고 컨퍼런스 콜도 끝났다. 인종적 파이프라인은 논의되지 않았다. 잭과 아만다, 나를 제외한 모든 사람이 그 방을 떠났다. 방을 정리하고 난 후 모든 후보자에게 상황을 알려 주는 이메일을 보내는 것은 우리 책임이었다. 잭은 "난 와인이 필요해."라고 선언하고 전화로 룸서비스를 불렀다. 우리는 리즐링을 마시고 브리치즈를 먹으면서 콜백과 탈락 편지들을 이메일로 보냈다. 면접관들은 조정과정 중에 종종 다음 단계에서 후보자들이 어떻게 더 나아질 수 있는지 논의했고, 이 후보자들이 '코칭을 받아야' 한다는 조언을 했지만 이런 피드백은 후보자들에게 전달되지 않았다. 그들은 그저 똑같은 양식에 맞춰 쓴 편지를 받았다. 우리의 저녁 업무는 자정까지 이어졌다.

최종 심의와 의사결정

2차 인터뷰가 끝난 후에는 홀트와 대부분의 다른 회사들에서 면접관들 사이의 조정이나 중간그룹 심의는 없었다. 오히려 과정은 대개 최종 채용 심의로 바로 이어졌다. 전체 채용위원회가 최종 채용 결정을 하는지, 아니면 단순히 최종 단계에서 후보자들을 인터뷰했던 면접관이 최종 채용 결정을 하는지는 회사별로 다양했다. 홀트에서는 후자였다. 하지만 두 경우 모두 콜백 의사결정에서 나타난 패턴과 비슷하게 후보자 풀에서 최고와 최하에 대한 공감대는 신속하게 형성되었다. 록스타들에게는 오퍼가 표시되었으며, 불합격자들은 고려 대상에서 바로 제외되었다. 토론의 대부분은 중간에 있는 후보자들에게 집중되었다.

마지막 콜백 심사과정에는 전문적인 기술에 대한 대화가 전 단계보다 확실히 많이 오갔다. 그러나 여전히 평가자들은 주관적 요인과 대인관계 요인에 초점을 더 맞추고 있었다. 투자은행가인 마이클은 자신의 회사에서는 마지막 단계 심사가 정해진 절차를 따라 이루어진다고 밝혔다.

> 우리는 앉아서 강제로 순위를 매깁니다. 컷오프가 무엇인지를 정하고 필요한 경우 이를 조정합니다. 모든 사람이 돌아가면서 우리가 평가하도록 요청받은 기술에 대해 일반적인 인상을 이야기합니다. 객관적인 척도는 의견이 덜 갈립니다. 눈에 보이지 않는 기술은 모호함과 의견의 불일치가 훨씬 더 흔합니다. 이런 말들이 훨씬 더 많이 나오죠. "그들은 나를 불쾌하게 만들었어요." "당신도 그런 걸 느꼈나요?" "그들은 딱히 회사에 열의가 있는 것처럼 보이지 않더군요."

인터뷰와 콜백 심의에서는 후보자가 관심의 중앙에 있었다. 하지만 최종 심의에서 초점은 평가자로 옮겨 갔고, 특히 그들이 후보자에게서 받은 개인적인 느낌과 확신의 여부로 옮겨 갔다. 6장부터 8장에 걸쳐 설명했듯이, 후보자에 대한 면접관의 감정적인 반응, 특히 '케미스트리'와 '적합성'에 대한 직감이 개별 평가자가 인터뷰에서 능력을 측정하는 방식에서 중요한 역할을 담당했다. 최종 채용을 위한 위원회 회의에서는 평가자의 감정이 중앙 무대로 옮겨 왔다. 홀트에서 심의는 흔히 시니어 파트너가 후보자의 이름을 소리 내어 읽고, 그 후보자의 2차 인터뷰 면접관을 돌아보면서 “당신은 어떻게 느꼈나요?” 하고 묻는 것으로 시작했다. 게다가 내가 홀트에서 관찰했고, 다른 회사에 근무하는 연구 참여자들이 확인해 준 바와 같이 한 후보자를 찬성하거나 반대하기 위한 효과적인 논쟁은 그 지원자의 학업 성취, 전문가적 자격요건, 이력서보다는 후보자를 향한 평가자들의 개인적 감정을 바탕으로 한 논쟁이었다. 컨설팅에서는 가끔 한 평가자가 케이스 성과만을 근거로 후보자를 찬성하는 논쟁을 벌이기도 했다. 하지만 그 방에 있는 다른 평가자들이 그 평가자가 해당 후보자에 대해서 가지는 개인적인 감정을 알고 싶어 하는 경우가 더 흔했다. 그들이 ‘매력적이었는지’ 혹은 ‘별로’였는지, 그들이 ‘마음을 완전히 뺏길 정도’였는지, ‘좀 더 관망해야 할’ 사람들이었는지를 알고 싶어 했다. 심지어 어떤 후보자가 인상적인 자격을 보유하고 기술적인 질문에 대답을 잘했다 하더라도 한 평가자가 충분히 부정적인 느낌을 가지고 있다면 그것만으로도 그 후보자를 탈락시키기에 충분했다.

게다가 최종 인터뷰에서 회사들이 보유하고 있는 후보들의 숫자는 채용할 수 있는 숫자보다 더 많았기 때문에 대부분의 후보자들이 회사에 합류하기 위한 오퍼를 받으려면 옹호자, 즉 그룹 심의에서 ‘그들을 도와주고’, 다른 후보자들보다 그들을 강하게 옹호해 줄 누군가가 필요했다. 컨설턴트인 저스틴은 그 과정을 이렇게 요약했다.

그 방에 그들을 위해 열정적으로 옹호할 명분을 만들어 줄 사람이 있나요? 만약 어떤 사람이 그렇게 한다면 그리할 만한 그들만의 이유가 있으며, 그 후보자를 경계선 너머로 밀어주고 싶어 할 만한 뭔가를 보았다는 사실을 믿어야 합니다. 만약 경계선에 있는 어떤 사람이 옹호자가 없다면 상황은 끝난 것입니다.

옹호자들

사회학자인 랜달 콜린스(Randall Collins)는 감정이 사회적 분류와 선택, 계층화의 핵심적인 기반이라고 주장했다. 사람들은 누구와 사귀고, 누구와 결혼하고, 누구를 채용할 것인가를 결정할 때 부분적으로는 관심의 대상인 개인과의 상호작용에서 그들이 얼마나 흥분을 느끼는가를 근거로 삼는다. 이와 유사하게 내 연구에 나오는 평가자들도 강렬하게 자신의 감정을 불러일으키는 후보자들을 위해서만 옹호자의 역할을 맡는다고 기술했다. 옹호자의 역할을 표현할 때 평가자들은 흔히 사랑의 언어를 사용했다. 그들은 오퍼를 받기 위한 경주에 참여하려면 후보자가 최소한 면접관 중 한 사람을 얼마나 '열정적인', 혹은 '흥분된', '지나치게 흥분된', '사랑에 빠진 것 같은' 감정을 느끼게 해야 하는지 이야기했다. 컨설턴트인 그레이스는 이렇게 주장했다. "[회사에 있는] 서로 다른 세 사람이 마지막 단계에서 해당 후보자를 인터뷰하고, 그들의 관점을 조정하는 일입니다. 사람들이 "그래, 그 사람 일은 괜찮게 할 거야." 같은 반응을 보일 때와 후보자에 대해 진심으로 '열정'을 가지고 있을 때를 비교해 보면 이해가 가는 일이죠." (위에서 인용한) 저스틴이 지적했듯이 옹호자가 없는 후보자들은 탈락할 가능성이 많다. 채용 매니저인 브랜트는 그런 후보자 한 사람을 기억했다.

그는 면접관들에게 큰 감동을 주지 못했습니다. 그가 능력이 있다고 생각했죠. … 분명히 우리가 여기서 하는 일을 할 수 있다고요. 그는 명백하게 준비가 되었고, 회사에 대한 관심을 보였고, 회사와 우리가 하는 일을 잘 알고 있었습니다. 하지만 "저 사람을 뽑아야 해."라고 말하는 사람이 한 명도 없었죠.

컨설턴트인 랜스는 최종 결정 단계에서 후보자의 능력보다 옹호하는 면접관이 종종 더 중요하다는 사실을 실례로 들었다.

특별히 한 사람은 MIT 출신 후보자로 매우 좋은 사람이었죠. 인터뷰를 실제로 엄청나게 잘했고, 케이스도 매우 능숙하게 다뤘죠. 하지만 [면접관들의] 열정이라는 측면에서 다소 밋밋한 반응을 얻은 사례입니다. … 즉, 그 사람을 위해서 싸워야 할 설득력 있는 이유가 없었죠. 따라서 그 사람을 반드시 떨어뜨려야 할 이유는 없었지만, 그때가 되었을 때 누구도 그를 위해 싸우기를 원치 않았죠. 그리고 자리가 한정된 경우 이런 일이 일어나면, 당신도 아시겠지만 완벽한, 가장 능력 있는 사람이라고 그냥 통과하지는 못합니다.

옹호의 비공식적 규칙들

옹호에는 자체적인 무언의 규범이 있다. 첫째, 평가자들은 후보자에 대해 매우 강력한 부정적인 반응이 없는 이상 아무도 옹호자의 노력을 막지 않는다. 부분적으로는 평가자들이 회사의 동료 구성원들을 신뢰하기 때문이다. 옹호의 핵심에는 호혜성이 있다는 사실 역시 널리 이해되고 있었다. 평가자들은 자신이 다른 사람들의 옹호 노력에 양보한다면, 다른 사람들도 자신의 의견을 따를 거라고 믿었다. 하지만 시간과 에너지의 한계 역시 이런 암묵적인 규범을 구성하는 데 일부 역할을 담당했다. 컨설턴트인 '이'는 이렇게 설명했다. "특히 그때가 늦은 밤이고, 제가 집에 가고 싶거나 돌아가서 고객 업무를 더 해야 한다면, 정말로 어떤 사람에 대해서 강한 감정을 가지고 있지 않은 이상 저는 다른 사람들의 의견에 따를 겁니다." 둘째, 옹호자의 지위와 권력이 중요했다. 여성들, 인종적 소수집단, 아직 파트너가 되지 못한 사람들은 그들이 더 높은 지위나 직급의 팀 구성원들보다 옹호하는 데 더 까다롭다고 밝혔다. 투자은행가인 샌딥이 말했듯이, 자신이 정말로 그들에 대해 열정적인 경우가 아니라면 '내 명성이 달려 있기' 때문에 후보자들을 위해 '위험을 무릅쓰기'를 주저했다. 이들이 어떤 후보자도 옹호하지 않았다는 의미가 아니다. 그들도 그렇게 했다. 하지만 좀 더 선택적으로 한 것이다. 투자은행가인 아리엘은 옹호에 대한 자신의 관점을 이렇게 말했다.

> 누군가의 이름이 들리고 내가 [그 후보자에 대해] 정말로 신경을 쓰지 않는다면, 저는 다른 사람들이 이야기하도록 내버려 둡니다. … 만약 누군가가 "난 이 사람이 정말 싫었어요!"라고 말한다면 심지어 내가 그 사람이 좋았다 해도 내가 강렬하게 그런 감정을 느낀 게 아니라면 그대로 내버려 둘 겁니다. … 몇 년 동안 저는 주고받아야 한다는 사실을 배웠습니다. … 마찬가지로 내가 어떤 사람을 절실히 원한다면 저는 매우 강경하게 의견을 밝힐 겁니다. 저는 그저 제 전투를 선택하고 싶은 거죠.

파트너 중에서도 특히 백인 남성들은 누구를 옹호할지 선택하는 데 좀 더 자유가 있었다. 게다가 옹호자들의 지위가 높을수록 그들의 노력은 더 의심받지 않았다. 투자은행가인 사셍크는 이렇게 단언했다. "만약 상대방이 시니어 파트너라면 당신은 입을 다뭅니다. 상황 종료죠." 하지만 심지어 시니어 구성원들도 옹호할 후보자를 선택할 때 무차별적으로 하지는 않았다. 투자은행가인 맥스는 이렇게 주장했다. "저는 경계선에 있다고 생각하는 사람을 위해 테이블 위로 뛰어 올라가지는 않을 것입니다." 또한 대부분의 (하지만 전부는 아닌) 시니어들은 주고받기의 규범을 따랐다. 맥스는 이렇게 덧붙였다. "만약 다른 누군가가 일어서서 '이 사람은 내가 믿는 사람입니다'라고 말하는 경우, 그들이 그토록 강하게 느낀다면 양보하는 편입니다."

평가자들이 어떤 후보자를 옹호하고 싶게 만드는 것은 무엇일까? 내 연구 응답자들은 옹호자가 되는 위험을 감수할 용의가 생기려면 그 후보자에게 매우 강한 감정을 느껴야 하고 개인적인 투자를 해야 한다는 데 동의했다. 이런 감정들은 출신 배경과 비교과 활동, 모교라는 공통점 같은 경험적 유사성에서 생겨날 수 있다. 예를 들어, 내가 레이첼에게 어떤 사람을 옹호하고 싶도록 만드는 것이 무엇인지 물었을 때 이렇게 대답했다. "저는 그 사람에게서 약간의 내 모습을 본다고 생각합니다." 이들 회사에서 적합성의 척도와 유사하게, 유사성과 기꺼이 옹호자가 되려는 의도 사이의 관계는 전형적인 배경, 즉 슈퍼 엘리트 학교 출신으로 백인이면서 부유하며 학교 스포츠팀에서 활동한 경력을 가진 후보자들에게 유리하게 작용할 수 있다.

다양성을 촉진하기 위한 기회들

하지만 옹호하기가 신규 채용 직원들의 다양성을 높이는 경우도 있었다. 양적인 면에서 유사성이 회사 내에 존재하는 불평등을 강화하는 경우가 훨씬 더 많았지만, 옹호자가 비전형적인 배경 출신일 때는 유사성이 다양성을 촉진할 수도 있었다. 아리엘은 그녀가 최근 옹호한 한 여성 후보자를 이야기했다. 그 후보자는 아리엘이 나온 비엘리트 모교를 다녔다. "저는 그저 제가 그녀와 같은 상황이었을 때를 기억합니다." 아리엘이 말했다. "저에게는 저를 옹호해 준 한 직원이 있었죠. 그래서 저도 그저… 똑같은 일을 하고 싶었어요." 투자은행가인 비샬은 해외에서 부유하고 교육수준이 높은 가정 출신이었지만, 미국에 이민 온 사람으로서 자신의 경험과 매너가 회사에 있는 대부분의 직원들과 다르다고 느꼈다. 옹호자로 행동한 경우를 물었더니 그는 다음 사례를 이야기했다.

> 제가 한 후보자를 위해 싸우고자 할 만큼 열정이 충만했던 적은 딱 한 번이었습니다. 그는 일반적이지 않은 확신을 가진 사람으로 다가왔습니다. … 다소 낯을 가렸지만 성공을 향한 매우 강한 추진력을 보이고 있었습니다. 많은 사람들이 사교클럽 출신들을 찾고 있었죠. 아시겠지만 이스트 코스트 사립학교를 나오고 그들처럼 옷을 입거나 행동하는 사람들 말입니다. 하지만 저는 절대 그런 사람이 아닙니다. 그래서 저는 그 틀에 맞지 않는 사람들을 지원합니다. … 저는 그 사람이 좋았고, 그를 옹호했죠.

아리엘과 비샬이 옹호한 후보자들은 두 사람 모두 일자리 오퍼를 받았다.

옹호자가 있다는 것은 투자은행에 지원한 여성 후보자들에게 특히 중요했다. 이 장의 앞에서 묘사한 스테레오타입의 작용과 유사하게 투자은행에서는 채용 심의가 전문적인 기술보다 대인관계 기술에 더 초점을 맞추는 경향이 있지만, 그럼에도 여성 취업 후보자들의 분석 기술은 최종 인터뷰에서 비판의 대상이 되었다. 이런 분위기는 투자은행의 고유한 특성이었다. 투자은행가인 도노반은 강력한 옹호자가 여성 후보자에게 얼마나 유용할 수 있는지 다음과 같이 이야기했다.

> 인터뷰한 사람들 중에 제가 정말 멋지다고 생각한 여성이 있었습니다. 그녀는 정말 좋은 인상을 주었습니다. 소통 능력이 탁월했고 매력이 넘쳤으며 매우 자연스러운 대화를 하는 사람이었고 똑똑한 것이 확실했죠. 지적으로 이야기하면서도 동시에 일종의 강인해 보이는 아우라가 있는 사람이었습니다. 저는 그녀가 직업의 어려움을 극복할 수 있을 거라고 생각했죠. 하지만 서류상으로는 그녀가 최고는 아니었습니다. 그녀의 성적은 대체로 좋았지만 일부 다른 사람들처럼 최고는 아니었습니다. … 그리고 그녀를 인터뷰한 다른 동료는 복잡한 기술적 문제로 그녀를 계속 괴롭혔죠. 그래서 저는 이 문제를 놓고 심하게 입씨름을 했고 만약 충분히 똑똑한 사람이라면 그런 기술들은 배울 수 있다는 사실을 그들에게 상기시킴으로써 결국은 이겼습니다. 그리고 성격이 훨씬 더 중요하다는 사실도요.

그 후보자는 최종 합격했다.

게다가 8장에서 지적했듯이 각 산업에는 자신이 심의과정에서 비중이 낮은 인구통계학적 배경을 가진 후보자들을 의도적으로 민다는 사실을 내게 자발적으로 공개한, 스스로 '다양성 옹호자'라고 주장하는 사람들이 있다. 그런 사람들은 소수집단에 속했다. 연구를 위한 인터뷰에 참여한 120명 중에 이런 방식을 자신의 정체성으로 규정한 사람은 열명밖에 되지 않았다. 다섯 명은 투자은행가였고 한 명은 컨설턴트였으며 네 명은 변호사였다. 이들 그룹에서 여섯 명은 백인 여성으로 자신을 옹호자로 자처하면서 (회사에 인종과 성별 등 다른 형태의 다양성을 가져올 후보자들을 폭넓게 옹호하는 것이 아니라) 여성을 위해서만 그렇게 한다고 말했다. 스스로를 옹호자로 얘기한 나머지 네 명은 아이비리그 학교에서 교육받은 변호사들이었다. 한 명은 흑인 여성이었고, 다른 한 명은 백인 여성이었으며, 나머지 두 명은 공개적으로 동성애자임을 밝힌 남성들(한 명은 백인, 다른 한 명은 인도계 미국인)이었다. 그들 모두는 자신이 속한 인구통계학적 그룹의 구성원만이 아니라 여성, 소수인종, 동성애자임을 공개한 지원자들을 포함한 더 넓은 범위의 다양성 후보들과 사회·경제적으로 불리한 배경 출신의 후보자들을 밀었다고 강조했다. 하지만 다양성 배경을 지닌 모든 직원들이 다양성 옹호자는 아니었음을 강조하는 것도 중요하다. 홀트에서 많은 여성 취업 후보자들은 여성 평가자들보다 남성 평가자들과 인터뷰를 했을 때 더 좋은 성과를 거두었다. 남성 후보자들 역시 여성 평가자들과 인터뷰를 했을 때 약간 더 유리했다.

10

천장 깨기

뜻밖의 기회, 혹은 연결고리

제게는 500대 기업 중 한 곳의 임원 아들이자
로스쿨을 함께 다닌 친한 친구가 한 명 있습니다.
로펌 인터뷰 당시 저는 계속해서 그 친구를 떠올렸죠.
'그 친구라면 이 순간 어떻게 했을까.'

– 쿠마르, 변호사

▌앞의 장들은 엘리트 회사들이 신입 직원들을 선택할 때 활용하는 평가기준, 메트릭스, 절차가 혜택을 더 많이 받은 배경 출신의 학생들에게 어떻게 우위를 제공하는지를 보여 주었다. 하지만 어떤 경우에는 취업 지원자의 배경이 예상된 채용 결과를 가져오지 않은 경우도 있었다. 어떤 사람들은 이런 경우를 엘리트 일자리를 향해 경쟁하는 운동장이 평평하다는 증거로 해석할 수도 있을 것이다. 하지만 매우 견고한 계층사회라 할지라도 대개 계층 사이에 적은 양의 움직임은 존재하기 마련이다. 이동성의 완전한 결여는 기존 권력 구조의 합법성과 안정성을 위협하기 때문이다.

이 장에서 나는 사회적 출발점, 문화 및 사회적 자본의 획득, 경제적 종착점 사이의 관계에 대한 좀 더 함축된 의미를 제공하기 위해 이처럼 표준적이지 않은 사례들을 검토해 보고자 한다. 내 목표는 엘리트 일자리를 향한 상향 이동성의 확산을 계량화하거나 이동성 예측변수를 구체화하려는 데 있지 않다. 그런 과제를 수행하기에는 단지 내 샘플의 숫자가 너무 적기 때문이다. 오히려 이 장에서 내 목표는 채용과정에서의 사회적 (재생산이 아닌) 재구성이 발생할 수 있는 핵심 '과정'을 조명하는 데 있다. 나는 일자리 오퍼를 받지 못한 전형적 엘리트 배경의 학생들에 대한 논의부터 시작해 이런 결과가 발생하는 가장 흔한 이유들 중 일부를 탐색해 볼 것이다. 그런 다음 엘리트가 아닌 학생에게 초점을 옮겨 채용과정에서 그들을 성공으로 이끈 다양한 경로를 검토할 것이다. 이 분석은 취업 후보자들(채용과정에서 그들의 경험을 물어보면서)과 평가자들(그들이 인터뷰한 후보자들의 경험과 과거 구직자로서 그들 자신의 경험에 대해 물어보면서)을 대상으로 수행한 인터뷰를 토대로 이루어졌다.

엘리트 배경만으로는 충분하지 않다

엘리트 회사에서 채용은 극도로 경쟁적이다. 상류층 출신들로 이루어진 핵심 학교 학생들 대부분이 이 일자리에 지원한다. 주어진 채용 시즌에 일자리 오퍼를 받는 지원자들은 대개 전체에서 10%(핵심 캠퍼스의 경우 20%에 가깝다)도 되지 않는다. 결국 순수하게 이런 숫자들 때문이라도 이들 회사에 지원한 부유한 학생들 중 많은 수가 채용되지 못했을 것이다.

ㅡ 점수를 잃다

상류층 학생들 중에서도 핵심 학교 출신이 아니고 내부자와의 사회적 인맥이 부족한 학생들은 애초에 운동장에 도달하지 못한다. 이력서 검토 단계까지 도달한 학생들일지라도 그중에서도 특히 핵심 학교보다 학점 문턱이 높은 관심 학교 출신이면서, 현재 혹은 과거에 학교 스포츠팀에서 활약하지 않은 일부 부유한 학생들도 형편없는 성적을 보유했다는 이유로 이력서 심사과정 중에 탈락할 것이다.

다른 학생들은 빈약한 비교과 활동 때문에 탈락할 것이다. 부모의 사회·경제적 지위와 여가나 취미에 대한 구조화된 참여 사이에 견고한 관계가 존재함에도 불구하고, 경제적으로 혜택을 받은 모든 학생들이 적절한 유형의 활동이나 충분한 활동에 참여하는 것은 아니기 때문이다. 내가 인터뷰한 몇몇 부유한 외국 학생들이 이 범주에 해당되었다. 같은 입장에 놓인 노동 계층 출신 학생들처럼, 이들은 회사 고용주들이 비교과 활동을 능력의 표지로 활용한다는 사실을 너무 늦게 알아차렸다. 고국인 인도에서 최고의 금융 컨설팅 회사에서 일했고, 높은 학점을 보유한 MBA 학생인 지나트는 투자은행과 컨설팅 회사 채용과 관련된 경험을 회상했다. 그녀는 이렇게 설명했다. "[비교과 활동]이 저에게 타격을 입혔어요. [이 학교에] 오기 전에는 회사들이 제 [업무] 경험에 가장 관심이 있을 거라고 생각했죠." 하지만 일단 캠퍼스 채용이 시작되자 그녀는 미국인인 학과 동기들에게서 비교과 활동 참여가 인터뷰를 확보하기 위한 핵심임을 금세 깨달았다. 그녀는 스포츠와 관련이 없는 학생조직 몇 개와 교내 스포츠팀에 가입했다. 하지만 그녀가 참여한 신청제 클럽은 고용주들이 좋아하는, 장기적으로 집중해서 참여하는 유형의 클럽이 아니었고, 그녀는 최고의 회사들로부터 인터뷰 초대를 받지 못했다.

인터뷰 초대를 받더라도 많은 수가 최종 오퍼를 받는 데는 실패했다. 모든 후보자는 자신이 좋은 후보자의 요건을 갖추었음을, 즉 평가자들과 잘 맞고, 명석하고, 세련되었으며, 추진력 있고, 순수한 관심을 가진 사람임을 면접관에게 설득해야 했다. 혜택을 덜 받은 학생들과 비교할 때 부유한 후보자들은 심지어 고용주들이 원하는 신호의 유형을 알고 있을 가능성이 더 높았고, 이런 자질들을 배양할 기회가 더 많았음에도 불구하고 모든 혜택받은 후보자들이 상호작용 중에 이들 신호를 성공적으로 보낸 것은 아니었다.

예를 들어 세련미의 정의가 소통 스타일과 대화 규범에서 계층을 토대로 하는 개념에 근거를 두고 있었음에도 불구하고, 모든 부유한 학생들이 사회성 기술이 있다고 인식되지는 않았다. 일부는 '어색'하거나 '이상'했다. '범생이'로 보인 사람들도 있었다. 변호사인 다니엘은 수년 전에 그 회사의 파트너였던 할아버지를 둔 한 여성을 인터뷰했던 것을 기억했다. 최고의 로스쿨에서 높은 성적을 받았고 개인 서사가 탁월했음에도 불구하고, 다니엘은 세련미와는 거리가 있는 말하기와 행동 패턴 때문에 그녀를 탈락시켰다. 다니엘은 그녀를 이렇게 언급했다. "그녀는 [말을 할 때] 감정이 즉시 나타날 뿐만 아니라 경련을 일으킵니다. 이런 말 하기는 싫지만 정말 이상했어요. … 그녀가 말을 하고 있으면 저는 더 고용주의 입장에서 생각하기 시작합니다. '그녀가 고객에게 저렇게 말해서는 안 되는데' 하고 말이죠." 마찬가지로 특히 여성들의 경우에 그렇지만 면접관에게 외모가 매력적이 아니라고 인식된다면 세련미에서 높은 점수를 받는 데 방해가 될 수 있다. (투자은행가인 비샬은 채용과정에 대해 이렇게 털어놓았다. "저는 당신이 예쁜 여성이 아니라면 상황이 별로라고 생각합니다. 제 말은 당신이 '핫할' 필요는 없지만 상당히 매력적일 필요는 있다는 거죠.") 또한 부유한 학생들도 투자은행과 컨설팅 회사 인터뷰에서 기술적인 부분에서 기본적인 성과를 보여 줄 필요가 있었다. 경제적으로 혜택받은 배경 출신의 일부 투자은행과 컨설팅 지원자들은 계산상의 오류 때문에 탈락했다. 남성들에게 해당되는 경우가 더 많지만, 컨설팅 분야에서 어떤 사람들은 케이스 인터뷰의 특화된 언어를 고수하지 못했다.

그럼에도 부유한 후보자들에게 특히 흔한 실패는 일자리나 회사에 대해 '관심'이 없는 것처럼 보이는 경우였다. 평가자들은 관심이 중요한 평가기준임을 알고 있었고, 비교과 활동도 훌륭했지만 자신의 진심을 설득하는 데 실패한 슈퍼 엘리트 학생의 사례를 언급했다. 실질적인 진로상의 관심과 상관없이 리스트에 오른 학교 출신의 너무나 많은 학생들이 이들 일자리에 지원하기 때문에(3장 참조) 평가자들 사이에는 엘리트 학생들 중에 지원하는 일자리에 진정으로 관심이 없는 학생들이 많다는 인식이 널리 퍼져 있었다. 투자은행가인 로라는 인터뷰 과정을 언급하면서 이렇게 설명했다. "우리는 그들의 아버지나 지인이 이 분야에서 일하는 지원자들을 꼼꼼히 살펴보려고 노력합니다. 그들은… 무슨 말을 해야 할지 알고 있어요. 그런 학생들보다는 정말로 이 일을 원하는 지원자를 찾아야죠." 혜택받은 배경 출신으로 1차 인터뷰에는 참여했지만 2차 인터뷰에 다시 초대받지 못한 몇몇 구직자들은 자신이 설득력 있게 관심을 보여 주지 못했다는 측면에서 채용 결과를 설명했다. 예를 들어 부모가 모두 다 석사학위 이상을 보유한 슈퍼 엘리트 경영대학원의 MBA 학생인 퀸시는 자신이 실제로 진로상의 관심보다는 동료들이 주는 압력 때문에 컨설팅 회사에 지원했음을 인정했다. 왜 컨설팅 인터뷰를 '망쳤는지' 그는 이렇게 말했다.

> 저는 실제로 상당히 끔찍한 인터뷰 경험을 했습니다. … 저는 사실 그곳에 가는 것에 미온적이었고, 그게 인터뷰에서 드러났죠. 저는 관심이 없었어요. … 전 하나도 빼지 않고 다 망쳐 버렸죠. … 컨설턴트가 되려는 이유를 말했지만 면접관들은 믿지 않았어요. 그리고 솔직히 말하자면 그들은 제가 관심이 없다는 걸 알 수 있었다고 생각해요. 제 마음이 그곳에 있지 않았으니까요.

따라서 회사에서 후보자를 심사하는 데 활용하는 공식적인 평가기준이 경제적으로 혜택받은 가정 출신의 지원자들을 향해 편향돼 있었다고 해도 모든 부유한 학생들이 인터뷰에서 좋은 성과를 거둔 것은 아니었다.

— 당신의 옹호자는 어디에 있나요?

하지만 2차 인터뷰까지 진출한 엘리트 학생이 불합격했을 때 가장 흔한 이유는 옹호자가 없다는 사실이었다. 9장을 기억해 보라. 대부분의 후보자들은 록스타도 아니었고 탈락도 아니었으며, 어중간한 어딘가에 속해 있었다. 엄청나게 많은 지원자와 극도로 제한된 일자리뿐인 노동시장에서 어중간한 후보자들이 오퍼를 받으려면 흔히 옹호자가 필요했다. 옹호자가 없다면 그렇지 않을 경우에 우량하다고 인식될 수도 있었던(하지만 록스타의 자질은 없는) 많은 부유한 지원자들이 탈락했을 것이다.

옹호자 확보는, 5장에서 변호사인 폴이 표현한 것처럼, "그날 그 사람이 당신에게 어떻게 와 닿았는지"는 물론, 면접관의 정체성과 취업 후보자의 정체성 사이의 조화에 의존했다. 옹호자를 얻기 위해 후보자들은 면접관들에게 흥분, 열정, 심지어 사랑의 감정을 끌어내야 했다. 경험적 유사성은 종종 이처럼 강력하면서도 긍정적인 감정들을 불러일으켰다. 대개 채용과정에서 이런 유형의 '나와 비슷한 사람'을 향한 편향은 이들 회사 직원들의 전형적인 스테레오타입상 중상류층 백인이 보유한 문화적 신호의 유형을 보인 후보자들에게 유리한 상황을 만들었다. 하지만 엘리트들의 문화적 신호라는 일면 방대한 영역 안에서도 특정한 평가자들에게는 특유한 취향과 선호하는 신호가 있었고, 이는 그들이 어떤 지원자를 옹호하기를 원하는지 혹은 아닌지에 영향을 미쳤다. 예를 들어, 일부 평가자들은 유독 세련미가 뛰어나다고 인식한 후보자들만 옹호하고자 했다. 일부 면접관은 맛있는 음식과 희귀한 와인에 흥분했고, 다른 면접관은 프로 스포츠에만 열광했다. 홀트의 마지막 채용 심의과정에서 레드삭스의 열정적인 팬이었던 어느 평가자는 양키스 팬인 지원자를 거부했다.

게다가 내가 연구한 회사들은 완전히 동질적이지 않았다. 뛰어난 성취를 거둔 엘리트 학생들도 능력과 관련해 다른 정의를 지지하는 평가자를 만날 경우 불합격할 수 있었다. 한부모 가정이면서 저소득층 출신 변호사인 나오미는 그런 평가자였다. 그녀는 나이가 더 많은 백인 남성 면접관이 좋아했던, 적절한 혈통서를 가진 후보자를 떨어뜨리기 위해 강하게 (그리고 성공적으로) 논쟁했던 경험을 털어놓았다. 나오미는 스스로 혜택받았다고 인식하는 남성 후보자들을 싫어했다. 그녀는 이렇게 말했다.

> 지난해 캠퍼스에 갔을 때 학점이 3.6인가 3.7이었던 남성이 있었습니다. 그는 업무 경험 없이 학부를 마치고 로스쿨에 진학했고 《로 리뷰》에 참여했지만, 이력서에는 말 그대로 아무것도 없었습니다. 그는 두 개 학교(학부와 로스쿨)를 다녔고, 한 컨트리클럽에서 서빙을 했고, [엘리트 대학 학부] 야구팀에 있었습니다. … 그의 이력서에는 아무것도 없었습니다. 그리고 그 곳에는 다른 여성도 있었죠. 학점은 3.1정도였고, 부모님은 가나 출신이었으며, 3개 국어를 할 줄 알고, 석사과정을 미리 마쳤고 국제적인 경험도 있었죠. … 그녀는 독일어를 사용하는 스위스의 로펌에서 여름을 보내기도 했습니다. 그녀는 정말 쿨했고 성격이 좋았습니다. 그래서 저는 그녀를 위해서 기꺼이 투쟁했죠. 저는 송무 부문의 부대표와 함께 인터뷰를 하고 있었는데 그 사람은 이런 식이었죠. "왜 그 남자가 아닌 그 여자를 원하는 거죠? 그 남자는 성적도 괜찮고 《로 리뷰》에도 참여했잖아요. 그녀의 성적은 우리 기준을 벗어났어요." 저는 그랬죠. "그녀가 사실상 실체가 있는 사람이니까요. 그 남자가 가진 건 야구지만, 그녀에게는 실제로 내놓을 것들이

있어요."… 저는 그 사람을 설득했어요. … 그는 그 남자 대신 그 여자를 선택한 결과를 가지고 여름 어소시에이트 채용위원회로 돌아가는 것을 내켜 하지 않았어요. 하지만 그를 설득했죠.

비록 자기 복제가 흔히 엘리트 재생산의 원천이긴 하지만, 때로 나오미와 같은 사례는 채용에서 사회적 재구성과 다양화의 원천이 될 수도 있음을 보여 준다.

천장 깨기

채용과정의 막강한 계층 편향을 뚫고 엘리트 일자리 오퍼를 받은 일부 비엘리트 학생도 있었는데, 그들이 그렇게 할 수 있었던 몇 가지 경로는 다음과 같다. 즉 운 좋은 매칭, 내부자 코칭, 모방하기, 문화적 삼투현상, 차이점 강조하기를 통해서였다. 이 경로들은 서로 상호 배타적이 아니다. 성공적으로 면접을 했던 대부분의 후보자들은 두 가지 이상의 전략이나 기회를 이용해 혜택을 얻었다.

— 운 좋은 매칭

면접관과 후보자 양쪽 모두의 이야기를 들어 보면, 뜻하지 않은 잘못된 매칭이 고용주들이 전형적으로 원하는 신호를 보여 준 후보자를 채용 풀 밖으로 밀어낼 수 있는 것처럼, 유사성과 공감은 그런 것들이 없었다면 불합격했을 후보자에게 혜택이 될 수 있었다. 우연, 행운, 혹은 심지어 회사의 개입으로 이루어졌더라도 비전형적인 배경의 가치를 인정하거나 자신의 경험 때문에 지원자와 유대감을 형성한 면접관과의 매칭은 일자리 오퍼로 이어질 수 있었다. 앞에서도 인용했던 아이비리그에서 교육받은 변호사인 나오미는 뜻밖의 매칭과 관련한 경험을 다음과 같이 이야기했다.

> [우리 회사와] 인터뷰했을 때 저는 필요한 학점을 보유하지 못했습니다. … [제 면접관과] 제가 그저 서로 통했던 거죠. … 그때 일어난 사건은 이랬습니다. 면접관의 딸이 인터뷰 중간에 전화를 걸어 왔고 그녀는 전화를 받았어요. 그녀의 딸은 무엇인가가 필요했죠. … 그녀는 전화를 끊은 뒤 이렇게 말했죠. "미안해요." 저는 "괜찮아요. 전 상관없습니다." 그리고 뒤이어 곧바로 면접관은 자신이 싱글맘이라고 말했어요. … 저는 이렇게 말했죠. "저도 한부모 가정에서 자랐습니다. 엄마 혼자 모든 걸 떠맡으셨죠. 저는 그저 이해한다는 말씀을 드리고 싶어요. 우리는 당신이 최선을 다하고 있다는 걸 안답니다." 그녀는 눈물을 흘리기 시작했어요. 그렇게 우리는 중요한 순간을 가졌고, 회사와 다른 모든 것에 대해 이야기했습니다. 그녀는 제 이력서를 보고 이렇게 말했죠. "원칙대로라면 당신을 고용해서는 안 되겠죠. 학점이 부족하기 때문에 당신의 이력서를 들고 채용위원회로 돌아가서는 안 돼요. 하지만 나는 당신이 좋고, 당신에게 이 기회를 주고 싶어요. 그러니 당신에 대해 뭐라도 말해 보세요. 내가 [채용위원회에] 말할 수 있는 뭔가를 얻을 수 있게요." 저는 우리가 무슨 대화를 나누었는지는 기억나지 않습니다. … 하지만 저는 1학년을 망쳤고, 성적 때문에 사실 굉장히 좋은 회사였던 그 회사를 제외하고는 콜백을 한 군데에서도 받지 못했어요. 하지만 그들은 저에게 오퍼를 주었습니다. … 그녀가 내 안에 있는 뭔가를 본 거죠.

나오미는 자신의 이런 경험이 평가자로서 높게 평가하는 후보자와 서사의 유형을 형성했다고 말했다. 그녀는 이렇게 털어놓았다. “면접관이 된 지금, 저는 보잘것없는 사람, 첫 학기에는 잘못했을 수도 있지만 내놓을 수 있는 부가적인 뭔가가 있고, 나중에 정말로 해낼 수 있는 그런 사람을 위한 옹호자가 되는 경향이 있습니다.” 앞서 이야기한 가나 출신 후보자처럼 말이다.

저소득 가정 출신의 슈퍼 엘리트 로스쿨 학생인 탈룰라는 다른 유형의 뜻하지 않은 매칭을 통해 자신에게는 유일했던 일자리 오퍼를 어떻게 받았는지 설명해 주었다. 그녀는 인터뷰 방으로 들어가서 평가자와 함께 앉았다. 짧은 침묵 후에 탈룰라는 그 면접관에게 “벨트가 마음에 들어요.”라고 말했다. 면접관은 정중한 감사인사로 답했다. 탈룰라는 “이런 말해도 실례가 안 된다면 벨트가 약간 해적 같은 느낌이 들게 해요.”라고 덧붙였다. 탈룰라는 면접관이 자신의 벨트를 잠시 내려다본 다음 이렇게 답한 것을 기억했다. “글쎄요, 전 항상 약간 내가 해적스럽다고 생각해 왔어요.” 그러고는 그 둘은 20분간 인터뷰 내내 해적을 얘기거리로 농담을 주고받았다. 면접관은 탈룰라가 오퍼를 받도록 밀어주었다. 그녀가 받은 유일한 오퍼였다.

— 내부자 코칭

두 번째 경로는 문화적 내부자가 해주는 코칭이다. 대개 구직자의 친구나 연인, 학교 동기나 선배, 친척이었던 이들 코치들은 다양한 형태로 유용한 내부자 지식 혹은 계층 기반 지식에 접근할 수 있도록 도왔다. 예를 들어 취업이 시작되기도 훨씬 전에 문화적 내부자들은 엘리트 회사가 관심을 기울이는 핵심 대학에 어떻게 하면 입학할 수 있는지

가르쳐 줄 수 있다. 그들은 또한 엘리트 회사들 특유의 인터뷰 유형을 어떻게 헤쳐 나갈 것인지도 코치해 줄 수 있다. 데니스라는 변호사는 부모가 전문직에 종사하지 않았던 전 남자친구를 떠올렸다. 그에게는 자신을 이상적인 채용 대상으로 보이게 해줄 이력서가 있었지만, 그는 인터뷰가 일자리 오퍼로 이어지도록 만드는 데 계속 실패했다. 그가 결코 자신을 인터뷰하는 사람과 공감하려고 노력하지 않았고, 자기 성격의 어떤 부분도 노출하지 않았다는 사실을 알게 되었을 때, 데니스는 그에게 인터뷰 중에 그 사람과 공감할 수 있는 뭔가를 찾으려고 노력하라고 조언했다. 그녀는 그것이 "면접관의 책상에서 뭔가를 보고 '아, 저도 그 스포츠팀을 좋아해요.'라고 말하는 경우이건, 그들이 뭔가 이야기를 시작해서 당신이 알아차린 것이건 상관이 없으며, 아이들을 얼마나 사랑하는지 이야기하면 그들의 아이들에 대해 물어보라."고 말해 주었다. 그의 다음 세 번의 인터뷰는 세 개의 일자리 오퍼로 이어졌다.

이런 유형의 전문가 코칭을 제공하는 새로운 산업도 등장했다. 이런 코칭은 구직자들을 위한 무료 블로그와 웹사이트, 인터뷰 준비 책자, 그리고 더 최근에는 전직 엘리트 회사 직원들이 제공하는 개인별 코칭의 형태를 띤다. 투자은행가인 더스틴은 최근에 등장한 이런 서비스를 이렇게 말했다.

> 두세 명 혹은 몇 명의 전직 투자은행원들로 이루어진 회사가 있습니다. … 그들은 경영대학원을 돌아다닙니다. … 말 그대로 1학년 학생들을 위한 1차 인터뷰가 있기 1주나 2주 전이죠. … 그들은 학교에 와서 당신이 그 일자리를 얻기 위해 알아야 할 것들을 하루 종일 일주일 동안 강의합니다. 어떤 속어가 있고, 문화는 어떠하며, 다른 조건으로는 무엇이 있으며,

투자은행들이 얼마나 서로 다르게 조직화되어 있는지, 각 직급별로 하는 일은 무엇인지 등, 그들은 거기에 있었기 때문에 모든 것을 알고 있습니다. … 그들은 이 학교 저 학교를 다니면서 똑같은 강의를 합니다.

일반 취업 준비생들이 활용할 가능성이 더 높은 책이나 그 밖의 저비용 출판물보다 부유한 구직자들이 활용할 가능성이 더 높은 개인화된 코칭은 수천 달러가 들었으며 성공적인 결과를 도출할 가능성도 더 높았다. 나는 부모가 대학을 졸업하지 않은 슈퍼 엘리트 경영대학원 학생 게리와 인터뷰를 했는데 그는 컨설턴트가 되고 싶어 했지만 일자리 오퍼를 받지 못한 상태였다. 게리는 컨설팅 케이스 인터뷰의 언어를 배우는 데 책에 의존하는 경우와 개인 과외에 의존하는 경우의 차이를 이렇게 이야기했다.

저는 한 2학년 학생에게서 『볼트 가이드』와 『사례 요점』과 같은 책을 세 권 샀죠. … 저는 그 책들을 꼼꼼히 읽었고, 이 케이스 인터뷰라는 것이 어떻게 구성돼 있는지 상당히 잘 알게 되었죠. 하지만 책만 읽다 보니 그 과정이 어떻게 돌아가는지는 완전히 오해했습니다. … [우리 학교 컨설팅 클럽에서 후원하는] 인터뷰 준비과정에 가기 전에는 인터뷰에서 제 성격이 어떻게 비춰지는지가 그렇게 중요한 줄 몰랐습니다. … 그 과정이 이 책들보다 훨씬 더 좋았죠. 따라서 실제로 인터뷰 준비 행사에 참석하고, 동기들과 수많은 모의 인터뷰를 하면서… 저는 훨씬 더 잘 이해할 수 있었죠. … 이 일을 다시 해야 한다면, 저는 이 과정이 '실제로' 어떻게 작동하는지 느낌을 얻을 수 있도록 몇 번의 모의 인터뷰를 하고, 컨설턴트였던 사람들과 이야기를 해보기 전에는 책은 손도 대지 않을 겁니다.

— 모방하기

모방하기는 내부자 코칭과 관련은 있지만 서로 다른 하나의 경로이다. 자신이 아는 엘리트 개인의 상호작용이나 자기표현 스타일을 의도적으로 따라하는 구직자들이 이 전략에 해당된다. 변호사인 쿠마르는 채용과정을 치르면서 인터뷰에서 로스쿨을 나온 자신의 절친이자 포천 500대 기업 중 한 곳의 임원 아들인 사이먼의 행동을 모방했다고 말했다. 그는 이렇게 고백했다. "저는 [인터뷰 동안] 그저 그곳에 앉아서 '그 친구인 척'했습니다. … 그 친구 역할을 상당히 잘할 수 있을 만큼 충분한 시간을 같이 보냈거든요. 저는 자문하곤 했죠. '사이먼이라면 어떻게 했을까?'" 이런 모방하기는 상호작용 스타일만이 아니라 업무 관련 지식에도 적용할 수 있었다. 이민자의 자녀로 대학생이자 전역 군인인 프랭크에게 그가 성공적으로 잘 헤쳐 나갔던 투자은행 인터뷰 과정을 어떻게 준비했냐고 물어보자, 그는 좀 더 정교한 형태의 모방하기에 대해 이렇게 이야기해 주었다.

> 저는 모방합니다. … 전화 대화를 모두 녹음하죠. … 그래서 저는 인터뷰를 앞두고 [동기들, 친구들, 군대 인맥들에게서] 조언을 구할 때… 이렇게 말하곤 합니다. "투자은행 업무란 무엇인지 나에게 설명해 줘." 저는 전화 통화를 녹음하고 타이핑한 다음 인터뷰에서 질문을 받으면 정확히 그들이 말해 준 단어를 그대로 사용하여 대답을 합니다.

— 문화적 삼투현상

네 번째이자 덜 의식적으로 추구된 경로는 문화적 삼투현상을 통한 경로였다. 이 현상은 몰입을 통해 이루어지는 학습의 다른 형태와 유사하다. 대개 더 낮은 계층 출신이지만 엘리트 초등학교나 중등학교를 다닌 학생들은 상류층과 중상류층 환경에 몰입함으로써 문화적 신호와 지식을 배운다. 사회학자인 앤서니 잭이 '혜택받은 빈곤층'이라고 부르는, 이들 학생들 중 일부는 사립학교나 기숙학교[종종 장학금을 받거나 특별 프로그램의 지원으로]를 다녔다. 잘 알려진 공립이나 마그넷 스쿨(특화된 과정을 보유한 미국 공립학교 – 역자 주)들을 다닌 학생들도 있다. 모방하기와 문화적 삼투현상의 핵심적인 차이는 의도성이다. 모방하기의 경우, 사람들이 일부러 엘리트들을 따라하려고 노력한다. 문화적 삼투현상의 경우 개인들은 일치된 노력보다 반복된 노출을 통해 지식을 흡수하고 내부화한다. 저소득가정 출신으로 슈퍼 엘리트 학교를 다닌 로스쿨 학생 이사벨은 명문 고등학교를 다니면서 자신이 어떻게 엘리트 대화 스타일을 배웠는지를 다음과 같이 이야기했다.

> 처음에 그곳에 갔을 때는 충격을 받았습니다. 사람들이 너무나 달랐어요. … 저는 눈에 띄는 학생이었지만 좋은 쪽으로 그런 건 아니었죠. (그녀가 웃음을 터뜨렸다.) 제가 앞머리를 이렇게 짧게 잘랐거든요. (그녀가 이마에서 한참 위를 가리켰다.) … 저는 모르는 사람에게는 말을 걸지 않았어요. … 하지만 저는 사람들이 적응하게 된다고 생각합니다. … 사람들이 이상하다고 생각하지 않도록 옷을 입고 행동하는 법을 배우는 거죠. … 제 생각에는 일종의 외국어를 배우는 일과 비슷해요. 사람들은 언어를 배우는 최선의 방법이 그 나라에 가서 일주일 중 7일 24시간 동안 현지 사람들에게 둘러싸여 있는 거라고 항상 말합니다. 제가 이 스타일을 배운 것도 그런 방식인 것 같아요.

하지만 그녀는 엘리트 동기들의 스타일을 따라하는 방법을 배우는 것은 의도적인 계층 이동 전략이 아니었다고 덧붙였다. "저는 그때는 계층이 뭔지도 정말 몰랐습니다. 사회적 생존에 관한 문제였죠. 적응하지 못하면 살아남지 못하니까요."

차이점 강조하기

모방하기나 삼투현상과 대조적으로, 다섯 번째 경로인 과장하기에는 계층의 차이를 강조하는 일이 포함된다. 채용이라는 환경에서 이 전략은 인생 역전 서사의 형태로 활용될 때 가장 성공적일 수 있었다. 빈곤에서 인터뷰 룸까지 올라온 충분히 극적인 서사를 가지고 있다는 점은 면접관들로부터 존경의 감정을 이끌어 낼 수 있었다. 이런 감정은 후보자가 적합성, 세련미, 추진력의 증거로 받아들여지는 상위 계층 문화 신호가 부족하다는 점을 보완해 줄 수 있었다. 변호사인 노아는 자신의 옹호로 오퍼를 받은 한 후보자를 기억했다.

> 저는 다소 다듬어지지 않은 한 친구를 인터뷰했습니다. 제 말은 한때 그 친구가 맥도날드와 이런저런 곳에서 일하기도 했다는 거죠. 하지만 저는 스스로에게 말했죠. "이봐, 이 친구는 자라면서 다른 친구들처럼 이걸 쉽게 얻지 않았어. 그는 분명히 열심히 노력했어. 그에게 기회를 한 번 주자고." 제 말은 이 친구가 대부분의 우리와 달리 은수저를 물고 태어난 게 아니라는 거죠. … 때로는 더 열심히 일할 친구들은 이 자리에 오기 위해 힘든 일을 감내한 친구들입니다.

좀 더 위험한 방법은 쉽게 소화할 수 있는 스테레오타입에 부합하기 위해 비엘리트의 대화 스타일을 과장하는 것이었다. 사관학교를 나온 전직 군장교로 슈퍼 엘리트 경영대학원을 다닌 이안은 컨설팅 회사와 인터뷰를 할 때 자신이 속한 노동 계층과 깊은 남부의 뿌리를 (희석시키려고 노력한 것이 아니라) 잘 이용했다고 묘사했다. 그는 이렇게 설명했다.

> 저는 남부 출신입니다. '진짜배기' 남부 출신이죠. 농담이 아니라 제가 살던 도시에는 신호등이 딱 하나밖에 없을 정도였으니까요. … 부모님들은 대학에 다니지 않으셨죠. … [제가 다닌 경영대학원에서] 저와 같은 배경 출신인 일부 사람들은… 그걸 감추려고 노력했습니다. 아마도 사람들이 그들을 다른 모든 사람들과 그저 같다고 생각한다면 더 성공적이 될 거라고 생각했겠죠. … 하지만 저는 그렇게 하면서 놓치는 어떤 매력이 있다고 생각합니다. 그래서 저는 그걸 잘 이용했죠. 저는 제 억양을 숨기지 않았습니다. 저는 촌티 나는 소도시 시골 사람임을 강조했습니다. (그는 웃음을 터뜨렸다.)

이안에게는 성공적이었지만, 이런 방법은 위험할 수도 있었다. 이안이 이런 전략을 추구하면서 성공할 수 있었던 이유 중 하나는 그가 세련미 부족에 대한 인식을 보상해 줄 만한 특정한 조직의 일부, 즉 전역한 군인이었기 때문일 수도 있다.

11

결론

기울어진 운동장 바로잡기

이 일자리를 얻을 만큼 경쟁력을 가지려면,
당신의 삶에서 그동안 많은 일들이 제대로 진행되었어야 합니다.
만약 당신이 소외된 집단 출신이라면,
기하급수적으로 많은 일들이 제대로 진행되었어야 합니다.

– 라이언, 투자은행가

▍ 누군가의 경제적 지위는 온전하게 본인이 이루어 낸 것이라는 서사 뒤편에는 한 세대에서 다른 세대로 경제적 특권을 전달하는 잘 개발된 메커니즘이 존재한다. 기존 연구들이 보여 주듯이 이 시스템은 먼저 부유한 가정의 아이들을 명문 대학으로 보낸 다음, 내 연구 결과에서 밝혀졌듯이, 이들을 블루칩 회사들과 최고 소득을 벌어들이는 집단으로 유도한다.

엘리트 전문서비스 회사들은 높은 보수와 좋은 일자리로 향하는 길목에서 게이트키퍼 역할을 함으로써 특권의 재생산에 중요한 역할을 수행한다. 이론상으로 이 회사들의 채용 관행은 계층 중립적이다. 즉, 엘리트 고용주들은 단순히 '최고의 두뇌'를 채용하려고 노력한다는 것이다. 하지만 이 책에서 보여 주는 것처럼, 현실에서 이 회사들이 취업 지원자의 가치를 평가하고 채용 결정을 내리는 방식은 엘리트 일자리를 향한 경쟁의 장을 사회·경제적으로 혜택받은 가정 출신의 학생들에게 유리하도록 기울인다. 이 회사들은 혜택을 덜 받은 배경 출신의 성과가 높은 학생들을 배제하는 방식으로 재능을 규정하고, 지원자들을 심사하고 채용 결정을 내리는 데 부모의 사회·경제적 지위와 상관관계가 있는 평가 메트릭스를 활용한다. 이들의 채용방식은 결국 미국에서 경제 엘리트가 되기 위한 관문 역할을 하며, 최고의 보수를 받는 신입 단계의 일자리로부터 사회·경제적으로 덜 혜택받은 가정 출신의 똑똑하고 추진력이 있으며 사회성 기술을 가진 학생들을 체계적으로 제외하게 된다. 그렇게 하는 과정에서 이 회사들은 사회적 출발점으로 사회적 종착점을 예측하게 만드는 계층 시스템의 견고화에 기여한다.

엘리트 회사의 채용 절차와 그들이 재생산하는 사회·경제적 불평등이 구조적으로 어떤 좋은 혹은 나쁜 결과를 가져오는지 살펴보기 전에,

나는 이 책이 학문적으로 할 수 있는 주요한 기여와 사회적 시사점을 부분적으로 검토하고자 한다.

학문적 기여

― 자본으로서의 문화

문화와 사회·경제적 불평등에 대한 대부분의 연구는 공교육 시스템이라는 맥락에서 이루어진다. 이 책은 연구의 초점을 학생들이 노동시장에 진입할 때 엘리트 재생산이 어떻게 발생하는지를 밝히는 쪽으로 이동시켰다. 나는 노동시장 계층화의 문화적 차원에 특별히 주목하면서 왜, 그리고 어떻게 사회·경제적으로 혜택을 받은 학생들이 경제적 엘리트 일자리를 차지하는지 설명하는 핵심 메커니즘을 세부적으로 분석했다.

그 과정에서 이 책은 높은 지위를 나타내는 문화적 표지의 보유에 대한 금전적인 보상이 실제로 존재한다는 사실을 확인함으로써 문화와 불평등에 관한 연구의 진전에 기여한다. 사회학 분야에서 문화와 불평등에 관한 수많은 연구의 시작점이 된 문화적 재생산에 대한 부르디외의 이론은, 의미 있는 금전적 보상으로 바꿀 수 있기 때문에 문화가 불평등의 측면에서 중요하다는 생각을 그 근거로 한다. 하지만 학자들은 대개 개인에게 직접적으로 경제적인 이해관계가 달려 있는 부분보다 교육 영역에서 상위 지위를 나타내는 신호가 가지는 혜택을 들여다본다. 이 책은 적절한 문화적 신호를 보유한 취업 지원자들이 그렇지 못한 지원자들에 비해 두 배에서 네 배의 급여를 제공하는 일자리를 가져갈 수 있음을 보여 줌으로써 문화가 노동시장에서 실질적 경제적 가치가 있는 자본의 한 형태라는 사실을 실증적으로 보여 준다.

게다가 이 책에서 제시된 분석은 엘리트들 사이에서 '무엇이 문화적 자본에 해당하는가'의 문제를 조명하기 시작한다. 문화적 자본에 관한 사회적 논쟁은 클래식 음악, 오페라, 발레, 순수예술과 같은 고상한 예술적 형태에 대한 지식과 참여에 집중하면서 그 개념을 좁게 조작한다. 하지만 고상한 예술적 지식과 참여만이 불평등과 관련 있는 문화의 유일한 형태는 아니다. 계층화를 밑바닥부터 연구하면서 나는 미국 내에서 보수가 가장 높은 직업에 대한 선택과 결정을 하기 위해 게이트키퍼들이 사용하는 문화적 신호들을 밝히고자 했다. 그들이 중요하게 여기는 신호들, 명문 대학 졸업장, 높은 지위를 보여 주는 비교과 활동, 세련된 대화 스타일, 열정과 자립, 자아실현에 관한 개인적 서사는 예술적이거나 고상하지는 않지만 실제로 계층적이다. 이 일자리들이 선호하는 지원자들의 여가와 취미 활동은 부르디외가 제시한 '필요에서의 거리'라는 논리에 부합하며, 학생과 부모 양쪽 모두에게 즉시 유용하거나 실용적이 아닌 활동에 상당한 시간과 에너지, 돈을 투자할 것을 요구했다. 이들 부모와 자녀에게 필요한 것은 이런 신호가 중요하다는 내부자 지식과 이 신호를 적절하게 함양할 수 있는 시간과 돈이었다.

또한 이런 적절한 신호와 단순히 친숙하기만 해서는 높은 지위를 나타내는 문화가 주는 금전적 혜택을 수확하기에는 불충분했다. 고용주들은 엘리트 활동과 스타일에 폭넓게 노출되었고 참여했던 후보자들을 찾고 있었다. 비교과 활동의 예를 들자면, 조정경기의 규칙을 알고 그 스포츠에 대해 지적이고 생생한 대화를 할 수 있는 걸로는 부족했다. 지원자들은 학교 대표에게 주어지는 학교 이니셜이 새겨진 천이나 레이스에서 딴 메달 등 그 활동에 투자했다는 증거가 필요했다. 내가 연구한 게이트키퍼들과의 상호작용에서 성공을 거두려면 단순한 친숙도보다 더 얻기가 힘들고 비용도 많이 드는, 높은 지위를 나타내는 문화에 대한 깊이 있는 참여가 중요했다.

하지만 채용 결정은 문화적 자본만을 근거로 이루어지지 않았다. 문화적 자본은 사회적 자본, 눈에 보이는 지위상의 특성, 지원자와 평가자의 행동과 함께 작용해서 채용 결과의 불평등을 낳았다. 예를 들어 평가자들이 공격적이고, 남성과 백인에 대한 스테레오타입에 부합하는 각본, 활동, 스타일을 선호하면서, 이들 회사들이 이용한 채용 기준에는 성별과 인종에 대한 강력한 함의가 존재했다. 어떤 경우에는 적절한 사회적 자본을 보유했다면 문화적 자본의 부족을 보상할 수도 있었다. 문화와 불평등에 대한 대부분의 연구에서 사회적 분류와 선택을 문화적 자본과 따로 떼어놓고 연구한다는 점에서 이런 잠재적인 상호작용 효과의 증거는 의미가 있다.

— 주관적 선호에 의한 채용

또한 이 책에서는 내부자의 시각에서 고용주들의 채용 방식을 들여다보았다. 채용에 관한 대부분의 연구는 고용주들을 지원자들의 이력서에 나타난 자질을 체계적으로 분석해서 그들의 생산성을 합리적으로 계산해 채용 결정을 내리는 존재로 제시한다. 지원자들의 문화적 자본의 보유량, 고용주의 감정, 경험, 정체성은 '비생산적'이라고 간주되어 분석에서 제외된다.

하지만 이 연구는 다른 관점에서 채용 결정을 묘사한다. 첫째, 고용주들은 능력 있는 동료만이 아니라 재미있고 신나는 경기 상대가 될 신규 사원들을 찾았다. 그들은 이력서를 불신했고, 종종 우월한 인지 능력이나 전문적인 기술을 가진 후보자들을 식별하기보다 면대면 인터뷰 동안 경험한 개인적인 편안함, 타당함, 흥분의 감정을 더 높게 평가했다. 그들은 빠르게 진행되는 고객 서비스 환경에서 불확실성을 줄이는 것은 물론 직장에서 자신의 개인적인 즐거움을 키우기 위해 그렇게 했다. 많은 측면에서 그들은 사회학자들이 주로 상정하는 합리적인 모델을 닮은 방식보다, 친구나 연인을 선택하는 경우와 더 비슷한 방식으로 채용을 했다. 둘째, 이런 결정을 내리기 위해 고용주들은 자신의 정체성, 경험, 감정만이 아니라 후보자들이 보유하고 있는 문화적이고 감정적인 표지자의 양을 활용했다. 결과적으로 채용에는 직무 요구 사항과 지원자의 자격요건을 매칭하기 위한 일부 기술이 활용되었지만, 평가자와 후보자들 사이의 문화적이고 감정적인 매칭도 포함되었다(그리고 종종 여기에 우선순위가 부여되었다). 그리고 이런 유형의 과정이 엘리트 회사에서만 고유하게 나타나는 것이 아님을 제시하는 증거가 급증하는 중이다. 오히려 이런 과정들은 미국 노동시장의 좀 더 일반적인 특징이 되었다. 식당 종업원을 고용하는지, 패션모델이나 하이테크 근로자를 고용하는지에 상관없이 미국 고용주들은 종종 과거 업무 경험이나 업무 특화 기술보다 적합성과 케미스트리, 서로 생각이 맞는지 등 개인적인 감정을 더 강조한다.

종합해 볼 때 이런 연구들은 근본적으로 채용의 대인관계적인 속성에 주목하게 만든다. 사회학 분야의 주류 모델들은 고용주들의 의사결정이 지원자들의 특성에 기인한다고 주장한다. 이는 개인주의와 성취를 강조하는 미국인들의 서사와 일치하며, 이들 서사는 채용을 포함해 모든 경쟁에서 누군가가 성공하거나 실패할 때 이를 외적 요인보다 내적 요인의 결과로 묘사한다. 하지만 내가 이 책 전체를 통해 지적하고 있지만, 평가자의 정체성과 그들이 활용하는 특정한 능력의 정의들은 채용과정에서 중요한 역할을 담당한다. 내 연구에 포함된 회사들 가운데 취업 후보자가 받은 점수는 그 지원자를 인터뷰했던 특정한 평가자에게, 그리고 그 면접관이 '개인적으로' 중요시하는 경험의 종류가 어떤 것인지에 달려 있었다.

— 엘리트 대학과 기업의 공생

계층화에 관한 대부분의 연구에서는 공교육과 노동시장을 서로 다른 논리가 지배하는 별개의 제도로 다룬다. 하지만 이 연구는 엘리트 대학과 엘리트 고용주 사이의 연관성이 점점 더 확대되어 가고 있다는 사실에 대해 주의를 환기시킨다.

선발 절차

대학과 기업은 신입 선발 절차에서 놀랄 만한 유사성을 공유한다. 지난 세기 동안 엘리트 대학들은 입학허가 기준을 학생들의 비교과 활동상의 관심사, 다재다능함, 개인적 자질, 개인적 스토리에 더 무겁게 중점을 두는 쪽으로 바꾸어 왔다. 엘리트 회사들은 대학 입학허가의 논리와 기준을 의도적으로 그들의 채용 관행으로 받아들였고, 이를 최고의 관행으로 선전하면서 그들의 뒤를 따랐다. 이와 유사하게 엘리트 대학들은 과거에는 비즈니스 영역이었던 수익성의 논리를 선발 절차에 점점 더 많이 도입하고 있다. 공개적으로는 "학비를 낼 능력에 무관하게 지원자의 능력만을 대상으로 판단한다(need-blind)."고 제시하는 입학허가 정책에도 불구하고, 많은 학교들이 입학허가 결정을 내릴 때,

잠재적인 입학 대상자들을 대상으로 얼마나 많은 재정 지원이 필요할지와 그들이 등록금과 졸업생 기부금으로 얼마나 많은 수익을 학교에 가져올 것인지를 비교하면서 고려한다.

수익과 명성

나아가 엘리트 학교와 기업은 서로에게 가치 있는 자원을 제공하면서 공생하는 관계를 맺는다. 엘리트 대학들은 엘리트 회사가 사업을 하는 데 필요한 근로자를 제공한다. 반대로 회사들은 흔히 학생들을 채용하기 위해 학교에 비용을 지불한다. 더 중요한 사실은 이들 기업이 졸업생들 중 많은 수를 높은 급여를 주고 채용함으로써, 해당 학교의 취업 통계, 전국 순위, 졸업생 기부금을 높여 준다는 점이다. 사회학적 용어로 엘리트 대학은 엘리트 회사에 인적 자본을 제공한다. 그리고 회사는 그 대가로 대학들이 21세기에 거래하게 된 경제적이고 상징적인 자본을 학교에 제공한다. 그 결과 최고 대학의 행정부서에서는 종종 월스트리트와 컨설팅, 대형 로펌으로 학생들이 몰리는 데 탄식을 하지만 이 학교들은 이런 추세에서 사적 이익을 얻는다.

실제로 대학들은 현재의 캠퍼스 채용 시스템을 통해 이들 일자리로 학생들을 조용히 밀어넣는다. 캠퍼스 채용은 그 자체가 대학의 취업지원센터와 기업 채용팀 사이의 경계를 흐리는 관행이다. 엘리트 회사들이 일자리 공고, 취업박람회, 채용 행사, 인터뷰 기회를 장악하도록 허용함으로써 대학들은 이런 엘리트 일자리들을 가장 저항이 적은 경로로 만드는 데 공모한다.

캠퍼스에 있는 동안 이들 고용주들은 일자리와 인터뷰 일정만 홍보하는 것만이 아니라 어떤 진로와 라이프 스타일이 바람직하거나 그렇지 않은지에 대한 학생들의 인식을 형성한다. 이 책에서 보여 주듯, 엘리트 회사들이 시행하는 캠퍼스 채용의 핵심에는 엘리트가 된다는 의미에 대해 학생들이 특정한 개념을 갖도록 사회화시키는 일이 포함된다. 자금을 지원한 화려하고 사치스러운 채용 행사에 어린 학생들을 반복적으로 노출시키고, 풍족한 여름 인턴십 프로그램을 통해 상류층 삶에 몰입하게 하면서, 이 회사들은 엘리트 학생들에게 자신이 여섯 자리 수 연봉과 볼러의 라이프스타일을 원할 뿐만 아니라 누릴 자격이 있다는 확신을 불어넣는다. (나중에 학생들의 기숙사, 조직, 사회적 네트워크를 통해 반복되고 퍼지는) 이런 명시적이고 암묵적인 성격의 메시지는 최고 인재들의 보루라는 엘리트 회사의 이미지를 퍼뜨리면서, 이 회사들을 위한 지위, 타당성, 미래 비즈니스를 구축해 준다. 아울러 이들은 학생들이 지적·사회적·도덕적 가치의 지표로서 돈, 물질적 부, 직업의 명성에 초점을 맞추도록 독려함으로써 학생들이 더 많이 이들 회사들로 진로를 정하도록 추동한다.

결국 엘리트 전문서비스 일자리의 강력한 매력은 학생들이 캠퍼스에서 시간을 보내는 방식에 영향을 미칠 가능성이 있으며, 미국 고등교육의 놀이 문화를 악화시킬 수도 있다. 학자들은 대학생들, 특히 혜택받은 배경 출신의 학생들이 학구적 교과과정보다 비교과과정에 우선순위를 둔다는 점을 지적해 왔다. 엘리트 회사들은 신입사원을 선발하면서 강의실에서의 성취보다 비교과 활동에 더 많이 보상함으로써 이런 행동을 의도치 않게 독려한다.

경제적 특권 재생산하기

마지막으로 엘리트 학교와 엘리트 전문서비스 기업은 계층을 바탕으로 하는 특권과 사회·경제적 불평등을 재생산하는 역할을 합동으로 맡는다. 그 어느 때보다 입학 경쟁이 치열해진 이들 학교는 능력 중심의 엄격한 입학허가 기준과 실력을 우선으로 보는 입학허가를 통해 최고의 인재들만 골라서 뽑는 기관으로 인식되고 있다.

하지만 현실에서 이들 학교들은 사회·경제적 측면에서 압도적인 동질성을 가지고 있다. 부모의 소득은 엘리트 대학 입학허가를 가늠하는 강력한 예측변수가 되었다. 이런 상황은 미국 명문 대학의 경우에 특히 심하다. 예를 들어 같은 급의 학교들과 비교해 결코 두드러지게 다르지 않은 하버드대학교 학부 상황을 보면, 학생 중 '거의 반'이 가구소득에서 최고 4%에 속하는 가정 출신이다. 하위 20%의 가정에 속하는 학생은 4%밖에 되지 않는다. 엘리트 경영대학원과 로스쿨은 부유한 가정 출신의 학생들 쪽으로 훨씬 더 편향돼 있다.

엘리트 학부 기관들은 이토록 낮은 수준의 사회·경제적 다양성 때문에 정부와 언론에서 맹비난을 받아 왔다. 여기에 대응해 이들은 재정지원 프로그램을 상당히 확대했다. 이들 프로그램은 학교를 다니는 학생들의 재정적 부담을 줄여 줌으로써 궁극적으로 상당한 진전을 이루었지만, 그들은 등록하는 학생들의 사회·경제적 구성을 바꾸려는 노력은 거의 하지 않았다.

엘리트 대학에서 낮은 수준의 사회·경제적 다양성이 문제가 되는 이유는 이 학교들이 가장 선호되는 노동시장, 즉 이 책에서 다룬 엘리트 회사 내 일자리뿐 아니라 금융, 기술, 정부기관의 패스트트랙 일자리를 공급하는 기관이기 때문에 경제적 불평등을 더 키운다는 점이다. 고용주들의 채용 관행이 완전히 계층 중립적이라 해도 대학생들의 구성이 사회·경제적으로 다양하지 않다면, 이 파이프라인에 재능 있는 인재의 공급을 독점적으로 의존하는 기업과 산업도 같은 구성일 수밖에 없다.

부유한 학생들 쪽으로 심하게 편향된 지원자 파이프라인과 엘리트 회사들의 계층 편향적인 채용 관행이 만나면 최고의 일자리와 최고의 급여를 향한 경쟁에서 사회·경제적 지위를 '중복해서 필터링하는' 결과가 될 것이다. 대부분의 저소득층 학생들은 엘리트 대학의 문을 결코 통과할 수 없을 것이다. 하지만 등록한 학생들도 더 부유한 동기들과 비교하면 졸업할 때 더 불평등한 고용 전망에 직면하게 된다. 스스로 지위가 낮은 저소득 진로를 선택하는 학생들도 일부 있다. 하지만 다른 학생들은 그들에게 불리하게 편향된 기관의 평가기준과 채용 의사결정을 하는 특정한 개인과의 문화적 부조화 때문에 더 많은 돈을 버는 일자리에서 배제될 것이다. 결국 이 회사들은 계층을 기반으로 삼는 채용 기준을 활용함으로써, 교육시스템으로 인한 학업상의 불이익과 사회적 불이익을 경제적 불평등으로 연결시키는 역할을 하고 있는 것이다.

게다가 내 연구는 대학과 대학원 학위, 심지어 슈퍼 엘리트 대학에서 받은 학위가 있다 해도 이것이 불평등한 상황을 바로잡지 못하며, 중상위계층 혹은 상위계층으로의 진출을 보장하지도 않는다는 점을 시사한다. 계층에 기반을 둔 채용 관행 때문에 대학 졸업생들이 경제 피라미드에서 얼마나 높게 올라갈 수 있는지를 결정하는 데 있어서 학생들의 사회·경제적 배경은 여전히 중요하다. 요약하자면, 내 연구는 고등교육과 고용이 경제적 계층화에 있어서는 서로 맞물린 두 개의 시스템이라는 사실을 보여 준다. 성공적으로 계층 불평등을 줄이려면(혹은 사회적 이동성을 높이려면) 이 두 시스템에 존재하는 편향을 해결해야 한다.

사회적 시사점

— 엘리트 재생산

물려받은 자원과 학교 인맥에 기반을 둔 폐쇄적인 미국 엘리트는 이제 과거의 잔재라는 주장이 있다. 명성이 높은 학교와 회사가 '좋은' 집안 출신의 앵글로색슨 개신교 백인 남성들에게 국한된 시절은 과거라는 것이다. 그들이 있던 자리에 등장한 것은 캐벗가(Cabots)나 케네디가(Kennedys)가 아닌 투자은행가, 경영 컨설턴트, 월스트리트 변호사들, CEO들로 구성된 새로운 계층의 엘리트들이다. 인종, 종교, 가문의 이름보다 출신 학교, 마라톤 기록, 회사의 네임 밸류, 높은 연봉으로 특징지어진 이들 개인은 태어날 때부터 그들에게 주어진 우위를 통해서가 아니라 우월한 재능, 능력, 성취를 통해 최고의 자리에 도달한 것으로 그려진다. 그들은 많은 사람들에게 물려받은 특권을 가진 소수민족이 아니라 능력으로 이루어진 귀족계층으로 인식되고 있다.

또한 이들 21세기 엘리트는 전임자와는 다르다. 최소한 주니어 직급에서는 성별, 인종, 종교에서 더 다양성이 있다. 이 그룹에 진입하는 과정은 누구나 환영을 받으면서 지원하고, 지원자들은 보편적인 능력 메트릭스를 토대로 심사를 받는 등 좀 더 공개적이고 공식화된 경쟁이 되었다.

하지만 이 책은 1군에 속하는 투자은행, 컨설팅 회사, 로펌의 내부 모습을 들추어냄으로써 경제 엘리트들 사이에 사회적 폐쇄성이 여전히 건재하고 있음을 보여 준다. 이론적으로는 이제 모든 사람에게 열려 있는 경쟁이라고 말하지만, 실제로 수익성이 높고 다른 사람들이 탐내는 기관에 진입할 수 있는 사람은 여전히 혜택받은 사회적 출신과 연관성이 있는, 높은 지위에 있는 소규모 그룹의 개인들에게 제한된다. 신규 채용 직원들 중에는 미국의 최고 명문 대학 출신들이 편중돼 있다고 할 정도로 더 많다. 아이비리그 학교들이 여러 세대에 걸쳐 미국 엘리트 계급을 위한 채용의 기본적인 토양 역할을 해 오긴 했지만, 과거에는 이런 관계가 비공식적이었다. 지금은 학교 '리스트'의 활용과 할당량을 통해 멤버십 자격은 명문대 졸업생들에게만 공식적으로 주어진다.

이처럼 이미 선발된 그룹 내에서 지원자들은 부모의 사회·경제적 지위와 연관성이 높고, 혜택받은 가정 출신의 자녀들에게 더 편향된 경쟁을 만드는 '능력'과 '재능'의 정의에 따라 추가적인 심사를 받는다. 사회학자인 로자베스 모스 캔터(Rosabeth Moss Kanter)는 관리자들이 사회·인구학적으로 자신과 비슷한 사람들을 선호한다고 주장해 왔다. 교육과 고용에서 평등한 기회를 위한 입법이 이루어짐에 따라 후보자들을 성별, 인종, 종교, (일부 주에서는) 성적 성향에 근거해 걸러내는 일은 현재 불법이다(하지만 계층에 따라 걸러내는 일은 합법적이다). 여기에 대응해 엘리트 기관들은 노동인구의 사회적·문화적 동질성을 보장하기 위해 높은 계층을 암시하는 비교과 활동에 근거해 집중적으로 필터링을 하거나 문화적 적합성을 공식적인 채용 기준으로 도입하는 등 더 새롭고, 더 민감하며, 얼핏 보기에는 더 합법적인 심사방법을 개발했다.

물론 과거의 엘리트처럼 이 그룹에 들어가거나 나오기 위한 아주 적은 양의 유동성도 존재한다. 10장에서 논의했듯이, 특권층 출신의 일부가 제외되는 경우와 마찬가지로 더 소박한 배경 출신의 일부 개인들은 이들 기관에 들어갈 기회를 얻는다. 이런 유형의 이동은 구멍이 많다는 이미지를 투사하며, 선발과정이 편향에서 자유롭고 사회적 출신보다는 능력에 기반하고 있다는 인상을 준다. 또한 이들은 정상의 자리를 차지할 자격이 있다는 인식을 형성하기 때문에 불평등에 대한 관용을 낳는다. 하지만 현실에서는 소수의 사례와 이들을 치하하는 인기 있는 서사에도 불구하고, 경제적 사다리의 가장 밑에서 가장 위쪽으로 움직이는 경우는 극단적으로 드물다.

— 진정한 능력주의?

많은 측면에서 귀족주의는 사실상 능력주의로 대체되었다. 능력주의라는 용어의 전통적인 용례에 따르면 그렇지 않을 수도 있지만 말이다. 능력주의는 마이클 영(Michael Young)이 자신의 풍자작품인 『능력주의의 부상*The Rise of Meritocracy*』에서 만들어 낸 용어이다. 그 책에서 영은 학교와 직장의 배치가 철저하게 지능검사 성적으로 측정된 능력에 따라 배정되는 허구의 미래 영국에서 과거를 돌아본다. 표면적으로는 이 시스템이 기회를 균등하게 만드는 것처럼 보이지만, 출생이나 귀속된 특성에 근거한 융통성 없는 계층의 위계구조를 만드는 결과를 낳는다. 오로지 기존의 엘리트들만이 자녀들이 검사에서 높은 점수를 얻는 데 필요한 자원과 기회를 가진다. 교육과 경제적 궤적은 어린 시절의 초기에 고정되고, 엘리트 부모들은 그들의 자녀가 높은 지위로 향하는 트랙에 확실하게 남을 수 있게 하려고 미친 듯이 질주한다.

비록 가상의 묘사이긴 하지만 영의 능력주의와 현재 우리에게 있는 재능의 귀족계층은 어느 정도는 놀랄 만큼 닮아 있다. 인생 초기의 경험과 부모의 자원은 나중에 경제적 기회를 얻기 위한 결정적인 동인이 된다. 개인의 능력으로 치부할 수 없는 차이인 부유한 가정과 가난한 가정 아이들 사이의 교육적 불평등은 유치원 입학 이전에 나타나며, 그들의 삶 전체에 걸쳐 교육과 경제의 궤적을 형성하는 데 지속적인 역할을 한다. 이 메트릭스는 표면상으로는 계층 중립적이고 모든 사람에게 열려 있는 듯 보이지만 현실에서 이 메트릭스에 숙달되려면 부유하고, 관심이 많으며, 정보가 있고, 지원을 아끼지 않는 한 부대의 부모가 필요하다.

이와 유사하게 점점 더 글로벌화되어 가는 승자 독식의 계층화 시스템 속에서 수많은 중산층, 중상층, 상위층 학부모들은 그들의 자녀가 어렸을 때부터 높은 지위로 향하는 트랙에 올라타야 하며, 그렇지 못할 경우 게임에서 뒤처질 것이라고 믿는다. '좋은' 대학에 들어가기에 유리한 것처럼 보이는 사립 초등학교와 중고등학교 입학 경쟁에서 앞서가기 위해 '적절한' 유치원에 자리를 확보하려는 도시 부모들의 이야기가 주요 언론 매체들에 보도된 바 있다. 부유한 부모들이 대학 입학사정관들의 마음을 끌기 위해 자녀들을 점점 더 어린 나이에, 점점 더 높은 수준의 경쟁 강도를 가진, 끝없이 늘어나는 뷔페식 비교과 활동에 등록시키는 경우가 점점 더 흔해지고 있다. 일부 도시에서 자녀들의 비교과 활동 경쟁은 두 살 혹은 세 살 때부터 시작된다.

나는 이 책을 쓰기 위한 연구를 수행하면서 능력을 함양하는 데 따르는 부모의 불안을 경험하기도 했다. 4장이 대략적으로 그 내용을 바탕으로 하고 있지만, 채용에 있어 비교과 활동에 대해 내가 쓴 글이 몇몇 주요 신문 매체들에 실린 적이 있었다. 그 직후에 나는 자녀가 엘리트 전문서비스 직업(일부는 특정한 회사를 염두에 두고 있었다)을 갖기 위한 기회를 확보하는 최선의 방법에 대해 조언을 요청하는 부모들로부터 수십 통의 이메일을 받았다. 그들은 자녀가 잘못된 스포츠를 하고 있다고(혹은 스포츠를 전혀 좋아하지 않는다고) 걱정했다. 아직 임신 상태인 한 사람은 나에게 아직 태어나지도 않은 아이를 위해 진로 타임라인을 구체적으로 짜달라고 요청하기도 했다. 2015년의 미국과 영(Young)이 가상으로 그린 2034년의 영국에는 분명히 많은 차이가 있지만, 영은 정말로 뭔가를 알고 있었다.

회사들을 위한 시사점

이 책에 정리된 채용 관행들은 미국 내 엘리트 재생산과 계층화에 기여한다. 하지만 주된 관심사가 불평등인 사회학자들과 달리 기업의 내부자들은 운동장의 기울기와는 상관없이 현재의 채용과정이 조직성과에 도움이 되는지 혹은 이를 해치는지를 알고 싶어 한다.

이 질문은 답이 정해지지 않은 실증적인 질문이다. 내가 연구한 회사들 중에 이력서 특성, 인터뷰 평가, 업무 현장에서의 성과 사이의 관계를 체계적으로 추적한 회사들은 거의 없었다. 실제로 일부 로펌들은 최근에야 직원들을 대상으로 서면 성과평가를 실행했다. 회사들은 이 정보를 추적하면서 잠재적인 표본 편향에 직면한다. 그들은 채용된 후보자들의 성과만 분석할 수 있다. 이 책에서 보여 주듯이, 회사는 학교와 사회·경제적 지위라는 측면에서 전체 인구의 극도로 작은 한 조각에 속한 학생들을 고용하는 경향이 있다. 이런 제한된 풀은 핵심 변수에 대한 분산의 양이 적기 때문에 어떤 요인이 업무 현장에서의 성과를 예측하는지 정확하게 결정하기 어렵게 만든다. 달리 말하자면 좋은 업무 성과를 낼 가능성이 높은 개인들이 이들 회사에서 결코 채용되지 않는 경우가 생길 수 있다.

미래 연구는 이 회사들이 활용하는 유형의 채용 관행과 조직성과의 관계를 조사해야 한다. 나는 현재의 데이터를 가지고는 이 질문에 대답할 수 없다. 내 연구 평가자들에게 회사의 현재 고용과정이 업무를 위한 최고의 지원자들을 식별하는 데 효과적이라고 생각하느냐고 물었을 때 반 이상(57.5%)이 효과적이라고 믿는다고 대답했다. 효과적이지 않다고 믿는 평가자들은 (26.7%로) 4분의 1이 약간 넘었다. 밑에서 설명하겠지만, 연구에서 얻은 지식과 좀 더 일반적인 사회과학 분야의 통찰력을 활용해 채용과 성과 사이의 관계를 검증해 보면, 현재의 채용 관행이 회사들의 입장에서 이익과 불이익을 동시에 가져온다는 사실을 알 수 있다. 하지만 현재의 채용 방법이 반드시 회사들의 입장에서 경제적으로 가장 합리적이지는 않다고 볼 수 있는 일부 설득력 있는 주장이 존재한다.

ㅡ 자산

사회 계층은 법적으로 보호받는 지위가 아니며, 여기에 근거한 차별은 불법이 아니다. 이론상으로는 직접적이든 간접적이든 사회적 지위에 근거해 지원자들을 심사하는 것이 회사의 입장에서 혜택이 될 수도 있다. 어떤 조직의 명성은 그 소속원의 지위와 강하게 연계돼 있다. 미국 사회의 가장 엘리트 계급 출신의 근로자들을 보유하고 있다는 사실은 회사나 산업의 명성과 지위를 제고할 수 있다. 엘리트 근로자들을 채용하는 일은 또한 지위가 높은 고객들 사이에 편안함과 신뢰의 감정을 촉진할 수도 있다.

이처럼 엘리트 학교만을 대상으로 하는 채용은 고객, 경쟁자, 취업 지원자의 눈에 회사의 지위를 높이는 일로 보일 수 있다. 특히 비교적 나이가 젊고, 직접적으로 연관된 업무 경험이 부족한 직원들이 많다는 점을 감안할 때, 이는 이들 회사들이 제공하는 서비스의 가치에 대한 고객들의 신뢰를 높이고, 높은 가격의 청구서를 정당화할 수도 있다. 또한 엘리트 학교로부터의 채용은 회사들이 살아가면서 나중에 권력과 영향력이 있는 자리를 차지할 거라고 믿는 학생들과의 관계를 개발함으로써 미래에 새로운 비즈니스를 구축하는 데 도움이 될 수도 있다. 단기적으로는 비용이 들겠지만 높은 비율의 직원 퇴사율은 회사들의 미래 고객 기반의 범위를 늘림으로써 장기적으로 회사에 혜택이 될 수도 있다. 많은 수의 전 직원들이 폭넓게 다양한 기관들과 산업들에 퍼져 있다는 사실은 기업이 새로운 비즈니스를 확보할 때 도움이 될 수도 있다.

게다가 문화적 유사성을 토대로 신규 사원을 선발하는 일은 직원들 사이에 응집력과 직무 만족도를 높일 수도 있다. 준비된 친구나 경기 상대가 될 잠재력이 있는 긴밀하게 맺어진 한 그룹의 동료들을 만들어 준다면, 이는 주니어 직원들 사이에서 동기 부여와 조직에 대한 헌신을 촉진할 수도 있다. 이는 이들 근로자들에게 요구되는 강도 높은 업무와 긴 근로 시간에 대한 보상이 될 수도 있다. 내 연구 참여자들 역시 분명히 밝혔지만, 비슷한 생각을 가진 타인들과의 강력한 사회적 네트워크는 이들 일자리와 연관된 힘든 라이프스타일에도 불구하고 매년 회사들이 새로운 지원자들을 끌어들이려고 사용하는 핵심적인 마케팅 도구다.

마지막으로, 최근의 금융 위기 전까지는 이 회사들은 좋은 수익을 냈고 고객과 구직자들에게 인기가 많았다. 이 회사들의 상대적인 성공은 현재의 채용과정이 잘 작동된다는 점을 시사하는 것일 수도 있다.

— 부채

이런 잠재적인 혜택에도 불구하고, 현재의 채용과정에는 상당한 불이익도 존재한다. 첫째, 수익부서의 전문가들에게 주기적으로 채용 인터뷰 업무를 맡기는 것은 회사 입장에서 수익성과 소득의 손실을 가져올 수도 있다. 비용을 청구할 수 있는 고객 업무에서 시간을 빼는 일에 더해서 반복적으로 팀 멤버를 빼앗기는(한 번에 종종 하루 혹은 그 이상) 일은 고품질의 시간에 민감한 고객 업무 수행을 방해할 수도 있다. 직원들의 빈번한 업무 이탈은 고객-직원 관계의 일관성을 감소시키고 고객 만족도를 떨어뜨릴 수도 있다.

둘째, 대부분의 엘리트 학교들에서만 채용을 하는 일에는 높은 경제적 비용이 따른다. 이들 캠퍼스의 취업지원센터는 종종 고용주들에게 캠퍼스 채용을 실시하고 학생들을 인터뷰하는 데 연간 수만 달러의 비용을 청구한다. 게다가 회사들은 이들 캠퍼스에서 사교 및 마케팅 행사들을 개최하고, 슈퍼 엘리트 캠퍼스에 다니는 거의 모든 학생들에게 이 일자리에 지원하라고 설득하면서 연간 수십만 달러에서 수백만 달러의 비용을 지출한다. 그런 다음 전국에서 수익부서의 전문 직원들을 불러들여서 (어떤 경우는 전 세계에서) 심사해야 할 모든 이력서와 인터뷰해야 할 모든 후보자들을 맡긴다. 최고의 엘리트 학교들도 취업 이후 필요한 기술에 대해 실질적인 교육을 제공하지 않는 경향이 있기 때문에 기업들은 또한 신입사원들에게 집중적인 교육을 실시해야 한다. 기업들은 몸값이 높은 직원들에게 대개 2주에서 2개월에 걸쳐 24시간 내내 신입사원들을 교육시키도록 한다. 이 기간 동안 직원들은 높은 급여를 받지만 수익 창출과 직결된 업무는 진행하지 못한다.

셋째, 아마도 회사 입장에서 가장 비용이 많이 드는 일은 주니어 직원들 사이에서 발생하는 높은 수준의 직원 이직률이다. 대부분의 신입사원들은 입사 후 2년 내지 4년 안에 그 일자리를 떠난다. 이토록 직원 퇴사율이 높은 것은 부분적으로는 채용 기준과 이들 업무의 실제 요구사항 사이의 충돌로 설명될 수 있을 것이다. 신입사원들은 권력, 놀이, 끊임없는 지적 자극에 대한 희망으로 이 직업에 끌린다. 이런 희망은 투자은행가, 컨설턴트, 변호사로서 최초 몇 년 동안 그들에게 기대되는 반복적이고 지루한 업무와는 상충된다. 광고된 '비할 데 없는 학습 기회'는 엑셀 프로그램에서 피벗 테이블을 만들거나 서류 검토 작업에서 특정한 단어들에 형광펜을 칠하면서 주당 80시간 일하는 일상으로 바뀐다. 이런 상황은 반복적으로 그리고 분명하게 그들이 이 나라의 '최고 인재들'이라는 말을 들어온 학생들의 미래에 대한 야심은 물론 자아개념과도 들어맞지 않는다. 사실 연구에 따르면 최고의 엘리트 학교와 가장 부유한 집안 출신 학생들은 회사가 그들에게 지출한 교육과 채용 비용을 회수할 만큼 충분히 긴 시간 동안 일하기 전인, 업무를 시작한 지 1년 이내에 회사를 떠나려는 가장 강력한 욕구를 표출하는 경향이 있다. 이와 유사하게 이들 회사가 업무에 대한 완전한 헌신을 요구하며, 직원들에게 일 외에 다른 것을 추구할 여유를 거의 주지 않는다는 사실을 감안할 때, 여가와 놀이에 몰두했다는 표시를 토대로 신입사원들을 선발한다는 것은 실질적인 업무 요구사항과 어울리지 않는 조합을 낳을 수도 있다.

넷째, 평가자들이 자신이 가진 이미지로 능력을 정의하고 개인적으로 호감가는 후보자들을 선택하도록 허용한다면 조직을 위해서가 아니라 평가자 개인을 위해 채용하도록 그들을 독려하는 셈이 될 수도 있다. 평가자들이 잠재적으로 신입사원들과 가깝게 일할 수 있다는 점을 감안할 때, 그들은 개인적인 선호로 조직의 목표를 희생시키면서 가장 유능한 후보자가 아닌 가장 즐거움을 줄 수 있는 후보자들을 선택하도록 동기부여가 될 수도 있다.

다섯째, 현재의 채용과정 역시 문화적인 다양성과 인구통계학적 다양성을 억압한다. 비록 문화적 유사성이 신뢰와 소통은 촉진할 수 있다 해도 종종 그룹의 효율성과 고품질의 의사결정은 장담할 수 없게 한다. 게다가 남성과 백인들을 선호하면서 자격이 있는 여성들과 소수집단을 풀 바깥으로 밀어내는 결과를 가져올 수 있다. 낮은 다양성은 고객과 구직자들에게 나쁜 이미지를 줄 수 있기 때문에 조직성과에 부정적인 영향을 줄 수 있다. 마찬가지로 채용과정의 주관적인 본질 때문에 고용주들은 비싼 대가를 치러야 하는 성별 및 인종에 따른 차별 소송에 노출될 수도 있다. 이들은 과거에 그런 소송에 직면했고 현재에도 계속되고 있다.

마지막으로 사회·경제적 지위에 대한 심사가 회사의 지위를 높이고 고객의 편안함을 촉진할 수 있다 해도 이는 성공적인 업무 수행에 필요한 핵심 기술을 가진 개인들을 배제하게 한다. 연구에 따르면 더 낮은 명성의 학교, 더 낮은 사회·경제적 배경 출신의 학생들이 이런 유형의 업무에서 요구되는 일을 즐기는 경향이 있으며, 회사에 남고자 하는 더 강한 욕망을 표현한다. 게다가 덜 부유한 배경 출신의 학생들은 스트레스, 압력, 역경에 직면했을 때 더 큰 심리적 회복 탄력성과 끈기를 보이는 경향이 있다. 이런 특성들은 엘리트 회사들에서 찾을 수 있는 환경처럼 높은 스트레스, 마감일에 끌려 다니면서 24시간 내내 일하는 경쟁적인 환경에 대처할 때 자산이 될 수 있다. 덜 부유한 배경 출신의 학생들은 또한 그룹을 위해 개인적 욕구를 희생할 가능성이 더 높으며, 이는 크게 성공하지 않으면 크게 실패하는 환경에서 팀을 위한 잠재적인 자산이 될 수 있다.

요약하자면, 현재의 채용과정과 이 과정이 가져오는 극단적인 구애와 골라내기로는 적절한 근로자를 식별해 내지 못할 수도 있다. 회사들은 매우 훌륭한 자격을 갖추고, 동료들을 좋아하며, 문화적으로 적합한 사람이지만 일은 싫어하고(그리고 잠재적으로 나쁜 성과를 보이며), 그 직업을 떠나고 싶어 하는 사람들을 얻게 될 수도 있다. 반대로 현재 엘리트 회사들에 대한 채용에서 체계적으로 배제되는 유형의 학생들은 그 업무의 실질적인 요구사항과 더 잘 맞을 수도 있으며, 현재 채용되는 유형의 학생들보다 업무 적합성이 더 뛰어날 수도 있다.

― 회사가 할 수 있는 일

이 연구의 결과가 엘리트 세계에서 채용이 운영되는 방식을 밝히고 있음을 감안할 때, 엘리트 일자리를 위한 운동장을 더 효율적이고, 효과적이고, 공정하게 만들려면 이 과정을 어떻게 변화시켜야 할까?

앞에서 지적했듯이 수많은 내 연구의 참여자들은 회사의 현재 채용과정이 충분히 바람직하다고 믿었다. 하지만 많은 참여자들은 경제적 불평등이나 회사의 성과를 위해 회사가 채용하는 방식이 드러내는 더 폭넓은 시사점에 대해 심각하게 고민해 보지 않았다. 사회적·조직적·법적 이유들로 채용과정에서 효과성을 높이고 편향을 감소시키기를 원하는 회사들에게는 몇 가지 옵션이 있다. 첫째, 일자리를 위한 경쟁을 엘리트와 슈퍼 엘리트 학교들로 제한하는 일은 이들 학교의 인구통계학적 구성을 감안할 때, 인위적으로 신입사원들의 인종적, 사회·경제적 다양성을 감소시킨다. 이런 유형의 다양성을 높이고 싶은 기업들은 학업 성취(업무 관련 교과과정을 포함해)와 다양성 양쪽 분야에서 높은 수준을 나타내는 대학들을 포함하는 것이 도움이 될 것이다. 이로 인해 추가될 지원자들을 감당하기 위해 회사들은 학점과 과거 일자리에서 수행한 업무에 대해 좀 더 엄격한 심사를 수행할 수도 있을 것이다. 연구 결과에 따르면 학점은 업무 수행의 상당히 신뢰할 만한 예측변수가 될 수 있지만, 기업들은 현재 학점을 인터뷰 초대 여부를 결정하기 위한 기본적인 최저기준으로 밖에는 활용하고 있지 않다. 게다가 비교과 활동이 이력서 심사와 인터뷰 양쪽 모두에서 채용 평가와 사회·경제적 편향의 그토록 강력한 원천임을 감안할 때, 회사들과 대학의 취업지원 센터에서는 후보자의 비교과 활동을 평가자들이 알지 못하게 하거나 학생들이 이력서에 이런 활동을 기재하는 일을 금지시킬 수도 있을 것이다.

인터뷰 구조를 바꾸는 일도 도움이 될 수 있다. 기존 연구에 따르면 로펌에서 흔히 행하는 구조화되지 않은 인터뷰들은 업무 성과의 예측변수로서는 매우 효과가 떨어진다. 현장에서의 업무 수행을 시뮬레이션한 좀 더 구조화된 인터뷰가 효율성이 더 높다. 이 책에서 내가 제시했듯이 고용주들이 더 구조화된 인터뷰 질문을 할수록 평가에서 적합성이 차지하는 비중은 낮아진다. 유사하게 〈표 11.1〉과 〈표 11.2〉가 보여 주듯이 사용되는 인터뷰 포맷이 더 구조화될수록 더 많은 평가자들이 채용과정이 효과적이면서도 공정하다고 믿었으며, 이 중에서 컨설턴트들이 가장 높은 순위를, 변호사들이 가장 낮은 순위를 차지했다.

하지만 컨설팅 회사의 케이스 인터뷰(8장)에 대한 분석이 보여 주듯 단순히 구조화된 테스트를 시행하는 것만으로는 편향을 제거하기에 충분하지 않다. 구조화된 테스트에도 불구하고 내부자들의 교묘한 습관

표 11.1 당신은 현재의 채용과정이 효과적이라고 생각합니까?(N=120, 단위%)

	전체	컨설팅	투자은행	로펌
예	57.5	72.5	67.5	32.5
아니요	26.7	10.0	22.5	47.5
아마도/잘 모르겠음	15.8	17.5	10.0	20.0
전체	100	100	100	100

표 11.2 당신은 현재의 채용과정이 공정하다고 생각합니까?(N=120, 단위%)

	전체	컨설팅	투자은행	로펌
예	48.3	52.5	47.5	45.0
아니요	37.5	37.5	32.5	42.5
아마도/잘 모르겠음	14.2	10.0	20.0	12.5
전체	100	100	100	100

과 코드, 스타일이 수반된다면 채용에서 사회·경제적 편향과 교육에 대한 편향을 실제로 더 키울 수도 있다. 게다가 질문의 포맷과 상관없이 평가자들은 자신의 주관대로 능력을 규정하는 경향을 보였으며, 자신들과 문화적으로 비슷한 후보자들을 선택했다. 따라서 편향을 최소화하려면 회사들은 업무 관련 기술에 대한 구조화된 테스트와 좀 더 객관적으로 후보자의 테스트 성과에 점수를 매길 방법을 고안하여 평가자들을 훈련시키는 작업을 병행해야 할 것이다. 결정적으로 인터뷰에서 테스트의 대상이 되는 특정한 자질들은 현장에서의 업무 성과와 상관관계가 있음이 증명되어야 한다. 그러려면 회사들은 채용 전 자질과 현장에서의 업무 성과 사이의 관계를 체계적으로 분석해야 한다.

마지막으로, 심지어 구조화된 인터뷰들도 편향의 영향을 받을 수 있기 때문에, 회사들은 현재 그들이 하는 방식보다 인터뷰를 덜 강조하고, 이력서에 더 많은 중점을 두어야 한다.

회사들은 또한 인터뷰를 수행하는 사람을 바꿀 수도 있다. 수익부서의 전문직 직원들에게 의존하는 일은 시간과 비용이 든다는 사실을 넘어서는 결점이 있다. 내 연구는 이들 개인들이 인터뷰 기술이나 채용에 관련되는 법적 문제점에 대해 거의 훈련을 받지 못했음을 보여 준다. 그들은 교육과 경제적 배경이라는 측면에서 상당히 동질적이며, 그들 자신의 이미지로 능력을 규정하는 경향이 강하다. 엘리트 회사에서는 채용을 위한 최선의 관행에 더 익숙하고, 문화적으로나 인구통계학적으로 더 다양한 경향이 있는 HR 담당자들에게 더 많은 의사결정 권한을 부여해야 한다. 이들 HR 담당자들은 수익부서의 전문직들보다 교육과 사회·경제적 배경에서 더 다양한 계층 출신인 경향이 있는 만큼 표준과 다른 후보자들에게 진출로를 제공할 수도 있다. HR에 대한 사내 인식 수준을 감안할 때 그런 방식을 직원들이 쉽게 받아들이지 않을 가능성은 있지만, 높은 보수를 받는 전문직들을 수익을 창출하는 고객 업무에 온전히 집중하게 함으로써 업무 효율성도 개선할 수 있을 것이다.

채용 결과에 대해 기업들에게 책임을 묻는 일 역시 신규 직원들을 다양화하는 데 도움이 될 수 있다. 비록 로펌들은 가장 구조화되지 않은 인터뷰 과정을 보유했지만, 그들은 다양성 통계를 공개하기 때문에 성별, 인종, 성적 지향에 있어서 다양성을 확보하는 데 더 성공적이었다. 어떤 경우에는 구직자와 잠재적인 고객들이 충분히 다양성을 확보하지 않은 회사들을 거부함으로써 기업을 변화시키기도 한다.

그런 변화들이 모두 더해진다면 가장 높은 보수를 받는 일자리에 대한 경쟁과 경제 엘리트의 지위에 접근할 기회에 있어 더 평평하고 효과적인 운동장을 만들어 낼 수 있을 것이다.

• 후기 •

10년 전 이 연구를 시작한 이후, 일반적인 회사는 물론 엘리트 전문 서비스 회사에 많은 변화가 있었다. 출간 이후 독자들이 자주 물어본 질문은 "무엇이 달라졌나요?"였다.

2006년에 이 프로젝트를 시작했을 때 불평등에 대한 연구는 여전히 대부분 빈곤에 대한 연구였다. 나는 논문이나 프레젠테이션을 통해 학계의 독자들에게 계층화를 이해하기 위해서는 부자들을 연구하는 것이 중요하다는 사실을 설득하느라 상당한 시간을 보내야 했다. 하지만 지난 몇 년 동안 불평등과 그런 불평등을 영속시키는 데 엘리트들이 맡은 역할은 핫한 주제가 되었다. 이제, '왜 엘리트인가'라는 주제는 논문이나 발표에서 공간이나 시간 절약을 위해 내가 가장 먼저 제외해도 되는 부분이 되었다.

금융위기와 '월가를 점령하라' 운동은 불평등에 대한 관심을 학계와 그 너머까지 새롭게 점화시키는 데 핵심적인 역할을 했다. 금융위기는 또한 엘리트 회사들을 중대한 변화로 이끌었다. 내 연구에 등장한 일부 회사들은 무너지거나 경쟁 회사에 합병되었다. 일시 해고가 만연했다. 특히 영향을 많이 받은 곳은 투자은행과 로펌이었다(2009년 2월에는 뉴욕시에서 단 일주일 동안 약 1천 명의 로펌 직원들이 해고당했다). 하지만 이 시기에도 이들 회사는 (어떤 경우에는 1년간 입사를 유예하는 펠로십의 형태로 학생들에게 열정을 추구할 시간을 허용하면서 일하지 않도록 하는 데 돈을 지급하면서) 계속해서 신규 졸업생들을 고용했고, 그렇게 하기 위해 종종 기존 직원을 해고했다. 산업 내부자와 나눈 대화에 따르면, 회사들이 그런 행동을 한 이유는 (언젠가 경제가 다시 회복되었을 때를 위해) 핵심 학교들과의 '캠퍼스 관계'를 유지하고 언젠가 그들의 고객이 될 수도 있는 엘리트 학생들 사이에 긍정적인 이미지를 유지하기 위해서였다.

하지만 대부분의 회사에서 고용은 둔화되었다. 누구나 일자리가 귀해지면 혈통서가 아닌 실질적 역량과 기술이 무대 중심을 차지하리라고 기대할 것이다. 하지만 사회학 연구의 결과들은 노동시장이 더 선별적이 되었을 때 실제로 차별이 감소하는 것이 아니라 오히려 '증가'한다는 사실을 보여 준다. 부분적으로 그 이유는 순수하게 숫자 때문이다. 즉, 가용한 일자리의 숫자에 대해 상대적으로 지원자들의 규모가 증가하면서 고용주들은 고용할 대상을 선택할 때 더 까다로워질 수 있다는 것이다. 산업 전문가들과의 토론은 물론 내 최초 연구 참여자 중 일부와 가진 후속 대화들은 엘리트 회사들도 다르지 않았음을 시사했다. 실제로 이 책에서 설명된 편향 중 많은 것들이 금융위기 직후에 오히려 심화되었다. 회사들은 캠퍼스 리스트를 축소했고, 비교과 활동, 세련미, 적합성(그리고 로펌에서는 관심 학교에서 받은 성적)을 더 철저하게 심사했고, 채용을 위해 네트워크에 더 심하게 의존했다. 많은 회사에서 다양성은 심대한 타격을 받았다. 그때 이후로 채용과 다양성에 대한 관심은 더욱 증가했다.

하지만 지난 몇 년 동안 또 다른 변화가 생겼다. 내가 이 연구를 시작했을 때 인재를 데려오려는 엘리트 기업들의 두 가지 주요 경쟁자의 유형은 헤지펀드와 사모펀드 회사였다. 하지만 그때 이후로는 기술기업들이 인기를 얻었다. 대학 생활이 끊어지지 않고 전환될 수 있게 해주는 풍부하고 자족적인 기업 캠퍼스, '나쁜 일을 하지 않으려는' 욕구(특히 월스트리트가 나쁜 평판을 받고 있는 지금), 스톡옵션이나 인수의 측면에서 더 큰 부를 가져다주겠다는 약속, 그리고 몇 년 동안 그들에게 돌아올 충분한 엘리트 기업 일자리가 없었다는 사소하지 않은 사실들에 이끌려서 많은 엘리트 졸업생들은 월스트리트와 대형 로펌 대신 실리콘밸리와 샌프란시스코를 향하고 있다. 하지만 여전히 많은 엘리트 학부와 대학원 캠퍼스를 엘리트 전문서비스 회사들이 장악하고 있다는 사실도 지적할 필요가 있다. 예를 들어 하버드대학교 4학년 학생들 중 3분의 1 이상은 여전히 금융과 컨설팅 분야의 일자리로 진출한다 (거기에 비하면 기술기업에 취업하는 사람은 6분의 1도 되지 않는다). 하지만 적어도 이제 엘리트 회사들이 이 리그에 진출한 유일한 선수는 아니다.

이런 변화를 가장 잘 견뎌 낸 것은 아마도 컨설팅 회사들이라고 보아야 할 것이다. 위기 직후의 몇 년 동안 이들 컨설팅 회사들도 부정적인 영향을 받았지만 살아남은 기업들을 대상으로 한 사업은 더욱 번창했다. 사실 이들 회사의 매니저들은 종종 수요를 따라잡을 만큼 충분한 사람을 채용할 수 없다고 말하곤 했다. 하지만 그들이 고려 대상을 여전히 리스트에 오른 핵심 학교와 관심 학교들이라는 좁은 범위로 제한하고 있는 것은 확실하다.

이런 어려움은 MBA 채용에 있어 특히 흥미롭다. 일부 회사들은 그들의 학교 리스트에 추가적인 학부 수준의 '관심' 학교들을 추가함으로써 늘어난 인재에 대한 수요를 감당해 왔지만, 경영대학원의 파이프라인을 확장하는 것은 망설여 왔다. 이들 일자리를 위한 경쟁을 좀 더 다양한 많은 대학들에 (그리고 그렇게 함으로써 일자리 지원자들을 인구통계학적으로 더 다양한 풀에) 개방하는 대신, 그들은 순위를 채우기 위해 경영대학원 바깥으로 향하고 있다. 즉, 회사들은 박사학위 과정은 물론 의학대학원, 로스쿨, 공학대학원 출신 학생들을 찾아 나서는 중이다. 하지만 그들이 거의 독점적으로 최고의 전문대학원에서만 채용한다는 사실이 중요하다. 이들 기관에서 사회적 지위 중심의 채용이 어떻게 유지되고 있는지 예시하듯이 일부 컨설팅 회사들은 (전공 분야에 있어서 대부분 관련이 없다고 여겨지는) 모든 분야의 박사과정 프로그램들을 대상으로 그들의 명성에 따른 세부 리스트를 작성해 왔다. 그들의 관점에서는 인맥이 없는 2군 경영대학원 학생을 채용하는 것보다 훈련을 위해 상당한 투자를 해야 하더라도 전통적인 박사학위 소지자를 채용하는 편이 더 낫다는 것이다. 내가 컨설턴트들에게 경영대학원을 추가하지 않고 박사학위 프로그램에 그토록 심각하게 투자하는 이유를 물었을 때, 그들은 내가 처음 인터뷰한 사람들의 정서와 놀랄 정도로 일관성이 있는 대답을 했다. 2군 교육기관에 다녔다는 사실은 위험신호인 반면, 최고의 프로그램에 입학했다는 사실은 분야상의 초점이나 업무의 실제 니즈에 대한 적용 가능성과 상관없이 지적 능력을 표시한다는 것이다.

게다가 이 책의 출판의 결과로 나는 몇몇 엘리트 회사들에서 인종적 다양성을 높일 수 있는 방법을 고안하도록 도와달라는 요청을 받았다. 하지만 골든 파이프라인을 넘어서서 채용 범위를 좀 더 다양한 학생들을 보유한 대학으로 확대하라는 내 제안은 금방 무시되었다. 컨설팅 회사의 한 수장은 그 이유를 이렇게 요약했다. "우리는 다양성을 원하지만 질을 희생할 수는 없습니다. 당신도 이해할 거라고 확신합니다."

요약하자면, 엘리트 세상은 진화하고 있다. 하지만 적어도 지금은 현상 유지를 뒷받침하는 수준에서 진화하고 있다. 특히 혈통서의 문제에 있어서는, 더 많은 것들이 변화할수록 더 많은 것들이 그대로 유지되고 있는 것으로 보인다.

참고문헌

Abowitz, Deborah. 2005. "Social Mobility and the American Dream: What Do College Students Believe?" *College Student Journal* 39:716–28.

Acker, Joan. 1990. "Hierarchies, Jobs, Bodies: A Theory of Gendered Organizations." *Gender and Society* 4:139–58.

Aigner, Dennis, and Glen Cain. 1997. "Statistical Theories of Discrimination in Labor Markets." *Industrial and Labor Relations Review* 30:175–87.

Alon, Sigal. 2009. "The Evolution of Class Inequality in Higher Education: Competition, Exclusion, and Adaptation." *American Sociological Review* 74:731–55.

Alon, Sigal, and Marta Tienda. 2007. "Diversity, Opportunity, and the Shifting Meritocracy in Higher Education." *American Sociological Review* 72:487–511.

Ambady, Nalini, and Max Weisbuch. 2010. "Nonverbal Behavior." In *Handbook of Social Psychology*, edited by Susan T. Fiske, Daniel T. Gilbert, and Gardner Lindzey, 464–97. Hoboken, NJ: Wiley.

Armstrong, Elizabeth, and Laura Hamilton. 2013. *Paying for the Party: How College Maintains Inequality*. Cambridge, MA: Harvard University Press.

Arrow, Kenneth J. 1972. "Models of Job Discrimination." In *Racial Discrimination in Economic Life*, edited by Anthony H. Pascal, 83–102. Lanham, MD: Lexington Books.

Arum, Richard, and Josipa Roska. 2011. *Academically Adrift: Limited Learning on College Campuses*. Chicago: University of Chicago Press.

Aschaffenburg, Karen, and Ineke Mass. 1997. "Cultural and Educational Careers: The Dynamics of Social Reproduction." *American Sociological Review* 62:573–87.

Baltzell, Digby. (1958) 1989. *Philadelphia Gentleman*. New Brunswick, NJ: Transaction Books.

Bandelj, Nina, and Frederick F. Wherry. 2011. "An Inquiry into the Cultural Wealth of Nations." In *The Cultural Wealth of Nations*, edited by Nina Bandelj and Frederick F. Wherry, 1–20. Stanford, CA: Stanford University Press.

Barley, Stephen, and Gideon Kunda. 1992. "Design and Devotion: Surges of Rational and Normative Ideologies of Control in Managerial Discourse." *Administrative Science Quarterly* 37:363–99.

Bartlett, Christopher A. 1996. "McKinsey and Company: Managing Knowledge and Learning." Harvard Business School Case 396–357, June.

Bechara, Antoine. 2004. "The Role of Emotion in Decision-Making: Evidence from Neurological Patients with Orbitofrontal Damage." *Brain and Cognition* 55:30–40.

Beckman, Christine, and Damon Phillips. 2005. "Interorganizational Determinants of Promotion: Client Leadership and Promotion of Women Attorneys." *American Sociological Review* 70:678–701.

Bellah, Robert, Richard Madsen, William M. Sullivan, Ann Swidler, and Steven M. Tipton. 1985. *Habits of the Heart: Individualism and Commitment in American Life*. Berkeley: University of California Press.

Bellas, Marcia, and Robert Toutkoushian. 1999. "Faculty Time Allocations and Research Productivity: Gender, Race, and Family Effects." *Review of Higher Education* 22:367–90.

Berger, Joseph, Hamit Fişek, Robert Z. Norman, and Morris Zelditch Jr. 1977. *Status Characteristics and Social Interaction: An Expectation States Approach*. New York: Elsevier.

Berger, Joseph, Murray Webster, Cecilia L. Ridgeway, and Susan J. Rosenholz. 1986. "Status Cues, Expectations, and Behavior." *Advances in Group Processes* 3:1–22.

Bergerson, Amy. 2007. "Exploring the Impact of Social Class on Adjustment to College: Anna's Story." *International Journal of Qualitative Studies in Education* 20:99–119.

Berridge, Kent, and Terry Robinson. 2003. "Parsing Reward." *Trends in Neurosciences* 26:507–13.

Bertrand, Marianne, and Sendhil Mullainathan. 2004. "Are Emily and Brendan More Employable Than Latoya and Tyrone? Evidence on Racial Discrimination in the Labor Market from a Large Randomized Experiment." *American Economic Review* 94:991–1013.

Bettinger, Eric, Bridget Long, Philip Oreopoulos, and Lisa Sanbonmatsu. 2012. "The Role of Simplification and Information in College Decisions: Results from the H&R Block FAFSA Experiment." Working paper no. 15361. Cambridge, MA: National Bureau of Economic Research.

Bidwell, Christopher. 1989. "The Meaning of Educational Attainment." *Research in the Sociology of Education and Socialization* 8:117–38.

Bielby, William, and James Baron. 1986. "Men and Women at Work: Sex Segregation and Statistical Discrimination." *American Journal of Sociology* 91:759–99.

Bills, David. 1988. "Educational Credentials and Promotions: Does Schooling Do More Than Get You in the Door?" *Sociology of Education* 61:52–60.

———. 2003. "Credentials, Signals, and Screens: Explaining the Relationship between Schooling and Job Assignment." *Review of Educational Research* 73:441–69.

Binder, Amy, Daniel Davis, and Nick Bloom. 2016. "Career Funneling: How Elite Students Learn To Define and Desire 'Prestigious' Jobs." *Sociology of Education* 89:20-39.

Björklund, Anders, and Markus Jäntti. 1997. "Intergenerational Income Mobility in Sweden Compared to the United States." *American Economic Review* 87:1009–18.

Blair-Loy, Mary. 2003. *Competing Devotions: Career and Family among Women Executives*. Cambridge, MA: Harvard University Press.

Blair-Loy, Mary, and Amy Wharton. 2004. "Organizational Commitment and Constraints on Work-Family Policy Use: Corporate Flexibility Policies in a Global Firm." *Sociological Perspectives* 47:243–67.

Blau, Peter M., and Otis Dudley Duncan. 1967. *The American Occupational Structure*. New York: Free Press.

Bourdieu, Pierre. 1984. *Distinction: A Social Critique of the Judgement of Taste*. Cambridge, MA: Harvard University Press.

———. 1986. "The Forms of Capital." In *Handbook of Theory and Research for the Sociology of Education*, edited by John G. Richardson, 241–58. New York: Greenwood Press.

———. 1993. *The Field of Cultural Production*. Oxford, UK: Polity.

Bourdieu, Pierre, Luc Boltanski, and Monique de Saint Martin. 1973. "Les Strategies de Reconversion: Les Classes Sociales et le Systeme d'Enseignement." *Social Science Information* 12:61–113.

Bourdieu, Pierre, and Jean-Claude Passeron. 1977. *Reproduction in Education, Society, and Culture*. London: Sage.

Bowen, William G., and Derek Bok. 1998. *The Shape of the River: Long-Term Consequences of Considering Race in College and University Admissions*. Princeton, NJ: Princeton University Press.

Bowen, William, Martin A. Kurzweil, and Eugene M. Tobin. 2005. *Equity and Excellence in American Higher Education*. Charlottesville: University of Virginia Press.

Bowles, Samuel, and Herbert Gintis. 1976. *Schooling in Capitalist America: Educational Reform and the Contradictions of Economic Life*. New York: Basic Books.

Broughton, Philip Delves. 2008. *Ahead of the Curve: Two Years at Harvard Business School*. New York: Penguin.

Brown, David K. 2001. "The Social Sources of Educational Credentialism: Status Cultures, Labor Markets, and Organizations." *Sociology of Education* 74:19–34.

Brown, Jonathon. 1986. "Evaluations of Self and Others: Self-Enhancement Biases in Social Judgments." *Social Cognition* 4:353–76.

Brown, Phillip, and Anthony Hesketh. 2004. *The Mismanagement of Talent: Employability and Jobs in the Knowledge Economy*. Oxford: Oxford University Press.

Buchmann, Claudia, Dennis Condron, and Vincent Roscigno. 2010. "Shadow Education, American Style: Test Preparation, the SAT, and College Enrollment." *Social Forces* 89:435–62.

Byrne, Donn Erwin. 1971. *The Attraction Paradigm*. New York: Academic Press.

Cable, Daniel, and Timothy Judge. 1997. "Interviewers' Perceptions of Person-Organization Fit and Organizational Selection Decisions." *Journal of Applied Psychology* 82:546–61.

Calarco, Jessica McCrory. 2011. "'I Need Help!' Social Class and Children's Help-Seeking in Elementary School." *American Sociological Review* 76:862–82.

Carnevale, Anthony P., and Stephen J. Rose. 2004. "Socioeconomic Status, Race/Ethnicity, and Selective College Admissions." In *America's Untapped Resources*, edited by R. D. Kahlenberg, 101–56. New York: Century Foundation Press.

Carnevale, Anthony P., Stephen J. Rose, and Ban Cheah. 2011. *The College Payoff.* Washington, DC: Georgetown University Center on Education and the Workforce.

Carnevale, Anthony P., and Jeff Strohl. 2010. "How Increasing College Access Is Increasing Inequality, and What to Do about It." In *Rewarding Strivers: Helping Low-Income Students Succeed in College*, edited by Richard D. Kahlenberg, 71–190. New York: Century Foundation.

Charmaz, Kathy. 2001. "Grounded Theory." In *Contemporary Field Research: Perspectives and Formulations*, edited by Robert M. Emerson, 335–52. Prospect Heights, IL: Waveland.

Chatman, Jennifer. 1991. "Matching People and Organizations: Selection and Socialization in Public Accounting Firms." *Administrative Sciences Quarterly* 36:459–84.

Chen, Edith, and Gregory Miller. 2012. "'Shift-and-Persist' Strategies: Why Being Low in Socioeconomic Status Isn't Always Bad for Health." *Perspectives on Psychological Science* 7:135–58.

Chetty, Ray, Nathaniel Hendren, Patrick Kline, Emmanuel Saez, and Nicholas Turner. 2014. "Is the United States Still a Land of Opportunity? Recent Trends in Intergenerational Mobility." Working paper 19844. Cambridge, MA: National Bureau of Economic Research.

Chin, Fiona. 2011. "Inequality among the Affluent." Presentation at Eastern Sociological Society annual meeting, Philadelphia, February.

Christopher, Robert C. 1989. *Crashing the Gates.* New York: Simon and Schuster.

Cialdini, Robert B. 2009. *Influence: Science and Practice.* 2nd ed. Boston: Allyn and Bacon.

Clore, Gerald, and Justin Storbeck. 2006. "Affect as Information about Liking, Efficacy, and Importance." In *Hearts and Minds: Affective Influences on Social Thinking and Behavior*, edited by Joseph P. Forgas, 123–42. New York: Psychology Press.

Cohen, Lisa, Joseph Broschak, and Heather Haveman. 1998. "And There Were More? The Effect of Organizational Sex Composition on the Hiring and Promotion of Managers." *American Sociological Review* 63:711–27.

Coleman, James. 1988. "Social Capital in the Creation of Human Capital." *American Journal of Sociology* 94:S95–120.

Collins, Randall. 1979. *The Credential Society: A Historical Sociology of Education and Stratification.* New York: Academic Press.

———. 2004. *Interaction Ritual Chains.* Princeton, NJ: Princeton University Press.

Cookson, Peter, and Caroline Persell. 1985. *Preparing for Power: America's Elite Boarding Schools.* New York: Basic Books.

Correll, Shelley J., Stephen Benard, and In Paik. 2007. "Getting a Job: Is There a Motherhood Penalty?" *American Journal of Sociology* 112:1297–338.

Costello, Carrie Yang. 2005. *Professional Identity Crisis: Race, Class, and Gender at Professional Schools.* Nashville, TN: Vanderbilt University Press.

Côté, Stéphane. 2001. "How Social Class Shapes Thoughts and Actions in Organizations." *Research in Organizational Behavior* 31:43–71.

Couch, Kenneth, and Thomas Dunn. 1997. "Intergenerational Correlations in Labor Market Status: A Comparison of the United States and Germany." *Journal of Human Resources* 32:210–32.

Cuddy, Amy J. C., Peter Glick, and Anna Beninger. 2011. "The Dynamics of Warmth and Competence Judgments, and Their Outcomes in Organizations." *Research in Organizational Behavior* 31:73–98.

Cuddy, Amy J. C., Susan T. Fiske, and Peter Glick. 2008. "Warmth and Competence as Universal Dimensions of Social Perception: The Stereotype Content Model and the BIAS Map." *Advances in Experimental Social Psychology* 40:61–149.

Damasio, Antonio. 1994. *Descartes' Error: Emotion, Reason, and the Human Brain*. New York: Penguin.

Dana, Jason, Robyn M. Dawes, and Nathanial R. Peterson. 2013. "Belief in the Unstructured Interview: The Persistence of an Illusion." *Judgment and Decision Making* 8:512–20.

Davies, Mark, and Denise Kandel. 1981. "Parental and Peer Influences on Adolescents' Educational Plans: Some Further Evidence." *American Journal of Sociology* 87:363–87.

Deci, Edward, and Richard Ryan. 2000. "The 'What' and 'Why' of Goal Pursuits: Human Needs and the Self-Determination of Behavior." *Psychological Inquiry* 11:227–68.

Depue, Richard, and Paul Collins. 1999. "Neurobiology of the Structure of Personality: Dopamine, Facilitation, and Extraversion." *Behavioral and Brain Sciences* 22:491–569.

Dijksterhuis, Ap. 2010. "Automaticity and the Unconscious." In *Handbook of Social Psychology*, edited by Susan T. Fiske, Daniel T. Gilbert, and Gardner Lindzey, 228–67. Hoboken, NJ: Wiley.

DiMaggio, Paul. 1987. "Classification in Art." *American Sociological Review* 52:440–55.

———. 2012. "Sociological Perspectives on the Face-to-Face Enactment of Class Distinction." In *Facing Social Class: How Societal Rank Influences Interaction*, edited by Susan T. Fiske and Hazel Rose Markus, 15–38. New York: Russell Sage.

DiMaggio, Paul, and John Mohr. 1985. "Cultural Capital and Marital Selection." *American Journal of Sociology* 90:1231–61.

DiMaggio, Paul, and Walter Powell. 1983. "The Iron Cage Revisited: Institutional Isomorphism and Collective Rationality in Organizational Fields." *American Sociological Review* 48:147–60.

Dinovitzer, Ronit. 2011. "The Financial Rewards of Elite Status in the Legal Profession." *Law and Social Inquiry* 36:971–98.

Dinovitzer, Ronit, and Bryant Garth. 2007. "Lawyer Satisfaction in the Process of Structuring Legal Careers." *Law and Society Review* 41:1–50.

Dipboye, Robert L. 1992. *Selection Interviews: Process Perspectives*. Cincinnati, OH: Harcourt Brace.

Dipboye, Robert L., Carilla S. Smith, and William C. Howell. 1994. *Understanding Industrial and Organizational Psychology*. Orlando, FL: Harcourt Brace.

Dobbin, Frank. 2009. *Inventing Equal Opportunity*. Princeton, NJ: Princeton University Press.

Dovidio, John F., and Samuel Gaertner. 2000. "Aversive Racism and Selection Decisions: 1989 and 1999." *Psychological Science* 11:315–19.

Dovidio, John F., Peter Glick, and Laurie Rudman. 2005. *On the Nature of Prejudice: Fifty Years after Allport*. Malden, MA: Blackwell.

Duckworth, Angela, Christopher Peterson, Michael Matthews, and Dennis Kelly. 2007. "Grit: Perseverance and Passion for Long-Term Goals." *Journal of Personality and Social Psychology* 92:1087–101.

Duguid, Michelle. 2011. "Female Tokens in High-Prestige Work Groups: Catalysts or Inhibitors of Group Diversification." *Organizational Behavior and Human Decision Processes* 116:104–15.

Durkheim, Émile. (1912) 1995. *The Elementary Forms of the Religious Life*. New York: Free Press.

Dynarski, Susan, and Judith Scott-Clayton. 2006. "The Cost of Complexity in Federal Student Aid: Lessons from Optimal Tax Theory and Behavioral Economics." *National Tax Journal* 59:319–56.

Eagly, Alice, and Linda Carli. 2007. *Through the Labyrinth: The Truth about How Women Become Leaders*. Boston: Harvard Business School Press.

Ellwood, David, and Thomas Kane. 2000. "Who Is Getting a College Education? Family Background and the Growing Gaps in Enrollment." In *Securing the Future: Investing in Children from Birth to College*, edited by Sheldon Danziger and Jane Waldfogel, 283–324. New York: Russell Sage Foundation.

Erickson, Bonnie. 1996. "Culture, Class, and Connections." *American Journal of Sociology* 102:217–51.

Erickson, Frederick, and Jeffrey Schultz. 1981. *The Counselor as Gatekeeper: Social Interaction in Interviews*. New York: Academic Press.

Espeland, Wendy, and Mitchell Stevens. 1998. "Commensuration as a Social Process." *Annual Review of Sociology* 24:313–43.

Farkas, George. 2003. "Cognitive Skills and Noncognitive Traits and Behaviors in Stratification Processes." *Annual Review of Sociology* 29:541–62.

Farrell, Joseph, and Matthew Rabin. 1996. "Cheap Talk." *Journal of Economic Perspectives* 10:103–18.

Fernandez, Roberto. 2014. "Does Competition Drive Out Discrimination?" New Haven, CT: Presentation at Economy and Society @ Yale Conference.

Fernandez, Roberto, Emilio J. Castilla, and Paul Moore. 2000. "Social Capital at Work: Networks and Employment at a Phone Center." *American Journal of Sociology* 105:1288–356.

Fernandez, Roberto, and Isabel Fernandez-Mateo. 2006. "Networks, Race, and Hiring." *American Sociological Review* 71:42–71.

Fernandez, Roberto, and Nancy Weinberg. 1997. "Shifting and Sorting: Personal Contacts and Hiring in a Retail Bank." *American Sociological Review* 62:883–902.

Fischer, Claude S., Michael Hout, Martín Sánchez Jankowski, Samuel R. Lucas, Ann Swidler, and Kim Voss. 1996. *Inequality by Design: Cracking the Bell Curve Myth*. Princeton, NJ: Princeton University Press.

Fisher, Daniel. 2012. "Poor Students Are the Real Victims of College Discrimination." *Forbes*, May 2, http://www.forbes.com/sites/danielfisher/2012/05/02/poor-students-are-the-real-victims-of-college-discrimination (accessed Nov. 29, 2014).

Fiske, Susan T., Amy Cuddy, Peter Glick, and Jun Xu. 2002. "A Model of (Often Mixed) Stereotype Content: Competence and Warmth Respectively Follow from Status and Competition." *Journal of Personality and Social Psychology* 82:878–902.

Fiske, Susan T., Miguel Moya, Ann Marie Russell, and Courtney Bearns. 2012. "The Secret Handshake: Trust in Cross-Class Encounters." Pp. 234–252 in *Facing Social Class*, edited by Susan T. Fiske and Hazel Rose Markus. New York: Russell Sage.

Fligstein, Neil, and Adam Goldstein. 2010. "The Anatomy of the Mortgage Securitization Crisis." In *Markets on Trial*, edited by Michael Lounsbury and Paul M. Hirsch. Bingley, UK: Emerald.

Florida, Richard. 2002. *The Rise of the Creative Class: And How It's Transforming Work, Leisure, Community, and Everyday Life*. New York: Basic.

Foschi, Martha, Larissa Lai, and Kirsten Sigerson. 1994. "Gender and Double Standards in the Assessment of Job Applicants." *Social Psychology Quarterly* 4:326–39.

Foster, Karen R. 2013. *Generation, Discourse, and Social Change*. New York: Routledge.

Fox, Suzy, and Paul Spector. 2000. "Relations of Emotional Intelligence, Practical Intelligence, General Intelligence, and Trait Affectivity with Interview Outcomes: It's Not All Just 'G.'" *Journal of Organizational Behavior* 21:203–20.

Frank, Robert, and Phillip Cook. 1996. *The Winner-Take-All Society*. New York: Free Press.

Friedman, Hilary Levey. 2013. *Playing to Win: Raising Children in a Competitive Culture*. Berkeley: University of California Press.

Fryer, Roland, and Steven Levitt. 2004. "The Causes and Consequences of Distinctively Black Names." *Quarterly Journal of Economics* 119:767–805.

Furstenberg, Frank, and Mary Hughes. 1995. "Social Capital and Successful Development among At-Risk Youth." *Journal of Marriage and the Family* 57:580–92.

Fussell, Paul. 1983. *Class: A Guide through the American Status System*. New York: Touchstone.

Galanter, Marc, and Thomas Palay. 1991. *Tournament of Lawyers: The Transformation of the Big Law Firm*. Chicago: University of Chicago Press.

Garnett, Bruce, Neil Guppy, and Gerry Veenstra. 2008. "Careers Open to Talent: Educational Credentials, Cultural Talent, and Skilled Employment." *Sociological Forum* 23:144–64.

Gaztambide-Fernández, Rubén. 2009. *The Best of the Best: Becoming Elite at an American Boarding School*. Cambridge, MA: Harvard University Press.

Gibson, David. 2005. "Taking Turns and Talking Ties: Networks and Conversational Interaction." *American Journal of Sociology* 110:1561–97.

Godart, Frèderic, and Ashley Mears. 2009. "How Do Cultural Producers Make Creative Decisions? Lessons from the Catwalk." *Social Forces* 88:671–92.
Golden, Daniel. 2007. *The Price of Admission: How America's Ruling Class Buys Its Way into Elite Colleges—and Who Gets Left Outside the Gates.* New York: Random House.
Goldin, Claudia, and Lawrence F. Katz. 2008. *The Race between Education and Technology*. Cambridge, MA: Harvard University Press.
Gorman, Elizabeth. 2005. "Gender Stereotypes, Same-Gender Preferences, and Organizational Variation in the Hiring of Women: Evidence from Law Firms." *American Sociological Review* 70:702–28.
Gould, Stephen. 1981. *The Mismeasure of Man*. New York: W. W. Norton.
Granfield, Robert. 1992. *Making Elite Lawyers: Visions of Law at Harvard and Beyond.* New York: Routledge.
Granovetter, Mark. 1995. *Getting a Job: A Study of Contacts and Careers*. Cambridge, MA: Harvard University Press.
Graves, Laura, and Gary Powell. 1995. "The Effect of Sex Similarity on Recruiters' Evaluations of Actual Applicants: A Test of the Similarity-Attraction Paradigm." *Personnel Psychology* 48:85–98.
Grusky, David, and Kim Weeden. 2002. "Decomposition without Death: A Research Agenda for New Class Analysis." *Acta Sociologica* 45:203–18.
Guren, Adam, and Natalie Sherman. 2008. "Harvard Graduates Head to Investment Banking, Consulting." *Harvard Crimson*, June 22.
Halaby, Charles. 2003. "Where Job Values Come From: Family and Schooling Background, Cognitive Ability, and Gender." *American Sociological Review* 68:251–78.
Hallett, Tim. 2007. "Between Deference and Distinction: Interaction Ritual through Symbolic Power in an Educational Institution." *Social Psychology Quarterly* 2:148–71.
Halliday, Terence, and Bruce Carruthers. 2009. *Bankrupt: Global Lawmaking and Systemic Financial Crisis*. Stanford, CA: Stanford University Press.
Heckman, James, and Peter Siegelman. 1993. "The Urban Institute Audit Studies: Their Methods and Findings." In *Clear and Convincing Evidence: Measurement of Discrimination in America*, edited by Michael Fix and Raymond J. Struyk, 187–258. Washington, DC: Urban Institute Press.
Heinz, John P., Robert L. Nelson, Rebecca L. Sandefur, and Edward O. Laumann. 2005. *Urban Lawyers: The New Social Structure of the Bar*. Chicago: University of Chicago Press.
Hirsch, Paul M. 1995. "Tales from the Field: Learning from Researchers' Accounts." In *Studying Elites Using Qualitative Methods*, edited by Rosanna Hertz and Jonathan Imber, 72–80. Thousand Oaks, CA: Sage.
Ho, Karen. 2009. *Liquidated: An Ethnography of Wall Street*. Durham, NC: Duke University Press.
Hochschild, Arlie. 1983. *The Managed Heart: The Commercialization of Human Feeling*. Berkeley: University of California Press.

Hochschild, Jennifer L. 1995. *Facing Up to the American Dream: Race, Class, and the Soul of the Nation*. Princeton, NJ: Princeton University Press.

Holt, Douglas. 1997. "Distinction in America? Recovering Bourdieu's Theory of Tastes from Its Critics." *Poetics* 25:93–120.

Holzer, Harry. 1999. *What Employers Want: Job Prospects for Less-Educated Workers*. New York: Russell Sage.

Horwitz, Suzanne, Kristin Shutts, and Kristina R. Olson. 2014. "Social Class Differences Produce Social Group Preferences." *Developmental Science* 17:991–1002.

Hoxby, Caroline, and Christopher Avery. 2012. "The Missing 'One-Offs': The Hidden Supply of High-Achieving, Low-Income Students." Working paper 18586. Cambridge, MA: National Bureau of Economic Research.

Huffcutt, Allen. 2011. "An Empirical Review of the Employment Interview Construct Literature." *International Journal of Selection and Assessment* 19:62–81.

Huffcutt, Allen, and Satoris Sabrina Youngcourt. 2007. "Employment Interviews." In *Applied Measurement: Industrial Psychology in Human Resources Management*, edited by Deborah L. Whetzel and George R. Wheaton, 181–99. Hillsdale, NJ: Erlbaum.

Huo, Paul, Heh Jason Huang, and Nancy Napier. 2002. "Divergence or Convergence: A Cross-National Comparison of Personnel Selection Practices." *Human Resource Management* 41:31–44.

Iyengar, Sheena. 2010. *The Art of Choosing*. New York: Twelve Books.

Jack, Anthony. 2014. "Culture Shock Revisited: The Social and Cultural Contingencies to Class Marginality." *Sociological Forum* 29:453–75.

Jackson, Michelle. 2001. "Non-Meritocratic Job Requirements and the Reproduction of Class Inequality." *Work, Employment, and Society* 15:619–30.

———. 2009. "Disadvantaged through Discrimination? The Role of Employers in Social Stratification." *British Journal of Sociology* 60:669–92.

Jamrisko, Michelle, and Ilan Kolet. 2012. "Cost of College Degree in U.S. Soars 12 Fold: Chart of the Day." *Bloomberg News*, August 15.

Jencks, Christopher. 1998. "Racial Bias in Testing." In *The Black-White Test Score Gap*, edited by Christopher Jencks and Meredith Phillips, 55–85. Washington, DC: Brookings.

Kahneman, Daniel. 2011. *Thinking, Fast and Slow*. New York: Farrar, Straus and Giroux.

Kalfayan, Michael. 2009. "Lemmings and Gekkos: Choosing Financial Careers at Harvard." Senior honors thesis, Harvard University.

Kane, Danielle. 2003. "Distinction Worldwide? Bourdieu's Theory of Taste in International Context." *Poetics* 31:403–21.

Kanter, Rosabeth Moss. 1977. *Men and Women of the Corporation*. New York: Basic Books.

Karabel, Jerome. 2005. *The Chosen: The Hidden History of Admission and Exclusion at Harvard, Yale, and Princeton*. Princeton, NJ: Princeton University Press.

Karen, David. 2002. "Changes in Access to Higher Education in the United States: 1980–1992." *Sociology of Education* 75:191–210.
Kaufman, Jason, and Jay Gabler. 2004. "Cultural Capital and the Extracurricular Activities of Girls and Boys in the College Attainment Process." *Poetics* 32:145–68.
Keller, Suzanne. 1991. *Beyond the Ruling Class: Strategic Elites in Modern Society*. New Brunswick, NJ: Transaction Books.
Keltner, Dacher, and Jennifer Lerner. 2010. "Emotion." In *Handbook of Social Psychology*, edited by Susan T. Fiske, Daniel T. Gilbert, and Gardner Lindzey, 317–52. Hoboken, NJ: Wiley.
Kennelly, Ivy. 1999. "That Single Mother Element: How White Employers Typify Black Women." *Gender and Society* 13:168–92.
Khan, Shamus Rahman. 2010. *Privilege: The Making of an Adolescent Elite at St. Paul's School*. Princeton, NJ: Princeton University Press.
———. 2012. "The Sociology of Elites." *Annual Review of Sociology* 38:1–17.
Khurana, Rakesh. 2002. *Searching for a Corporate Savior: The Irrational Quest for Charismatic CEOs*. Princeton, NJ: Princeton University Press.
———. 2007. *From Higher Aims to Hired Hands: The Social Transformation of American Business Schools and the Unfulfilled Promise of Management as a Profession*. Princeton, NJ: Princeton University Press.
Khurana, Rakesh, and Mikolaj Piskorski. 2004. "Sources of Structural Inequality in Managerial Labor Markets." *Research in Social Stratification and Mobility* 21:167–85.
Kingston, Paul W. 2000. *The Classless Society*. Stanford, CA: Stanford University Press.
———. 2001. "The Unfulfilled Promise of Cultural Capital Theory." *Sociology of Education* 74:88–99.
———. 2006. "How Meritocratic Is the United States?" *Research in Social Stratification and Mobility* 24:111–30.
Kornrich, Sabino, and Frank Furstenberg. 2013. "Investing in Children: Changes in Spending on Children, 1972 to 2007." *Demography* 50:1–23.
Kraus, Michael W., Stéphane Côté, and Dacher Keltner. 2010. "Social Class, Contextualism, and Empathic Accuracy." *Psychological Science* 11:1716–23.
Kraus, Michael W., and Dacher Keltner. 2009. "Signs of Socioeconomic Status: A Thin-Slicing Approach." *Psychological Science* 20:99–106.
Kruger, Justin, and David Dunning. 1999. "Unskilled and Unaware of It: How Difficulties in Recognizing One's Own Incompetence Lead to Inflated Self-Assessments." *Journal of Personality and Social Psychology* 77:1121–34.
Lamont, Michèle. 1992. *Money, Morals, and Manners: The Culture of the French and the American Upper-Middle Class*. Chicago: University of Chicago Press.
———. 2009. *How Professors Think: Inside the Curious World of Academic Judgment*. Cambridge, MA: Harvard University Press.
Lamont, Michèle, Jason Kaufman, and Michael Moody. 2000. "The Best of the Brightest: Definition of the Ideal Self among Prize-Winner Students." *Sociological Forum* 15:187–224.

Lamont, Michèle, and Annette Lareau. 1988. "Cultural Capital: Allusions, Gaps, and Glissandos in Recent Theoretical Developments." *Sociological Theory* 6:153–68.

Lamont, Michèle, and Virag Molnar. 2002. "The Study of Boundaries in the Social Sciences." *Annual Review of Sociology* 28:167–95.

Lamont, Michèle, and Mario Small. 2008. "How Culture Matters: Enriching Our Understanding of Poverty." In *The Colors of Poverty: Why Racial and Ethnic Disparities Exist*, edited by Ann Chih Lin and David R. Harris, 76–102. New York: Russell Sage.

Lareau, Annette. 2003. *Unequal Childhoods: Class, Race, and Family Life*. Berkeley: University of California Press.

Lareau, Annette, and Elliot Weininger. 2003. "Cultural Capital in Educational Research: A Critical Assessment." *Theory and Society* 32:567–606.

Lawler, Edward, and Shane Thye. 1999. "Bringing Emotions into Social Exchange Theory." *Annual Review of Sociology* 25:217–44.

Lazarsfeld, Paul, and Robert Merton. 1954. "Friendship as a Social Process: A Substantive and Methodological Analysis." In *Freedom and Control in Modern Society*, edited by Morroe Berger, Theodore Abel, and Charles H. Page, 18–66. New York: Van Nostrand.

Leach, Colin, and Larissa Tiedens. 2004. "Introduction: A World of Emotions." In *The Social Life of Emotions*, edited by Larissa Z. Tiedens and Colin Wayne Leach, 1–18. Cambridge: Cambridge University Press.

Lehmann, Wolfgang. 2012. "Extra-Credential Experiences and Social Closure: Working-Class Students at University." *British Education Research Journal* 38:203–18.

Lemann, Nicholas. 1999. "The Kids in the Conference Room." *New Yorker*, October 18, 209–16.

Leonhardt, David. 2011. "Consultant Nation." *New York Times*, December 10.

Lin, Nan. 1999. "Social Networks and Status Attainment." *Annual Review of Sociology* 25:467–87.

Lubrano, Alfred. 2005. *Limbo: Blue-Collar Roots, White-Collar Dreams*. Hoboken, NJ: Wiley.

MacLeod, Jay. 1987. *Ain't No Makin' It: Aspirations and Attainment in a Low-Income Neighborhood*. Boulder, CO: Westview Press.

Macrae, C. Neil, and Susanne Quadflieg. 2010. "Perceiving People." In *Handbook of Social Psychology*, edited by Susan T. Fiske, Daniel T. Gilbert, and Gardner Lindzey, 428–63. Hoboken, NJ: Wiley.

Maume, David. 2011. "Meet the New Boss … Same as the Old Boss? Female Supervisors and Subordinate Career Prospects." *Social Science Research* 40:287–98.

McClain, Noah, and Ashley Mears. 2012. "Free to Those Who Can Afford It: The Everyday Affordance of Privilege." *Poetics* 40:133–49.

McGrath, Gary L. 2002. "The Emergence of Career Services and Their Important Role in Working with Employers." *New Directions for Student Services* 100:69–84.

McPherson, Miller, Lynn Smith-Lovin, and James Cook. 2001. "Birds of a Feather: Homophily in Social Networks." *Annual Review of Sociology* 27:415–44.

Mettler, Suzanne. 2014. *Degrees of Inequality: How the Politics of Higher Education Sabotaged the American Dream.* New York: Basic Books.

Merton, Robert. 1968. "The Matthew Effect in Science." *Science* 159:56–63.

Miles, Matthew B., and A. Michael Huberman. 1994. *Qualitative Data Analysis: An Expanded Sourcebook.* 2nd ed. Thousand Oaks, CA: Sage.

Monroe, Kristen, Saba Ozyurt, Ted Wrigley, and Amy Alexander. 2008. "Gender Equality in Academia: Bad News from the Trenches, and Some Possible Solutions." *Perspectives on Politics* 6:215–33.

Montoya, Matthew, Robert Horton, and Jeffrey Kirchner. 2008. "Is Actual Similarity Necessary for Attraction? A Meta-Analysis of Actual and Perceived Similarity." *Journal of Social and Personal Relationships* 25:899–922.

Morgan, Harriet. 1990. "Sponsored and Contest Mobility Revisited: An Examination of Britain and the USA Today." *Oxford Review of Education* 16:39–54.

Morton, Samuel. 1839. *Crania Americana; Or a Comparative View of the Skulls of Various Aboriginal Nations of North and South America.* Philadelphia: J. Dobson

Moss, Phillip, and Chris Tilly. 2001. *Stories Employers Tell: Race, Skill, and Hiring in America.* New York: Russell Sage.

Mouw, Ted. 2003. "Social Capital and Finding a Job: Do Contacts Matter?" *American Sociological Review* 68:868–98.

Mouw, Ted, and Arne Kalleberg. 2010. "Do Changes in Job Mobility Explain the Growth of Wage Inequality among Men in the United States, 1977–2005?" *Social Forces* 88:2053–77.

National Association for Law Placement. 2011. *NALP Directory of Legal Employers.* Washington, DC: National Association for Law Placement.

Neckerman, Kathryn, and Joleen Kirschenman. 1991. "Hiring Strategies, Racial Bias, and Inner-City Workers." *Social Problems* 38:433–47.

Ocasio, William. 1997. "Towards an Attention-Based View of the Firm." *Strategic Management Journal* 18:187–206.

Ostrander, Susan. 1993. "Surely You're Not in This Just to Be Helpful: Access, Rapport, and Interviews in Three Studies of Elites."*Journal of Contemporary Ethnography* 22:7–27.

Owens, Jayanti, and Lauren Rivera. 2012. "Recasting the Value of an Elite Education: Institutional Prestige, Job Satisfaction, and Turnover." Presentation at Academy of Management annual meeting, Boston, August.

Pager, Devah. 2003. "The Mark of Criminal Record." *American Journal of Sociology* 108:937–75.

Pager, Devah, and Diana Karafin. 2009. "Bayesian Bigot? Statistical Discrimination, Stereotypes, and Employer Decision-Making." *Annals of the American Academy of Political and Social Science* 621:70–93.

Pager, Devah, and Lincoln Quillian. 2005. "Walking the Talk? What Employers Say versus What They Do." *American Sociological Review* 70:355–80.

Pager, Devah, and Hana Shepherd. 2008. "The Sociology of Discrimination: Racial Discrimination in Employment, Housing, Credit, and Consumer Markets." *Annual Review of Sociology* 34:181–208.

Pager, Devah, Bruce Western, and Bart Bonikowski. 2009. "Discrimination in a Low-Wage Labor Market: A Field Experiment." *American Sociological Review* 74:777–99.

Palmer, Mark, and Karl Simmons. 1995. "Communicating Intentions through Nonverbal Behaviors: Conscious and Nonconscious Encoding of Liking." *Human Communication Research* 22:128–60.

Parkin, Frank. 1974. "Strategies of Social Closure in Class Formation." In *The Social Analysis of Class Structure*, edited by Frank Parkin, 1–18. London: Tavistock.

Pérez-Peña, Richard. 2014. "Generation Later, Poor Are Still Rare at Elite Colleges." *New York Times*, August 25, http://www.nytimes.com/2014/08/26/education/despite-promises-little-progress-in-drawing-poor-to-elite-colleges.html (accessed Sept. 7, 2014).

Petersen, Trond, Ishak Saporta, and Marc-David Seidel. 2000. "Offering a Job: Meritocracy and Social Networks." *American Journal of Sociology* 106:763–816.

Peterson, Richard. 1997. "The Rise and Fall of Highbrow Snobbery as a Status Marker." *Poetics* 25:75–92.

Pew Charitable Trusts. 2011. *Does America Promote Mobility as Well as Other Nations?* Washington, DC: Pew Charitable Trusts.

———. 2012. *Pursuing the American Dream: Economic Mobility across Generations.* Washington, DC: Pew Charitable Trusts.

———. 2013. *Moving on Up: Why Do Some Americans Leave the Bottom of the Economic Ladder, but Not Others?* Washington, DC: Pew Charitable Trusts.

Phillips, Katherine, Gregory Northcraft, and Margaret Neale. 2006. "Surface-Level Diversity and Decision-Making in Groups: When Does Deep-Level Similarity Help?" *Group Processes and Intergroup Relations* 9:467–82.

Phillips, Katherine, Nancy Rothbard, and Tracy Dumas. 2009. "To Disclose or Not to Disclose? Status Distance and Self-Disclosure in Diverse Environments." *Academy of Management Review* 34:710–32.

Pierce, Jennifer L. 1995. *Gender Trials: Emotional Lives in Contemporary Law Firms.* Berkeley: University of California Press.

Podolny, Joel. 2005. *Status Signals: A Sociological Study of Market Competition.* Princeton, NJ: Princeton University Press.

Polletta, Francesca, Pang Ching Bobby Chen, Beth Gharrity Gardner, and Alice Motes. 2011. "The Sociology of Storytelling." *Annual Review of Sociology* 37:109–30.

Pope, Mark. 2000. "A Brief History of Career Counseling in the United States." *Career Development Quarterly* 48:194–211.

Radford, Alexandra Walton. 2013. *Top Student, Top School? How Social Class Shapes Where Valedictorians Go to College.* Chicago: University of Chicago Press.

Ragin, Charles, Joane Nagel, and Patricia White. 2004. "Executive Summary." In *Workshop on Scientific Foundations of Qualitative Research*, 9–17. Washington, DC: National Science Foundation.

Ramey, Gary, and Valerie Ramey. 2010. "The Rug Rat Race." *Brookings Papers on Economic Activity* (Spring): 129–76.
Ramsey, Patricia G. 1991. "Young Children's Awareness and Understanding of Social Class Differences." *Journal of Genetic Psychology* 152:71–82.
Reardon, Sean F. 2011. "The Widening Academic Achievement Gap between the Rich and the Poor: New Evidence and Possible Explanations." In *Whither Opportunity? Rising Inequality, Schools, and Children's Life Chances*, edited by Greg J. Duncan and Richard J. Murnane, 91–116. New York: Russell Sage.
Reskin, Barbara. 2000a. "Getting It Right: Sex and Race Inequality in Work Organizations." *Annual Review of Sociology* 26:707–9.
———. 2000b. "The Proximate Causes of Employment Discrimination." *Contemporary Sociology* 29:319–28.
Reskin, Barbara, and Debra McBrier. 2000. "Why Not Ascription? Organizations' Employment of Male and Female Managers." *American Sociological Review* 65:210–33.
Ridgeway, Cecilia L. 1991. "The Social Construction of Status Value: Gender and Other Nominal Characteristics." *Social Forces* 70:367–86.
Ridgeway, Cecilia L., and Susan R. Fisk. 2012. "Class Rules, Status Dynamics, and 'Gateway' Interactions." Pp. 131–151 in *Facing Social Class*, edited by Susan T. Fiske and Hazel Rose Markus. New York: Russell Sage.
Ridgeway, Cecilia L., Elizabeth Heger Boyle, Kathy Kuipers, and Dawn Robinson. 1998. "How Do Status Beliefs Develop? The Role of Resources and Interactional Experience." *American Sociological Review* 63:331–50.
Rimer, Sara. 2008. "Big Paycheck or Service?" *New York Times*, June 23.
Rivera, Lauren. 2008. "Managing 'Spoiled' National Identity: War, Tourism, and Memory in Croatia." *American Sociological Review* 73:613–34.
———. 2009. "Hiring and Inequality in Elite Professional Service Firms." PhD diss., Harvard University.
———. 2010. "Status Distinctions in Interaction: Social Selection and Exclusion at an Elite Nightclub." *Qualitative Sociology* 33:229–55.
———. 2011. "Ivies, Extracurriculars, and Exclusion: Elite Employers' Use of Educational Credentials." *Research in Social Stratification and Mobility* 29:71–90.
———. 2012a. "Diversity within Reach: Recruitment versus Hiring in Elite Firms." *ANNALS of the American Academy of Political and Social Science* 639:70–89.
———. 2012b. "Hiring as Cultural Matching: The Case of Elite Professional Service Firms." *American Sociological Review* 77:999–1022.
———. Forthcoming. "Go with Your Gut: Emotion and Evaluation in Hiring." *American Journal of Sociology*.
Rivera, Lauren, and Michèle Lamont. 2012. "Price vs. Pets, Schools vs. Styles: The Residential Priorities of the American Upper-Middle Class." Presentation at the Eastern Sociological Association annual meeting, New York, August.
Rivera, Lauren, Jayanti Owens, and Katherine Gan. 2015. "Glass Floors and Glass Ceilings: Sex Homophily and Heterophily in Hiring." Working paper, Northwestern University.

Rokeach, Milton. 1979. *Understanding Human Values*. New York: Free Press.
Roose, Kevin. 2014. *Young Money: Inside the Hidden World of Wall Street's Post-Crash Recruits*. New York: Grand Central Publishing.
Roscigno, Vincent. 2007. *The Face of Discrimination: How Race and Gender Impact Work and Home Lives*. New York: Rowman and Littlefield.
Rosenbaum, James E., and Amy Binder. 1997. "Do Employers Really Need More Educated Youth?" *Sociology of Education* 7:68–85.
Rosenbaum, James E., Takehiko Kariya, Rick Settersten, and Tony Maier. 1990. "Market and Network Theories of the Transition from High School to Work: Their Application to Industrialized Societies." *Annual Review of Sociology* 16:263–99.
Roth, Louise Marie. 2006. *Selling Women Short: Gender and Money on Wall Street*. Princeton, NJ: Princeton University Press.
Rudman, Laurie. 1998. "Self-Promotion as a Risk Factor for Women: The Costs and Benefits of Counterstereotypical Impression Management." *Journal of Personality and Social Psychology* 74:629–45.
Rynes, Sara, and John Boudreau. 1986. "College Recruiting in Large Organizations: Practice, Evaluation, and Research Implications." *Personnel Psychology* 39:729–75.
Sacks, Peter. 2007. *Tearing Down the Gates: Confronting the Class Divide in American Education*. Berkeley: University of California Press.
Saenz, Andrea. 2005. "Students Speak: I Didn't Do OCI." *Harvard Law Record*, September 30, http://hlrecord.org/?p=11956 (accessed Oct. 13, 2014).
Saenz, Victor, Sylvia Hurtado, Doug Barrera, De'Sha Wolf, and Fanny Yeung. 2007. *First in My Family: A Profile of First-Generation College Students at Four-Year Institutions since 1971*. Los Angeles: Higher Education Research Institute.
Saez, Emmanuel. 2008. "Striking it Richer: The Evolution of Top Incomes in the United States." *Pathways Magazine* 6–7. Stanford Center for the Study of Poverty and Inequality.
Sahlins, Marshall. 1972. *Stone Age Economics*. New Brunswick, NJ: Transaction Books.
Sauder, Michael, and Wendy Espeland. 2009. "The Discipline of Rankings: Tight Coupling and Organizational Change." *American Sociological Review* 74:63–82.
Schudson, Michael. 1989. "How Culture Works: Perspectives from Media Studies on the Efficacy of Symbols." *Theory and Society* 18:153–80.
Sharone, Ofer. 2013. *Flawed System/Flawed Self: Job Searching and Unemployment Experiences*. Chicago: University of Chicago Press.
Shih, Margaret, Todd Pittinsky, and Nalini Ambady. 1999. "Stereotype Susceptibility: Identity Salience and Shifts in Quantitative Performance." *Psychological Science* 10:80–83.
Shulman, James L., and William G. Bowen. 2001. *The Game of Life: College Sports and Educational Values*. Princeton, NJ: Princeton University Press.
Smigel, Erwin O. 1964. *The Wall Street Lawyer*. New York: Free Press.
Smith, Sandra. 2005. "'Don't Put My Name on It': Social Capital Activation and Job-Finding Assistance among the Black Urban Poor." *American Journal of Sociology* 111:1–57.

Soares, Joseph. 2007. *The Power of Privilege: Yale and America's Elite Colleges*. Stanford, CA: Stanford University Press.

Somers, Margaret, and Fred Block. 2005. "From Poverty to Perversity: Ideas, Markets, and Institutions over 200 Years of Welfare Debate." *American Sociological Review* 70:260–87.

Spence, A. Michael. 1974. *Market Signaling: Informational Transfer in Hiring and Related Screening Processes*. Cambridge, MA: Harvard University Press.

Spence, A. Michael. 2002. "Signaling in Retrospect and the Informational Structure of Markets." *American Economic Review* 92:434–59.

Stainback, Kevin, Donald Tomaskovic-Devey, and Sheryl Skaggs. 2010. "Organizational Approaches to Inequality: Inertia, Relative Power, and Environments." *Annual Review of Sociology* 36:225–47.

Staw, Barry, Robert Sutton, and Lisa Pelled. 1994. "Employee Positive Emotion and Favorable Outcomes at the Workplace. *Organization Science* 5:51–71.

Steele, Claude, and Joshua Aronson. 1998. "How Stereotypes Influence the Standardized Test Performance of Talented African American Students." In *The Black-White Test Score Gap*, edited by Christopher Jencks and Meredith Phillips, 401–27. Washington, DC: Brookings.

Steensland, Brian. 2006. "Cultural Categories and the American Welfare State: The Case of Guaranteed Income Policy." *American Journal of Sociology* 111:1273–326.

Stempel, Carl. 2005. "Adult Participation Sports as Cultural Capital." *International Review for the Sociology of Sport* 40:411–32.

Stephens, Nicole, MarYam Hamedani, and Mesmin Destin. 2014. "Closing the Social Class Achievement Gap: A Diversity Education Intervention Improves First-Generation Students' Academic Performance and All Students' College Transition." *Psychological Science* 24:943–953.

Stephens, Nicole, Hazel Rose Markus, and L. Taylor Phillips. 2014. "Social Class Culture Cycles: How Three Gateway Contexts Shape Selves and Fuel Inequality." *Annual Review of Psychology* 65 (16): 1–24.

Stephens, Nicole, Stephanie Fryberg, Hazel Rose Markus, Camille Johnson, and Rebecca Covarrubias. 2012. "Unseen Disadvantage: How American Universities' Focus on Independence Undermines the Academic Performance of First-Generation College Students." *Journal of Personality and Social Psychology* 102:1178–97.

Stevens, Mitchell. 2007. *Creating a Class: College Admissions and the Education of Elites*. Cambridge, MA: Harvard University Press.

Stevens, Mitchell, Elizabeth Armstrong, and Richard Arum. 2008. "Sieve, Incubator, Temple, Hub: Empirical and Theoretical Advances in the Sociology of Education." *Annual Review of Sociology* 34:127–51.

Stone, Pamela. 2007. *Opting Out? Why Women Really Quit Careers and Head Home*. Berkeley: University of California Press.

Streib, Jessi. 2011. "Class Reproduction by Four Year Olds." *Qualitative Sociology* 34:337–52.

Stuber, Jenny M. 2009. "Class, Culture, and Participation in the Collegiate Extra-Curriculum." *Sociological Forum* 24:877–900.

———. 2011. *Inside the College Gates: How Class and Culture Matter in Higher Education*. Lanham, MD: Lexington Books.

Surowiecki, James. 2005. *The Wisdom of Crowds*. New York: Knopf Doubleday.

Swidler, Ann. 1986. "Culture in Action: Symbols and Strategies." *American Sociological Review* 51:273–86.

Thorndike, Edward. 1920. "A Constant Error in Psychological Ratings." *Journal of Applied Psychology* 4:25–29.

Tilcsik, András. 2011. "Pride and Prejudice: Employment Discrimination against Openly Gay Men in the United States." *American Journal of Sociology* 117:586–626.

Tilcsik, András, and Lauren A. Rivera. 2015. "An Audit Study of Class Discrimination in Law Firm Hiring." Working paper, Northwestern University and University of Toronto.

Tilly, Charles. 1998. *Durable Inequality*. Berkeley: University of California Press.

Tilly, Chris, and Charles Tilly. 1998. *Work under Capitalism*. Boulder, CO: Westview Press.

Thoits, Peggy. 1989. "The Sociology of Emotions." *Annual Review of Sociology* 15:317–42.

Torche, Florencia. 2011."Is a College Degree Still the Great Equalizer? Intergenerational Mobility across Levels of Schooling in the United States." *American Journal of Sociology* 117: 763–807.

Turco, Catherine. 2010. "Cultural Foundations of Tokenism: Evidence from the Leveraged Buyout Industry." *American Sociological Review* 75:894–913.

Turner, Jonathan, and Jan Stets. 2006. "Sociological Theories of Human Emotions." *Annual Review of Sociology* 32:25–52.

Turner, Ralph. 1960. "Sponsored and Contest Mobility and the School System." *American Sociological Review* 25:855–62.

Turow, Scott. 1977. *One L: The Turbulent True Story of First Year at Harvard Law School.* New York: Putnam.

Tversky, Amos, and Daniel Kahneman. 1973. "Availability: A Heuristic for Judging Frequency and Probability." *Cognitive Psychology* 5:207–32.

U.S. News & World Report. 2008. "Law School Diversity Rankings." http://grad-schools.usnews.rankingsandreviews.com/grad/law/law_diversity (accessed April 20, 2009).

U.S. News & World Report. 2014. "National Universities Rankings." http://colleges.usnews.rankingsandreviews.com/best-colleges/rankings/national-universities/data (accessed Nov. 30, 2014).

Useem, Michael. 1984. *The Inner Circle: Large Corporations and the Rise of Business Political Activity in the U.S. and U.K.* New York: Oxford University Press.

Useem, Michael, and Jerome Karabel. 1986. "Pathways to Top Corporate Management." *American Sociological Review* 51:184–200.

Vaisey, Stephen, and Omar Lizardo. 2010. "Can Cultural Worldviews Influence Network Composition?" *Social Forces* 88:1595–618.

Veblen, Thorstein. 1899. *The Theory of the Leisure Class*. New York: Modern Library.

Vedantam, Shankar. 2013. "Elite Colleges Struggle to Recruit Smart, Low-Income Kids." National Public Radio, January 9, http://www.npr.org/2013/01/09/168889785/elite-colleges-struggle-to-recruit-smart-low-income-kids (accessed Sept. 7, 2014).

Vedder, James. 1992. "How Much Can We Learn from Success?" *Academy of Management Executive* 6:56–65.

Walton, Gregory, Steven Spencer, and Sam Erman. 2013. "Affirmative Meritocracy." *Social Issues and Policy Review* 7:1–35.

Weber, Max. 1958. "Class, Status, and Party." In *From Max Weber: Essays in Sociology*, edited by Hans Heinrich Gerth and C. Wright Mills, 180–95. Oxford: Oxford University Press.

Western, Bruce, and Jake Rosenfeld. 2011. "Unions, Norms, and the Rise in U.S. Wage Inequality." *American Sociological Review* 76:513–37.

Willis, Paul. 1977. *Learning to Labor: How Working-Class Kids Get Working-Class Jobs*. New York: Columbia University Press.

Wimmer, Andreas, and Kevin Lewis. 2010. "Beyond and Below Racial Homophily." *American Journal of Sociology* 116:583–642.

Yaish, Meir, and Tally Katz-Gerro. 2012. "Disentangling 'Cultural Capital': The Consequences of Parental Cultural Capital for Cultural Taste and Participation." *European Sociological Review* 28:169–85.

Yin, Robert. 2003. *Case Study Research: Design and Methods*. Thousand Oaks, CA: Sage.

Young, Alford A., Jr. 2004. "Experiences in Ethnographic Interviewing about Race: The Inside and Outside of It." In *Researching Race and Racism*, edited by Martin Blumer and John Solomos, 187–202. New York: Routledge.

Young, Michael. (1958) 1994. *The Rise of the Meritocracy*. New Brunswick, NJ: Transaction Books.

Zelizer, Viviana A. 1997. *The Social Meaning of Money*. Princeton, NJ: Princeton University Press.

———. 2005. *The Purchase of Intimacy*. Princeton, NJ: Princeton University Press.

———. 2009. "Intimacy in Economic Organizations." *Research in the Sociology of Work* 18:23–55.

Zimmerman, Eilene. 2009. "Chill of Salary Freezes Reaches Top Law Firms." *New York Times*, January 24.

Zweigenhaft, Richard, and G. William Domhoff. 2006. *Diversity in the Power Elite: How It Happened, Why It Matters*. Lanham, MD: Rowman and Littlefield.

PEDIGREE: How Elite Students Get Elite Jobs